CB141233

Jesús, el Sublime Peregrino

© 2017 – Hercílio Maes

Jesús, el Sublime Peregrino
Ramatís

Todos los derechos de esta edición
reservados ao
INSTITUTO HERCÍLIO MAES
Curitiba – PR
Fone: 41 3014-3790
http://www.institutoherciliomaes.com.br/
contato@institutoherciliomaes.com.br

En virtud de la ley que protege los derechos de autor está prohibida la reproducción total o parcial, en cualquier forma o por cualquier medio – electrónico, mecánico, por procesos xerográficas, fotocopia y grabación – sin el permiso escrito del editor.

ISBN 978-85-921991-7-3– 2ª Edición - 2017

• Impresso no Brasil • Presita en Brazilo

Producido en el departamento de gráficos de
EDITORA DO CONHECIMENTO
Fone: 19 3451-5440
e-mail: conhecimento@edconhecimento.com.br

Ramatís

Jesús, el Sublime Peregrino

2ª edición
2017

Instituto
Hercílio Maes

Sede.

Instituto Hercílio Maes

O Instituto Hercílio Maes tem por finalidade preservar o patrimônio mediúnico deixado por Hercílio Maes e divulgar as obras de Ramatís.

Oferece ainda aos seus associados, e ao público em geral, cursos e palestras em um ambiente acolhedor, onde os frequentadores poderão ter contato com a tônica do pensamento universalista que norteia as mensagens de Ramatís e Hercílio Maes.

O Instituto distribui com exclusividade, para Curitiba e região circunvizinha, as obras de Ramatís e de outros autores da Editora do Conhecimento.

www.institutohercíliomaes.com.br

Auditório e sala de meditação em baixo.

Espaço para exposições e eventos.

Rua Alferes Poli, 1962 - Rebouças
CEP 80220-050 - Curitiba - PR
Fone 41 3014-3790
contato@institutohercíliomaes.com.br

Mi homenaje al comienzo de esta obra:

a LUIS GUERRERO OVALLE
a MARGARITA OLIVARES
Devotos discípulos de Ramatís, encarnados en Cuba, y
fieles traductores de la revelación espiritual

a MANUEL VALVERDE
Fiel y laborioso discípulo de Ramatís, encarnado en la
Argentina, y divulgador de los mensajes ramatísianos en
el idioma castellano

Curitiba, agosto de 1959
Hercilio Maes

Sumário

Algunas palabras

Apreciados lectores:

Nos cabe dar algunas breves explicaciones respecto a esta obra, intitulada "El Sublime Peregrino". No es una historia cronológica sobre Jesús en su pasaje sobre la tierra. Ya se calculan en unas 7000 las obras escritas sobre su existencia, y la mayoría se fundamentan en los relatos evangélicos de Mateo, Lucas, Juan y Marcos, puesto que son la única fuente biográfica- de referencia oficial sobre su vida. Creemos que sería desperdiciar el tiempo si intentáramos con Ramatís, realizar una nueva Vida de Jesús, ajustada a los moldes de las biografías existentes, las que redundan por la repetición de sus pasajes, y que paradójicamente, parecería tratarse de muchos hombres, dado las diferencias existentes en las argumentaciones individuales.

Por eso, preferimos indagar a Ramatís respecto a los principales hechos que promovieron la existencia del Amado Maestro Jesús, en forma limpia, ajena a los recelos dogmáticos, tabúes y cuantas imperfecciones humanas predominan .en estos temas, aunque esa verdadera y liberal exposición, pueda causar choques emotivos en los tradicionalistas, y bastantes protestas por los más sentimentalistas, todavía acondicionados a las tradiciones religiosas.

Sabíamos que Ramatís había sido un conocido filósofo egipcio, en la época de Jesús y nada más apropiado, que nos dijera su pensar sobre el Divino Maestro. Le planteamos asuntos neurálgicos y algunas preguntas tomaron cariz de impertinencia, pero queríamos conocer al Maestro Redentor de la humanidad, como el hombre incomún, magnífico y santificado, dado que es más lógico, pues menos grato resulta crearle un mito, blanco de la adoración fanática e inconsciente, impuesta por los dogmas de la especulación religiosa organizada. Además, queríamos interiorizarnos respecto a su "descenso" a la tierra, su identidad sideral — ¿por qué nació en Judea? — ¿cuál fue el proceso técnico de su encarnación, su contacto con los Esenios? la verdad y naturaleza de la traición de Judas, sus milagros y obras, los motivos obvios de su condenación en la cruz, el enjuiciamiento ante el Sanedrín y Pilatos, la razón de los pasajes evangélicos que le desmienten su bondad y ternura, la verdad o fantasía sobre el Cristo Planetario, y finalmente, ¿cuál fue su contextura humana, física o fluídica?

Respecto a las simpatías o antipatías, censuras o elogios, es un problema que no nos preocupa, pues nuestra intención es servir y ser útiles a una causa espiritual de amplitud colectiva. También damos por descontado las protestas de ciertos sectores religiosos, aferrados al subjetivismo de los "milagros" y fantasías mitológicas, que llegan a admitir que el propio Dios se transformó en hombre para salvar a la humanidad. También sabemos, que no admitirán esta obra los espiritualistas que admiten la excentricidad de un Jesús fluídico, para que compita con los hombres por medio de una naturaleza humana, diferente a las leyes biológicas de la procreación.

En mi función de médium de Ramatís, hice todo lo posible para recepcionar su pensamiento, exceptuado de ánimos y premeditación mediúmnica. "El Sublime Peregrino" no es un nuevo intento de impactar sobre algunos ángulos de la vida de Jesús a través de la psicografía; sino, ofrecer algo de su contextura sideral fuera de la materia, la naturaleza de sus relaciones con los planos de la vida cósmica con el Espíritu Planetario de la tierra. Ese es el Jesús que necesitamos sentir permanentemente en nosotros mismos, porque ultrapasa el "tiempo" y el "espacio", que significa la Fuente inagotable, el "camino, la verdad y la vida" de nuestra ventura espiritual.

Curitiba, 15 de diciembre de 1964.
Grupo de Trabajo "Ramatís"

Preámbulo de Ramatís

Mis hermanos:

En esta obra nos vuelven a ligar los recuerdos del contacto que tuvimos con Jesús de Nazaret, en la Palestina y las indagaciones que hiciéramos a algunos de sus discípulos en aquella época, y a otros más, aquí en el Espacio. Algunos pasajes o configuraciones de su infancia, adolescencia y madurez, podemos revivirlos recurriendo a os archivos o "registros etéricos", fruto de las vibraciones u ondas le luz en el Éter o "Akasa" de los orientales, que registra desde el librar de un átomo hasta la composición de una galaxia.[1]

En vez de dictar una biografía romancesca, donde la imaginación nuestra o la del médium pueda suplir — como eslabón o continuidad — los trechos que faltan o se hallan bastante oscuros, nos esforzamos para dejaros una idea nítida y segura sobre la realidad del Espíritu angélico de Jesús, que jamás renegó de la vida física, pues vivió sin contrariar las costumbres y necesidades humanas. Atendiendo la sugestión de nuestros Superiores de la Espiritualidad, tratamos de esclarecer a los lectores, sobre los diversos conocimientos de la vida oculta y prepararlos para las revelaciones futuras, preferentemente en

1 "Conforme al conocimiento que tienen los estudiosos y pensadores del Espiritismo, las poderosas sensibilidades etéricas, las ondas luminosas diseminadas por el Universo, el fluido universal, en fin, la sede de la Creación, vehículo de la Vida, posee la prodigiosa capacidad de registrar y archivar en sus indescriptibles esencias, todos los acontecimientos desarrollados bajo la Luz del Sol, en la tierra y por lo vasto del Infinito."Texto extraído de la pág. 56, de la obra *Dramas de la Obsesión,* de Yvonne A. Pereira, editada por la 7od. Esp. Brasileña.

lo que se refiere a la contextura de su espíritu inmortal. He ahí los motivos de nuestras "divagaciones" que acostumbramos a presentar intencionalmente fuera de los temas fundamentales de nuestras obras, las que proporcionan a nuestros lectores el camino hacia una adoctrinación suave, indirecta y desapercibida que los ayudará en el ajuste de los fragmentos de sus propias adquisiciones espirituales, y que resultaría árido y agotador haciéndolo aisladamente, quedando así, más atrayente y fácil.

No defendemos "tesis", ni pretendemos afirmar puntos doctrinarios en nuestros relatos sobre *El Sublime Peregrino,* intentamos solamente, revelaros algunas actitudes y estados de espiritualidad del Maestro Jesús que se ajustan a su elevada contextura espiritual. Le cabe al lector, encontrar justo o inverosímil el texto de esta obra, que sin lugar a dudas, estará ajustado a su propio grado espiritual. En verdad, todos nosotros, día a día, descubrimos que sabemos muy poco sobre la naturaleza sideral de Jesús, y es muy posible, que después de algunos milenios la conoceremos en toda su plenitud. Como no nos guía el deseo de querer contestar a centenares de hombres, desde ya aseguramos el respeto y la comprensión debida ante cualquier opinión, sobre esta obra.

Hace siglos que los hombres desperdician su precioso tiempo indagando menudencias de los hechos ocurridos al Maestro Jesús. Mientras tanto, descuidan y no practican sus admirables enseñanzas de redención moral y espiritual. Respecto a su nacimiento, ciertos estudiosos, basados en la historia profana, lo juzgan nacido en Nazaret; otros, conforme a la tradición evangélica de la Iglesia Católica[2] lo creen oriundo de Belén, y otros, llegan a atribuir su nacimiento en la misma Belén, a fin de justificar la leyenda creada y situarlo en un establo, cumpliendo integralmente con las profecías del Viejo Testamento.[3]

La tradición mitológica acostumbra a describir el nacimiento de los grandes iniciados o avatares que vienen a cumplir con elevadas misiones sociales o espirituales, naciendo de vírgenes y bajo misteriosos esponsalicios, extraños al orden natural del sexo y la gestación. Krishna, Lao Tsé, Zoroastro, Buda, Sa-

2 *Nota del Revisor:* Según el *Evangelio* de *Juan,* cap. 1, vers. 45-6, el apóstol se refiere a Jesús de Nazaret, hijo de José. De hecho debe haber sido creado en Nazaret, resultando el compuesto de Jesús de Nazaret, aunque haya realmente nacido en Belén.

3 *Mateo,* cap. II, vers. 1 y 23. *Lucas,* cap. II, vers. 4 y 7. *Isaías,* cap. IX, vers. 6 y 7.

livahana y otros instructores espirituales nacieron de vírgenes y a través de fenómenos o procesos extraterrenos. Jesús, por su elevada jerarquía sideral, tampoco escaparía a venir a la luz del mundo sin alterar la virginidad de María y ser concebido "por obra y gracia del Espíritu Santo".

Todavía existen otras preocupaciones respecto a ciertos acontecimientos, como ser si José y María se trasladaron para atender al empadronamiento ordenado por los romanos. Si realmente sucedió así, sólo pudo ocurrir en el reinado de Quirinus, después de la caída de Arquelao. Pero, si Jesús nació bajo el poder de Herodes, conforme aseguran los dos evangelios,[4] entonces el viaje de José y María rumbo a Jerusalén no se realizó, porque en el régimen de Herodes no hubo ningún empadronamiento.

Todavía se multiplican las dudas y discordancias respecto a Jesús, pues hasta los espiritas, a pesar de los muchos esclarecimientos que poseen respecto a la vida espiritual, también divergen sobre la naturaleza del cuerpo del Maestro. Una parte admite a Jesús con un cuerpo físico, sujeto a las contingencias comunes de la vida carnal; otros prefieren la tesis de los "Cuatro Evangelios", de Roustaing, obra más afín a las revelaciones mitológicas del catolicismo y responsable por la concepción del "cuerpo fluídico". Además, esa apreciación de si Jesús tenía un "cuerpo fluídico", se ajusta al misterio de su "ascensión en cuerpo y alma", lo que no es admitido por los espiritas kardecistas.

Esas discusiones sobre las características o minucias de los acontecimientos ocurridos, es una pérdida de tiempo, pues lo más importante es su vida de abnegación y sacrificios ilimitados, en el sentido de "salvar" a la humanidad. Belén o Nazaret, el hogar o el pesebre (establo), cuerpo físico o fluídico, milagros o trivialidades son circunstancias incapaces de influir sobre el contenido de su Evangelio, el más avanzado Código de Leyes de perfeccionamiento espiritual. Jesús vivió siempre en sí mismo las enseñanzas y conceptos salvadores, predicados para el hombre terreno, y obviamente, que es mucho más importante y valiosa su doctrina y no los aspectos humanos del ambiente donde nació y vivió. La consumación de su holocausto en la cruz fue el coronamiento mesiánico y la confirmación inconfundible de toda la doctrina recomendada a la humanidad, sin

4 *Mateo*, cap. II, vers. 1. *Lucas*, cap. I, vers. 5.

derogar las leyes del mundo material, pues sus "milagros" nada tenían de sobrenaturales y podían ser fácilmente explicados por las leyes de la física trascendental con relación a los fenómenos mediúmnicos, hoy muy conocidos.

Jesús, aunque fuera un ángel exilado del cielo, vivió junto a los terrícolas, luchando en la vida humana con las mismas armas, sin privilegios especiales y sin recurrir a interferencias extraterrenas para eximirse de las angustias y dolores inherentes a su tarea mesiánica. Su programa en la tierra, estaba destinado a salvar al sabio como al rico, al iletrado como al pobre, por eso enfrentó las mismas reacciones que eran comunes a todos los hombres, soportando las tendencias instintivas .y los impulsos atávicos, propios de su constitución biológica hereditaria, aunque se le atribuyese un linaje excepcional de la estirpe de David.[5] El Maestro movilizaba todos los recursos posibles para evitar su desencarnación prematura, pues su cuerpo de carne se resentía por el potencial elevado de las vibraciones sidéreas, emitidas por su Espíritu angélico. Vivía en algunos minutos, los pensamientos, las emociones, ansiedades y angustias que los terrícolas no conseguían vivir en una existencia. El ritmo del metabolismo de su vida espiritual ultrapasaba el límite áurico de toda la humanidad terráquea, y sus raciocinios estaban más allá del tiempo y el espacio, agotando al cerebro material.

En su hercúleo esfuerzo para colocarse a gusto en la carne, Jesús se asemejaba a un rayo de Sol intentando acomodarse en una modesta vasija de barro. Su mente vivía en constante tensión, cuyo impacto se descargaba sobre los plexos nerviosos, oprimiéndole el cerebro, los nervios, la sangre y los vasos capilares, resultando peligrosos inconvenientes en la red circulatoria. El torbellino de pensamientos creadores vibraba y descendía de la superconciencia, entonces, recurría a los ayunos periódicos para que su espíritu consiguiera mayor libertad en esas fases preagónicas de desahogo para la materia. Otras veces, el mismo organismo movilizaba recursos biológicos de emergencia, vertiendo hacia afuera sudor y sangre, compensando la descarga inmediata de los humores, la peligrosa tensión "psicofísica", fruto del fabuloso potencial de energía espiritual que le oprimía la frágil carne.[6]

---

5 *Lucas,* cap. II, vers. 4. *2ª Epístola* de Pablo a Timoteo, cap. II, vers. 8.

6 *Nota del Revisor:* El *Evangelio* de *Lucas,* cap. XXII, vers. 44, se refiere a lo

Aunque las pasiones y los deseos residan en el alma, Jesús también estaba obligado a movilizar sus recursos angélicos para neutralizar las vibraciones pesadas del ambiente donde se encontraba; como las flores delicadas, que deben resistir los vientos agresivos. Los mismos relatos religiosos, simbolizan la tentación de Satanás[7] sobre Jesús, en el "desierto de la vida humana", donde la fuerza de los impulsos de la animalidad pretendían sujetarlo a las telas seductoras de la vida sensual y epicurística del mundo.

A pesar que el terrícola no tiene una avanzada sensibilidad moral para poder valorar el inmenso sacrificio y abnegación ofrecidos por Jesús al descender a los charcos de vuestro mundo; son mucho menores las luchas, angustias y los tormentos del pecador, en el sentido de purificarse para alcanzar las esferas de la angelitud, ante el martirio del ángel que renunció a las venturas celestiales de los mundos divinos, para descender al abismo pantanoso de los mundos materiales.

Es mucho más fácil y cómodo despojarnos del sucio barro, tomando un baño refrescante, que vestir ropas pesadas y bajar al abismo repulsivo e infectado, donde se debaten criaturas necesitadas de nuestro auxilio.

Paz y Amor.
Ramatís

---

siguiente: "Y le vino un sudor de sangre, como si fueran gotas, que caían en la tierra". Se trataba del sudor sanguíneo por hemorragia de las glándulas sudoríparas, que la medicina llama hematidrosis.

7 *Mateo,* cap. IV, vers. 1 al 11.

1. La divindade y la exitencia de Jesús

Pregunta: ¿Por qué causa el dogma católico afirma que Jesús es el mismo Dios encarnado, hecho ***hombre*** para salvar a la humanidad?

Ramatís: Jesús es el Espíritu más excelso y genial de la tierra, de la cual es su Regente Espiritual. Fue el más sublime, heroico e inconfundible instructor entre todos los mensajeros espirituales que tuvo vuestra humanidad. Su encarnación mesiánica y pasión sacrificial tuvieron como objetivo, acelerar todo lo posible, el ritmo de evolución espiritual de los terrícolas para proporcionar el mayor número de redención posible de almas durante la "separación del yuyo y del trigo, de los lobos y las ovejas" en el profético Juicio Final, en plena ejecución en el presente siglo.

Pregunta: ¿Nos podéis dar algunos detalles sobre la separación de esos dos órdenes, tan mencionados?

Ramatís: El "trigo" y las "ovejas" simbolizan los de la "derecha" del Cristo; son los pacíficos, altruistas, humildes y compasivos, los representantes de las sublimes bienaventuranzas del Sermón de la Montaña. El caso se parece a lo que sucede en un jardín, cuando el jardinero decide arrancar las hierbas dañinas que asfixian y perturban el crecimiento de las flores, para abonar seguidamente la tierra y conseguir después, una floración sana y bella.

El grupo de espíritus colocado a la "izquierda" del Cristo, que las profecías lo citan como "el yuyo" o "los lobos", son los malos, los crueles, avaros, irascibles, orgullosos, egoístas, hipócritas, lujuriosos y celosos irremediables. Sólo las hierbas dañinas de los jardines serán "arrancadas" o "apartadas" de la tierra hacia un planeta inferior, compatible con sus pasiones y vicios.[1] Mientras tanto, como el Padre jamás pierde una sola oveja de su rebaño, esos "izquierdistas" después de haberse "limpiado" o "redimido" en el exilio planetario purgatorial, regresarán a su vieja morada terrena para armonizarse a su humanidad.

Por consecuencia, los exilados de la tierra se sentirán extraños en el nuevo planeta que fueron confinados, y en ciertas horas de nostalgia espiritual darán origen a una nueva leyenda de Adán y Eva exilados del paraíso, por haber abusado del "árbol de la vida".[2] En el astro-exilio comenzará una nueva versión de la leyenda sobre los "ángeles caídos", como sucedió hace tantos milenios en la tierra por parte de los exilados de otros orbes, sometidos a un juicio final. Cuando esos expatriados vuelvan a reencarnar en la tierra, que es su "casa paterna", entonces el Padre se rejubilará.[3]

En el Tercer Milenio, la tierra será promovida a otro grado sideral, lo que equivale a un curso espiritual superior, algo parecido a los colegios secundarios de la instrucción humana, cuyos moradores, serán los espíritus graduados a la "derecha" del Cristo, conforme dice Juan en su *Apocalipsis* (Cap. XXI, vers. 27): "No entrarán en ella (la tierra) cosa alguna contaminada, ni quien cometa abominación o mentira, sino, aquellos que se encuentren inscriptos en el libro de la vida del Cordero". En realidad, en el Tercer Milenio sólo entrarán por la "puerta" de la reencarnación, los espíritus debidamente ajustados al Evangelio de Jesús, citados en el simbólico dicho de "las ovejas", el "trigo" o los "derechistas".

Pregunta: Quisiéramos una idea más amplia respecto a Jesús, como "Salvador" de los hombres, conforme dijisteis anteriormente.

1 Ver la obra *Mensaje del Astral,* de Ramatís, en cuyo texto se dedican algunos capítulos, exclusivamente a elucidar esta cuestión tan importante.
2 Ver el *Génesis,* cap. III, vers. 23 y 24.
3 *Lucas,* cap. XV, vers. 11 al 32, la parábola del hijo pródigo.

Ramatís: Las profecías del Viejo Testamento se referían a un Mesías, elegido de Dios, "Salvador" de la humanidad terrena y libertador del Pueblo de Israel, cautivo de los romanos. Pero, los profetas no explicaron cómo sería la naturaleza de esa "salvación", ni tampoco dejaron indicios algunos para que fuera esclarecido por los exégetas modernos. Sin embargo, la humanidad del siglo XX está muy capacitada para entender el sentido exacto del vocablo "Salvador", como así también, la naturaleza de la tarea realizada por Jesús junto a los hombres.

Su magnífico Evangelio, como un "Código Moral" de las costumbres y reglas de la vida angélica, proporciona la "salvación" al espíritu del hombre, liberándolo de los grillos del instinto animal y de las ilusiones de la vida material. Esa "salvación" sin embargo, se amplía en otro sentido, porque los redimidos o "salves" de sus pecados, quedarán libres de la emigración compulsoria hacia el planeta inferior, cuyo proceso rige en la actualidad, simbolizado por el "Fin de los Tiempos" o el "Juicio Final".

Los evangelizados o "salvados" de las cadenas de las pasiones de la animalidad deben corresponder al simbolismo del "trigo", de las "ovejas" o a la "derecha" del Cristo, cuya humanidad será, perfectamente seleccionada para actuar en el Tercer Milenio dentro de las reglas amorosas del Evangelio redentor.

Pregunta: ¿Qué nos podéis explicar sobre la afirmación que hace la Iglesia Católica, de que Jesús era el "Hijo de Dios" como segunda persona de la Santísima Trinidad, manifestada en la carne?

Ramatís: Jesús nunca afirmó que fuera el propio Dios manifestado en la segunda persona de la Santísima Trinidad, ni tampoco dijo que fuera diferente en su naturaleza orgánica. Dejó muy aclarada su condición como hermano de todos los hombres, sin excepción alguna, e hijo del mismo Dios, principalmente cuando enseñaba a sus discípulos: "Yo voy a mi Padre, a vuestro Padre, a mi Dios y a vuestro Dios". En ese concepto, es evidente, que se refería a Dios como Padre de todos los hombres, y a todos los hombres como hijo del mismo Dios.

Pregunta: ¿Nos podéis citar algún hecho o versículo del Nuevo Testamento, que nos demuestre que Jesús no era el mismo Dios encarnado?

Ramatís: Dios, el Absoluto, el Infinito, jamás podría oprimirse a las limitaciones de las formas humanas, así como un pequeño lago no podría soportar o contener el volumen de las aguas del océano.

La tierra, planeta de educación primaria, que se mueve en medio de otros planetas mucho más evolucionados, jamás justificaría la derogación de las leyes del Universo Moral, en el sentido, que el mismo Dios tomara la forma humana para "salvar" a la humanidad terrícola, todavía dominada por la cupidez, sensualidad, avaricia, celos y orgullo. Sería tan absurdo, como convocar a un sabio de la categoría de Einstein para que enseñara los principios de la aritmética a los alumnos primarios.

Dios nunca precisaría encarnarse en la tierra para despertar a los terrícolas hacia los objetivos superiores de la vida inmortal. La revelación espiritual no se hace de golpe, se proporciona en forma gradativa y conforme al entendimiento y progreso moral de los hombres. Por eso, en épocas adecuadas bajaron a la tierra instructores espirituales como Antulio, Numú, Orfeo, Hermes, Krisnha, Fo-Hi, Lao-Tsé, Confucio, Buda, Maharshi, Ramakrishna, Kardec y Ghandi, para atender a las características e imperativos morales y sociales de sus pueblos. Jesús, por último, sintetizó todos los conocimientos cultivados por sus precursores, y aún, por aquellos que vinieron más tarde. Su Evangelio, es la suma de las reglas y leyes del "Código Espiritual" estatuido por lo Alto, a fin de promover al hombre definitivamente a la ciudadanía angélica.

Además, es Jesús quien nos comprueba que no es el mismo Dios, porque desde lo alto de la cruz, en uno de sus momentos más significativos, exclamó: "¡Padre, perdónalos porque no saben lo que hacen!" Por consiguiente, es lógico y muy evidente que la súplica al Padre, rogando por sus verdugos, demuestra que en la cruz del martirio estaba padeciendo "un hijo espiritual", hecho hombre, pero no Dios.

Si Jesús hubiese sido el mismo Dios hecho carne, ¿porqué se dirigió a un Padre, que sin duda alguna, estaba en los Cielos?[4]

4 *Nota del Revisor:* Ver ***Epístola a los Gálatas,*** cap. IV, vers. 4; "Mas cuando vino el cumplimiento del tiempo, envió Dios a su Hijo, nacido de mujer, nacido sujeto a la Ley". Es evidente, que Pablo de Tarso en esa epístola, deja muy bien aclarado, que Jesús no es Dios. Y, si el Maestro ***nació de una mujer*** y sujeto a la Ley, es obvio que nació con un cuerpo carnal y conforme a todos los seres humanos. La citación

Pregunta: Somos de la opinión que Jesús, a pesar de su capacidad espiritual y elevada graduación angélica, gozaba de una asistencia excepcional desde lo Alto. Esa designación de "Hijo de Dios", ¿se debía a la actividad incomún que tenía que desarrollar en la tierra?

Ramatís: No fue la condición excepcional de "Hijo de Dios", como ser divino y por encima de la contextura humana de los terrícolas, ni el tener asistencia privilegiada, lo que sustentó a Jesús en su obra redentora, sino, su fe poderosa y su convicción incontrovertible en favor de la humanidad terrena. Poseía en sí mismo, por fuerza de su jerarquía espiritual, la ventura y la paz tan deseada por el hombre terreno. Su éxito no dependió de las protecciones celestiales, sino, de su amor intenso y puro, de su afecto desinteresado e incondicional hacia el hombre. Esas virtudes, al expandirse desde su alma contagiaba a cuantos seres lo rodeaban, así como el clavel y el jazmín no pueden evitar, que el perfume inherente a su naturaleza floral se desprenda y pose sobre las demás flores del jardín.

Jesús no tenía dudas respecto a la realidad del "Reino de Dios" a difundirse entre los hombres, porque ese ideal era una manifestación espontánea de su alma, liberada de la rueda viciosa de las reencarnaciones planetarias. ¡No había nada que lo atrajera hacia el goce y los entretenimientos de la vida carnal! Toda fascinación e invitaciones capciosas del mundo exterior, no conseguían atraerlo hacia los reinados del "César", ni lo hacían desistir del "reino de Dios" que continuamente pregonaba al hombre, para "salvarlo" de la ilusión y del cautiverio carnal.

La tarea mesiánica de Jesús se desenvolvía sin irregularidades por su parte, pues estaba sustentada por la vida superior de su espíritu. Su presencia amiga y su semblante sereno impresionaba a todos los oyentes, ya fueran apóstoles, discípulos, simpatizantes, hombres del pueblo y también a sus enemigos.

Así como el calor activa al cuerpo que padece de frío, su presencia infundía ánimo y esperanzas, haciendo que las personas olvidaran los intereses de la vida humana. La fuente que mitiga la sed de los viajeros no necesita de "interferencias misteriosas" para aliviar a los sedientos, dado que posee el atributo refrescante como condición inherente a su propia naturaleza. Jesús, también era una fuente sublime y bendecida de "agua

---

de Pablo no admite otras conclusiones.

espiritual", siempre lista a mitigar la sed del afecto, alegría y esperanza para los peregrinos de la vida terrena, sin necesidad de usar armas agresivas, como ser monedas, recursos políticos, credenciales académicas y otras cosas del mundo para divulgar la "Buena Nueva". En vez de escoger a sus discípulos entre los doctos y ricos, los eligió entre los pescadores fuertes e ignorantes, pero honestos y sinceros. Espíritu magnánimo y sabio, pero humilde, ninguno logró superarlo o vencerlo en el ambiente terráqueo, pues su aura excelsa, radiante de luz, aunque imperceptible a los sentidos de quienes lo rodeaban, demarcaba fronteras defensivas contra las malas intenciones y los pensamientos oscuros de sus detractores.

Pregunta: Jesús, ¿evolucionó en forma idéntica a los demás hombres, en las reencarnaciones que tuvo en otros mundos?

Ramatís: Jesús, también fue inmaduro de espíritu y realizó el curso espiritual evolutivo a través de los mundos planetarios, hoy desintegrados en el Cosmos. Eso fue hace muchísimo tiempo, pero ocurrió bajo el mismo proceso que Dios, Amor y Justicia, aplica a todos los hombres, sin distinción. Si no fuera así, el Creador sería un Ente injusto e incapacitado, capaz de conceder privilegios a los preferidos y desheredar a los menos simpáticos, cayendo en el error de los políticos terrenos que premian a sus electores y hostilizan a los votantes de otros partidos. En verdad, todas las almas progresan por el mismo mecanismo — si así cabe manifestar — para adquirir su conciencia espiritual, gozando también de los mismos bienes y derechos siderales.

Jesús consiguió la angelitud bajo la misma Ley que orienta al salvaje embrutecido que debe alcanzar su futura emancipación espiritual, transformándolo después en un centro creador de nuevas conciencias en el seno del Cosmos. Forjó su conciencia espiritual bajo las mismas condiciones educativas del bien y el mal, de lo puro e impuro, de la sombra y la luz, tal como sucede hoy a vuestra humanidad. Los mundos que le sirvieron de aprendizaje planetario se extinguieron y trasformaron en polvo sideral, pero sus humanidades viven despiertas por el Universo, siendo Él, uno de esos venturosos ciudadanos.

Pregunta: Algunos espíritus afirman que la evolución de Jesús se hizo en ***línea recta.*** ¿Nos podéis aclarar ese aspecto?

Ramatís: Esa afirmación no tiene fundamento, pues la simple presunción de que Jesús haya sido creado espiritualmente con cierto impulso de inteligencia, virtudes o sabiduría innata, sería un privilegio de Dios hacia un alma de su preferencia. Eso desmentiría el atributo divino de bondad y justicia infinitas del Creador. Además, no hay desmerecimiento «alguno hacia el Maestro Jesús que haya evolucionado bajo la ley que rige a los demás hombres, puesto que así confirma la grandeza de su espíritu, perfeccionado por su propio esfuerzo. Ningún espíritu nace perfecto, ni posee sentido especial para su ascenso espiritual; todos son creados simples e ignorantes, cuya conciencia o "libre albedrío" se manifiesta a través del "tiempo-eternidad", pero sin anular el esfuerzo personal en la prolongada escala de la angelitud.

Por lo tanto, Jesús no escapó a esa regla común, dado que forjó su conciencia de Amor y Sabiduría Cósmica al nivel de los hombres, luchando, sufriendo y aprendiendo los valores espirituales en el intercambio con los mundos materiales. Se realizó como un ente sublime porque se liberó completamente de las pasiones y vicios humanos; pero no se eximió del contacto con las impurezas del mundo carnal. La sublimidad de la flor no reside en su conformación hermosa, por encima de todo, en su capacidad de transformar los desperdicios y putrefacciones en cálices virtuosos y perfumados.

Jesús no hubiera podido prescribir a los hombres la cura de sus pecados, si primero no lo hubiese experimentado en sí mismo. Justamente, por haber sufrido del mismo mal, es que conocía el medicamento apropiado para curar la enfermedad moral de la humanidad terrena. Jesús, en otras épocas, también fue un pecador como cualquier hombre del mundo, pero supo vencer las ilusiones de la vida carnal, superó la tenacidad del instinto animal y su corazón desbordante de Amor, envuelve hoy a todos los ciudadanos de la tierra.

Pregunta: ¿Qué opináis de algunos autores, sinceros unos y talentosos otros, cuando aseguran que Jesús, solo fue un "mito" y jamás existió físicamente en medio de la humanidad terrena?

Ramatís: Es indiscutible que Jesús corroboró las predicciones del Viejo Testamento y también correspondió holgadamente a las esperanzas de lo Alto, respecto a su misión espiritual junto a los terrícolas. Los profetas intentaron comunicar a los judíos las señas principales para identificar al Mesías, como el tiempo aproximado de su venida al mundo, pues aseguraban que Israel era el pueblo elegido para ese importante evento. Conforme a las predicciones de Isaías (Cap. XI, vers. 6 y 8), después del advenimiento del Salvador, todas las cosas se ajustarían, pues hasta el "cordero y el lobo habitarían juntos y el león y la oveja andarían juntos y un niño pequeñito los conduciría". Y, las profecías advierten a la raza de Israel, elegida para el advenimiento del Mesías, que más tarde se quejaría, pues el mismo Jesús exclamó: "el pueblo para el cual vine, no me conoció". Afirmando tal predicción, los judíos de hoy todavía adoran a Moisés, mientras que olvidan a Jesús, Heno de Amor, Bondad y Renuncia porque aun hoy, todavía "no reconocieron a su verdadero Mesías".

Efectivamente, causa bastante extrañeza que ciertos autores consideren a Jesús un mito o embuste religioso, negándole la vida física, inherente a la tierra. En verdad, Jesús es el ser que cada día toma más vida entre los hombres, pues su doctrina crece en todos los sentidos e influye en los pueblos aficionados a los credos de otros instructores. Si el esplendor de la Roma de Augusto cegó a los historiadores de la época, haciéndoles ignorar la figura de Jesús, eso no lo elimina de la superficie de la tierra, ni tampoco desfiguran las leyendas atribuidas a Adonis, Krisnha, Buda, Orfeo, Atis, Osiris, Dionisio o Mitras. A pesar de las inequívocas referencias históricas sobre Aníbal, Julio César, Carlomagno o Napoleón, o sobre los filósofos excepcionales, como Sócrates, Platón, Epicuro, Aristóteles, Spinoza o Marco Aurelio, el "mito" de Jesús, sobrepuja extraordinariamente la celebridad de todos esos hombres famosos.

¿Por qué Jesús el "mito" supera la realidad y cada día vive con más positividad y es imprescindible en el corazón de la humanidad terrena, aunque los famosos personajes "históricos" sobrevivan con su prestigio a través de los tiempos? Porqué los hombres experimentaron todas las filosofías, reformas religiosas y códigos morales y sociales, sin lograr una solución definitiva para sus problemas angustiosos. La humanidad terrena del siglo XX cada día más neurótica y desesperada, presencia su autodestrucción ante las furias de los conflictos odiosos y guerras fratricidas, exactamente igual a su pasado. Los hombres de las cavernas no evolucionaron, ni se humanizaron, apenas cambiaron la maza por el revólver anacarado y las flechas por la ametralladora. Antes, se mataban a pedradas y a palazos, de uno a la vez; hoy, matan una civilización entera, derritiéndola bajo el impacto de la bomba atómica. Paradójicamente, no es la cultura y la experiencia transmitida por la historia el fundamento convincente para solucionar los problemas humanos, de tanto peso para la generalidad. Las personas son pacibles de una gran desconfianza; dudan de la ciencia que les da el confort material, pero que no elimina la angustia del corazón; no creen en las innovaciones sociales y educativas que prometen un futuro brillante, pero que no les proporciona la paz del espíritu.

Mientras tanto, Jesús el "mito" olvidado por la historia profana, es el único medicamento salvador del hombre moral y psíquicamente enfermo del siglo actual. Su Amor y su Evangelio podrán amainar las pasiones humanas y armonizar a los seres en una convivencia pacífica y jubilosa. Si Jesús fuese fruto de la fantasía religiosa, entonces concordaríamos con la inversión de todos los valores del conocimiento humano, al extremo, de no distinguir lo fantasioso de lo real. ¿Qué fuerza poderosa sustentó la vivencia de ese Maestro Cristiano, que hizo reconocer su porte moral y espiritual, de elevado quilate humano? Cualquiera puede negar la existencia de Jesús; pero jamás podrá ofrecer al mundo conturbado y corrompido una solución más segura y eficaz que la de su Evangelio.

Pregunta: ¿Existe alguna fuente histórica que haya verificado el pasaje de Jesús por la tierra?

Ramatís: Algunos estudiosos confiaron en las referencias de Josefo, en su obra "Antigüedad de los Judíos", 93 años después de Cristo, aceptando como relato histórico la autenticidad del Maestro Galileo a través del siguiente pasaje: "En ese tiempo vivió Jesús, un hombre santo, si hombre se le puede llamar, porque hizo cosas admirables que enseñó a los hombres; e inspirado recibió la Verdad. Era seguido por muchos judíos y griegos. Fue el Mesías".

Para nuestra manera de ver, la prueba más auténtica de la vida de Jesús es la referencia sobre la persecución a los "cristianos"; los seguidores del Cristo. Habiendo cristianos martirizados por negarse a abandonar la doctrina de su líder Jesús, cuyos hechos fueron registrados por la Historia, es evidente, que el Maestro Jesús no fue un mito, pero sí una figura real, malgrado la ausencia de los apuntes históricos. En cuanto a la existencia de los cristianos y sus martirios, basta consultar las obras y anotaciones de Plinio el Joven, Sue-tonio, Tácito y otros de la misma época.

También puede considerarse como un relato auténtico la carta enviada al Emperador Tiberio por el senador Publio Léntulus, gobernador de Judea, donde citaba las grandes virtudes de un "hombre llamado Jesús" y con el apodo de profeta de la verdad, y que sus discípulos le decían, hijo de Dios. Decía textualmente:

"Hay en Judea un hombre de una virtud singular a quien le llaman Jesús. Los bárbaros le creen profeta; pero sus sectarios le adoran como descendiente de los dioses inmortales.

Resucita a los muertos y cura los enfermos por medio de la palabra y el tacto; es bien formado y de estatura elevada; su aspecto es dulce y venerable, sus cabellos son de un color indefinible, cayendo en rizos hasta más abajo de las orejas y esparciéndose con gracia sobre los hombros, estando divididos en la parte superior de la cabeza, como los llevan los nazarenos.

Su frente es alta y despejada y sus mejillas tienen un sonrosado agradable.

Su nariz y su boca están formadas con una regularidad admirable; su barba espesa y de un color semejante al de los cabellos, es larga y se divide por la mitad, formando la figura de una horquilla.

Sus ojos son brillantes, claros y serenos. Censura con majestad, exhorta con dulzura y cuando habla o se mueve, L» hace con elegancia y gravedad.

Nunca se le ha visto reír, pero se le ha visto llorar con frecuencia. Es muy templado, modesto y juicioso.

Es un hombre, que por su excelente belleza y por sus perfecciones divinas, supera a los hijos de los hombres."[5]

Pregunta: A vuestro juicio, ¿las fuentes no históricas, pero auténticas, son las más exactas para informar sobre la existencia de Jesús?

Ramatís: Las fuentes más auténticas, no históricas, son las

5 El retrato de Jesús hecho por Publio Léntulus, fue publicado por la ***Revista Internacional del Espiritismo*** y se halla también, en la introducción de la obra ***La Vida de Jesús Dictada por Él Mismo.***

narradas por los cuatro evangelistas, a pesar de las interpolaciones y de los retoques que sufrieron, inclusive sobre algunas contradicciones efectuadas por los mismos narradores. Pero la fuente es idónea porque mantiene la unidad psicológica y los propósitos mesiánicos del espíritu de Jesús. De los cuatro evangelistas, dos fueron testigos oculares de los acontecimientos descritos, por eso, se mantienen vivos y naturales; los otros dos interrogaron a los testigos que presenciaron las actividades de Jesús. Superando las interpolaciones perceptibles, capaz de promover un análisis profundo, los cuatro evangelistas se muestran imparciales, sencillos y seguros, pues relatan los hechos directamente, sin muchas divagaciones.

Existen en sus relatos un gran espírtu de honestidad y seguridad respecto a todo lo referido a la vida de Jesús. Existen algunas diferencias cuando tratan sobre el movimiento de la persona del Maestro, pero no hay dudas en lo tocante a su existencia real. Otras pruebas o evidencia, son las cartas o epístolas atribuidas a Pablo, las que tienen la fuerza comunicativa de las actividades cristianas y transmiten el olor refrescante de la "Buena Nueva" y del "Reino de Dios".[6]

Evidentemente, los historiadores no se preocuparon en indagar sobre la figura de Jesús, por encontrarlo como un factor de muy poca importancia en aquella época, dado que era el hijo de un carpintero, con aire de rabino, que pregonaba una extraña moral en un mundo conturbado por violentas pasiones y vicios. La historia jamás podría prever que en medio de la comunidad de tantos rabinos insignificantes de la Palestina, uno de ellos se volvería el líder de millones de criaturas en los siglos venideros, pregonando únicamente el amor a los enemigos y la renuncia a los bienes del mundo, a cambios de un hipotético "reino celestial".

Además, Jesús era hijo de Galilea, una tierra de hombres ignorantes y brutos, una colectividad indigna de figurar en la historia. A pesar de todas esas deficiencias humanas, Jesús se proyectó mucho más allá de los siglos y fue testificado por todos aquellos que le conocieron, además de sus discípulos que integraron su vida mesiánica. Ninguno duda de la existencia de Pedro y Pablo de Tarso, ni de los encuentros entre Pablo

6 Ver *Epístolas a los Romanos,* V, vers. 9; *Corintios,* I, vers, 23; XIV, vers. 3; *Calatas,* vers, 21; *Efésios,* II, vers. 20 y 21; *Timoteo,* II, vers. 8.

con Pedro, Tiago y Juan. Las divergencias, y celos que existían entre esos apóstoles a fin de mostrarse competentes y dignos del Maestro Jesús — ya desencarnado — llegaron a vuestro siglo sin perder su autenticidad. Pablo se refiere a la última cena y a la crucifixión de Jesús como si hubiese participado personalmente en esos hechos tan dramáticos para la humanidad.[7]

Las contradiciones encontradas entre los mismos evangelistas son pequeneces, puesto que no modifican la sustancia de los relatos, por lo tanto, Jesús permanece en todas ellas en forma fiel y coherente. Es inadmisible, que el corto espacio de una generación de hombres ignorantes, trabajadores e iletrados, pudiesen inventar una personalidad tan viva e inconfundible en su contextura moral, como fue Jesús. En verdad, la fuerza del Amor y el espíritu de confraternización manifestado en sus mensajes influyeron sobre millares de criaturas hasta vuestros días, imponiendo la existencia lógica e indiscutible de Jesús, además de haber sido un hombre de las mismas condiciones. ¡Apártese a Jesús de su fuente evangélica, dado que no figura en la historia profana en forma convincente, y la humanidad tendrá que crear otro "mito" u otro hombre, para justificar ese monumental "Código Moral" de profunda belleza espiritual!

De todos los hechos narrados por la historia, Jesús resulta la figura más fascinante y convincente para acondicionarnos a una vida espiritualmente elevada. Nunca hubo una leyenda o relato que insumiera tantas páginas, en millares de obras, que fueran capaces de atraer tanto interés y admiración para la conciencia del hombre terreno.

Indudablemente, que cuando más intentan los negadores "terminar" o apagar la figura de Jesús, más sobresale en medio de todas las dudas, sobrepasando a la misma Historia y llegando a vibrar con intensidad en el corazón de los creyentes. Por consiguiente, es vana y tonta cualquier pretensión de negar su existencia, pues a despecho de todas las negaciones, resurge irradiando luz y amor, en la mente viva de los seres humanos.

Pregunta: Otros escritores exponen datos históricos y describen a Jesús como un "sedicioso" incluido en las leyes penales de la época, cuya doctrina personal fracasó ante los poderes judíos y romanos, constituidos en Jerusalén. ¿Qué nos podéis decir?

7 *Corintios,* XI, vers. 6 y 23; XV, vers. 3 y *Calatas,* II, vers. 20.

Ramatís: Basta el contenido del Evangelio vivido y enseñado por Jesús, para desmentir cualquier afirmación respecto a su deliberada rebeldía o sedición. El Maestro Cristiano jamás deseó alguna cosa del mundo material, cuya vida fue centrada exclusivamente alrededor de los bienes imperecibles del espíritu eterno. Vivió treinta y tres años sobre la tierra sin atenerse a ningún interés mundano, ni tampoco podían inculparlo de hechos egoístas que pudieran hacerlo resaltar en el ambiente político o sacerdotal del mundo. Nació y desencarnó extremadamente pobre, terminando sus días heroicos sin valerse de los favores que ostentaban los poderosos de la época.

El hombre sedicioso siempre ha de ser un rebelde, puesto que es un ávido de poder y padece de la exaltación sobre sus coterráneos. Los grandes sediciosos o indisciplinados, de la tierra que la Historia los registra sin cariño ni gratitud, se llamaron: Atila, Gen-gis-Kan, Asoka, Alejandro, Aníbal, Tito, Julio César, Carlomagno, Iván el Terrible, Napoleón, El Kaiser, Stalin, Hitler, Mussolini y otros más, que demostraron ciertas cualidades excepcionales, como la obstinación, capacidad de dirigir, arrojo, ambición y estrategia, pudiendo sumarles todavía, los pecados del orgullo, crueldad, pillaje, venganza y libidinosidad.

Algunos de esos hombres fueron genios o héroes; otros, apenas locos o paranoicos. No queremos elucidar, que con sus comportamientos hallan influido o modificado los destinos de los pueblos en el transcurso de una época, pues la Ley Suprema hace surgir el bien de los destrozos ocasionados por el mal, aprovechando la impetuosidad, pasión salvaje, codicia, ambición y arrojo de los sediciosos para efectuar las grandes transformaciones históricas y sociales del mundo. Esclavos de los deseos, glorias o riquezas, muchas veces abrieron las compuertas del dolor y el sufrimiento para sus propios compinches del pasado, actuando como verdugos implacables en las pruebas de rescate kármico de las vidas pasadas. Examinando los atropellos sangrientos narrados en el Viejo Testamento, podemos comprobar de la gran cantidad de soldados, bandidos y aventureros judíos que en aquellos tiempos practicaron bárbaras atrocidades, pero bajo la égida de la Justicia Divina, retornaron a la carne en la figura de nuevos judíos, humillados y víctimas de los nazis en los hambrientos campos de concentración, alcanzados por terribles ingenios para la muerte, rescatando los débitos kármicos, que son de mucha importancia para sus espíritus.[8]

La Ley aprovecha a esos hombres arbitrarios y crueles, movilizándolos como materia prima para sembrar el Bien por medio del Mal, dado que ellos aproximan a los pueblos, crean fronteras, derrumban tiranías, exterminan feudos seculares, sacuden el polvo de las viejas dinastías, abren nuevas rutas para las relaciones humanas, proporcionan el ambiente favorable para los nuevos ensayos políticos y sociales entre los sobrevivientes. Durante la revolución francesa se cometieron bárbaras atrocidades e injusticias bajo el ***slogan*** esperanzado de "Libertad, Fraternidad e Igualdad". El pillaje fue organizado y oficializado por los poderes dominantes; de ese estado de cosas creado, no sólo se beneficiaron los pobres y aquellos que padecían de grandes injusticias, sino que se agregaron los delincuentes y facinerosos, especie de cuervos que esperaban la carne predilecta. Pero, paradójicamente, de ese movimiento sangriento y amparado por los conceptos de una moral superior nacieron los principios, que más tarde consolidaron una jurisprudencia más digna; la soberanía popular por la doctrina de la Democracia.

¿Cuántas veces surgen del pueblo, individuos inexpresivos, que se proyectan en medio de las tropelías sangrientas, ávidos de glorias mundanas y festejados por las multitudes tontas, dominados por una paranoia peligrosa? Serviles, incultos, tímidos, enfermos, frustrados, miserables e impotentes, después se vuelven monstruos, bárbaros, impiadosos, cínicos, irascibles, brutos, orgullosos y cuando son llevados al poder, pasan a desahogarse, cometiendo los mismos vejámenes y resentimientos que acumularon durante sus días inexpresivos y desfavorables.[9]

---

8 *Nota del Médium:* A través de un comunicado mediúmnico, emitido por una entidad espiritual, muy reconocida por la generalidad, dice que Hitler en la vida pasada fue David y que dirigió grandes legiones de vándalos, cuyas fechorías y hecatombes apenas registra la biblia. Pero, conforme a la ley, aquel "que con hierro hiere con hierro será herido", su espíritu retornó a la tierra en Alemania y bajo la égida del Karma abrió las compuertas del sufrimiento redentor a sus compinches y soldados que dirigió otrora y que cumplían fielmente sus bárbaras órdenes. Así, los judíos que exterminó este siglo en los campos de concentración, habían vivido con él y eran los afectuosos cómplices y foragidos que impiadosamente flagelaban horrendamente a los pueblos vencidos. Como ejemplo de esas barbaries, cometidas por el rey David y sus ejércitos, en aquel pasado, ver lo que se encuentra en los ***Libros de los Reyes;*** Libro *2Q,* cap. XII, vers. 31 que transcribimos: "Y trayendo al pueblo de ella lo aserró e hizo pasar sobre ellos carrozas con hierros, y los partió con cuchillos, y los traspasó a semejanza de ladrillos; así lo hizo con todas las ciudades de los hijos de Ammón. Y volvióse David, y todos sus ejércitos a Jerusalén".

9 *Nota del Revisor:* Es el caso de Hitler, pues en su juventud fue un individuo

Mientras tanto, a Jesús siempre se le conoció como una criatura pacífica, de actividades claras y honestas, aclarando, que su "reino no era de este mundo". Durante su vida terrena no practicó actos de rebeldía, venganza o crueldad que lo nivelase a la conducta de los hombres despóticos y belicosos. Su buen sentido permitía aconsejar a los hombres de "dar al César lo que es de César y a Dios, lo que es de Dios"; su autoridad espiritual merece el culto de todas las escuelas espiritualistas del mundo que le mantienen en sus memorias como un elevado Maestro. Los esoteristas, teosofistas, rosa-cruces y yogas, reconocen a Jesús como una entidad liberada del yugo kármico, un "Avatar" o Instructor Espiritual de alta estirpe; en fin, un "electo" de elevada categoría sideral y de amplitud cósmica.

Fue un propuesto del Padre que trajo a la tierra el Bien por el Bien mismo, y no un simple "escogido" que pudo sembrar el Bien en medio de las luchas del Mal.

Pregunta: Si Jesús no era un sedicioso, ¿cómo pudo ser enjuiciado por las leyes romanas?

Ramatís: El sacerdocio judaico consiguió argumentar y juntar pruebas contra Jesús entre los propios seguidores y la turba que lo aplaudía en su entrada a Jerusalén lo incriminó como "sedicioso" ante Poncio Pilatos, Procurador de Roma en la Judea.

Lo prendieron como si fuera un malhechor común, a pesar de haber luchado con las armas de la ternura, bondad y amor. Pero, los verdaderos motivos de su crucifixión, cuyo holocausto el Maestro aceptó sin protestar, exige un capítulo especial en la presente obra.

---

enfermizo, ignorante, taciturno y pobre, tenía un mal comportamiento con sus amigos; sus trabajos eran rudos y humildes, como limpiar calles, cargar bultos, servir de albañil, cavar pozos o remover nieve, consiguiendo a muchas costas, la divisa de cabo en la cocina del ejército alemán. Sin embargo, cuando asumió el poder en Alemania, se vengó de todos los resentimientos que sufriera en su juventud por parte de la sociedad, de los militares y judíos especuladores. Dominado por la megalomanía, profundamente exaltada por un misticismo egocéntrico y mórbido que lo hacía suponer que era un predestinado para dominar y dirigir al mundo, sobrepasado en su furor paranoico, dio rienda suelta a su perversidad y venganza, causando la catástrofe bélica del año 1939, donde fueron organizados los diabólicos campos de concentración y las cámaras de gases, ¡para eliminar de la faz de la tierra a los judíos!

2.
Jesús y su descenso a la Tierra

Pregunta: Jesús de Nazaret, al ser un elevado instructor espiritual, ¿tuvo necesidad de providencias especiales para bajar o alcanzar su encarnación en la tierra, o ese acontecimiento obedeció a las mismas y comunes leyes que regulan la encarnación de los espíritus en general?

Ramatís: Los nacimientos de "Avatares" o elevadas entidades siderales en vuestro mundo, como lo fue Jesús, exigen providencias incomunes por parte de la técnica transcendental, cuyas medidas son ignoradas e incomprendidas por los terrícolas. Es un acontecimiento previsto con mucha antecedencia por la Administración Sideral,[1] dado que ese evento manifiesta una radical transformación en la espiritualidad de la humanidad. Hasta los" instantes de nacer esos selectos espíritus debe asegurarse el "descenso vibratorio" con los recursos de defensa y asistencia necesarios.

Además, para cumplir la misión excepcional en el plazo demarcado por la Dirección Superior, el plano de su encarnación prevé el clima espiritual que ha de favorecerlo en la divulgación del mensaje en la esfera física. De esa forma, encarnan con an-

1 Ver la obra de Ramatís, ***Mensaje del Astral,*** cap. "Los Ingenieros Siderales y los Planos de la Creación", que da una idea aproximada de la "Administración Sideral". De la obra de Chico C. Xavier, dictada por Emmanuel, ***Caminho da Luz,*** dice lo siguiente: "Rezan las tradiciones del mundo espiritual, que en la dirección de todos los fenómenos de nuestro sistema, existe una Comunidad de Espíritus Puros y Elegidos por el Señor Supremo del Universo, en cuyas manos se conservan los roles directores de la vida y de las colectividades planetarias".

ticipación espíritus amigos, fieles cooperadores que actualizan la difusión de las ideas, que han de ser nuevas, redentoras y recibidas de su magnífico Instructor en favor de la humanidad sufriente. Jesús fue un "Avatar", es decir, una entidad de muy elevada estirpe sideral, liberado de la rueda agotadora de las reencarnaciones educativas o expiatorias. Su encarnación no se procesaba como la generalidad de los espíritus primarios, que son atraídos hacia la carne por la predominancia del instinto animal. Los espíritus demasiado apegados a la materia, no encuentran ninguna dificultad para sus reencarnaciones, dado que existe en sí mismos la fuerza impetuosa del "deseo" que los impulsa hacia la materia.

Mientras tanto, Jesús, *El Sublime Peregrino,* al bajar a la tierra en misión sacrificial, sin culpas kármicas que redimir, tuvo que realizar un esfuerzo de voluntad muy grande en su conciencia para plasmar el deseo de retorno a la materia y conseguir los ligamentos con la carne, cosa que no hacía por muchísimos milenios. Para vencer la distancia vibratoria que existía entre su elevado reino de angelitud y el terreno y sombrío mundo, emprendió un esfuerzo indescriptible de "auto reducción" de su potencial, como la que debería ejercer el rayo del Sol para quedar aprisionado en una vasija terrena. Mientras que los espíritus inferiores son *arrastrados* naturalmente por las imperfecciones de los "deseos" que los incentiva hacia la vida carnal, ligándose a la matriz uterina de la mujer, obedeciendo apenas, al imperativo o instinto propio de su condición todavía animalizada.[2] En tales circunstancias, los técnicos siderales se limitan a vigilar el fenómeno genético de la Naturaleza. Son encarnaciones que obedecen a los moldes primitivos de las vidas inferiores, cuyos espíritus forman las "masas" inexpresivas de la humanidad terrícola. Aun después de desencarnados no tienen conocimiento de su estado porque todavía viven los deseos, las emociones y los impulsos de la vida psíquica rudimentaria. Sin duda alguna, que el Señor no los olvida en su programa evolutivo, orientándolos también, para alcanzar una conciencia espiritual más desenvuelta.

2 Según Buda, el elevado Instructor Espiritual de Asia, dice que "es en el deseo que se encuentra toda la causa del mal, de todo dolor, de la muerte y el renacimiento en la carne. El deseo y la pasión nos adhiere a las formas materiales y despierta en nosotros necesidades que nunca son saciadas. El fin elevado de la vida es eliminar del alma los potentes torbellinos de los *deseos*".

En el caso de Jesús, se trataba de una entidad emancipada, más allá de la evolución del sistema solar, era una conciencia de muy elevada espiritualidad, que no podía reajustarse fácilmente a la genética humana. Como hacía muchos milenios que no ejercía su poder espiritual sobre los planos intermediarios y la superficie terrena, necesitaba de un plazo bastante prolongado para efectivar su descenso a través de las carnadas o zonas intermedias de los planos que obedecen al periespíritu. Entonces, para alcanzar la materia en su forma más grosera tuvo que someterse a un proceso de reducción vibratoria periespiritual, para ajustarse al metabolismo biológico de un cuerpo carnal. Jesús no podía ligarse rápidamente a la sustancia grosera de la carne, antes que la Ciencia Divina le proporcionase el camino favorable y las providencias indispensables para un ajuste gradativo a la frecuencia común de la tierra.

Pregunta: Esas providencias que manifestáis, ¿fueron previstas con mucha anticipación?

Ramatís: En verdad, la manifestación de Jesús en vuestro mundo se efectuó de acuerdo a un plan minuciosamente previsto por la Ingeniería Sideral, donde se proyectaron las etapas de su descenso y necesidades en la vida física en lo tocante a la selección de los apóstoles y discípulos.[3] Todas las cosas fueron estudiadas para su ejecución en el "tiempo psicológico" para su mejor aprovechamiento en la estadía terráquea del Maestro junto a la humanidad. Pero, aunque la tarea mesiánica estaba muy bien preparada por lo Alto, Jesús tenía que concretarla con su capacidad, inteligencia, renuncia y aun por su resistencia orgánica para no sucumbir antes del plazo fijado. No debía someterse a un determinismo fatal que lo transformara en un simple autómata, movido por los "hilos" del mundo oculto, sino, por todos sus recursos espirituales a fin de cumplir el programa trascendente que aceptara en su conciencia.

3 ***Pregunta*** que se le hizo a André Luiz por parte de los espíritas: "¿Todas las reencarnaciones, aun la de los seres inferiores, obedecen a un plan detallado por parte de los administradores espirituales? ***Respuesta:*** Existen renacimientos casi automáticos, principalmente cuando la criatura permanece en contacto con la animalidad, pero se debe entender, que cuanto más importante es el encargue de su trabajo espiritual junto a la humanidad, más dilatado y complejo es el planeamiento de su reencarnación". Extraído de la *Agenda Espirita 1964,* pregunta N9 25, del Capítulo "Reencarnación" y "Entrevistando a André Luiz". Obra del "Instituto de Difusión Espirita Brasil", Araras, SP.

A pesar que le fueron programadas las fases de mayor importancia para su existencia terráquea, apenas fue, la coordinación de los hechos de mayor relieve respecto a la sustentación de la obra evangélica, sin anular su esfuerzo propio.

Con exactitud maravillosa en el "tiempo psicológico" programado por la Dirección Sidérea, Jesús, el Verbo de Dios, abrió los ojos a la vida humana en el planeta Tierra, y a medida que desenvolvía sus aptitudes en su cuerpo carnal, aumentaba paralelamente su responsabilidad espiritual. Felizmente, el mecanismo sideral funcionaba a gusto, aunque sus responsables enfrentaron problemas graves, imprevistos, como así también, las peligrosas celadas tendidas por los espíritus satánicos. Gracias al esfuerzo y dedicación, incomprensibles para los terrícolas, el Sublime Peregrino, descendido de las regiones paradisíacas, alcanzó el orbe terreno en el tiempo previsto. Asumiendo la posesión de su delicado instrumento carnal, Jesús inició su viaje mesiánico por el desierto de la incomprensión humana, terminando por sacrificar su vida para redimir a sus hermanos encarnados.

Desde la formación del planeta tierra los Sociólogos Siderales previeron en el esquema evolutivo del orbe, y en el tiempo exacto, el "descenso" de cada instructor espiritual, cumpliendo con los grandes eventos de la humanidad. Pero en el desarrollo de ese plan educativo y redentor marcaron la época de la conjunción de Saturno, Júpiter y Marte, en el signo de Piscis para la cobertura vibratoria que señalaría el descenso del mayor de los avatares, como lo fue Jesús. Entonces, la conjunción etérica de los tres astros ofreció en la bóveda celeste un "tono vibratorio" o suavidad astralina que predisponía a los hombres a la expectativa de "algo" sublime y lleno de esperanzas. El excelso esponsalicio de Jesús con la tierra, en esa época, y la efusión etérica, astralina y mental de las humanidades evolucionadas de esos planetas, esparcían una vibración espiritual de naturaleza pacífica, de tierna emoción y misteriosa ansiedad sobre los hombres.

Un manto de fluidos puros y desconocidos, de dulzura incomún se posaba sobre la superficie de la tierra; un extraño y sedativo aroma se esparcía sobre la humanidad, despertándole un sentimiento expectante y que a su vez, serenaba los instintos inferiores en las criaturas más sensibles. A medida que Jesús se fue haciendo notar, espiritualmente en la superficie de la tierra y catalizaba con su infinito Amor el delicado fluido cósmico que afloraba por la vía interna del orbe, producía una vibración armoniosa e incomún en el corazón de los hombres.[4]

En realidad, se cumplía la profecía; el "Avatar", el Mesías, anunciado tantas veces por los profetas del Viejo Testamento, alcanzaba la superficie material después del inconcebible esfuerzo de autoreducción, a través de algunos siglos, para comenzar su peregrinaje sacrificial para la redención de los terrícolas.

Pregunta: ¿Era necesario que hubiera una conjunción planetaria, como la de Saturno, Júpiter y Marte, para que Jesús encarnara en la tierra?

Ramatís: La eficiente organización de los hombres es una insignificante palidez, ante la más sencilla de las disciplinas determinadas por la Administración Sideral de los orbes, sistemas solares y galaxias del Cosmos. El "acaso" no se conoce en las obras creadas por Dios. El aforismo popular de que "no cae un solo cabello de vuestra cabeza, sin que Dios no lo sepa", explica, que todos los fenómenos de la Vida están sometidos a una disciplina inteligente en la creación del Universo. Si la "caída de un cabello" no sucede por el acaso, es imposible imaginar la complejidad, la extensión de los esquemas, detalles y planos elaborados hace billones de años por lo Alto a fin de prever y disciplinar el descenso de los Instructores Espirituales hacia la tierra en el momento exacto de su necesidad, progreso y redención de los encarnados. El encuentro planetario entre Júpiter, Saturno y Marte bajo el signo Piscis, fue la realización de una etapa debidamente prevista por los Maestros del "Gran Plan", hoy en ejecución. Y, los estudiosos del tema astrológico podrán verificar que en el año 748 de la fundación de Roma, casi 9000 años después de la civilización adámica se realizó la más grandiosa de las conjunciones planetarias de vuestro sistema solar en la bóveda celeste, producida por los tres planetas mencionados.

---

4 ***Nota del Revisor:*** Ver la obra ***Boa Nova,*** dictada por el espíritu de Humberto de Campos al médium Chico Xavier, en donde también señala esa influencia benefactora sobre la tierra durante el advenimiento de Jesús: "Como si el mundo presintiera una bendecida renovación de valores en esos tiempos, todas las legiones se entregaban sin resistencia. El gran imperio del mundo, como si estuviera influido por un conjunto de fuerzas extrañas, descansaba en una onda de armonía y de júbilo, después de tantas guerras seculares y tenebrosas".

Así fue calculado en su tiempo exacto, el esponsalicio del trío planetario que daría comienzo a la influencia renovadora, cuyo protagonista sería el Mesías, pues establecería sobre la faz de la tierra, un nuevo Código Espiritual de liberación para los humanos. Por eso, Jesús fue el elegido para entregar personalmente el Evangelio y enseñarlo a los hombres para que aprendieran a soportar los impulsos de la animalidad, con la finalidad principal de prepararse para el "Fin de los Tiempos", que ya estáis viviendo. En verdad, casi han transcurrido 2000 años de la crucifixión de Jesús y la humanidad vive en la época peligrosa y tan bien definida por Juan Evangelista, como la "Bestia del Apocalipsis".[5]

Pregunta: ¿Como sé previo la venida de Jesús a la tierra, hace tantos milenios?

Ramatís: La encarnación de Jesús fue prevista y fijada durante la elaboración del "Gran Plan" y que actualmente se halla en vigencia en el Universo. La Administración Sideral eligió un espíritu de la esfera de los "Amadores", que más tarde sería conocido como Jesús de Nazaret para que cumpliera con la misión redentora sobre la tierra en la época señalada. Repetimos que no existen sorpresas ni confusiones en el funcionamiento del mecanismo sideral del Cosmos; en consecuencia, fueron previstas y determinadas todas las etapas, detalles y conclusiones en la vida mesiánica del Maestro Jesús, el Redentor de los hombres.

Pregunta: En ese caso, toda la actividad de Jesús, de su familia, apóstoles y discípulos, ¿fueron hechos encuadrados rígidamente por la Administración Sideral en el esquema de su misión en la tierra?

Ramatís: La vida de Jesús no fue un automatismo, ni la consecuencia de una deliberación de lo Alto, imponiendo el Cristianismo de cualquier forma; sino, que los acontecimientos principales fueron esquematizados dentro de un plan de realizaciones espirituales, sin que fuese anulada la voluntad, el pensamiento y el sentimiento de sus participantes, encarnados o

5 "La Bestia Apocalíptica" representada por el alma global e instintiva de las manifestaciones indisciplinadas; actúa solapadamente en las criaturas negligentes y ajusta las emociones que incentivan la insanidad, la corrupción y la inmoralidad general. "La Bestia Apocalíptica", de la obra de Ramatís, ***Mensaje del Astral***, edición en castellano. Librería Kier S.A.

desencarnados. Espíritus selectos y escogidos fueron invitados a participar de ese programa mesiánico de beneficio colectivo, bajo la égida del Mesías, pero ninguno de ellos fue presionado en su libre albedrío.

Los apóstoles, discípulos y seguidores del Maestro Jesús, al servirlo en la sublime misión, también buscaron su propia renovación espiritual y se inmolaron para que floreciera el ideal superior, liquidando viejas cuentas kármicas, asumidas en el pasado. La sangre cristiana derramada para cimentar los fundamentos del Cristianismo les lavó las vestiduras periespirituales. Pedro fue crucificado, Esteban lapidado, Juan torturado y Pablo degollado; todo eso, a favor de la bendecida idea de liberación espiritual, cuyos destinos kármicos fueron previstos bajo la guía de Jesús, resplandeciendo en el holocausto mesiánico de la Era Cristiana.

Mientras tanto, Jesús, el alumno menos necesitado del banco escolar de la tierra, fue él más sacrificado, pues descendió a la materia con la esperanza de mejorar el padrón espiritual de sus queridos pupilos.

Pregunta: ¿Cuál sería la idea más acertada que podríamos tener sobre la Administración Sideral?, puesto que llegó a anticipar con seguridad los acontecimientos mesiánicos de Jesús. Si no era un automatismo, ¿en qué se basaban la eficacia del Evangelio, las reacciones y aptitudes del Maestro?

Ramatís: Así como podéis prever lo que han de realizar los grandes y geniales pintores y músicos, puesto que es propio de su naturaleza excepcional; obviamente, los Planificadores Siderales podían confiar en los acontecimientos de la misión de Jesús, en base a su elevado padrón espiritual, de porte angélico, inaccesible a deformación alguna. Como era el Mesías y el Instructor de la humanidad, también necesitaba discípulos y cooperadores decididos; como el genial compositor necesita de un buen instrumento para alcanzar éxito en sus composiciones musicales. Era un espíritu de elevada contextura sideral e incapaz de ser atraído por las ilusiones o tentaciones del mundo material.

Lo Alto no tenía dudas respecto a la tarea mesiánica de Jesús, pues le conocía su inagotable amor en favor de los hombres y la capacidad de inmolarse ante cualquier sacrificio y aún, ante la propia muerte. De ahí que escogieron para su obra los tipos psicológicos que lo rodearon durante su peregrinaje terreno, y en el momento oportuno le dieron amplio testimonio de fidelidad y abnegación en favor del mensaje sublime del Evangelio. Eran pescadores, campesinos, publicanos, criaturas fuertes y hasta imposibilitados de comprender el alcance de su participación en la obra, pero abdicaron de sus bienes y de la familia a fin de sustentar la difusión mesiánica.

Los intelectuales de la época jamás se arriesgarían al ridículo de admitir o divulgar las nociones simples y utópicas del Cristianismo naciente, que para colmo, era pregonado en medio de un ambiente lleno de codicias y odios, demarcando claramente la renuncia entre los esclavos y los señores, ricos y pobres, santos y prostitutas, cultos y analfabetos. Todo eso fue posible gracias a la pobreza y sencillez de los apóstoles, prevaleciendo en ellos la fuerza extraordinaria de una fe inquebrantable y la sinceridad pura, creando la savia indestructible para el crecimiento del árbol del Evangelio.

La actividad de Jesús fue prevista con seguridad en el mundo físico, sin preocupación anticipada por parte de los Maestros Siderales, porque su padrón angélico era una garantía, más que suficiente para profetizar su conducta, que rubricó con el testimonio inconfundible de su sacrificio en la cruz.

Pregunta: ¿Por qué motivo, todavía no hemos comprendido el verdadero significado de la pasión de Jesús?

Ramatís: Es una equivocación de la tradición religiosa considerar que el supremo sacrificio de Jesús consistió esencialmente, en su pasión y sufrimientos, que media entre la condenación de Pilatos y el holocausto de la cruz. Si el sacrificio del amado Maestro hubiera consistido en los azotes, en los dolores físicos y en la crucifixión injusta, entonces los leprosos, cancerosos, gangrenosos y demás sufrientes corporales deberían ser otros tantos misioneros gloriosos y elegidos para la salvación de la humanidad. Los hospitales gozarían de fama como los templos y serían verdaderos "viveros" de "ungidos" de Dios, capaces de salvar a la humanidad al dedicar sus dolores y gemidos lastimeros. Millares de hombres han sufrido tormentos muchos más atroces que los dolores físicos soportados por Jesús en aquel terrible viernes, sin embargo, no fueron consagrados salvadores de la humanidad.

Pregunta: En ese caso, ¿el mayor sufrimiento consistió en su dolor moral ante la ingratitud de nuestra humanidad?

Ramatís: Jesús, como sabio y psicólogo sideral, comprendía perfectamente la naturaleza psíquica de la humanidad, pues los pecados de los hombres eran frutos de su inmadurez espiritual. Jamás sufriría por los insultos, apodos, ingratitudes o crueldades, puesto que re-reconocía en los seres más ignorancia que maldad. ¿Consideráis, que los profesores de las escuelas primarias pueden ofenderse por las travesuras e insultos que pronuncian los niños en las aulas de estudios?

Jesús sufría ante la indiferencia que manifestaban los hombres, pues no comprendían el esfuerzo realizado para su propia felicidad. Su sacrificio y sufrimiento se debió al penoso y milenario descenso espiritual vibratorio para ajustar su psiquismo angélico a la frecuencia material del hombre terreno. La ley exige la reducción vibratoria aun para los espíritus de menor jerarquía a la de Jesús cuando deben realizar el autoesfuerzo para ligarse a la carne. Pero Jesús, aunque era un espíritu de frecuencia sideral vibratoria muy elevada, por amor al hombre, no eludió las terribles presiones magnéticas de los planos inferiores que debería atravesar gradativamente en dirección a la superficie del orbe.

Atravesó el plano mental, astralino y etérico para manifestarse con éxito en la contextura carnal y letárgica de la figura humana. Abandonando los planos hermosos de su reino de gloria, se sumergió lentamente en el océano de fluidos impuros y agresivos, producidos por las pasiones violentas de los hombres terrícolas y de los desencarnados del Más Allá.

Aunque se trataba de un ángel del Señor, la Ley Sideral lo obligó a curvar sus alas resplandecientes para recorrer solitariamente el largo camino de la "vía interna", hasta vibrar en la fase sombría del orbe terráqueo y entregar personalmente su Mensaje de Amor. El Sublime Peregrino descendido de los Cielos nos recuerda al mensajero terreno, que después del tormento que proporciona la agotadora caminata debe entregar la "carta de liberación" al infeliz prisionero, exilado de su Patria.

Los 33 años de vida física de Jesús significó el lapso de tiempo para entregar el mensaje espiritual del Evangelio, pues el período de tiempo para sumergirlo en los fluidos del orbe duró un milenio del calendario humano. Esa operación indescriptible de su descenso sacrificial en dirección a la tierra, en realidad, es su verdadera "Pasión", pues los ángeles que lo acompañaban y que permanecían a distancia por causa de su diferencia vibratoria, comprendían la magnitud del esfuerzo y sufrimiento de Jesús, cuando dejó su mundo de luces, plasmado de belleza para habitar en un cuerpo de carne para beneficio de los terrícolas.

Después de ajustar su cuerpo mental y reactivar el mecanismo complejo del cerebro periespiritual, consecutivamente Jesús predispuso el cuerpo astralino para vibrar al nivel de las emociones humanas. Alcanzó la supuesta línea divisoria entre el mundo invisible y la materia e hizo su estacionamiento final, incorporándose en el Éter Físico ectoplásmico para componer el "doble etérico" y los centros de fuerzas conocidos como "chakras",[6] que debería desenvolver y estructurar durante la gestación carnal. Seguidamente se integró definitivamente en la atmósfera del mundo físico, corporificándose más tarde, en un encantador niño.

El descenso vibratorio del Maestro para alcanzar el plano físico, fue una de las fases impuestas en base al amor que sentía por el hombre y para desempeñar brillantemente su misión redentora. No podéis siquiera tener una pálida idea, sobre aquello que llamamos las fronteras vibratorias que separan *v* disciplinan las variadas manifestaciones de la vida cósmica. Es muy grande la distancia o separación que existe entre un ángel y un hombre. Y, Jesús, siendo la más elevada entidad espiritual encarnado por su voluntad en la tierra, movilizó todos los recursos a su alcance para ejecuta/ fielmente el Divino Mandato de su tarea mesiánica.

Ante la imposibilidad de elevar el padrón vibratorio de los planos que existen entre la tierra y el cielo, el único recurso viable del cientificismo cósmico consistía en el "auto reducción" de los vehículos que debería incorporar gradativamente, como verdaderos eslabones subangélicos hasta alcanzar la carne.

El buzo, aunque descienda hasta el fondo del mar y no pierda su conciencia, queda circunscripto a la movilidad del

6 Ver las siguientes obras que tratan el asunto citado: *Los Chakras, El Cuerpo Astral, El Cuerpo Mental* y el *Doble Etérico* de Powell, obras editadas en castellano por la Librería Kier S.A. También trata específicamente este tema la obra de Ramatís *Esclarecimientos del Más Allá,* edición en castellano, edición Kier S.A.

medio líquido, reduciéndole su medio natural y capacidad de acción. Tal descenso exige una técnica especial y una previa adaptación a las leyes naturales del plano acuático en que debe actuar.

Jesús, cual golondrina debatiéndose en el agua viscosa de un lago, se dejó sumergir en el "mar" de la vida humana, ajustándose heroicamente a las contingencias sombrías del planeta. Si hubiera podido fijarse instantáneamente en el cuerpo físico, en vez de cumplir con el período de la gestación, sería lo mismo, que ¡aprisionar un rayo de Sol en una simple vasija de barro!

El Mesías, cuya aura era un inmenso haz de luz que envolvía a la tierra —donde su transfiguración en el Monte Tabor nos da una pálida idea— tuvo que trasponer las densas barreras fluídicas y enfrentar terribles bombardeos mentales y satánicos, soportando los efectos de la viscosa nube magnética del astral inferior que intentaba envolverle su aura espiritual. Vapores sádicos le alcanzaron el campo emotivo angélico en el torbellino de los arrasantes vendavales, que eran producidos por las pasiones tóxicas de la humanidad, todavía dominada por los instintos animalizados.

En sentido inverso, después del sacrificio en el Calvario, su retorno al mundo celestial fue un desahogo, la liberación de los fluidos groseros que lo retenían en la tierra.

Si Jesús no hubiera soportado sufrimientos acerbos en su descenso hacia la materia, es obvio, que habría sido insensible a las reacciones contundentes de la vida carnal y no hubiera sufrido durante su existencia mesiánica. El alma sublime, a medida que ingresa en los fluidos groseros de los mundos materiales — *para vivir y manifestarse* — también recibe los impactos, los efectos y las reacciones propias del ambiente hostil, pues no puede eximirse de la acción y reacción de las leyes físicas creadas por Dios en la dinámica de los mundos materiales.

La incredulidad de los espiritas y sus dudas se debe porque el esfuerzo del auto reducción de Jesús duró 1000 años para bajar a la tierra, cosa que impresiona mucho a los humanos. Un milenio del calendario humano, que espanta a la mente del hombre, se debe a la insignificancia de su periodo de vida, que es de 60 u 80 años de edad. Para quienes coordenan su existencia contando esas *hojitas humanas,* es demasiado extenso e inverosímil que Jesús haya invertido mil años para el descenso vibratorio y vivir apenas 33 años en la superficie del mundo terreno. Esa medida milenaria, que produce tanta impresión en el cerebro del hombre, no pasa de un fugaz minuto en el reloj de la Eternidad, pues los espíritus viven fuera del espacio y el tiempo de las convenciones terrenales. El descenso milenario de Jesús fue una simple etapa, prevista por la Técnica Sideral, debiendo el Mesías reducir su poder y conciencia angélica por amor a la humanidad, a fin de comparecer a la "escuela primaria" y entregar el mensaje salvador. Su peregrinación desde el Cielo hacia la tierra le resultó muy dolorosa y sacrificial, recordándonos al príncipe que deja su palacio para descender a los charcos donde viven los leprosos, réprobos y cancerosos, junto a los cuales no se puede dejar de aspirar su atmósfera asfixiante, ni tampoco evitar las rasgaduras de su hermoso vestido. Conforme a un viejo proverbio popular, se ajusta lo dicho anteriormente: "en medio de las espinas se destroza con más facilidad el traje de seda, que el protector de cuero".

A pesar de las dudas suscitadas por los protestantes, católicos y espiritas, ellos no pueden anular la diferencia vibratoria entre el mundo angélico y el mundo profano. Si Jesús hubiese querido encarnar nuevamente en la tierra, hace algunos milenios que habría comenzado su descenso vibratorio, obedeciendo a las leyes inmutables, como hace dos milenios le disciplinaron su encarnación mesiánica.

El descenso angélico de la Mente Divina hasta alcanzar la materia que da forma al mundo exterior, se disciplina por leyes que regulan ese acontecimiento, que es la expansión del Espíritu de Dios, fuera de Sí Mismo. ¿Por qué la manifestación de Jesús en la carne humana debería contrariar el ritmo cósmico de la Creación?

Pregunta: ¿La Biblia hace referencias que confirmen las aclaraciones que el hermano nos da?

Ramatís: Cuando Moisés terminó su misión y codificó la idea de un Dios único entre el pueblo hebreo, Jesús entonces estructuró los planes a seguir para su descenso a la tierra a fin de reajustar definitivamente las enseñanzas de sus predecesores. El profeta Isaías, tocado por la gracia del Señor y presintiendo ese "descenso vibratorio" del Maestro Cristiano, anunció lo siguiente: "Por cuanto ha nacido un chiquito para nosotros, y un hijo se ha dado a nosotros, y el principado ha sido puesto sobre sus hombros y será llamado su nombre, Admirable, Consejero, Dios Fuerte, Padre del siglo venidero, Príncipe de la paz. Se extenderá su imperio, y la paz no tendrá fin". (Cap. IX, vers. 6 y 7). Micheas, también alude al mismo hecho, diciendo: "Y tú, Bethlehem Epharata, pequeña eres entre los millares de Judá; de ti me saldrá el que sea dominador en Israel, y la salida de él desde el principio, desde los días de la eternidad". (Cap. V, vers. 2).

Pregunta: Hace muy poco, nos habéis dicho, que las almas sin grandes credenciales psíquicas, también encuentran dificultades para su descenso a la carne. ¿Nos podéis señalar cualquier obra mediúm-nica, dictada por espíritus de confianza y médium responsables que contribuyan para asociar los acontecimientos que demarcaron el descenso sacrificial de Jesús, en medio de los fluidos densos de nuestro planeta?

Ramatis: Reconocemos la excelente bibliografía espirita que existe al respecto y citaremos algunas obras mediúmnicas que nos inspiran confianza, preferentemente de la psicografía de Chico Xavier. En la obra VOLVÍ, dictada por el espíritu del hermano Jacobo, página 135,[7] el autor menciona a una centena de espíritus singularmente iluminados, que se hallaban sumidos en profunda concentración, explicando así: "Aquéllos son vanguardas de la pureza y la sabiduría, que suministran fluidos para las materializaciones de orden divino". En "Liberación", André Luís, en la página 41, línea 11, detalla idéntica escena: "Los donantes de energías radiantes, médium de materializaciones en nuestro plano (plano espiritual), se alineaban a lo largo en número de veinte".

Esas providencias técnicas transcendentales no se referían al nacimiento en la carne, sino para que se materializaran los Espíritus en el mundo astral, adyacente a la tierra, para efectuar cortas lecciones en la colonia designada por el nombre de "Nuestro Hogar". Aunque se trate de acontecimientos exclusivos del plano espiritual, debe llamarles la atención, que requieran complejos recursos y adaptación de las energías que sustentan el campo vibratorio accesible a las entidades comunicantes

---

7 ***Volví*** en castellano, editado por Bibliográfica do Brasil y distribuido por Librería KIER S.A. en Argentina.

de naturaleza superior. ¿Imagináis, entonces, qué afluencia de fuerzas y qué indescriptibles actividades siderales fueron movilizadas por lo Alto, para que Jesús pudiere reducir su vibración espiritual y su aura refulgente, para poder tomar el opresivo cuerpo de carne después del sacrificial descenso vibratorio?

Pregunta: ¿Podéis citarnos otros ejemplos a fin de asimilar conforme al conocimiento espirita, la reducción periespiritual que tuvo el Maestro Jesús para alcanzar el cuerpo carnal?

Ramatis: Evidentemente, la lectura de las obras mencionadas, detallan los fenómenos en cuestión y os darán las mejores elucidaciones para un estudio profundo. Pero, atendiendo a vuestra pregunta, recomendamos la lectura del Capítulo XIII de la obra "Misioneros de la Luz", donde se estudia el mecanismo de la reencarnación de una entidad que posee algunas prerrogativas a su favor. Citando pequeños pasajes de ese libro, indicamos la página 205, línea,[8] donde los técnicos se dirigen al espíritu de Segismundo, la entidad reencarnante, diciéndole: "Haga trabajar su imaginación creadora. Mentalice los principios de la condición fetal, formando en su mente el modelo adecuado". En la página 214, línea 20, leeréis: "Ahora —continuó el Instructor— sintonice con nosotros la forma preinfantil. Mentalice su retorno al refugio maternal en la carne terrena. Recuerde la organización fetal, hágase pequeñito. Imagine la necesidad que tiene de volver a ser criatura, para aprender a ser hombre". En la misma página, línea 32, el autor elucida: "La operación no fue breve, ni simple". Señalaba el esfuerzo realizado para que se efectuara la necesaria reducción. Es natural, que todavía no estamos en condiciones de comprender el proceso sideral sobre el descenso de Jesús, cuyo tiempo invertido en el calendario humano fue de un milenio para encarnar. Si una encarnación tan simple, como la relatada por los espíritus acreditados en el Espacio, a. través de las obras citadas, exige recursos y asistencia superior, ¿imagináis la actividad angélica durante un milenio, preparando y consolidando el advenimiento del Mesías hacia la

8 *Nota del Médium:* Ramatis, apenas nos indicó las páginas de las obras mencionadas y sus respectivas líneas, que copiamos para facilitar el trabajo. Para lo cual utilizamos las siguientes obras: *Volví* y *Nuestro Hogar* cuyo nombre en castellano es *La Vida en el Mundo Espiritual* editada en castellano por la Librería Kier S.A. Las otras obras son: *Liberación,* 2ª edición y *Misioneros de la Luz,* 4a edición, ambas en portugués-brasileño.

tierra? En la misma obra, página 217, línea 13, confirma esa asistencia superior, cuando dice: "En todos los lugares se desenvuelve la ayuda de la esfera superior, siempre que se halle en juego, el trabajo de la Voluntad de Dios. Debemos considerar, en tales circunstancias, que la ayuda resulta verdaderamente sacrificial. Las vibraciones contradictorias y subversivas de las pasiones descontroladas del alma, comprometen nuestros mejores esfuerzos...[8]

Pregunta: ¿Nos podéis señalar algunos conceptos mediúmnicos de vuestra confianza, que nos expliquen la necesidad de esa higienización de los fluidos ambientales?

Ramatís: Recurriendo nuevamente a las obras psicografiadas por Chico Xavier, citamos "Nuestro Hogar", cuando dice el autor espiritual, en la página 199, línea 1: "Todas las tareas de asistencia inmediata funcionan perfectamente, a pesar del aire sofocante, saturado de vibraciones destructivas". Y, en la línea 12: "A los fluidos venenosos de la metralla, se unen las emanaciones pestilentes del odio, ***haciendo*** casi imposible cualquier tipo de ayuda". Se trataba de una simple comisión de Espíritus en la tarea de ayudar en los campos de batalla en Europa, clasificada como un infierno de indescriptibles proporciones. Esa descripción, sobre las variadas vibraciones adscriptas a vuestro globo, puede servir para avalar el efecto que producía la masa mental odiosa y corrosiva de vuestra humanidad en la delicada textura periespiritual de Jesús, en su ensamble con los planos intermediarios de la carne.

En la obra ***Liberación,*** página 53, línea 36, el autor puntualiza muy bien, pero en menor escala, un descenso sideral por el cual se puede valorar el sufrimiento que ha padecido el Maestro Jesús. Dice el autor: "Nuestras organizaciones periespiríticas a manera de protectores confeccionados con material absorbente y por un acto deliberado de nuestra voluntad no deben reaccionar contra las bajas pasiones de este plano. Estamos en la condición de esos hombres que, por amor, descienden para trabajar en un inmenso lodazal a fin de ayudar eficientemente a quienes se adaptaron a ese medio por sus imperfecciones, siendo compelidos a cubrirse con las sustancias del charco, soportándolas con paciencia y coraje en medio de la influencia deprimente". En la línea 18 de la página 54 de la misma obra, se lee: "Llegó para nosotros el momento del pequeño testimonio. Mucha capacidad y renuncia es indispensable para alcanzar nuestro fin".

Creemos que es innecesario señalar otras obras para justificar el sacrificial descenso de Jesús a la tierra, cuando podéis avalar los grandes sacrificios que realizan los espíritus benefactores desencarnados, apenas para ayudar a sus infelices compañeros que se encuentran amontonados en los pantanos de los abismos inferiores del astral. Ningún hombre, jamás podrá valorar el prodigioso esfuerzo que realizó Jesús y el inmenso trabajo efectuado por la Técnica Sideral para que alcanzara la atmósfera opresiva del globo terráqueo y se manifestara en cuerpo físico ante los hombres perturbados por las pasiones y vicios insaciables. Su periespíritu delicadísimo sufría los bombardeos mentales de los terrícolas y la violenta ofensiva de los espíritus de las sombras, que intentaban impedirle la encarnación terrena, pues del éxito de la misma, dependía el debilitamiento de la dirección satánica ejercida desde el mundo oculto sobre los hombres.[9]

Jesús se vio obligado a movilizar las energías adversas y recomponer con la materia de cada plano su equipo periespiritual, que hacía mucho tiempo había abandonado por causa de su ascenso espiritual y que pertenecía a otros mundos hoy extinguidos. Realmente, tuvo que adensarse lo más posible para hacerse carne entre los hombres.

Pregunta: ¿Por qué motivo las religiones encubren y desconocen el "descenso" de Jesús en la forma que lo explicáis vos? El Maestro es conocido únicamente a partir de su nacimiento físico, peregrinaciones evangélicas y en el sacrificio del Calvario, resaltando al máximo su dolor y sufrimiento. Los católicos, sin embargo, creen en su resurrección y ascensión al cielo en «cuerpo y alma», pero no se refieren nunca al «descenso». ¿Qué nos decís?

9 En el ***Anuario Espirita de 1964,*** página 38 de "Entrevistando a André Luiz, los directores de la revista hicieron la siguiente pregunta al espíritu en cuestión: "Reencarnaciones de espíritus superiores, presididas por espíritus elevados, en el medio inferior, ¿están sujetos a represalias por parte de las organizaciones espirituales interesadas en mantener la ignorancia humana?" La respuesta de André Luiz se ajusta perfectamente a lo dicho por Ramatís, respecto al asedio de los espíritus de las sombras en el "descenso" de Jesús, cuando dice: "'Es natural que sea así. Recordemos lo sucedido al propio Jesús".

Ramatís: La Iglesia Católica no admite el ejercicio y la divulgación de la mediumnidad, conforme la acepta y estudia el Espiritismo y otros movimientos espiritualistas; entonces es lógico, que no pueda recibir ni entender las elucidaciones sobre el estoico descenso de Jesús a la carne. Apegada todavía al "milagro", cree en la absurda e ingenua historia que Jesús subió a los cielos en "cuerpo y alma", aunque eso sea desmentido por la disciplina e inmutabilidad de las leyes siderales que rigen las relaciones del espíritu con la materia. ¿Cómo admitir a Jesús subestimando la vestimenta refulgente de su alma angélica, para después sustituirlo por la opacidad de un cuerpo físico que retorna al reino celestial? ¿Por qué tendría que transportar hacia el Cielo un organismo de carne, cuya alimentación y exigencia fisiológica dependerían exclusivamente de la tierra? ¿Por qué buscar el vientre materno de María para generarse, nacer, crecer y después de adulto arrasar con las leyes comunes de la vida humana, para la absurda ascensión al Cielo en cuerpo y alma? Si Jesús hubiera podido realizar ese milagro se hubiera materializado en la tierra con el cuerpo de un adulto, antes de recurrir al proceso dificultoso de la gestación humana.

Los creyentes de esa ascensión instantánea, donde el Maestro Cristiano eliminó todas las sensatas leyes creadas en el Cosmos; tampoco podrían concebir su descenso vibratorio que duró mil años terrenos, pues si le fue tan fácil subir, debería ser mucho más fácil descender. Y, los religiosos dogmáticos, que todavía consideran que Jesús es el mismo Dios materializado en la tierra, no ven motivo alguno para que Él no pueda triunfar sobre las leyes del Universo.

Así como la criatura no se deslumbra al contemplar la luz de la lámpara eléctrica, también le cuesta comprender el mecanismo que utiliza la usina para promover ese fenómeno; lo mismo sucede con esos religiosos excesivamente místicos y afectuosos a las cosas sobrenaturales, dado que sufren inmensamente cuando deben admitir que Jesús se encuadró en el mecanismo de una técnica sidérea a fin de corporificarse en la tierra.

Pregunta: En nuestras investigaciones, hemos observado que la tesis sobre el descenso o auto reducción vibratorio del Espíritu de Jesús para alcanzar la tierra, es rechazada por los católicos y protestantes y ciertos sectores espiritas. Estos últimos, creen que el espíritu sólo sufre cuando se "limita" o "encaja" en el vientre materno, durante el periodo gestativo para reducir el periespíritu a la forma fetal. ¿Qué opináis?

Ramatís: Antes de elucidar vuestra pregunta, recomendamos la lectura de algunos pasajes de la obra ***Misioneros de la Luz,*** capítulo XIII, "Reencarnación", cuando el instructor Alejandro insistía de la siguiente forma con el espíritu de Segismundo, en el proceso de la reencarnación: "Ahora —continuó el instructor— sintonice con nosotros la forma preinfantil. Mentalice su retorno al refugio maternal de la carne. Recuerde la organización fetal, hágase pequeñito; imagine su necesidad de volver a ser niño para aprender a ser hombre".

Nos cabe hacer resaltar, que no se trataba de un espíritu de elevada jerarquía espiritual y todavía no se había producido el fenómeno de la gestación, apenas se estaba preparando al espíritu para la futura incubación uterina. En consecuencia, podemos imaginar lo difícil que fue el proceso de la encarnación del Divino Maestro Jesús.

3.
El descenso angélico y la caída angélica

Pregunta: ¿Qué diferencia existe entre el "descenso angélico" y la "caída angélica"? Nuestro interés, al haceros esta pregunta, es comprender con más fidelidad el aspecto del "descenso vibratorio" del Maestro Jesús.

Ramatís: El descenso angélico es cuando el Espíritu de Dios desciende vibratoriamente hasta el extremo convencional de la Materia, cuyo acontecimiento es conocido por los hindúes como el "Día de Brahma", resaltando el fenómeno de la creación en el propio seno del Creador. Es una operación que abarca todo el Cosmos, pero incomprensible para el hombre finito y esclavo a las formas transitorias. La caída angélica, se refiere específicamente a la precipitación o exilio de los espíritus rebeldes, que una vez reprobados en la tradicional selección espiritual del "Fin de los Tiempos" o "Juicios Finales", se trasladan de su morada hacia otros mundos inferiores. Los reprobos se colocan simbólicamente a la izquierda del Cristo —que es Amor— y emigran hacia otros planetas afines a su índole revoltosa y mala, a fin de repetir las lecciones espirituales que no eximió en su antigua morada y así recuperan el tiempo perdido mediante el trabajo educativo pero de orden más riguroso.

De ahí parte la leyenda de la "caída de los ángeles" que se rebelaron contra Dios; y después de expulsados del Cielo se transformaron en "diablos" decididos a atormentar a los hombres. Tales "ángeles" son espíritus de inteligencia bastante desenvuelta que dirigieron movimientos de cierta responsabilidad y fueron prepotentes en el mundo transitorio de la carne, donde por su excesiva intelectualidad causaron serios perjuicios al prójimo. Maquiavélicos, crueles o astutos, renegaron contra la rectificación espiritual espontánea y se opusieron con vehemencia a cualquier directriz redentora que les hiciera sufrir o exigiera renuncia absoluta, como es perdonar o practicar el amor enseñado por el Cristo Jesús. Son obstinados, astutos y corajudos, pero profundamente egoístas; jamás ceden en su orgullo y reniegan a cualquier principio crístico del mundo angélico. Su concepto radical y terminante es el siguiente: "El mundo material pertenece a los hombres y el Cielo a los Ángeles". Entonces, no ceden en sus posiciones y se pierden por obstinados, pues si la razón les da la medida del mundo de las formas, desgraciadamente les elimina el sentido intuitivo de la realidad espiritual. Los "ángeles caídos" son espíritus rebeldes a cualquier insinuación redentora que les hiera el orgullo y les debilite la personalidad humana.

Cuando están encarnados utilizan su apreciado talento para demoler, las instituciones y los movimientos que exaltan las virtudes del alma y que fortalezcan la directriz angélica; cuando están desencarnados, se afilian a cualquier empresa satánica del mundo astral inferior, siempre que tengan por objetivo, combatir a las legiones del Cristo. Cada vez se perjudican más por su obstinación furiosa contra los poderes angélicos constituidos y se endurecen en sus sentimientos ante la rebeldía de aceptar el beneficioso proceso kármico de redención a través del sufrimiento o de la humildad. En verdad, su rebelión interna obedece únicamente por no adherirse incondicionalmente a la ternura, tolerancia y al amor pregonado por Jesús.

Después de exilados hacia los mundos inferiores, sometidos al tradicional proceso selectivo del "Fin de los Tiempos", esos "ángeles caídos" terminan cediendo en su estructura personal y orgullosa, ya sea destrozados por las pasiones devoradoras o los vicios incontrolables. Destruido el paredón granítico de su vanidad y orgullo, comienza a resurgirías la luz angélica que palpitaba en lo intimo de su alma. Esa emigración de ángeles caídos o espíritus rebeldes, de un orbe superior hacia otro inferior, evita el peligro de la saturación satánica en el ambiente astralino de las humanidades, porque una vez eliminada la carga nociva vuelve asumir posiciones la vida espiritual superior, tal como reviven las flores de los jardines cuando se les quita el yuyo maligno.

En consecuencia, tiene fundamento la leyenda bíblica de los "ángeles caídos", aunque algunos la confunden con el "descenso angélico", que es muy diferente, dado que se refiere a Dios cuando crea los mundos planetarios y se manifiesta exteriormente en el ciclo denominado "Gran Plano Creador".[1]

Pregunta: Considerando que el descenso de Jesús fue muy dificultoso; el proceso de retorno a su mundo angélico, después de su desencarnación en la cruz, ¿qué características manifestó?

Ramatís: El Espíritu Superior cuando desciende se doblega a la carne por la reducción de su energía periespiritual, y cuando desencarna, retorna a sus páramos de luz en un proceso totalmente inverso, que es la aceleración de las energías. En el primer caso, es el aprisionamiento opresivo en la forma, y en el segundo, la liberación para reasumir su condición natural y superior. Jamás se puede comparar la ascensión o retorno espontáneo de Jesús a su mundo angélico, operación sumamente fácil y liberadora, con el descenso vibratorio, tan difícil y tormentoso.

Como la Técnica Sideral no podía elevar la frecuencia vibratoria de los planos inferiores hasta el nivel energético que poseía el espíritu de Jesús, lógicamente, que debería producirse gradativamente la reducción periespiritual del plano superior hacia el plano inferior, hasta dejarlo ajustado al capullo de la carne. Esa operación sideral reductora, implica la incorporación sucesiva de las energías inferiores y letárgicas en la vestidura resplandeciente de la entidad en descenso. Aunque sea un ejemplo incorrecto, os recordamos que el buzo, además de colocarse la escafandra pesada y opresiva, aún queda circunscripto a la

1 A nosotros nos parece, que el consagrado profesor Pietro Ubaldi, autor la *Grande Síntesis,* confundió la caída angélica con el descenso angélico en su obra *Dios y el Universo* (Cap. V, pág. 64, 1ª edición brasileña). Conforme dice Ramatís, en el descenso angélico, "Dios desciende hasta la fase materia y crea el Universo exterior de las formas; pero en la caída angélica, los espíritus reprobados en la selección espiritual de sus correspondientes mundos, necesitan repetir las mismas lecciones, pero en orbes inferiores hacia donde son exilados". Aseguramos, que el conocimiento espiritista de la reencarnación sería suficiente para que Pietro Ubaldi ajustara su tesis. Aconsejamos a los lectores que examinen los excelentes artículos de Henrique Rodrigues en la *Revista Internacional del Espiritismo,* números 7 al 10, del 15 de julio y 15 de noviembre de 1956, como el análisis de Edgar Armond, publicado en el *O Semeador,* Nº 140, de junio de 1956, órgano de la Federación Espirita Brasileña de San Pablo, que presenta el asunto de la caída de los ángeles, en base a la obra *Dios y el Universo* de Pietro Ubaldi.

densidad del medio líquido donde debe trabajar. Creemos, que es bien pronunciada la diferencia del buzo que trabaja oprimido, y el hombre que se mueve con toda libertad en un ambiente oxigenado, dispensado de los complicados aparatos.

A pesar de todas las dificultades que enfrentó Jesús debido a su elevada naturaleza espiritual, el Sublime Amigo del Hombre, no eludió el sacrificio de dejar su mundo de Luz para someterse a las leyes y a las fuerzas esclavizadoras del planeta Tierra.

Pregunta: Conforme a vuestros relatos, deducimos que Jesús todavía continuaría sufriendo los impactos vibratorios y hostiles del mundo material, si su estado angélico no lo inmunizara contra las reacciones de los planos inferiores. ¿No es verdad?

Ramatís: Es obvio que en su excelso "habitat", Jesús no sufre el impacto de las fuerzas inferiores, puesto que las mismas sólo tuvieron acción coercitiva cuando vivía en la materia. Su padrón angélico lo hace inmune a las frecuencias vibratorias groseras, así como el polvo no afecta a la luz del Sol y las ondas hertzianas no se deforman en el impacto con el charco. Los seres como Jesús, cuando se encuentran en libertad espiritual, son un inmenso campo áurico de luz y de efluvios crísticos que alientan y purifican a los seres inferiores que toman contacto con ellos.

Sin embargo, en su descenso espiritual hasta la materia, tuvo que nivelarse a las vibraciones contundentes de los planos inferiores que iba alcanzando.

4. La "Gran Planificación y el calendario sideral

Pregunta: ¿Podéis explicarnos detalladamente, qué es una "Gran Planificación" para perfeccionamiento de los mundos y sus humanidades?

Ramatís: En la obra "Mensaje del Astral" de nuestra autoridad hemos descrito minuciosamente el objeto de vuestra pregunta, pero os daremos nuevamente una breve síntesis del asunto.[1] Una "Gran Planificación" o "Manvantara" de la tradición hindú, significa una "pulsación" o "respiración" completa de Brahma, o de Dios, siendo considerado el "tiempo exacto" que el Espíritu Divino "desciende" hasta formar la materia, para después disolverla nuevamente y volverla a su expresión anterior. Una de esas Grandes Planificaciones abarca el génesis y la desaparición del *Universo* exterior, comprendido en el término de 4.320.000.000 años terrenos y se subdivide en dos periodos de 2.160.000.000 años denominados: el "Día de Brahma", cuando Dios *expira* o comienza el descenso angélico hasta alcanzar la última fase de la materia o "energía condensada"; la "Noche de Brahma" es cuando Dios *aspira* o disuelve el Cosmos exterior constituido por las formas. Cada fase llamada "Día de Brahma" y "Noche de Brahma" insumen el tiempo de 2.160.000.000 años terrestres, sumando ambas arrojan el total de 4.320.000.000 años en cuyo tiempo DIOS completa una "Pulsación" o "Respiración", subentendidas por la mentalidad

1 En la obra citada, ver el cap. "Los Ingenieros Siderales y el Gran Plano de la Creación", donde se aclara con bastante precisión lo que debe entenderse por una Gran Planificación, o "Respiración" de Brahma.

occidental ocultista como "una Gran Planificación de la Creación Eterna".[2]

Asegura vuestra ciencia que el Universo se halla en continua expansión; asemejándose a una gigantesca explosión que se expande en todos los sentidos. En verdad, es una imagen bastante aproximada a la realidad, mientras tanto, como el tiempo en vuestro mundo es relativo al calendario humano, no podéis evaluar esa explosión en la eternidad de la Mente Divina. Para Dios, ese acontecimiento entre el comienzo y el término de la explosión es tan instantáneo, como el explosivo terreno que revienta en un segundo de tiempo. Desde los antiguos iniciados Vedas y los Instructores de la dinastía de Rama, ese tiempo inherente a la expansión, que es justamente cuando Dios crea y después disuelve el Universo exterior, es conocido por "Manvantara", que significa un período de actividad, pudiendo concebirse en Occidente como un "Gran Plano" o "Respiración" completa del Creador, dividido en el diástole y sístole cósmico.[3] En suma: aquello que para Dios sucede en el "tiempo" simbólico de un segundo terrestre, para nosotros, sus criaturas, abarca 4.320.000.000 de años terrestres. Significa para Dios, la misma

2 Conforme a los Vedas, "una respiración o pulsación macrocósmica de Brahma o Dios corresponde a una respiración microcósmica del hombre". Loshindúes también acostumbran a definir por Manvantara a un período de actividad planetaria con sus siete razas.

3 *Nota del Revisor:* Bajo admirable coincidencia, cuando reveíamos las pruebas del presente capítulo, nos sorprendimos por el artículo "Universo en Expansión", de Mendél Creitchmann, publicado en el diario *O Estado de Paraná* del día domingo 17 de enero de 1965, cuyo texto de interés transcribimos: *Universo en Expansión* – La solución de Friedman, matemático ruso, que estudia las ecuaciones de Einstein acerca del universo, condujo a la posibilidad de un Universo en expansión o contracción. Como relatamos en el capítulo anterior, ese matemático descubrió un engaño en la solución final de las ecuaciones sobre el universo elaboradas por Einstein. Uno de los tipos de universo que las ecuaciones indican, es lo que se llama Gamow de *pulsante*.

Admite ese modeló, que cuando el universo alcance una cierta expansión, máxima y convencional, comenzaría a contraerse de nuevo. La contracción avanzaría hasta que la materia fuese comprimida hasta una densidad máxima, posiblemente la del material nuclear atómico, que es una centena de millones de veces más denso que el agua. Y, nuevamente volvería a expandirse, continuando esos ciclos hasta el infinito".

Hosannas, pues, a los viejos Maestros de Oriente, que hace más de 4.000 años vienen enseñando el "Universo Pulsante" a través de los Manvantaras, de la Gran Respiración o Pulsación de Brahma, o Dios, cuya diástole y sístole cósmica corresponden exactamente a la concepción del Universo en expansión y contracción, de la nueva teoría científica de los astrónomos modernos. Poco a poco se aclaran los símbolos de la escolástica hindú, y gracias a la cooperación de la propia ciencia académica se levanta el "Velo de Isis" y surge la enseñanza ocultista oriental con toda su preciosidad y exactitud científica.

sensación que vosotros tenéis sobre los fuegos de artificios. El Cosmos, eliminando la idea del tiempo y el espacio es una especie de noche eterna y "mágica" de infinita y policrómica belleza, que transcurre bajo la visión de los Espíritus Reveladores de la Voluntad de la Mente Creadora de los Mundos.

El Universo es la sucesión consecutiva de los "Manvantaras" o "Grandes Planos" substituyéndose los unos a los otros, dando lugar a la formación de las conciencias individuales, totalmente ignorantes y puesta en la corriente evolutiva de los ciclos planetarios; despiertan, nacen, crecen, se expanden, absorben el "bien" y el "mal" relativos a las zonas donde se estacionan y después, conscientes de su próximo destino, alcanzan el grado e la angelitud. De esa forma, los espíritus angélicos, cuales conciencias participantes del Gran Plano, pasan a orientar y "guiar" a sus hermanos, almas "infantiles" que van a surgir en el próximo Gran Plano o "Manvantara". Esta es la Ley Eterna y Justa; los "mayores" enseñan a los "menores" a conquistar su propia Ventura Inmortal.

La conciencia espiritual del hombre a medida que crece esféricamente, diluye los límites del tiempo y el espacio para actuar en otras dimensiones indescriptibles; abarca cada vez más, la magnificencia real del Universo en sí misma y se transforma en Creador de otras conciencias menores en su propia Conciencia Sideral.

La criatura humana que vive sujeta al simbolismo del tiempo y el espacio, necesita un punto de apoyo para afirmar su mente y poder comprender algo de la creación cósmica y de la existencia de Dios. Los Grandes Iniciados han simplificado bastante esa dificultad, componiendo diagramas especiales, graduando a las diversas fases del descenso del espíritu hasta la expresión: materia. Así es el caso de los "manvantaras" o Grandes Planos, donde se conjugan los ritmos importantes y creadores que ayudan al entendimiento del hombre, a fin de hacerle sentir el proceso inteligente de su propia vida. Es una reducción accesible al pensamiento humano, aunque un poco distante de la realidad Cósmica, pero es la expresión gráfica más fiel y aconsejable. Los hermetistas, hinduístas, taoístas, yogas, teosofistas, rosacruces y esoteristas han norteado sus estudios con bastante éxito, con la ayuda de esos gráficos inspirados por los Mentores Siderales desde la extinguida Atlántida.[4]

De la misma forma, los Mentores Siderales necesitan basar los eventos de la Creación dentro de un programa de previsión disciplinada para que los acontecimientos de mayor importancia a suceder en los orbes planetarios, como el descenso de los Instructores Espirituales, se efectúen en perfecta concordancia con las fases evolutivas de las humanidades encarnadas. Aunque la vida angélica transcurra por encima de la idea o el simbolismo del "tiempo" y el "espacio" de las convenciones humanas, lo Alto precisa ajustarse a un esquema de control sideral, respecto a sus relaciones y determinaciones kármicas o evolutivas con los mundos materiales. En consecuencia, el prosaico calendario de la humanidad terrena que disciplina sus actividades, basadas en la traslación y rotación del planeta Tierra alrededor del Sol, no es más que una consecuencia del "calendario sideral" fijado por lo Alto para controlar los fenómenos del Cosmos.

Pregunta: ¿Podríais esclarecernos, con algún ejemplo objetivo, algo de ese calendario sideral con que los Directoras de nuestro sistema disciplinan los principales eventos de los mundos, como el descenso de Jesús para ejercer su misión sacrificial?

Ramatís: Si en vuestro planeta existe un calendario para adecuar los fenómenos y los hechos de la vida humana, dividido en pequeños ciclos llamados días, semanas y meses, y grandes ciclos denominados años, siglos o milenios, es evidente que la Administración Sideral también tiene su modo especial de marcar los acontecimientos que suceden en el Cosmos con relación a cada planeta y su correspondiente humanidad, dentro de una convención de "tiempo" y "espacio". Así como las principales fechas de vuestro país, como son Navidad y Año Nuevo, se encuentran debidamente determinadas en el calendario terreno para que no sufran inconvenientes en lo comercial, con las obligaciones religiosas, en los intercambios turísticos, estrenos artísticos, congresos científicos, etc., etc.; la administración de un sistema solar o la de un determinado orbe, que es mucho más compleja e importante que el control de las ac-

4 Ver *Mensajes del Astral*, cap."Los Ingenieros Siderales y el Plano de la Creación"; *La Sabiduría Antigua, de* Annie Besant, *La Doctrina Secreta,* de Blavatsky, *El Concepto Rosacruz del Cosmos,* de Max Handel, cuyas obras, aunque presentan esquemas y expresiones peculiares, ayudan a los lectores a una mayor receptividad sobre el proceso de la Creación y la Vida Inmortal.

tividades humanas, exige un sistema u orden que sea capaz de prever disciplinadamente todos los acontecimientos futuros de suma importancia. Como el hombre coordina el simbolismo del tiempo en su mente "finita" gracias a las tablas numéricas de su calendario, la Administración Sideral disciplina sus eventos cósmicos previendo, marcando y controlando los acontecimientos generales que deben transcurrir en el tiempo previsto por un "Gran Plano".

Los directores del Sistema Solar, o de la Tierra, también deben situarse en la idea del "tiempo" y "espacio" para interferir a su debido momento en las necesidades de los reajustes planetarios y para la intensificación espiritual de las humanidades de los mundos bajo su dirección.

He ahí, pues, el sentido de la Astrología. Ella es el calendario sideral y el marcador cósmico del que se sirve la Administración Sideral del orbe para señalar los eventos excepcionales, en perfecta concomitancia con el calendario dispuesto por el hombre. La ciencia académica poco agrada de los acontecimientos previstos en los esquemas zodiacales, pero ignora el mecanismo que disciplina el proceso astrológico. Hasta la Edad Media la Astrología fue considerada una Ciencia; pero, cuando el Clero se apoderó de sus bases científicas las entremezcló con las leyendas milagrosas, tan común a las fórmulas de las religiones en crecimiento, para terminar equivocando su verdadero sentido e interpretación. La Astrología es el espíritu de la Astronomía, dado que se manifiesta por su influencia fluídica y magnética en la composición de los signos, situaciones de los astros y conjunciones planetarias. Es necesario aclarar, que en ningún momento nos estamos refiriendo al comercio de los horóscopos, que señalan los días favorables para los "buenos negocios" o los días aciagos para los consultantes en concomitancia con la "buena dicha", peculiar de los gitanos.

El calendario sideral, cuyos "signos" significan los días comunes que suceden igual al ritmo limitativo y semejante al demarcado por la pequeña hojita humana; las conjunciones, serían las fechas excepcionales, remarcados por hechos muy importantes y menos frecuentes. La Astrología, como calendario sideral que limita el "tiempo" dentro del ciclo de la Creación y disolución del Cosmos material, permite a los Directores del Sistema Solar prever el momento en que se efectúan las modificaciones de la estructura de los mundos y los eventos evolutivos o expiativos de sus humanidades. Por eso, los ocultistas, yogas y astrólogos orientales conocen que el tiempo exacto de un "Manvantara", o "Gran Plano" del calendario sideral, comprende a 4.320.000.000 años terrenos en un proceso disciplinado alrededor de la tierra por la sucesión de los signos y las conjunciones astrológicas.[5]

Cuando la tierra se colocó bajo la suave influencia del signo de Piscis y de la conjunción de Saturno, Júpiter y Marte, fue el momento exacto en que nació Jesús, determinado y escogido por los Mentores Siderales. Lo cierto es que no hubo una mínima equivocación en el esquema sideral del Universo para que naciera Jesús bajo el signo de Piscis y de la conjunción citada anteriormente. Todo estaba previsto en los planos de la Ingeniería Sideral y en el transcurso del actual Gran Plano que estáis viviendo.

Pregunta: ¿Nos podéis dar un ejemplo de esa influencia astrológica, cotejándola con algún acontecimiento de nuestra vida en común?

Ramatís: Suponed que escogéis el día 24 de diciembre para efectuar el casamiento de vuestra hija. ¿Esa fecha la habéis escogido porque es el día 24, o porque os resultó más simpática? ¿Es un acontecimiento que obedece a la influencia del día o al de vuestra voluntad?

Así también sucedió con la Administración Sideral, que marcó la hora del signo de Piscis y la fecha de la conjunción de Marte, Saturno y Júpiter para que naciera Jesús sobre la tierra, porque tal "momento" correspondía con exactitud para que la humanidad fuera esclarecida y se "salvara" bajo el adoctrinamiento mesiánico de un Avatar. Los espíritus Directores del Sistema Solar conocedores de las condiciones morales, de los estados psicológicos y temperamentos de las humanidades planetarias que orientan, fijaron con trillones de años en antecedencia el "tiempo" exacto del descenso de Jesús a la tierra, la que, por una sabia disposición cósmica debería estar patrocina-

5 Ver la obra ***Mensajes del Astral*** los capítulos "Las Influencias Astrológicas", "El Signo de Piscis" y "Los Ingenieros Siderales y el Plano de la Creación", donde se elucida perfectamente este asunto.

da por el signo de Piscis.[6]

Por lo tanto, la conjunción de los tres planetas sería inevitable, aunque no hubiera descendido Jesús, porque era la consecuencia natural del esquema sideral y el mecanismo cósmico bajo la regencia de las leyes que regulan los ciclos, las aproximaciones y las revoluciones de los astros en el Cosmos.

Igual sucede con el ejemplo citado anteriormente, pues el día 24 de diciembre cumplirá su etapa dentro del ciclo previsto, con el casamiento de vuestra hija o sin él, que sólo fue escogido con agrado para vuestros sentimientos y objetivos personales. Insistimos en deciros que no hubo una preelección especial en lo astronómico en la conjunción de Marte, Saturno y Júpiter en el signo de Piscis, para presidir el "descenso" de Jesús a la tierra. Ese evento astronómico fue previsto y escogido en el tiempo del calendario sideral astrológico para atender las bases del acontecimiento importante del pasado y el futuro de la humanidad terrícola, la Era Cristiana. Dentro del esquema evolutivo de la tierra, cuando el signo de. Piscis (peces) fuera visitado por el famoso trío planetario, sería la época determinada o "momento divino", en que la Luz del Cristo Planetario afloraría por intermedio del sublime Jesús, a través de su sacrificio y ejemplo del Código Moral más perfecto que se haya conocido para la *redención* de los *hombres,* el Evangelio.

Pregunta: Comúnmente, los astrólogos predicen acontecimientos buenos y malos para nuestra humanidad basándose únicamente en la lectura de los astros y en su posición zodiacal, sin considerar en absoluto el calendario sideral, conforme nos informáis. ¿Qué nos podéis decir?

Ramatís: Realmente, no es necesario mucho conocimiento para los estudiosos de Astrología para verificar, que bajo la conjunción e influencia, de los astros favorables sólo ocurren hechos loables para la humanidad, como el nacimiento de Je-

6 El Sol hace la cobertura astrológica de un signo zodiacal en el plazo de 2.160 años exactos; un gran año astrológico es el pasaje del Sol por los doce signos que alcanza el plazo de 25.920 años. Dos millones de signos suman el total de 4.320.000.000 años terrestres, es decir, el tiempo en que transcurre un "Manvantara", "Pulsación" de Brahma o "Gran Plano" de la Creación de Dios. Gracias a la creación y a la disolución de la materia exterior en la composición de los mundos en el Cosmos, también se forman nuevas legiones de conciencias individuales, que surgen ignorantes, pero que luego alcanzan la angelitud en el transcurso de un "Gran Plano".

sús, el comienzo de la Era Cristiana, el renacimiento de las artes y de las ciencias o los prolongados períodos de paz. Mientras tanto, las situaciones astrológicas entre los orbes de fluidos discordantes o de mala combinación magnética, señalan acontecimientos indeseables que modifican el panorama del mundo y son llamados eventos trágicos, como son las revoluciones y guerras donde se matan hombres, mujeres y niños.

En general, los astrólogos toman el efecto por la causa y suponen que la buena o mala influencia de cierto astro, es el que determina los acontecimientos buenos o malos del mundo. Los hechos favorables o no, preconizados por los astrólogos se hallan determinados desde hace mucho tiempo. Esos acontecimientos surgen bajo tal conjunción o signo zodiacal, no impuesto por los astros, sino porque son acontecimientos kármicos previstos en el esquema de la Astrología. En verdad, los Directores Siderales fijan los acontecimientos buenos en concomitancia con las conjunciones o presencia de los planetas de buena influencia, así como los hechos trágicos suceden demarcados por las combinaciones astrológicas de mala infuencia. Resta, entonces, a los estudiosos investigar sobre las posiciones zodiacales y predecir el suceso a realizarse bajo el *don intuitivo* que se halla delineado por fuerza del progreso o el destino espiritual de los hombres.

El transcurso de ese calendario sideral, los "momentos" o "días buenos" alternan con los "días malos", tal como sucede con los días domingos y feriados que son agradables para los paseos, diversiones, excursiones o realizar visitas; y el año bisiesto o los días 13 que coinciden con los viernes, hace que los supersticiosos eviten los casamientos, mudanzas, negocios o conmemoraciones íntimas.

Pregunta: Ese campo magnético o astrológico, creado por la conjunción de Saturno, Júpiter y Marte, ¿de qué forma influyó el nacimiento de Jesús?

Ramatís: Las influencias astrológicas "predisponen" el temperamento o las iniciativas de las personas, pero no determinan ni "imponen" destinos, pues éstos están trazados hace mucho tiempo. Ellos suceden con la aparición de tal o cual astro o bajo determinado signo astrológico, porque así fueron previstos. No .son las combinaciones planetarias, como ser la influencia ascendente o descendente de algunos astros y signos astrológicos los que propician los "buenos" o "malos" presagios en la navegación marítima, en el transporte ferroviario, aéreo o automovilístico, como los eventos felices o las perturbaciones trágicas en las familias o en las sociedades humanas. Ellos marcan y predisponen los acontecimientos desde hace mucho tiempo, disciplinados por la Ley del Karma. No es la vida de tal o cual astro o el efecto de cierta conjunción planetaria la que desata los acontecimientos indeseables, sino la inexperiencia, la imprudencia, estulticia o embriaguez de los conductores de los vehículos terrestres, marítimos o aéreos los que promueven los desastres. Además, aunque los hechos trágicos parezcan ocasionales o imprevistos, también pueden haber sido trazados por la Administración Sideral debido a una coincidencia kármica. Entonces, se escogen y agrupan criaturas cuya ficha moral las condiciona a un determinado hecho, o accidente de rescate colectivo, encaminándolas para el pago de los débitos contraídos en existencias pasadas.[7]

Bajo cualquier aspecto planetario sea de buena o mala influencia astrológica, Jesús no dejaría de revelar su carácter formado y capacidad de renuncia a los bienes de la vida humana, porque esas cualidades eran las características de su alma evolucionada, ajena a los astros y signos astrológicos. Por eso, la conjunción planetaria de Saturno, Marte y Júpiter, bajo el suave signo de Piscis fue escogida y prevista en el calendario sideral para el magnífico advenimiento del Mesías. La buena influencia astrológica, al proporcionar fluidos sedativos y simpáticos, fue el estimulante para despertar los mejores sentimientos de la humanidad terrena. Por lo tanto, fue un feliz evento astrológico que catalizó sentimientos amorosos, pensamientos tiernos y pacíficos en los hombres, creándoles una predisposición bienhechora para mayor éxito de la Era Cristiana.

En aquella época, se extendió alrededor del orbe terráqueo un magnetismo de naturaleza superior, que activó las buenas

7 Es el caso del .incendio del Circo en Niteroi, donde murieron centenas de niños quemados, bajo el fuego devorador, los cuales, eran los mismos espíritus que hace algunos siglos, en Roma, habían contribuido para matar a centenas de hijos de familias cristianas en un festival macabro, en homenaje a cierto general romano. Y lo más importante, es que los responsables por el fuego del circo de Niteroi fueron los mismos espíritus, que en Roma, atizaron el incendio del picadero saturado de resinas donde se agrupaban las criaturitas cristianas. La Ley Kármica, también usó los mismos verdugos del pasado para punir a los culpables kármicos.

acciones en las personas predispuestas. Los espiritas y los ocultistas saben que la Vida es el resultado o. potencial de las fuerzas, que se manifiestan desde el mundo oculto hacia el exterior. La materia compacta para la vista de los humanos, es el resultado de un aglomerado de elementos invisibles, como son las moléculas y los átomos, los que se sub-dividen en electrones, positrones, radiaciones, ondas, neutrones, mesones, protones, etc. Hay billones y billones de átomos en una simple gota de agua, y si fuera ampliado hasta quedar al tamaño de la tierra, cada uno de sus átomos no sería mayor al tamaño de una pelota de fútbol. Actualmente, los cientistas más capacitados admiten la existencia de "campos mentales", formados por una energía distinta y superior, y además, dotada de impulsos inteligentes. Aquello que los viejos hindúes explicaban hace tantos milenios a través de sus compendios esotéricos, sobre la inmortalidad de la mente después de la desintegración del cuerpo carnal, los científicos modernos hoy lo aceptan como evidente, afirmando que el campo mental del hombre sobrevive.

En consecuencia, cuando los planetas toman determinadas posiciones en los signos astrológicos, son verdaderos condensadores de las fuerzas ocultas que se convulsionan, se incorporan, elévanse y vuelven a arremeter con todo su potencial en todas las direcciones. Lógicamente, la humanidad de un mundo físico sufre en su contextura etérica, astral y mental la acción de una carga semejante que fuera emitida por la humanidad del mundo que estuviera más cerca. Y, conforme sea el estado espiritual de los habitantes de ese mundo próximo, es natural que también acusará sus buenos o malos estímulos magnéticos. Indistintamente a la distancia física que separa a los astros, éstos se hallan interligados ocultamente por las fuerzas que emanan de todo el Universo y que fluyen en todos los sentidos.

Por consecuencia, si el planeta Júpiter durante su aproximación astronómica proyecta buena influencia magnética sobre la tierra, se debe a que su humanidad vibra con emociones y pensamientos de elevado tenor moral, pero también es evidente que los jupiterianos, en sentido contrario, han de sufrir el impacto violento de la carga desagradable emitida por las imperfecciones mentales de los tres billones de ciudadanos terrestres.

La conjunción Saturno, Marte y Júpiter, cuyo trío planetario transporta una carga humana, moralmente superior a la de la tierra, entonces produjo la unificación de fluidos sedativos que embebieron a vuestro mundo de saludable influencia y predispuso a los terrícolas hacia mejores sentimientos. Así, los hombres buenos, amorosos y pacíficos, bajo la influencia planetaria del suave manto de Piscis, volviéronse más predispuestos a la bondad, a la paz del espíritu, ternura y mansedumbre, transformando la atmósfera de Galilea en un campo psíquico favorabilísimo para el advenimiento de la Era Cristiana. También es evidente que los malos, belicosos e irascibles bajo tan buenas influencias se sintieron estimulados para mejorar sus impulsos animalizados.

Pregunta: Por tratarse de un asunto in común y dificilísimo para nuestra comprensión, gustaríamos que nos dieseis un ejemplo más accesible respecto a esa buena influencia astrológica.

Ramatís: Vosotros sabéis que el mes de diciembre, por ejemplo, con más previsión el día 25, se festeja el nacimiento del Maestro Jesús, entonces los pensamientos y sentimientos de los hombres se manifiestan con más ternura y menos instintivos. Es un día de "buena influencia" espiritual, puesto que impacta hasta los temperamentos más rudos y renace un júbilo grandioso en el alma de todas las criaturas. En vez de retomar los caminos del odio y alimentar las pasiones destructoras, la Navidad estimula las campañas de candad en beneficio de los huérfanos, de los viejos, de los pobres y sufrientes en general. Aunque muchos de los que siembran el bien en ese día, ya son portadores de sentimientos amorosos aun fuera de esa fecha, la conmemoración del nacimiento de Jesús predispone, influencia e incentiva los impulsos para avivar la realización de las acciones y hechos concretos de fraternidad.

Por eso, los sentimientos loables que les dominan, los gradúan espiritualmente, y reciben el impulso catalizador de la Navidad, encendiendo en los corazones anhelos de paz y amor hacia el prójimo, como fuera proclamado por Jesús. Ese día, todo coincide con algo superior que los hombres íntimamente poseen pues vibra en el aire la expectativa y las sorpresas de los presentes navideños y se renuevan las esperanzas para el año venidero. Por momentos, los adultos retornan a vivir la pasada alearía infantil. Los recuerdos conmovedores del niñito Jesús, las luces, los adornos en colores colgando de los pinos y la dulzura mística del establo, son invitaciones para los buenos sentimientos y elevadas acciones. Entre las familias se suaviza la tirantez doméstica, dado que deberán reunirse para la cena natalina, los padres, hijos, yernos, nueras, suegros y demás parientes, olvidan ese día los negocios, las especulaciones y las quejas para no rebajar la alegría de la fiesta. Los amigos Sé visitan y beben fraternalmente, se experimentan los dulces caseros y raramente, algunos se sobrepasan en el uso del alcohol, pero existe un tácito respeto espiritual por tan magna fecha.

Todo lo contrario sucede con la fiesta animalesca del carnaval. Allí el aire se infesta, las personas se vuelven belicosas, los tímidos y serviles se ponen a voluntad de la turba y protegidos por las máscaras y disfraces, abusan del cinismo y lanzan al exterior sus complejos recalcados durante los 365 días del año. El alcohol servido a granel, activa el instinto inferior del ser y lo ayuda a manifestar en el escenario del mundo, la torpeza, la malicia y la libidinosidad acumuladas por las convenciones sociales. En carnaval, la "mala influencia" del día estimula en el hombre el acervo heredado del animal, en contraste con la ''buena influencia" de Navidad, que sublima y calma la tara indeseable porque vibra solamente con las emociones de carácter espiritual. El carnaval es el catalizador psíquico de los peores deseos, como resentimientos del hombre; es el nivelador de las fronteras sociales; confunde al payaso innato con el ciudadano de buenas costumbres, pues ambos se disfrazan bajo la misma fantasía. En verdad, es la fiesta de la carne, mientras que la Navidad es la fiesta del Espíritu.

Transportando nuestro simple ejemplo hacia el campo sideral, también podemos decir que la Administración Sideral escogió el signo de Piscis y la conjunción de Saturno, Júpiter y Marte para señalar el advenimiento de Jesús a la tierra, porque esa feliz combinación astrológica y planetaria proporcionaba una influencia agradable sobre la humanidad. Finalmente, así como no escogeríais la Navidad para recordar los hechos trágicos, los Mentores Espirituales sitúan en su calendario sideral los eventos buenos, bajo las influencias astrológicas propicias y los malos bajo las combinaciones aciagas.

Pregunta: Considerando que Jesús era un Espíritu puro, ¿por qué no podía vencer la "impureza" de las vibraciones terrenas, sin el recurso de la buena influencia o de la higienización del aura del planeta, bajo las conjunciones astrológicas favorables? ¿Las vibraciones espirituales superiores no sobrepasan las frecuencias vibratorias inferiores del orbe terráqueo?

Ramatís: Repetimos: Jesús es un espíritu excepcional, un "Avatar", es decir, está más allá de los deseos y particularidades humanas; es la Entidad importantísima que sobrepasa al valor dado a una reunión de planetas circunscriptos a un sistema y con vida transitoria en el Cosmos. Además, cualquier hombre es mucho más importante para Dios que el más fabuloso sistema planetario, pues el hombre "piensa" y los planetas son la sustancia que apenas les sirve de morada. Esa combinación astrológica tan rara fue un toque psíquico estimulante para las criaturas en general, una vibración favorable para el éxito de las actividades cristianas. No fue establecida especialmente para ese fin, sino que fue "aprovechada" para el evento espiritual superior.

Por lo tanto, es incuestionable que la vibración espiritual de Jesús es muy superior al magnetismo cósmico o terráqueo "impuro" y jamás necesitaría depender de las situaciones planetarias favorables para ejercer su mesianismo redentor. El hecho que los Directores Siderales escogieran circunstancias y condiciones magnéticas favorables para su advenimiento en la materia, no implica considerar que para encarnar debía estar sujeto a esa manifestación, pues Jesús ya había realizado lo peor, es decir, había traspuesto la fabulosa distancia vibratoria que separaba su mundo espiritual con la pulsación letárgica de la materia. Jesús no era un pecador en busca de su redención espiritual en el mundo tierra, sino un sublime Instructor en misión de esclarecer a los terrícolas, obviamente que merecía la mejor asistencia posible para la consecución de su obra. Un profesor puede suministrar lecciones a sus alumnos, aunque sólo vista un ligero traje de lino en la rigurosa mañana de invierno, pero es muy lógico, que se habría de sentir mejor y produciría mucho más, si vistiera un grueso traje de lana. Jesús también podía enseñar con éxito a los habitantes de la tierra, aunque estuviera sumergido en un impuro campo fluídico. Mientras tanto, tratándose de un Maestro inconfundible y digno del mayor respeto, sus lecciones fueron más provechosas porque lo ALTO lo situó en un campo astronómico favorable a la sensibilización psíquica de sus alumnos terrícolas.

Además, lo *puro* o lo *impuro* en la concepción humana, son apenas dos palabras que intentan definir circunstancias relativas, cuya existencia no depende de tales palabras. ¿Qué son las palabras? ¿No es la tentativa del hombre para definir las cosas que existen y existieron antes de sus propias palabras?

Pregunta: Finalmente, ¿cuál fue la naturaleza característica de la influencia del signo de Piscis sobre Jesús, su obra y sus apóstoles?

Ramatís: Como un signo Hura 2.160 años y el advenimiento de Jesús se hizo liare 2.000 años, es decir, después de haberse iniciado el signo de Piscis; entonces la humanidad del Tercer Milenio ha de vivir bajo la influencia de otro signo, que ha de ser Acuario. Bajo ese signo los hombres tienden a desenvolver la mente y a consolidar infinitivamente las cualidades cultivadas bajo el signo de Piscis. El lenguaje poético de la Aerología dice así de los hombres nascidos bajo el signo mencionado; "son profundamente emotivos, irradian simpatía, aunque sean rudos o débiles; inquietos, se interesan por la vida psíquica; son receptivos a los mensajes elevados, hospitalarios y desinteresados; son románticos, soñadores y reconocidos como médium; sufren y se amargan cuando ofenden o perjudican a alguien; pueden hablar de primera intención sobre el ideal superior, pero corrigen sus indecisiones, y a veces lo hacen a costas de su propia vida".

Aunque consideremos que tales cualidades debieran ser el patrimonio de la generalidad de los individuos, antes de la influencia de un signo astrológico, como el de Piscis, lo cierto es, que tanto los Esenios como los Cristianos, se ajustaron perfectamente a esa definición. El signo de Piscis o de los Peces, dejó su marca inconfundible en los acontecimientos vividos por Jesús. El Maestro fue reconocido como el "Pescador de Almas" y sus primeros discípulos fueron pescadores; la seña que usaban entre sí era la figura de dos peces entrelazados: la propia Iglesia todavía conserva en las mitras de sus obispos la forma de una cabeza de pescado; y en Cuaresma prohíbe la carne, pero no al pescado. Los cristianos consideraban la figura del pez como símbolo de pureza genética por su modo de procrear, independiente de todo contacto directo entre el macho y la hembra y por su vida en el seno del agua, fuente principal de la vida y de donde el "hombre tendrá que renacer", en el lenguaje empleado por Jesús. Delante de Pedro, Jesús lo convidó para ser un "pescador de hombres y Francisco de Asís, su admirable discípulo, hablaba a los peces.

5.
Jesús de Nazaret y el Cristo Planetario

Pregunta: Conforme deducimos de vuestras palabras, ¿Jesús es una entidad y el Cristo otra? Tal concepción, ¿no crea más confusión entre los católicos, protestantes y espiritas, puesto que están convencidos de que Jesús y el Crista son la misma persona?

Ramatís: En nuestras sencillas actividades espirituales, nosotros transmitimos mensajes basados en instrucciones recibidas de los altos mentores del orbe. Por lo tanto, ya es tiempo de afirmaros que el Cristo Planetario es una entidad arcangélica, mientras que Jesús de Nazaret, espíritu sublime y angélico, fue su médium más perfecto en la tierra. El excesivo apego a los ídolos y a las fórmulas religiosas de vuestro mundo termina por cristalizar la creencia humana. Los dogmas imperantes retrotraen los raciocinios nuevos para no chocar con el sentimentalismo de la tradición. Las criaturas estratifican en el subconsciente una creencia religiosa, simpática, cómoda o tradicional y obviamente tendrán que sufrir bajo el imperativo del progreso espiritual cuando deban sustituir su devoción primitiva y sentimental por otras revelaciones avanzadas sobre la Divinidad. Los religiosos de tradición, herederos y repetidores de la creencia de sus abuelos y preferida por la familia, habituados a "adorar" y jamás a "pensar" se sienten amargados cuando tienen que abandonar las imágenes preferidas de su devoción y sustituirlas por otras extrañas.

Correspondiendo a la asimilación progresiva de los humanos, Dios primeramente fue devocionado por los hombres primitivos a través de los fenómenos principales de la Naturaleza, como el trueno, la lluvia, el viento, el mar y el Sol. Enseguida evolucionaron para la figura de los múltiples diosecitos del culto pagano. Más tarde, las pequeñas divinidades refundiéronse, convergiendo para la idea unitaria de Dios. En la India se honraba a Brahma y a Osiris en Egipto; Júpiter en Olimpia; mientras que los Druidas en su culto a la Naturaleza, cultivaban también una sola unidad. Moisés expresa en Jehová la unidad de Dios, aunque lo hacía bastante humanizado y temperamental, pues todos los sentimientos y emociones de los hebreos en el culto religioso, fundíanse con las actividades del mundo profano. Con la aparición de Jesús, la misma idea unitaria de Dios evolucionó hacia el concepto de un Padre pletórico de Amor y Sabiduría, que enseñaba por encima de las menudencias humanas, aunque los hombres lo considerasen un donador de gracias para sus simpatizantes y un juez inexorable para sus contrarios.

Tales ideas se expresaban conforme a la psicología, sentimiento y cultura de cada pueblo. Osiris, en Egipto, inspiró el culto de la muerte, mientras que Brahma, en la India, recibía homenajes fabulosos como la primera de la Trinidad divina del credo hindú. Pero, también estaba Moloc que exigía el sacrificio de pequeñas criaturas, y finalmente Jehová, entre los hebreos, era loado con el sacrificio de animales y aves, además de los valiosos presentes de sus devotos. Más tarde, el Catolicismo se definió por la idea del Creador en la figura de un viejito de barbas blancas, responsable por la creación del mundo en seis días, que daba órdenes desde los cielos, detrás de las nubes, pero sensible a las ofrendas de las velas, flores, incienso, reliquias y la ayuda necesaria para mantener el servicio divino en el mundo terreno. Actualmente, la doctrina espirita enseña que “Dios es la Inteligencia Suprema, la causa primaria de todas las cosas”, descentralizando la Divinidad del antropomorfismo.

No hay dudas que es bastante grande la diferencia entre la concepción espirita y los dioses mitológicos que presidían los fenómenos de la Naturaleza o se inmiscuían en la vida de sus devotos; pero aún existe diversidad en la fórmula sustentada por los espiritistas, confrontadas con otras explicaciones del ocultismo oriental. En verdad, esa idea de la pluralidad divina se fue atenuando con la evolución del hombre en la esfera de la Filosofía y en el campo de la Ciencia; pero, si esto le facultó para una mayor asimilación de la Realidad del Creador, también le aumentó su responsabilidad espiritual. Cuando el religioso tradicional intenta abandonar su viejo mito o desea modificar su idea formal de la Divinidad, que hace tanto tiempo conserva infantilizada bajo la protección del sacerdocio organizado, entonces sufre muchísimo; de la misma forma, sufren los adeptos de la doctrina espiritista ante la concepción de que Jesús es una entidad aparte del Cristo, Logos o Espíritu planetario de la tierra.

Lo más importante no reside en las convicciones sobre la creencia de cada uno en el camino recorrido por su evolución mental o espiritual, sino, en su comportamiento humano cuando alcanza un discernimiento exacto y real respecto a sus responsabilidades y en la forma de conducirse delante de Dios, cuya Ley Divina bendice a quienes practican el Bien y juzga a los que ejercen el Mal. Los hombres se aproximan a la realidad conforme se liberan de las creencias, pues éstas, ya sean políticas, nacionales o religiosas, separan a los hombres y los vuelve intolerantes. El ejemplo vivo lo tenéis en las refriegas suscitadas en los días festivos, cuando el deporte debía ofrecer motivos de acercamiento y júbilo entre los adeptos, pero éstos, no se conforman con los resultados caprichosos que el deporte impone y terminan agrediéndole, formando verdaderas harteras belicosas, cuando sólo tenía que brillar el espíritu devotado a los ejercicios físicos, como medio afectivo de reencontrarse los humanos. Entonces, el hombre vale por lo que es, piensa y hace, pues en general, la creencia resulta ser una fuga de la realidad.[1]

1 Transcribimos de la obra de Krishnamurti, ***La Primera y la Ultima Libertad***, en el capítulo XVI, "Sobre la Creencia en Dios", el siguiente texto que coincide bastante con el pensamiento de Ramatís: "Existen muchas personas que creen; millones creen en Dios y en eso encuentran consuelo. En primer lugar, ¿por qué creéis? Creéis porque os da satisfacción, consuelo y esperezas; y decís que esas cosas dan sentido a la vida. Actualmente vuestra creencia tiene muy poco significado porqué creéis y explotáis, creéis y matáis, creéis en un Dios Universal y os señaláis los unos a los otros. El rico también cree en Dios, pero explota impiadosamente, acumula dinero y después manda construir una iglesia para volverse un filántropo. Los hombres que arrojaron la bomba atómica sobre Hiroshima, dijeron que Dios los acompañaba; los que volaban desde Inglaterra para destruir a Alemania, decían que Dios era su copiloto. Los dictadores, los primeros ministros, los generales, los presidentes, todos hablan de Dios y tienen una fe inmensa en El. ¿Están prestando algún servicio, están haciendo mejor la vida del hombre? Las mismas personas que dicen creer en Dios devastaron la mitad del mundo, dejándolo en completa miseria. La intolerancia religiosa, divide a los hombres en fieles e infieles, conduciéndolos a las guerras religiosas. Esa es la muestra de nuestro extraño sentido de la política".

La mayoría de los espíritas, aunque posean nociones avanzadas de la realidad espiritual, aun se afectan cuando se les dice que el Cristo es un Arcángel Planetario y Jesús el Ángel gobernador de la tierra. El ángel todavía es una entidad que puede actuar en el mundo de la materia, cuyas posibilidades la misma Biblia lo simboliza por medio de los siete grados de la escala de Jacob; pero el Arcángel no puede dejar su mundo divino pata tomar contacto directo con la materia, pues abandonó definitivamente los vehículos intermediarios que le facultaría tal posibilidad. El mismo Jesús, Espíritu que todavía podía actuar en las formas físicas, tuvo que reconstruir las matrices periespirituales usadas en otros mundos materiales, hoy ya extinguidos, para poder encarnar en la tierra.

Pregunta: En base a esa distinción, puesto que Jesús es el intermediario del Cristo Planetario de la tierra, ¿gustaríamos que nos dieséis mayores esclarecimientos sobre el asunto?

Ramatís: Jesús, como dijéramos, no es el Cristo, pero si la conciencia angélica capacitada para recepcionar y cumplir a voluntad los pensamientos del Cristo en cada uno de los planos descendientes del reino angélico hasta la tierra. En su misión sublime, Jesús fue la "ventana abierta" hacia el mundo material, recibiendo del Cristo las sugestiones e inspiraciones elevadas para atender la salvación de las almas, que se estaban educando en la superficie terrena. Mientras tanto, Jesús también asciende ininterrumpidamente en base a la expansión ilimitada de su Conciencia y liberación definitiva de las formas de los mundos materiales y transitorios. Por lo tanto, es muy probable que en el próximo "Manvantara" o "Gran Plano" se gradúe en la escala arcangélica, y entonces participará directamente en la creación de los mundos bajo la inspiración del Arcángel, del Logos o del Cristo de vuestro sistema solar.

El Arcángel, el Logos o Cristo planetario de la tierra, cuya Luz es Esencia Vital en perfecta sintonía con la voluntad y el plano de Dios, alimenta el alma de la humanidad terrícola. Los hombres viven embebidos en su esencia sublime, por eso, sienten en lo intimo de su ser una dirección que los orienta constantemente para tomar mayores conocimientos espirituales en el mundo educativo de la materia. Las personas sensibles, los intuitivos y los inspirados, muchas veces identifican esa "voz oculta" que les habla silenciosamente sobre las bellezas que les espera una vez que dejen el cuerpo carnal. Así, el Logos, el Verbo o el Cristo del planeta tierra, en determinado momento pasó a influir directamente a su intermediario Jesús, ángel corporificado en la figura humana que trasmitía a la humanidad la Luz redentora del Evangelio.

Por lo tanto, el Cristo planetario no podía reducirse al punto de vibrar al nivel de la mentalidad humana o habitar la precariedad de un cuerpo carnal. ¿Quién puede colocar la luz del Sol dentro de una garrafa?

Pregunta: Los teosofistas dicen que los Arcángeles son entidades oriundas de un linaje aparte y que jamás vivieron la etapa material, cuya evolución sigue directrices diferentes a la de los hombres. ¿Esto es exacto?[2]

Ramatís: Jamás existieron dos medidas diferentes en el plano de la Creación y de la manifestación del Espíritu en peregrinación para adquirir su conciencia individual. La centella espiritual surge simple e ignorante en todas las latitudes del Cosmos, adquiere su límite conciencial situándose en las formas efímeras de los mundos planetarios, para después evolucionar a través del transformismo de las especies. El esquema evolutivo es uno solo; la sensación a través del animal, emoción a través del hombre, sabiduría a través del ángel, y el poder y la gloria a través del arcángel. Son condiciones inherentes a todos los espíritus, porque Dios no modifica el proceso de su Creación fuera del tiempo y el espacio. No existen dos especies de procesos evolutivos, donde unos progresan exclusivamente en el "mundo interno" y el otro iniciándose por el "mundo externo". La materia, conforme prueba la ciencia moderna, es "energía condensada"; en consecuencia, no tiene mérito alguno evolucionar apenas en el seno de la "energía libre" o desmérito al someterse a la disciplina letárgica de la "energía condensada". La evolución es fruto de una operación espontánea, un impulso ascendente que existe en el seno de la centella por fuerza de su origen divino. A medida que se consolida el núcleo conciencial, aun en el mundo del Espíritu, la tendencia expansiva de esa conciencia primaria es abarcar todas las cosas y formas, por cuyo motivo no se esta-

2 Ver la obra ***La Fraternidad de los Angeles y de los Hombres***, de George Hogdson. Obra editada por la librería Editora O Pensamiento.

ciona, en un momento dado, en los límites de las formas físicas, puesto que se hallan impelidas por el impulso creador de Dios. Así, el más insignificante átomo de conciencia espiritual creado en el seno del Cosmos, jamás podría anular el ímpetu divino que lo acciona hacia la amplitud, y consecuentemente para la condición arcangélica. Eso nos comprueba la Justicia, la Bondad y la Sabiduría de Dios, sin privilegios o diferenciaciones en la escala evolucionante del Espíritu en busca de su eterna ventura. Todo Arcángel fue hombre; todo hombre será Arcángel, esa es la Ley.

Además, la importancia de la vida del Espíritu no tiene nada que ver con la contextura de la instrumentación provisoria usada para despertar su conciencia, pero sí, todo aquello que despierta, acumula y desenvuelve en sí mismo, habitando la tierra o el Espacio. No hay milagros o subterfugios por parte de Dios; ninguna entidad espiritual, malgrado sea un Logos Solar, podrá enseñar, orientar y alimentar a las humanidades encarnadas, si no es una Conciencia absolutamente experimentada en aquello que pretende realizar. No habiendo "gracias" inmerecidas, ni privilegios divinos, obviamente los arcángeles también cursaron la escala sideral bajo el proceso adecuado a todas las almas o espíritus impelidos hacia su perfeccionamiento. Si un Arcángel e Logos Planetario puede ligarse al Espíritu de un mediador, como el Cristo lo hizo con Jesús, y siendo constante el progreso espiritual, más tarde o más temprano, el propio Jesús alcanzará la graduación arcangélica. Y cuando el espíritu del hombre alcanza la condición beatífica de un Arcángel, entonces es llamado "el Hijo Sideral"; es un Cristo, cuyo estado espiritual absoluto es el Amor, como la "Segunda Manifestación de Dios" o la "Segunda Persona de la Santísima Trinidad", aun tan mal comprendida entre los católicos y los protestantes, e injustamente criticada por los espiritas ortodoxos.

Así, el Logos o Cristo planetario de la tierra es la Entidad Espiritual, que actuando en la conciencia global de la humanidad terrícola, alimenta y atiende los sueños e ideales de los hombres. Es la Fuente Sublime, el Libado Sideral de Dios ofreciendo la Luz que vivifica; el "Camino, la Verdad y la Vida" en constante acción a través de la "vía interna" de nuestra alma. ¿No es verdad que la luz de vuestro hogar utiliza la fuerza del transformador más próximo, en vez de recurrir a la Usina distante? Dios, como "Usina Cósmica" y alimentador del Universo, legó a sus Arcángeles, transformadores divinos de Luz y de Vida el derecho y la capacidad de atender a las necesidades humanas en la superficie terrestre, ofreciéndoles la energía adecuada a la capacidad de cada ser para su beneficio ascencional. No existe desperdicio energético en el Cosmos, jamás la Divinidad ofrece un tonel de agua para el que sólo puede soportar el contenido de una copa. Los hombres suelen perderse por los laberintos oscuros del raciocinio buscando la Verdad y la Gloria a través de procesos complejos y esclavizando la Razón ante las formas transitorias, mientras a su lado se encuentra la copa de agua fresca del Evangelio, rapaz de saciar la sed humana. Mal comprenden ellos que Jesús codificó en lenguaje simple y de adecuada ejecución el Pensamiento y la Gloria del Cristo Planetario.

Pregunta: ¿Existe alguna referencia bíblica que nos indique que el Cristo es un espíritu planetario, y no el propio Jesús de Nazaret?

Ramatís: Conforme hemos dicho, cada mundo tiene su Logos o Cristo planetario, sea la Tierra, Marte, Júpiter, Saturno o Venus. De acuerdo a la graduación de sus habitantes o humanidades tendrán mayor o menor absorbencia del aura de ***su*** Cristo, que a veces, es señalado con bastante acierto por los astrólogos en el estudio de sus cartas zodiacales colectivas. Cuando más evolucionada es la humanidad de un orbe, más accesible es a la recepción y vibración espiritual de su Arcángel planetario, pues sienten íntimamente su influencia benefactora y tienden hacia las realizaciones superiores.

Mientras tanto, cuando llega la época tradicional del "Fin de los Tiempos" o de la selección espiritual en los planetas, promovidos para un mejor padrón evolutivo, se inicia la separación simbólica de las ovejas y los lobos, del yuyo y el trigo. Entonces, los espíritus reprobados son considerados como a la ***izquierda de su*** Cristo planetario, o sea, a la izquierda del Amor. Rápidamente son exilados hacia otros orbes inferiores, cuya vida inhóspita se afiniza a sus contenidos espirituales violentos, agresivos y despóticos, que es propio de una graduación inferior. Esa emigración constante de un mundo hacia otro generó la leyenda bíblica de la "caída de los ángeles", o espíritus talentosos, astutos y orgullosos que invierten las actividades del Bien por el abuso del poder y los privilegios en sus 'existencias planetarias.

Juan Evangelista, en el Apocalipsis, deja entrever sibilinamente que Jesús es una entidad y el Cristo otra, cuando dice: "Y oí una grande voz en el cielo que decía: Ahora ha venido la salvación, y la virtud y el reino de nuestro Dios, y el poder de su Cristo; porque el acusador de nuestros hermanos ha sido arrojado, el cual los acusaba delante de nuestro Dios día y noche", XII - 10. Juan se refiere, indirectamente, al Cristo Planetario de vuestro orbe de donde es arrojado Satanás, después de la profética selección espiritual, o sea, simbolizando la comunidad de espíritus rebeldes al Amor de ***su Cristo***.

Cuando llega la época de "Fin de Los Tiempos" o de limpieza astralina de un orbe, entonces comienza la emigración de los espíritus tenebrosos y rebeldes que infestan el aura y reducen la frecuencia vibratoria de la luz crística proveniente del interior. Una vez apartados, es obvio que el planeta se muestra menos denso en su contextura astralina, aflorando mayor cantidad de Luz de su Cristo planetario en el ambiente seleccionado. Esa operación dirigida por la Técnica sideral, Juan la enuncia en el Apocalipsis, cuando dice: "***el poder del Cristo fue restablecido después de la expulsión de Satanás***". Usando un ejemplo rudimentario, diríamos, que la simple providencia de limpiar el polvo acumulado sobre la pantalla de una lámpara, le permite proyectar mejor luz a su alrededor. Por eso, la "Segunda venida del Cristo" ha de ser realizada por la vía interna del espíritu del hombre, y no como lo describe la mitología religiosa, pues cuando más se sensibiliza la persona, mejor puede asimilar la luz espiritual de ***su Cristo***.

Por consecuencia, el divino Logos o Cristo planetario siempre actuó y lo hizo a través de Moisés, Krisnha, Isaías, Zaratustra, Zoroastro, Muda, Mahoma, Confucio, Fo-Hi, Anfión, Numú y otros tantos instrumentos humanos. Pero Jesús fue el mejor y fiel intérprete del Cristo planetario en la Tierra, pues al completar los 30 años de edad física, cuando bajaba sobre su cabeza la paloma simbólica del Espíritu Santo durante el bautismo efectuado por Juan el Bautista, Jesús pasó a vivir minuto a minuto, las faces mesiánicas del plano espiritual, trazado por su elevado mentor, el Cristo o Arcángel del orbe.

Pregunta: ¿Podéis indicarnos algunos pasajes bíblicos, cuya claridad no permita dudas y en donde se distinga perfectamente al Cristo y al Maestro Jesús?

Ramatís: Es muy significativo el diálogo ocurrido entre Jesús, Simón Pedro y los demás apóstoles, cuando les pregunta: "Y vos, ¿qué decís quien soy yo? Y Pedro le respondió: "Tú eres el Cristo, el hijo de Dios vivo". Finalmente, después de cierta reflexión, Jesús ordenó a sus discípulos que no dijeran a nadie que él era Jesús el Cristo (*Lucas,* IX-20 y 21; *Mateo,* XVI-15, 16 y 20).

En ese relato, Jesús admitió que representaba a otro ser, el Cristo, además de sí, y que hacía mucho tiempo lo inspiraba y que Pedro intuitivamente lo había percibido. Hablando más tarde al pueblo y a los apóstoles, el Maestro Jesús esclareció perfectamente su conducción excepcional de que era el mediador del Cristo, no habiendo dudas al expresarse de la siguiente forma: "Mas vosotros no queráis ser llamados Rabí (Maestro) ; porque uno es vuestro Maestro, y vosotros todos sois hermanos. Ni os llaméis Maestros; porque uno es vuestro Maestro, el Cristo! (*Mateo,* XXIII-8 y 10). Es evidente que Jesús hablaba en primera persona y se refería al Cristo en la segunda persona, pues tenía el propósito de destacarlo de su propio identidad, porque en base a su reconocida humildad, jamás se habría intitulado un Maestro. Además, innumerables pasajes del "Nuevo Testamento" hacen referencia a Jesús y lo llaman el Cristo (*Mateo,* XXVII-17 y 22), y que más tarde llegó a admitir que él era el "Ungido" o "Enviado" del Cristo.

Y si Jesús no aclaró mejor el asunto, fue a causa de que si apóstoles no podían comprender la realidad de que él fuese m entidad y el Cristo otra; así como la falta de cultura, propia de la época, no les permitía raciocinios profundos, como la menor idea sobre un arcángel planetario.[3]

3 *Nota del Revisor:* Recomendamos la lectura del cap. "Los Ingenien Siderales y el Plano de la Creación" de la obra ***Mensajes del Astral,*** de Ramatís donde explica minuciosamente las particularidades de los Cristos Planetarios Constelatorios, y en particular, la excelente obra de Huberto Rohden: ***Así decía Jesús,*** en el capítulo "Ninguno va al Padre si no es por Mí", en donde el autor hace un profundo estudio sobre la diferencia entre el Cristo y Jesús. (Esta obra se halla publicada en portugués. Editó Freitas Bastos - Rio de Janeiro - Brasil.

6.
La entidad sideral de Jesús

Pregunta: ¿Jesús es el gobernador espiritual de la tierra? Sin embargo, vos decís que él vino de la esfera de los "Amadores", ¿probablemente de algún orbe situado más allá de nuestro sistema solar?

Ramatís: Una vez más, tomáis la ***palabra*** del espíritu por el ***espíritu*** de la palabra, porque no nos estamos refiriendo a ninguna situación geografía o astronómica en estos relatos. Jesús dejó su reino espiritual en lo que se refiere a la reducción de su campo vibratorio y a su conciencia sideral, pero no nos referimos a latitudes astronómicas o cósmicas. La esfera de los Amadores es un conjunto de almas siderales e identificadas por un padrón semejante al de Jesús. Son espíritus electivos entre sí, que forman una colectividad sideral y vibran felices, unidos por la misma naturaleza angélica. No se trata de una "esfera material" o planeta físico, sino un estado vibratorio peculiar y de naturaleza superior. Son entidades portadoras de un Amor incondicional y se sienten felices cuando son designadas para cualquier misión redentora en los mundos físicos, disponiéndose a todos los sacrificios en bien de sus hermanos que todavía se encuentran en los planetas inferiores.

La esfera de los Amadores puede concebirse como una "esfera social", "esfera científica" o "esfera religiosa", donde se agrupan criaturas que poseen la misma afinidad, simpatía o tareas semejantes. Jesús fue un "Avatar" elegido de la esfera de los "Amadores" para descender a la Tierra en el tiempo prefijado, porque sólo un espíritu de esa evolución sería capaz de tanto amor y renuncia para efectuar la misión redentora que el hombre terrícola necesitaba.

Mientras tanto, desde el origen de vuestro orbe, jamás dejó de presidir vuestros destinos, atento al esquema evolutivo trazado hace billones de años terrestres y que corresponde al "Gran Plano", que os proporciona la individualidad de la conciencia espiritual.

Pregunta: En nuestras reflexiones terminamos por deducir, que el Amor absoluto e incondicional ha de ser, en el futuro, una condición común a toda la humanidad cósmica. Pero, en base a vuestra exposición, nos parece, que la "esfera de los Amadores" agrupa particularmente, a las almas que alcanzaron la cristianización por ese Amor. ¿No es verdad?

Ramatís: Innegablemente, el Amor es la esencia espiritual indestructible y el fundamento para alcanzar la angelitud de todo ser; pero el ángel, como símbolo del alma perfecta, sólo es completo cuando adquirió la Sabiduría Cósmica. Aunque todas las almas afines a Jesús sean portadoras de un amor semejante al suyo, ellas se agrupan en conjuntos diferentes, unidas por características y gustos preferenciales.

No es difícil comprobar que la figura tradicional del ángel, expuesta por el Catolicismo, es, el símbolo del alma que se encuentra liberada totalmente de los deberes y preocupaciones inherentes a los mundos materiales, y goza del libre albedrío de donar su Amor y Sabiduría a quien mejor le agrade. El Ángel tiene dos alas, pero sólo vive en perfecto equilibrio en el "reino de los cielos", cuando ambas alas están perfectamente iguales o uniformes, porque su ala derecha simboliza el intelecto o la razón, y la izquierda el corazón o el sentimiento. La angelitud o perfección exige absoluto equilibrio entre el Amor y la Sabiduría. Por eso, quien vive en la tierra, humillado y sometido a las pruebas cruciales de la carne, desenvuelve la paciencia, el amor, la resignación y la ternura. Y, en el futuro próximo, ha de volver a la tierra o a otro orbe, tantas veces como fueran necesarias para desenvolver el ala derecha, o sea, la Sabiduría y la razón.

En consecuencia, aunque la "esfera de los Amadores" congregue espíritus angélicos, cuya característica fundamental es el Amor y la Renuncia de la propia vida para el bien del prójimo, no es la única en ese género, pues todos los espíritus angelizados y liberados de las reencarnaciones planetarias obligatorias, aunque sean sabios, también son amorosos. Pero, el amor también puede manifestarse de varias formas y conforme a la índole psíquica de cada ser, sea un hombre o un ángel. Los amadores son espíritus que una vez designados para cualquier misión en la superficie de los planetas, jamás se adhieren a los bienes del mundo donde actúan. Y además de su amor incon- dicional para servir y ser útil en tareas de elevada responsabilidad la pobreza es la principal característica de sus vidas. No vacilan en sus luchas mesiánicas, pues se enfrentan desde el principio con decisión heroica y absoluta renuncia por el ideal superior que sienten y divulgan. Ese es el tipo y características peculiares de la "esfera de los Amadores".

Aunque el amor incondicional sea en el futuro una cualidad común a todos los hombres del cosmos, tal sentimiento toma la característica peculiar de la índole y temperamento de quien lo manifiesta.

Pregunta: ¿Podéis darnos un ejemplo, a fin de comprender por qué existen manifestaciones amorosas diferentes, conforme a los temperamentos de esos espíritus agrupados en la misma esfera angélica?

Ramatís: Supongamos un conjunto armonioso de almas, cuyo sentimiento fundamental sea el amor absoluto, el cual, está compuesto de espíritus que se ajustan a la índole de los ingleses, latinos o asiáticos. Aunque el sentimiento predomine entre ellos, o sea, el Amor, bajo el mismo diapasón espiritual, su sentimiento se ha de expresar conforme al temperamento e índole de cada raza. Así, los ingleses serán flemáticos y persistentes, los latinos eufóricos y extrovertidos y los asiáticos místicos e introspectivos, donde cada raza impone su sello característico en la práctica y manifestación de ese Amor.

He aquí por qué son tan diversas las manifestaciones del Amor, expuesto por los Avatares de la humanidad. Aquí, se desenvuelve y progresa la medicina o la física, gracias al sacrificio o abnegación de Pasteur, Edison o Marconi; allí, Pitágoras, Sócrates o Spinoza dedican sus pensamientos para amenizar la angustia humana por el medicamento sutil de la filosofía; acullá, el genio de Da Vinci, el espíritu agitado de Van Gogh, las privaciones y tristezas de Rembrandt, también generan la belleza y el encanto misterioso de la pintura, manifestando su amor al hombre por la magia de los colores. Bethoven, el gigante de la música, dona al mundo la Novena Sinfonía, el testamento del Amor en sonidos; Mozart termina su vida en plena juventud, dejando fascinantes melodías para el ser humano; Bach deja un monumento musical basado en el concepto de que el "objetivo fundamental de la música debería ser la gloria de Dios". Tolstoi, Dickens, Cervantes, Víctor Hugo y tantos otros, manifestaron ese Amor demarcando nuevos derroteros en la esfera social y moral del mundo; Marco Polo, Colón y otros más, hicieron la tentativa de estrechar las distancias de la tierra para que el hombre conviviera aproximadamente.

Por eso, siempre existe el Amor manifestándose en los más variados tonos, conforme a la índole de cada ser. Muchas veces el sabio, el genio o el científico comienzan olvidando el amor en sí mismo, en una satisfacción un tanto ególatra; mientras tanto, trasborda ese amor más allá de las necesidades y de la contención del ser para donarla al mundo en beneficio de la humanidad.

Es indudable que los guías espirituales precursores de Jesús, también sirvieron y guiaron a la humanidad hacia el Bien, porque eran de índole amorosa; pero existe mucha diferencia entre las formas de pregonar ese Amor, si comparamos a Confucio con Jesús y tantos otros de reconocido valor espiritual. Pues Jesús siendo el más pobre de los hombres, fue el más rico de esa cualidad llamada Amor.

Pregunta: ¿Existen otros conjuntos de espíritus, afinizados por el mismo amor y sabiduría, pero que conforman esferas semejantes a la de los Amadores?

Ramatís: Existen innumerables esferas espirituales con denominaciones simbólicas, pero convenientemente identificadas en los registros etéricos o "akásicos".[1] Son espíritus afinizados

1 ***Nota del Revisor:*** El "Akasa" es un estado muy sutil, aun más que el de la materia cósmica, aunque tampoco sea el éter propiamente admitido por la ciencia, como un medio de trasmisión. En él se reflejan y graban cualquier acción o fenómeno del mundo físico, para más tarde, los buenos psicómetros podrán leer, gracias a sus buenas facultades psíquicas. Myers llama a ese estado cósmico de "metaetérico" y Ernesto Bozzano lo explica satisfactoriamente en su obra ***Los Enigmas de la Psicometría,*** en el VI Caso, página 41. Aconsejamos también, la lectura del capítulo XXVI, "Psicometría" de la obra ***En los Dominios de la Mediumnidad,*** de Chico C. Xavier, y en las páginas 191 y 197 de la obra ***Devassando o Invisivel,*** de Yvonne A. Pereira.

por el mismo sentimiento de Amor, y por su linaje temperamental. El mundo espiritual se asemeja a un gran país, cuyos estados estarían formados por esas escantadoras esferas de almas, armonizadas por sentimientos y objetivos semejantes, que conforman la humanidad venturosa bajo el cariño eterno del Padre. Es cierto, que en sentido opuesto, existen colectividades satánicas, agrupadas en las regiones tenebrosas que forman legiones belicosas en porfía constante contra las entidades del Bien.

A semejanza de la comunidad de los Amadores, citamos la esfera de los "Justicieros", constituida por almas, cuyas trayectorias mesiánicas en vuestro mundo se manifiestan a través de sus sentimientos fraternos y amorosos, pero llenos de energías que reprueban las indisciplinas humanas, como fueron Juan el Bautista, Moisés o Pablo de Tarso; la esfera de las "Arpas Eternas" está formada por un conjunto de espíritus, elegidos para impregnar a la música de los humanos una magnífica religiosidad, como Orfeo, Palestrina, Bach, Schubert, Hendel, Mozart, Gounod, Verdi, Hayden y otros autores de muy bellos oratorios, misas sinfónicas y piezas religiosas; la esfera de los "Oráculos de los Tiempos", fuente de los profetas como Daniel, Ezequiel, Jeremías, Job, Isaías, Miqueas, Samuel o Nostradamus; la esfera de "Zafiros de la Renuncia" que inspiró a un Ghandi, Francisco de Asís o Vicente de Paul; la esfera de los "Peregrinos del Sacrificio", almas que se inmolaron por sus ideas avanzadas para esclarecer la espiritualidad, como Juan Huss, Giordano Bruno, Juana de Arco, Sócrates; la esfera de las "Perlas Ocultas", donde se refiere a las almas capacitadas para la revelación de los fenómenos excepcionales de la vida invisible, como Antonio de Padua, Apolonio de Tyana, Don Juan Bosco, Teresa Neumann, Home, Eusapia Paladino y tantos otros; la esfera de "Las Llamas del Pensamiento" que abarca las almas del tipo de Hermes, Zoroastro, Platón, Buda, Pitágoras, Krishnamurti y otros autores de nuevos rumbos para la liberación mental del hombre; la esfera de las "Estrellas Silenciosas" que reúne a los espíritus más raros, cuyas vidas físicas son verdaderos "canales vivos" de receptividad para la afluencia espiritual de lo Alto, alimentando a sus discípulos por su presencia tranquila y confiada, como lo hacía Shri Ramana y Maharsi, Ananda Moyi Ma, Lahiri Mahasaya, Giri Bala, Babaji y otros yogas más. En la esfera de las "Antorchas del Conocimiento" donde resaltan los espíritus preocupados en investigar la religión por los caminos de la Ciencia, como Blavatsky, Max Hendel, Wiilliam Croockes, Sinnet, Leadbeater, Besant, Kardec y Ubaldi.

Insistimos en deciros que esas denominaciones corresponden con más propiedad a las exigencias del lenguaje del mundo físico, para poder acercaros una idea aproximada de las peculiaridades manifestadas por esos espíritus en sus conjuntos o esferas siderales, y los motivos principales que los atraen hacia una vida feliz y fraterna. Infelizmente no podemos extendernos en el asunto para exponeros particularidades que puedan satisfacer a todas las indagaciones, porque tendríamos que desmenuzar a vosotros la materia, que es de compleja nomenclatura sideral. Cuando más tarde comprendáis la verdadera significación de la pasión de Jesús en la tierra, entonces llegaréis a valorar el sentido exacto de la terminología psicológica de esos variados grupos de Espíritus, los que a pesar de su manera de actuar, no se congregan para el mismo fin espiritual, aunque todos atiendan a las convocaciones de los Instructores Espirituales para sus diferentes misiones de sacrificio en las superficies planetarias.

Cada grupo sideral es aprovechado conforme a su índole y talento, pues mientras una parte queda en el espacio, intuyendo y guiando a los encarnados para una mayor receptividad de las enseñanzas y revelaciones del Instructor, la otra baja a la materia en la época debidamente prevista, como sucedió con Antulio, Hermes, Krishna, Buda, Jesús o Kardec. Otros se encarnan en la tierra como antenas vivas propagadoras de los nuevos conceptos espirituales. Entonces se puede observar en el mundo material, que las grandes transformaciones y los renacimientos efectuados en las esferas musicales, de la pintura, de la ciencia, de la política o de las religiones, no se adaptan exclusivamente al individuo que expone o divulga el nuevo mensaje, pues en seguida se adhieren los discípulos, seguidores y simpatizantes atraídos por la naturaleza del mismo ideal. Esa adhesión absoluta y jubilosa alrededor del mensaje renovador, siempre es el fruto de un plan inteligente, sensato y evolutivo que ha de desdoblarse en la materia, pero que es controlado por la sabiduría de los Mentores Espirituales, tal como sucedió con la propagación del Cristianismo.

7.
La naturaleza del cuerpo de Jesús

Pregunta: Respecto al cuerpo del Maestro Jesús existen dos teorías, o sea, la carnal y la fluídica, ¿no podéis elucidar ese asunto?

Ramatís: Aunque respetamos el sentimiento elevado de algunos espíritus, que se apoyan en la teoría de Roustaing y que consideran que el cuerpo de Jesús era fluídico, en verdad, el nacimiento del' Maestro obedeció a las leyes comunes de la genética humana. Su organismo era totalmente físico. Es muy evidente, que se trataba de un organismo exceptuado de las distorsiones petogénicas o hereditarias, pues descendía de un linaje biológico muy puro de las generaciones pasadas. Era una magnífica expresión anátomo-fisiológica y su sistema nervioso era como una red hipersensible entre la dirección cerebral y sus órganos de relación.

Pregunta: ¿No sería razonable que Jesús hubiera tenido un cuerpo fluídico, considerando su elevada jerarquía espiritual?

Ramatís: No estamos contestando en base a su grado angélico, que muy bien podía haber animado un cuerpo fluídico o diáfano, pero que sólo existen en los mundos superiores de otras constelaciones, pues el cabal desempeño de la misión de Jesús en el ambiente del planeta Tierra, exigía un cuerpo igual al de todos sus habitantes. Tenía que ser un organismo tan compacto y vigoroso conforme lo reclamaba el medio donde debía vivir.

Además, en base a la revelación científica de ahora, que acepta a la materia como energía condensada, no se justifican esas preocupaciones referentes a la naturaleza del cuerpo de Jesús. Ante su elevada espiritualidad — y esto es lo que más importa — su cuerpo no significa nada que halla sido más o menos denso, es decir, compuesto de energía condensada en mayor o menor dosis. Esa contingencia de "más" o "menos" densidad material no le fue favorable ni perjudicial a Jesús, pues su sacrificio *máximo* no fueron los dolores físicos que tuvo que soportar cuando lo crucificaron. Su holocausto más acervo consistió en su lucha por la reducción vibratoria para ajustarse a la materia densa del mundo inferior, puesto que le producían notables alteraciones con sus vibraciones morales, dignas de su padrón angélico. Semejante descenso fue un calvario de angustias que se prolongó por más de un milenio de vuestro calendario. Infelizmente, las limitaciones de vuestra sensibilidad moral todavía no os permite valorar la renuncia espiritual de Jesús que decidió abandonar su paraíso celestial, para descender a los charcos de un mundo animalizado.

Pregunta: La causa principal atribuida al cuerpo fluídico de Jesús se debe a su condición angélica, y un cuerpo material nos parece una vestimenta muy grosera para una entidad de su categoría. ¿No es verdad?

Ramatís: Debéis considerar la *naturaleza* del mundo donde Jesús vino a manifestarse. Sabéis que el cóndor de los Andes para que vuele por encima de los mil metros de altura, necesita alas grandes y robustas, que en nada se parecen a las de la delicada mariposa, que sólo vuela de flor en flor. Las alas de cada uno de esos seres corresponden al medio en donde deben vivir. Es el mismo caso del buzo, pues aunque disponga de un cuerpo perfecto, no puede dispensar de la escafandra para descender al fondo de los mares. ¿Qué sucedería al hidalgo de vuestro ambiente civilizado, si fuera al polo helado donde viven los esquimales y se presentara con camisa de seda y un hermoso traje de hilo?

La constante preocupación respecto al cuerpo de Jesús, es el resultado de un análisis que sólo atiende a la superficie. Buda fue un sublime inspirado y los millones de budistas, jamás discutieron la naturaleza física de su elevado mentor. En realidad, la India estaría aplastada espiritualmente, dividida seriamente por divergencias religiosas, si una parte de los creyentes afirmasen que la santidad de Buda exigía un cuerpo erguido y elegante, mientras que la otra viera con naturalidad el cuerpo obeso y bien alimentado del gran iluminado.

Pregunta: Respecto al origen de la concepción sobre el cuerpo fluídico del Maestro, ¿no será obra de la intervención malévola del Espacio, en la referida obra de Roustaing? ¿No se habría querido disminuir el brillo a la belleza de los cuatro Evangelios, o simplemente se trata de una concepción del escritor, buscando enaltecer la persona de Jesús?

Ramatís: Esa concepción es un reflejo de los efectos seculares, emanados de los dogmas, milagros, mitos y tabúes copiados de la vida de diversos precursores de Jesús. Los exégetas del pasado atribuían a Jesús una existencia mitológica. También se asemeja al tono de la resurrección y ascensión del Maestro a los cielos en cuerpo y alma.

La Biblia, a pesar de la valiosa revelación que encierra sobre el poder y la gloria de Dios, registra acontecimientos del mismo carácter. Algunas concepciones son capaces de espantar a los alumnos de las escuelas secundarias del siglo actual y sin embargo, continúan siendo una base para las polémicas religiosas entre los hombres. Aquí, devotos sencillos aceptan la subida de Elias al cielo en su carro de fuego. Caín y Abel son los únicos hijos de Adán y Eva. Caín mata a Abel y huye hacia una región ignorada; pero, la prole humana de diferentes razas, surge por todas las latitudes de la tierra, como si brotasen del mismo suelo. La humanidad terrena todavía sigue siendo responsable por el Pecado Original, debido a la imprudencia de Adán y Eva, que siendo un caso particular y por haber comido un "fruto prohibido", pasó a complicar la vida de todas las generaciones futuras.

Aun entre los mismos espíritas esa disposición por el dogmatismo religioso no fue eliminado totalmente, porque la liberación religiosa pregonada por Allan Kardec apenas tiene un siglo terreno de vida. Muchas almas recién ingresadas en el Espiritismo, todavía sienten cierta dificultad para ajustarse a los nuevos dictámenes espirituales de la nueva doctrina, pues la influencia de quince siglos de sumisión dogmática a la teología sacerdotal de todos los pueblos, no puede disiparse en algunas decenas de años. Allan Kardec, el cerebro liberador de la esclavitud religiosa todavía no fue integralmente comprendido en su osadía espiritual cuando enfrentó los dogmas seculares que aún hipnotizan a muchas almas temerosas de enfrentar la Verdad.

Pregunta: Sin embargo, conocemos a espíritas cultos y sinceros, muy estimados por su elevado trabajo en favor de la doctrina, que defienden con intransigencia la tesis del Jesús fluídico. ¿Esa convicción los perjudica espiritualmente?

Ramatís: No hay mérito o desmérito en admitir o recusar tal concepción, pues ante el tribunal de la Justicia divina, "a cada uno le será dado conforme a sus obras", y no según su creencia. La creencia sin obras de beneficio al prójimo o la renovación íntima espiritual, es como un árbol estéril; no tiene valor porque no da frutos. Sin embargo, muchas personas que no admiten los atributos mesiánicos de Jesús y que lo consideran como un hombre común, viven en forma tan digna su existencia terrena, que fácilmente podría juzgársele a la altura de sus discípulos.

En el Espacio no existen agrupaciones partidarias de un Jesús físico o fluídico, sino conciencias felices o infelices conforme a su padrón moral. Si Jesús hubiera exigido un cuerpo fluídico, semejante privilegio implicaría una condenación al mecanismo de la procreación, mediante el cual, Dios proporciona la vida y el progreso para los seres humanos en vuestro orbe.

La ley divina de la preservación de la especie es un fenómeno tan sublime y digno de respeto, como los son los demás fenómenos y maravillas del Universo. Su aspecto deprimente en base al concepto humano, es producto de la mentalidad animalesca del hombre que subvierte el orden natural de la técnica creadora en actos condenables de lubricidad.

Pregunta: Reza la tradición evangélica que el cuerpo de Jesús desapareció de la tumba, y conforme a la leyenda, ascendió al cielo después de haber resurgido. Esa ascensión del Maestro en cuerpo y alma, ¿no es suficiente para probar la tesis del cuerpo fluídico?

Ramatís: Jesús-Espíritu, terminada su tarea sacrificial ante la humanidad, guardó su cuerpo en la tumba, como el artista genial una vez terminada su ejecución, guarda su instrumento en la "caja". Sería el caso de Mozart, Bach o Chopin, que no existen como figuras humanas; pero sus melodías admirables todavía hablan al sentimiento de aquellos que las escuchan con devoción. ¿Qué importa que el cuerpo halla sido físico o "fluídico" en tales genios de la música, si lo que está vivo e impresiona es el "espíritu" de sus composiciones? Por eso, ¿qué importancia tiene lo sucedido con el cuerpo de Jesús, si al terminar su Divina y Evangélica Melodía de "Amar a Dios sobre todas las cosas y al prójimo como a sí mismo", ese cántico milagroso es capaz de transformar a muchos Herodes en Vicentes de Paul y Saulos en Pablos?

Ante las filigranas musicales de una sinfonía deslumbrante de emociones superiores, sería bastante irrisorio ponernos a discutir sobre la "calidad" de la madera del violín o del piano, utilizado por los concertistas. En base al mensaje o sinfonía de Amor Cósmico ejecutada por el Sublime y Divino Artista, Jesús, es bastante inapropiado y hasta ridículo preocuparnos por la naturaleza de su cuerpo.

Después del sacrificio en la cruz el cuerpo de Jesús fue transportado a altas horas de la noche, por Pedro y José de Arimatea hacia un sepulcro de propiedad de éste último y que era devotísimo al Maestro. Así evitaron que los sacerdotes instigaran a los fanáticos y violaran la tumba del Mesías, a fin de desprestigiarlo como Líder Espiritual.

Pregunta: Muchos espiritualistas aceptan la tesis del "cuerpo fluídico" porque consideran que ese tipo de organismo, era compatible con el grado espiritual del Maestro. Y, conforme reza la Ley, "a cada uno le será dado según sus obras", encuentran mejor, que Jesús siendo un espíritu angélico, debía ser merecedor de un cuerpo más refinado, es decir, "menos pesado".

Ramatís: Sin lugar a dudas, que esa apreciación es bastante loable, pero la utilización de un cuerpo físico era un imperativo fundamental para que Jesús desempeñara satisfactoriamente su misión en el ambiente moral y social de vuestro mundo, sin discrepar con las normas humanas. Así como no es posible levantar piedras con palancas de papel, Jesús no podría actuar normalmente en el mundo físico si hubiera tenido un cuerpo fluídico. Además, él mismo afirmó, que "no venía a destruir la Ley, sino a cumplirla".

Además de su atribución como Legislador Evangélico, a Jesús le incumbía otras tareas determinadas por la Ciencia Cósmica, que eran conocidas por los Devas, en Oriente. Así como el

Espiritismo es la síntesis iniciática más accesible para la mente del hombre común, el Evangelio estructurado por Jesús es lo más elevado, pero también lo más comprensible de la Ciencia Cósmica para la mente del hombre terrícola. Cuando los adeptos del Espiritismo se iban introduciendo en lo íntimo de todo lo enunciado, quedaban muy sorprendidos por las revelaciones que descubrían y que se identificaban con las ciencias ocultas y las antiguas enseñanzas iniciáticas. En la intimidad del Evangelio, las sencillas máximas pregonadas por Jesús se identifican con todas las leyes que rigen al Cosmos.[1]

El Mesías, además de ser un Legislador Espiritual, fue un avanzado científico encarnado en la tierra. Rompiendo la frontera cósmica para salvar al hombre, le proporcionó la forma de adquirir la luz planetaria a fin de liberarse definitivamente de vuestra humanidad. Esa es la razón por que el Viejo y el Nuevo Testamento afirman: "El Mesías es el Salvador de los Hombres".

Pregunta: Algunos espiritas admiten que el nacimiento de Jesús tiene que haber sido diferente del proceso común de la genética humana y lo basan en el siguiente pasaje consignado en el Evangelio de San Mateo (cap. XI; vers. 11), que dice: "En verdad os digo, que entre los nacidos de mujeres no se levantó nadie mayor que Juan el Bautista". Y, como Jesús es "mayor" que Juan, de ahí que se induce a las dudas respecto al cuerpo físico y su naturaleza.

Rameáis: Aunque se halla dicho, que entre los nacidos de mujer no hubo ninguno mayor a Juan el Bautista, sin embargo, Jesús también fue un "nacido de mujer", pues si la leyenda lo aseguró como "concebido por obra y gracia del Espíritu Santo", María, su madre, era mujer y tuvo que generarlo. La duda no es que Jesús haya "nacido de una mujer", puesto que eso se

---

1 *Nota del Revisor:* El "Akasa" es un estado muy sutil, aun más que el de la materia cósmica, aunque tampoco sea el éter propiamente admitido por la ciencia, como un medio de trasmisión. En él se reflejan y graban cualquier acción o fenómeno del mundo físico, para más tarde, los buenos psicómetros podrán leer, gracias a sus buenas facultades psíquicas. Myers llama a ese estado cósmico de "metaetérico" y Ernesto Bozzano lo explica satisfactoriamente en su obra ***Los Enigmas de la Psicometría,*** en el VI Caso, página 41. Aconsejamos también, la lectura del capítulo XXVI, "Psicometría" de la obra ***En los Dominios de la Mediumnidad,*** de Chico C. Xavier, y en las páginas 191 y 197 de la obra ***Devassando o Invisivel,*** de Yvonne A. Pereira.

comprobó, sino respecto a su origen paterno. El Maestro Galileo se consideró por debajo de Juan el Bautista y lo exaltó, diciendo que "entre los nacidos de mujer, no aparecerá otro mayor", porque él, siendo un Líder o Instructor Superior, jamás se vanaglorió en su humildad espiritual. En consecuencia. Jesús solamente explicó que "entre los nacidos de una mujer", Juan el Bautista era el *mayor* porque así consideraba a su precursor, aunque él también fuese un nacido de mujer. La humildad es una característica de las almas iluminadas por virtudes superiores y Jesús, espíritu excelso y humilde prefirió situarse por debajo de Juan el Bautista y considerarse apenas un discípulo movido por el mismo ideal.

No hay dudas, que la posteridad reconoció a Jesús como superior a Juan el Bautista, su precursor, pero esa conclusión provino de un concepto ajeno, pero no por el juzgamiento a sí mismo del Maestro. Su categoría espiritual jamás le permitiría vanagloriarse sobre alguien, como tampoco dar a entender que su nacimiento difería al de los hombres comunes. Eso sería humillar intencionadamente al género humano y desmentir la sublime naturaleza del ángel, lo cual. ante el pecador, por ternura y piedad, llegaba a ocultar su propia luz para no disminuirlo.

Pregunta: Dice el Evangelio (S. Lucas, cap. 24, vers. 39-43) que Jesús después de su muerte, apareció a dos de sus discípulos en el camino a Emaús y les habló. En seguida se formaron las más variadas conjeturas entre ellos, pues el Maestro volvió a aparecer entre la mayoría de sus discípulos, entonces Tomás le tocó las dos manos para eliminar todas sus dudas. ¿Semejantes apariciones del Maestro, fueron fenómenos de materializaciones o videncia de sus discípulos?

Ramatís: Jesús no vino a destruir la Ley, por consecuencia, todos los hechos ocurridos en su vida son frutos de condiciones lógicas y naturales. Cuando apareció a sus discípulos en el camino a Emaús, o en la reunión de los apóstoles en donde Tomás le exigió la prueba de "tocar físicamente", eso fue posible porque entre ellos habían poderosos médiuns, que le proporcionaron el ectoplasma necesario para la materialización. En ambos casos, Jesús se materializó, porque "todos le vieron y le hablaron". De no ser así, sólo los videntes lo habrían identificado, habiendo cundido la duda entre los apóstoles que no tenían facultad de videncia mediúmnica. Idéntico hecho sucedió en el Monte Tabor cuando Elias y Moisés se materializaron alrededor del Maestro Jesús, gracias a la presencia de los discípulos y ancianos esenios que podían donar ectoplasma de la mejor calidad para mayor éxito del fenómeno.

8.
María y su misión em la Tierra

Pregunta: ¿Por qué motivo los Maestros Siderales escogieron al espíritu de María, para que en la tierra fuera Madre de Jesús?

Ramatís: Lo Alto escogió a María para esa misión porque se trataba de un espíritu absolutamente humilde, tierno y resignado que no interferiría en la misión de Jesús. Ella sería la madre ideal, amorosa y paciente, sin las exigencias despóticas de los caprichos personales, pues manifestaba sus pensamientos con espontaneidad. Además, antes de encarnar en la tierra, fue combinado que la infancia de Jesús sería orientada desde el mundo invisible por sus Angeles Tutelares.

Aunque Jesús era un espíritu sideralmente emancipado e impermeable a cualquier sugestión ajena que fuera capaz de desviarlo de su compromiso mesiánico, es lógico que podría ser afectado en su infancia, por la influencia materna si fuera de condición viril, dominadora, egocéntrica y que causaría serios perjuicios a su obra.

Muchos escritores, científicos, dirigentes religiosos, poetas, pintores, músicos o filósofos célebres, fueron bastante influidos en sus vidas por el dominio tiránico de sus progenitores, quienes perjudicaron en cierta forma las cualidades extraordinarias de sus hijos.

Jesús tenía que desempeñar un trabajo de sentido específico y de interés común para toda la humanidad; su tiempo era precioso y no podía desperdiciarse en cultivar cualidades artísticas, científicas o en abstracciones filosóficas del mundo profano. Su obra se vería perjudicada si sus padres intentaban imponerle directrices profesionales que alteraran los objetivos fundamentales de su misión. Jesús necesitaba crecer completamente libre y desenvolver sus fuerzas espirituales en forma espontánea para poder estructurar su ideal mesiánico, sin deformación alguna, desvíos posibles o acechado por los caprichos del mundo.

Era un espíritu de graduación angélica, distinto a sus contemporáneos; su autoridad espiritual le daba derecho para observar a la propia familia, siempre que intentasen apartarlo de su ruta mesiánica. He ahí, el motivo por que desde lo Alto se prefirió el espíritu dócil y pasivo de María para la misión sublime de ser la madre del Mesías a fin de protegerlo en su infancia y no perturbarle la misión de amplitud colectiva.

Pregunta: ¿Cómo debemos entender, esa condición pasiva de María, al punto de no interferir o influir en la formación psicológica de Jesús durante su infancia, siendo su progenitora?

Ramatís: María era todo corazón y poco intelecto; un ser amoroso, cuyo sentimiento seguirá desenvolviendo hasta alcanzar la plenitud angélica. Sin embargo, todavía necesitaba apresurar la mente en encarnaciones futuras para completar el binomio "razón-sentimiento", que libera al alma definitivamente del ciclo de las encarnaciones humanas. Pero, además de participar en el programa mesiánico de Jesús, también resolvió amparar bajo su amor maternal a otras almas que habían contraído compromisos en el pasado. Era muy joven y recién casada y sin embargo no se negó a criar a los cinco hijos del primer casamiento de José, viudo de Débora y que tuvo a su cuidado, puesto que eran menores y se llamaban: Matías, Cleofas, Eleazar, Jaco y Judas, los dos últimos fallecidos a temprana edad. A excepción de Jesús, que era un misionero elegido, los demás hijos de José eran espíritus comprometidos por mutuas responsabilidades kármicas del pasado, cuya existencia en común sirvió para amenizarles las obligaciones espirituales recíprocas.

María era muy amorosa, tierna y paciente, liberada totalmente del personalismo tan propio de las almas primarias y no se esclavizaba a la ancestralidad de la carne. Poseía virtudes excelsas, oriundas de su elevado grado espiritual. Cumplía con sus deberes domésticos y se dedicaba heroicamente a la crianza de la prole numerosa, en forma tan despreocupada de su propia ventura, como el buen alumno que acepta las lecciones primeras del alfabeto, pero que no se esclaviza al aspecto material de la escuela. Ofrecía de sí misma ternura, paciencia, resignación y humildad, sin esfuerzo ni exigencias personales.

En la época de Jesús, las escuelas crecían notablemente en Jerusalén y las ciudades adyacentes, pues se enseñaba en las casas, en las calles y en las sinagogas. Sin embargo, la enseñanza se particularizaba por una imposición religiosa, pues tanto los niños como loa adultos, ni bien aprendían a leer se dedicaban a interpretar todo lo que les ponía la religión judaica. Eran estudios del culto, de las concepciones religiosas respecto a las profecías y a los salmos, que transformaban a cada alfabetizado en un nuevo cooperador intelectual y personal para el Templo. También existían establecimientos superiores, como las escuelas para los rabinos, en su mayoría afiliadas a la Escuela de Hilel, preferida por los fariseos, que enseñaban botánica, medicina, agricultura, higiene, derecho, arquitectura, etc. Las mujeres, fuera del conocimiento primario que obedecía a un principio razonable, no tenían acceso a la cultura general. María era muy considerada en Nazaret por sus eximios bordados, costuras, tejidos de tapetes de lana y cuerdas, cuyo oficio aprendió durante su estadía entre las vírgenes de Sión, en el Templo de Jerusalén. Ella aprovechaba todos los momentos disponibles para contribuir con sus prendas y confecciones en el mantenimiento de la familia, que era bastante precario en base al trabajo modesto de José, en el taller de carpintería. Era una mujer modesta y amorosa, un ángel exilado en !a tierra, pero le faltaban conocimientos sobre psicología humana. María vivía inmediatamente las reacciones emotivas sin las complejidades del intelecto. Era muy dedicada al prójimo, como la fuente de agua que se renueva constantemente a medida que la usan; o como la rosa que esparce incondicionalmente su perfume; ella jamás se preocupaba en saber, cuál era el mecanismo que utilizaba la naturaleza para dar tantas especies florales y de fragancia tan exquisita.

Pregunta: Queréis decir que debido a su temperamento bondadoso, María podía vivir alejada de los conflictos tan comunes entre los vecinos, y además se inmunizaba respecto a los problemas sentimentales de la familia. ¿Hemos interpretado bien vuestro decir?

Rametís: Si el amor ofrecido por una sola persona fuera lo suficiente para eliminar las manifestaciones agresivas o desagradables del mundo primario, como es la tierra, es evidente que Jesús no hubiera sido crucificado, sino consagrado en forma entusiasta por sus contemporáneos. Lo mismo sucedía con María, pues aunque su amor intenso, incondicional y puro alcanzaba a toda la familia, amigos, vecinos y hasta los extraños, sin embargo, no pudo librarse de cierta envidia, intriga, mezquindad y celos de algunas almas de quilate inferior, que también vivían en aquel mundículo de Nazaret.

Es cierto que en las inmediaciones de su hogar vivía el pueblo nazareno, tradicionalmente hospitalario, religioso y servicial; pero ese oro del alma todavía se hallaba impregnado del lastre inferior de las pasiones e intereses mezquinos del mundo. La concupiscencia envidia, falsedad y avaricia, como las murmuraciones malévolas tendían sus tentáculos tratando de perturbar la paz del tranquilo hogar de María y José. Eso los obligaba a mantener estoica renuncia y abdicación del amor propio, amenizando las intrigas de la venganza, inquieta y perspicaz. Sólo la ternura, la humildad, el amor y la paciencia de María pudieron transformar la intriga y la habladuría tempestuosa de algunos, en la brisa inofensiva de la cordialidad. Su sonrisa angélica deshacía los resentimientos y ablandaba los corazones tiránicos. Eludía con tal dulzura los enredos generados por la envidia y los celos, que daban en el vacío aquellos que intentaban introducir una cuña en su hogar.

Galilea no era un mundo de personas santificadas, por el sólo hecho de que viviera Jesús, el Mesías, pues no es el tipo de raza, latitud geográfica o la tradición histórica de un pueblo lo que imprime en el alma humana el sello de la espiritualidad. Eso es obra de la transformación, de apurar los sentimientos y de la madurez espiritual efectuada en lo íntimo del alma, ajeno al medio ambiente donde se halla reencarnada. El alma vil e inferior puede ser oriunda de la China, de Polonia, Egipto o de la India. El pueblo judío en aquella época, además de sus virtudes tradicionales y de la fe religiosa, era cupido, fanático, avaro y tumultuoso. A veces, el animal o el ave inocente pagaba con la vida la discusión violenta que suscitaba, puesto que en su irracionalidad violaba la marca prefijada entre dos fincas linderas. Otras veces, las peleas entre los niños asumían tal dramaticidad que movilizaba a los padres, los cuales acometían con ins ultos e imprecaciones en defensa de la tradición y de los preconceptos de la familia. Exactamente igual a lo que sucede hoy en las calles de las ciudades, que por motivos sin importancia, terminan en violentas riñas.

Felizmente, José, aunque era un hombre severo e intransigente sabía amainar esas tempestades emotivas y aliándose a la mansedumbre de María evitaban esos enredos peligrosos. A pesar de ser una familia numerosa, aquel hogar pobre, pero honesto, sustentó el clima psíquico adecuado a la manifestación de las fuerzas espirituales del Niño-Luz. Todo esto evitó desperdicio de tiempo y cualquier desvío en la marcha mesiánica del Maestro amado.

Mientras José se asemejaba al robusto roble a cuya sombra protectora Jesús podía crecer tranquilo, María era como el sándalo que Morado por el machete de la maledicencia, la intriga y las mezquindades humanas, muchas veces intentaban entrar peligrosamente en su hogar.

Pregunta: Entonces, la pasividad materna de María ayudó a Jesús dentro de sus propias ideas, y a su vez, contribuyó efectivamente para que el Maestro se desvinculara de los lazos afectivos y sentimentalistas de la familia; ¿no es verdad?

Ramatís: En el Espacio se había combinado entre los más íntimos, sobre la misión de Jesús, cómo y dónde debía despertar sus fuerzas espirituales y sentimientos angélicos en la carne, alejado de cualquier educación ajena. Por eso, se le había proporcionado un ambiente familiar pacífico, comprensivo y seguro para que no le perturbaran su, infancia. En base a la contextura espiritual y superior de Jesús, los apóstoles y cooperadores de su obra mesiánica eran incapaces para trazarle directrices mejores a las que él había planeado en lo íntimo de su alma. Por eso, dispensó de cualquier método disciplinado o guía humana que pudiera orientarlo en el mundo durante los 33 años de su vida física. Sus ángeles tutelares lo desviaron de las iniciativas que tendían a las glorias profanas, aunque fueran dignas y meritorias, pero capaces de encadenarlo a las preocupaciones esclavizadoras de la vida humana.

Pregunta: Aunque consideramos la modestia intelectual de

María y el sentido práctico de José, ¿no les era posible percibir la diferencia sobre la naturaleza espiritual de Jesús, respecto a los demás hijos? ¿Eso, no los hacía reaccionar?

Ramatís: Los rasgos de genialidad y las iniciativas extraordinarias de los hijos, peco comunes, son motivos de ventura para los padres. A veces confunden los arrebatos de sabiduría con excentricidades inexplicables. Lo cierto es que Jesús siendo un niñito dócil, respetuoso y algo tímido, era un Espíritu de elevada estirpe espiritual que sobrepasaba la capacidad e inteligencia del hombre terreno. Por eso, en el período de su infancia no podía someterse a los padrones y preconceptos comunes de la época, porque sus reacciones mentales y emotivas ultrapasaban las convenciones comunes del pueblo judío. Además, no sólo causaba espanto, sino hasta alarma entre los mismos compañeros y en las personas adultas, pues exponía ideas y conceptos muy avanzados para la época.

En su manera personal de interpretar o juzgar las cosas de su tierra o de su pueblo, el pequeño Jesús tenía respuestas agudas e inteligentes, pero era honesto en sus conversaciones y jamás contemporizaba con la malicia, capciosidad, hipocresía o perversidad. No era ofensivo, ni petulante; respondía a todos con sencillez, respeto y hasta con un poco de timidez; pero ninguno conseguía modificarle la forma franca y sincera de decir las cosas, dado que era enemigo de las evasivas, rodeos o acomodos interesados. Obediente a su inconmovible espíritu de justicia, era capaz de enjuiciar a sus familiares para dar la razón al extraño, siempre que le asistiera la verdad. Tenía predilección por todos los seres y criaturas y los servía con el mismo espíritu de fraternidad y amor, importándole muy poco la situación social y humana. Sin embargo, su actitud franca y valerosa llegaba a indisponer al espíritu comprensivo de sus padres, puesto que sembraba indecisiones entre los rabinos de la Sinagoga. Muchas veces, los adultos quedaban confusos ante la solución inesperada, de un nivel de justicia muy superior, al entendimiento común, pues así era el niño Jesús en sus disertaciones vivas y elocuentes.

Semejante situación confundía a sus familiares más íntimos, aún inmaduros e incapaces de entender la conversación desarrollada por el ángel y el sabio sideral, que no se disfraza bajo las sutilezas capciosas y propias del hombre empeñado en la lucha por los intereses humanos. El niño Jesús, genial y franco, jamás podía encuadrarse en el esquema prosaico de la criatura común, cuyas emociones y pensamientos son un reflejo de las costumbres y preconceptos de su época. Evidentemente, María y José no podían entrever en aquel hijo singular el fulgor y el temperamento del Mesías, cuando creaba situaciones críticas y despertaba censuras ajenas por sus modos excéntricos o extraños. Ambos, todavía no estaban capacitados para comprender una conceptuación moral tan pura e impersonal del ser humano, contraria a las tradiciones seculares de la vida del pueblo hebreo.

Pregunta: María, ¿creía en la misión de su hijo Jesús o la presintió poco antes de ser crucificado?

Ramatís: Gracias a su naturaleza mediúmnica, María recibió innumerables avisos y advertencias de su guía espiritual, el que insistía en informarle de la estirpe angélica de su hijo. Pero, en base a sus obligaciones cotidianas junto a la numerosa familia, olvidó poco a poco los mensajes mediúmnicos que le fueron transmitidos antes de casarse, como también antes de nacer Jesús. Más tarde, en algunos raros momentos, se sentía dominada por esa reminiscencia cuando una voz oculta le parecía susurrar algo respecto a la naturaleza incomún de su hijo.

Cuando Jesús dejó la familia, decidiéndose por las peregrinaciones a través de los caminos de la Judea y otros lugares próximos, María olvidó los recuerdos más íntimos, que sin duda, le hubieran intuido sobre la entidad misionera que era su retoño. Después de la muerte de José, cuando Jesús había cumplido veintitrés años, se agravó la situación económica en el hogar, debiendo María movilizar todos los recursos para equilibrar los gastos de la familia. Felizmente, meses después, supo que Jesús dirigía un grupo de discípulos, constituido por pescadores, campesinos, hombres del pueblo y algunas mujeres devotas que lo seguían fervorosamente, alcanzando un contagioso estado de religiosidad. María no se sorprendió con esas noticias, sintiéndose más tranquila al ver que su hijo se dedicaba a la tarea pacífica de un rabí ambulante y que participaba en el sentir de su pueblo. Eso lo ayudaría a suavizar aquella inquietud extraña, el misticismo exagerado y la rebeldía a las costumbres y tradiciones comunes.

Su madre se sintió agraciada por el Señor por el camino que había tomado su hijo, dado que había preferido una profesión liberal y religiosa para interpretar entre sus coterráneos las reglas y sabiduría de Moisés. Los hermanos de Jesús, a excepción de Eleazar, hijo de José y Débora, y más tarde Tiago, el menor, no apreciaban debidamente la tarea como rabí de los caminos, pues eso no contribuía en forma alguna para el precario mantenimiento de la familia. Lo ponderaban como Jefe de una corte de malandras y curiosos, que soñaban entusiasmados por un reino cómodo y próspero y que no debían obligaciones a nadie. Matías, Cleofas, conocidos por Simón, Eleazar y Elisabet se habían casado y cooperaban financieramente ayudando a María, que tenía 47 años de edad, pero que todavía se mostraba joven y sana. Sin embargo, ella no escondía su afecto incondicional por Jesús, puesto que era un espíritu que .lo sentía íntimamente desde muchos milenios atrás. Por eso lo disculpaba y defendía, malgrado las intrigas y maledicencia generadas por los despechados.

A medida que se aproximaba el término de la misión de Jesús, aunque lo ignoraba en estado de vigilia, le invadía el alma una extraña melancolía y raro sufrimiento. Súbitamente, su alegría se transformaba en temor, un incontenido dolor le tomaba el pecho, deseando espantar de sí misma una visión oculta y que recelaba enfrentar en toda su realidad. Inconscientemente, María se preparaba para presenciar los cuadros más dolorosos de su vida, que serían el martirio y la muerte de su querido hijo, exceptuado de culpa y maldad. Algunos lo llamaban el profeta de Israel, otros el liberador del pueblo judío; pero estaban aquellos que le decían, es un loco, un imbécil, mientras que el Sanedrín lo hacía espiar intentando conocer sus proyectos aparentemente sediciosos. Era, pues un santo para algunos y un anarquista para otros.

Obviamente, no había razones ni justificaciones capaces de convencer a María, respecto a la gloriosa misión espiritual de su querido hijo, así como su cedió con la familia del príncipe Sáquia-Múni, que jamás previo que su descendiente sería Buda, el Iluminado Instructor moral de Asia. En fin, se suponía que Jesús no pasaría de un modesto rabí de la Galilea, que se hallaba entusiasmado por la obstinación de salvar a los hombres y redimir los pecados del mundo, conduciéndolos hacia un fantástico reino, semejante a la patria de Israel. Mientras tanto, cuando aceptó humilde y dócil como un cordero su destino cruento, sin mover los labios ni pronunciar la más silenciosa queja, María inmediatamente reconoció ante el sacrificio de la cruz, al Mesías; el Salvador de los hombres.

9. María y el período gestativo de Jesús

Pregunta: ¿María vivió el período gestativo de Jesús, a semejanza de las otras mujeres?

Ramatís: Sin duda, pues no hubo nada de anormal respecto a los fenómenos comunes, de la gestación humana. Además, comparada a la mayoría de las gestantes terrícolas, donde generalmente se hallan acometidas por ciertas reacciones psíquicas, un tanto agitadas, María fue una parturienta feliz, pues vivió ese período sumergida en un mar de sueños y emociones celestiales, provenientes del espíritu de Jesús y por la presencia de los ángeles que lo asistían.

Pregunta: Las emociones psíquicas de María, eran por causa de la presencia de Jesús en su ligazón carnal, ¿no se reflejaban también en José, ya que era otro de los escogidos por lo Alto, para desempeñar esa misión?

Ramatís: José, a veces, temía por cierto desequilibrio psíquico de María, procurando disuadirla de sus ideas sublimes, fantasiosas, considerándolas como resultado de la fase delicada de la gestación. Hombre práctico, realista y poco dado a las reflexiones trascendentes, jamás admitiría ser el merecedor de una gracia tan elevada, conforme a la reflexión de su esposa de generar un hijo genial o Espíritu misionero destinado a salvar al pueblo de Israel y para redimir a la humanidad.[1] Siendo tan grande la diferencia entre el "reino de Dios" y el reino de los

1 "He aquí, concebirás en tu seno, y parirás un hijo, y llamarás su nombre Jesús. Este será grande, y será llamado hijo del Altísimo, y le dará el Señor Dios, el trono de David, su Padre; y reinará en la casa de Jacob por siempre, y no tendrá fin su reino." *(Lucas*, cap. I, vers. 31, 32 y 33.)

hombres, José se hallaría bastante compensado y venturoso, si el Señor le enviaba un hijo de buenas costumbres, trabajador, obediente a las leyes del Tora, y que más tarde, fuera capaz de ayudarlo en el taller de carpintería.

Tal vez más tarde fuera un rabí e intérprete de las enseñanzas de Moisés; quizás, un modesto terapeuta o un discípulo externo de la silenciosa congregación de los Esenios, quienes se diseminaban pacíficamente por los montes de Judea, de Arabia, Persia y la India.

José era un hombre de costumbres disciplinadas, frugal en la mesa y adverso a los vicios y pasiones inferiores. Se alimentaba comúnmente de frutas, vegetales, cereales y educaba a la familia bajo las normas esenias que aprendió con los ancianos del Monte Moab. Creía en la reencarnación y conocía la Ley de Causa y Efecto que le proporcionaba elevada moral; pero ignoraba la existencia de los eslabones que había entre la jerarquía espiritual, pues consideraba a Jehová y a sus ángeles como una clase de seres aparte, que debían vivir distantes de las torpezas humanas, sin descender y humillarse para habitar un hogar tan modesto como el suyo. José se consideraba un gran pecador, por eso, la visita continua de un ángel a su casa, como le afirmaba María, debía ser fruto de su imaginación y sensibilidad espiritual. Escuchaba las extrañas revelaciones de su esposa, pero disimulaba cuanto le era posible su incredulidad cuando ella le hablaba de su ángel de la guarda resplandeciente y del destino glorioso de su hijo. Se deleitaba con la alegría material de su compañera, oyéndole sus apreciaciones sublimes y que atribuía a toda madre joven, cuyo deseo era generar un hijo talentoso, destinado a las glorias del mundo. Mientras tanto, José ignoraba que su esposa estaba semimediumnizada por la presencia de Jesús, ligado a su regazo materno que le permitía emociones angélicas, como si fuera una prolongación viva de su venturoso espíritu.

Pregunta: Desearíamos saber si María reveló algunos de los fenómenos peculiares a las gestantes terrícolas, exceptuado la formidable influencia del espíritu del Maestro y sus ángeles guardianes.

Ramatís: Cumplió el ciclo fisiológico impuesto por la gestación del cuerpo de Jesús, pero también vivió los fenómenos característicos de ciertas parturientas, como ser la depresión sanguínea, molestias respiratorias y la fatiga debido a la nutrición de otra vida en su seno. Hasta los "deseos excéntricos" manifestados por las gestantes, también los reveló algunas veces. Sin embargo, la presencia sublime de Jesús sensibilizó en tal forma su sistema endocrino, que María pasó a sentir profunda repugnancia por cualquier alimento carnívoro y sus derivados. El paladar era muy sensible y prefería los alimentos delicados, como los panecillos de centeno untados con mermelada de higos, jugos de frutas y en especial de cerezas, coincidiendo en todo, pues el Maestro también los iba a solicitar en su vida terrena. Sus amigas y vecinas se esmeraban por atenderla en sus preferencias nutritivas, tratando de conseguir hasta las "frutas fuera de tiempo" para hacerle jarabes y caldos de pulpa.

Pregunta: Nos extraña, que el espíritu de Jesús antes de reencarnar, despertara en su genitora esa tendencia particular por una alimentación a base de panecillos, miel, frutas y una gran adversión a los alimentos carnívoros. Si todavía no había despertado en la carne, ¿cómo podría sugerir a su madre el deseo por los alimentos preferidos?

Ramatís: Al tomar contacto nuevamente con la carne, Jesús pasó a evocar psíquicamente las reminiscencias de sus existencias vividas en el orbe. Como espíritu de elevada estirpe sideral, cuando vivió en la tierra lo había hecho en forma simple, frugal, adverso a la carne y nutriéndose con las delicadas dádivas de la Naturaleza, por eso, ahora volvía a repetir el proceso dando lugar a los buenos estímulos sobre el psiquismo de María, sugiriéndole alimentos sanos y delicados, como realmente era su preferencia cuando se manifestó en" la materia, pues condecía con su naturaleza superior.

Los gustos y preferencias habituales en Jesús en las últimas existencias terrenas, transformáronse en evocaciones que convergían hacia el psiquismo de María despertándole reacciones químicas en di sistema endocrino, sugiriéndole "deseos" por los alimentos mencionados anteriormente.[2]

2 En nuestra familia sucedió un caso que justifica lo manifestado por I Ramatís. S. L. F., parienta nuestra, cuando estaba grávida de su segundo hija I pasó a despreciar la carne que tanto ella gustaba, manifestando repugnancia instintiva y violenta al simple olor de los alimentos carnívoros. Pasó a nutrirse casi exclusivamente de arroz y ensaladas, dejando a sus familias recelosos de adquirir una anemia en ese

Bajo la ley de correspondencia vibratoria espiritual, el cuerpo I de María se volvió el revelador del psiquismo delicado de Jesús y sus impresiones psíquicas le activaron los estímulos físicos, despertándole el gusto por los alimentos de naturaleza superior, y su condición de espíritu angélico provocó su repudio hacia la carne. Los recuerdos asocian ideas y despiertan deseos conforme sean las evocaciones hechas por la mente humana. Los niños, por ejemplo, aceleran su metabolismo endocrino y producen jugos digestivos adecuados al consumo de los chocolates a la simple recordación de las fiestas de Pascua. Tratándose de la tradicional fiesta de los "huevos de chocolate", asocian en su mente las imágenes de los bombones, que estimulan el organismo en la producción de jugos y hormonas, propias para digerir esa sustancia, tal como sucede ante la perspectiva de algún aniversario de la familia, cuyos componentes comienzan a "pensar" en todos los platos preferidos que van a gustar.

Los "sujetos" que son hipnotizados y retroceden hasta la infancia por la fuerza sugestiva de los hipnotizadores, acostumbran a recusar los alimentos que en aquella época no les agradaban. Ese regreso del "sujeto" hipnotizado, a veces, hasta la condición de lactante, se vuelve algo divertida, porque recusa alimentos propios de los adultos, pero se satisface con la leche y sus derivados. En verdad, las sugestiones impuestas al "sujeto" por la voluntad del hipnotizador, lo convence de que es una criatura pequeña, entonces la mente instintiva frena el trabajo del sistema endocrino, reduciendo la producción de los jugos gástricos y digestivos que no son adecuados para la alimentación a base de leche.

He ahí porqué, Jesús durante la composición de su organismo etéreo-físico, asoció los elementos y sustancias del mundo material que había utilizado en el pasado, proyectando en la mente de su futura madre las imágenes nutritivas simpáticas y familiares de su preferencia. Además, eran alimentos simpáticos a la contextura espiritual de María, aunque ella estuviera

período tan delicado. Finalmente nació el hijo, el cual a pesar de descender de padres brasileños, tiene la fisonomía exacta de un indochino, adverso a cualquier tipo de carnes o derivados, alimentándose de arroz y huevos. Hoy, joven de 22 años, es un admirador de la música de oriente, especialmente de la ópera "Turandot", de Puccini, cuyos enredos pasaban en la Indochina, la tierra de Ramatís. Más tarde supimos que había sido un danzará de ceremonial religioso en una pagoda china, en la frontera con la India.

familiarizada con una nutrición más pesada.

Pregunta: Nos podéis decir, si ciertos deseos y extravagancias tan común en algunas gestantes, ¿obedece o son provocados por los espíritus en el proceso reencarnatorio?

Ramatís: Repetimos: En cualquier manifestación de la Vida no hay regla sin excepción. En consecuencia, no todas las madres revelan deseos insólitos o excentricidades durante el período de la gestare sus hijos; ni todos los deseos manifiestos en esa fase pro-D del espíritu reencarnante.

La gravidez acentúa la sensibilidad de la mujer y puede evocar en el subconsciente los propios gustos nutritivos y deseos de la infancia, como la preferencia por algunas golosinas y frutos raros, que estimulan "deseos excéntricos" manifestados fuera de época. Pero, la mayoría de los deseos extemporáneos de la mujer en el período gestativo son provocados por los espíritus que se ligan al vientre materno durante su encarnación. Mientras tanto, las almas sublimes elevan y apresuran la sensibilidad psíquica de sus futuras genitoras al trasmitirles las impresiones saludables y reflexiones nobles. Ciertos espíritus, como los yogas o grandes espiritualistas de Oriente, que en el pasado fueron vegetarianos, cuando se reencarnan nuevamente en la tierra despiertan en sus madres los deseos por las frutas, como son las aceitunas, higos, vegetales y jugos delicados que eran de su preferencia en el pasado. Las almas torpes e infelices, además de sembrar ideas lúbricas y conturbadas en sus genitoras, les hacen preferir alimentos incompatibles con su índole habitual.

Jesús, espíritu angélico, influía a su madre para una alimentación sana, frugal y a base de frutas y jugos de vegetales; mientras tanto, Nerón, Tamerlan, Rasputín o Heliogábalo, al renacer en la carne estimularon a sus genitoras hacia la repulsiva alimentación carnívora, impregnada de alcoholes o fuertes condimentos. Mientras María dio vida a Jesús, el Cordero de Dios, Agripina generó a Nerón, alma cruel y degradada, hecho éste, que nos comprueba la perfecta sintonía de la ley de afinidad espiritual.

Pregunta: ¿Nos podéis explicar esos casos en forma más objetiva?

Ramatís: Suponed que cierto espíritu oriundo de la India

y en proceso de encarnación en occidente, vegetariano absoluto en sus vidas pasadas trasmite sus impresiones psíquicas sobre la mente de su futura madre, despertándole los deseos alimenticios que tanto apreciaba, pero que no existen donde va a encarnar. Entonces, en ese caso, ciertas parturientas manifiestan deseos por golosinas, frutas o alimentos que ellas mismas no saben explicarse a gusto respecto al sabor y calidad, porque están reflejando los estímulos que sólo son conocidos por el espíritu encarnante.

Sabemos, que hay frutas semejantes en oriente como en occidente, pero son totalmente diferentes en su sabor; otras, se igualan en el sabor, pero se diferencian mucho en el jugo, en la pulpa o en la configuración vegetal. ¿Quién podrá trasmitir a otra persona el gusto exacto de la manzana, si nunca la ha visto o saboreado?.[3]

He ahí por qué la madre que es vegetariana se siente afligida durante, la gestación de su futuro hijo, si le sugiere deseos carnívoros, o a la inversa, que pasa a detestar la carne, para preferir la fruta y vegetales. La verdad es que el cuerpo carnal de la mujer, en la fase de la gestación, se trasforma en un receptáculo de los deseos y preferencias del alma encarnante, que se esfuerza por imponer su dirección instintiva desde el primer contacto con la materia.

---

3 *Nota del Médium:* El caso de nuestra parienta S. L. F., citada anteriormente en la llamada número 2, ayuda a aclarar más los decires de Ramatís, pues durante la gestación de su hijo, ella deseó a todas costas comer uvas en época inapropiada. Con mucho esfuerzo su esposo consiguió algunas especies de uvas obtenidas en los frigoríficos de Curitiba; pero para espanto de todos, ningún tipo de uva conseguida la dejaba satisfecha. Y, el caso parecía insoluble, cuando uno amigo nuestro, estudioso de oriente, tuvo la excelente intuición, diciendo: seguro que la señora S. L. F., tenía deseos de comer "uvas japonesas", es decir, frutas pequeñas, pero bastante distintas a todas las conseguidas. Por último, la señora se dio por satisfecha con las uvas japonesas y conforme dijéramos anteriormente, aunque su hijo descendía de brasileños y europeos, es un tipo exacto de la Indochina, devoto a las músicas japonesas, hindúes y chinas, además de ser absolutamente vegetariano.

10.
María y el nacimiento de Jesús

Pregunta: Reza la tradición bíblica, que un ángel visitó a María y le anunció que se casaría con un hombre del linaje de David; y concebiría un hijo varón destinado a salvar al mundo. ¿Qué nos decís sobre esa tradición religiosa?

Ramatís: María tenía 15 años de edad cuando sus padres, Joaquín y Ana, fallecieron con algunos meses de diferencia entre sí. Entonces fue recogida por Simón y Eleazar, parientes de su padre, quienes la encaminaron hacia el grupo de las Vírgenes de Sión, en el templo de Jerusalén. Permaneció allí cerca de dos años, donde se dedicaba a trabajos como la confección de túnicas de seda para las jóvenes, mantos para los sacerdotes, adornos y pequeños tapetes para las ceremonias religiosas. Además, tocaba la cítara y cantaba los salmos de David, formando coro con las demás jóvenes.

Era una joven de rarísima belleza y avanzada sensibilidad psíquica para esa época. Espíritu dócil, toda ternura y benevolencia, fortaleció su juventud en el ambiente monástico del templo; no era rebelde ni tenía problemas emotivos, apresurando aún más su don mediúmnico. Desde pequeña tenía visiones espirituales, reconociendo a viejos parientes desencarnados y más tarde a sus propios padres que se le aparecían en forma sorprendente. En sueños le decían que sería reina del mundo, la mediadora consagrada para un elevado ángel en misión junto a los hombres terrícolas.

En su conciencia física, María desconocía que ella también era una entidad de condición angélica; cuando identificaba por su videncia a una bellísima persona, suponía que se trataba del "ángel de la guarda", porque se asemejaba fisonómicamente a las viejas oleografías de los ángeles de la tradición hebraica. No conseguía explicar a satisfacción a sus familiares y amigos los fenómenos que se daban con ella, pero afirmaba siempre que su ángel de la guarda no sólo la visitaba en sueños, sino en estado de vigilia, dándole consejos y orientaciones para el futuro. Cuando José, viudo, padre de cinco hijos y mucho más viejo que ella la pidió para esposa, lo aceptó inmediatamente, sin reflexionar, explicando que hacía mucho tiempo su ángel tutelar le había aconsejado tal esponsalicio. Es obvio que se trataban de visiones reales, conforme a la fenomenología espirita y que hoy se explica satisfactoriamente por medio de las facultades mediúmnicas.[1]

Aunque María ignoraba a qué extraños caminos el destino la llevaría, las entidades que la asistían le aconsejaron aceptar al viudo José, como esposo y compañero, pues había sido escogido en el Espacio para la elevada misión de ser padre del Mesías en la Tierra. La tarea de esos espíritus no estaba exceptuada de las decepciones y obstáculos, puesto que debían enfrentar la más violenta y furiosa embestida de los seres de las sombras, que intentaban impedir el advenimiento de Jesús físico sobre la tierra. José y María, además de sus virtudes espirituales defensivas, gozaban del prestigio y apoyo de algunas falanges de menor graduación espiritual, pero vigorosas y decididas que los amparaban y cooperaban en la protección del Salvador de los hombres. Entonces, saneaban las inmediaciones de Belén, desintegrando los fluidos mórbidos y eliminando las cargas magnéticas maléficas, a fin de proteger el nacimiento de Jesús.

Después de casada, cierta vez, se encontraba en profundo recogimento bajo la dulce paz de una oración, cuando fue dominada por una extraña fuerza espiritual, encontrándose fuera del organismo carnal y situada en un ambiente de luces azules y rosadas, contorneadas por una hermosa refulgencia de rayos zafirinos y reflejos opalinos; entonces, con gran júbilo, reconoció súbitamente a su ángel de la guarda que le felicitó, diciéndole que el Señor la había escogido para ser madre de un iluminado

1 Don Bosco, Antonio de Padua, Teresa de Jesús, Francisco de Asis y otros luminares de la Iglesia católica, inclusive algunos Papas, también tuvieron visiones mediúmnicas inconfundibles.

espíritu, el que había aceptado el sacrificio de la vida humana para redimir los pecados de los hombres. Envuelta por un halo de perfumes, mezcla de la dulzura del lirio y la fragancia del jazmín, se sintió balsamizada por un suave magnetismo, vio a su guía que le señalaba a alguien, a su lado, diciéndole que se trataba del espíritu de su hijo. María vibró de júbilo y quiso postrarse de rodillas, cuando percibió que la sublime entidad recortada en un halo de luz esmeraldina, cuya aura, mezcla de colores rosados y zafirinos le sonreía dulcemente. Entonces la entidad que sería Jesús, el Enviado del Cristo a la tierra, la llamó con suma ternura por su "nombre sideral", recordando a María el compromiso de fidelidad espiritual asumido antes de encarnar. En el receso de su alma evocó el pasado, sintiéndose ligada al magnífico espíritu que allí estaba presente, aclarándose inmediatamente su mente ante la promesa que hiciera de recibirlo en su seno, como hijo carnal.

El maravilloso contacto espiritual con Jesús hizo reavivar a María todos sus recuerdos del pasado sobre el mundo paradisíaco a que ella pertenecía. Mientras una sombra de angustia le invadía el alma al tomar nuevamente contacto con su organismo carnal, sintió prolongarse en su conciencia física aquel éxtasis de Paz y Amor que la envolviera ante la presencia del ente sublime, que debería encarnarse como su primer hijo. Aunque no podía definir claramente tan singular acontecimiento, María narró a José el impresionante cuadro que le despertó tan sublime emoción espiritual, y la seguridad de que iba a ser madre de un hermoso ángel descendido de los cielos. José, hombre de sentido práctico y prudente, adverso a los sueños y a las fantasías, poco reales para su vida pobre, miró ligeramente a su joven esposa y apenas le sonrió, seguro de que todas las madres, sólo esperaban príncipes y no hombres comunes.

Pregunta: María, cuando estaba en vigilia, ¿no tenía la seguridad de que iba ser madre del Mesías?

Ramatís: La elevada estirpe espiritual de María era más que suficiente para convencerla íntimamente de la posibilidad de ser madre de algún espíritu elevado, pues sería como corolario de su propia graduación espiritual. En la tierra, los padres talentosos jamás admiten que puedan generar descendientes feos, imbéciles o deformados. Y, María no era persona grosera, presuntuosa o vanidosa, pero si una mujer tierna, humilde, cariñosa y jovial, a pesar de su falta de cultura y dificultad de raciocinios incomunes. Era adversa a la crítica, a la maldad y a la ironía, era modesta en su vivir, su mansedumbre y sonrisa angélica le permitía atraer amistades sinceras. Cuando era soltera, fue el centro de convergencia de las confabulaciones de sus compañeras; de casada con José, todos sus vecinos, amigos y parientes la conocían por la denominación de la "Dulce María".

Jamás nadie la vio alterarse con los hijos de José, pues éstos también la llamaban madre y le tributaban todo el cariño filial. Espíritu angélico, pertenecía a la misma jerarquía de los Amadores, aunque sin igualar a Jesús en sabiduría sideral. Así, quiso el destino que viviera en Judea y de su esponsalicio con José, viudo de Débora, generóse el cuerpo físico del sublime espíritu de Jesús y atendiera a la voluntad del Señor en beneficio de la humanidad terrena.

Pregunta: El hecho bíblico, de que Jesús halla nacido del "linaje" de David, ¿no sería patrocinado por los evangelistas, para justificar la profecía de Isaías? (Cap. IX - vers. 6 y 7).

Ramatís: En base al avanzado metabolismo espiritual de Jesús y por ser un misionero, en vez de un alma bajo rectificación kármica de las existencias pasadas, merecía un organismo de buen linaje biológico carnal, proveniente de ancestrales celosos de su especie. Ese organismo carnal, además de poseer todas las aptitudes, debería tener un cerebro físico que fuera capaz de resistir, sin desintegrarse, el fabuloso potencial del espíritu de Jesús, hasta el plazo mesiánico cronometrado por lo Alto. Su sensibilidad incomún y la capacidad de visión panorámica sobre la vida cósmica, lo hacían merecedor de un equipo carnal de muy avanzada genealogía entre las mejores estirpes humanas de la tierra.

Hacía muchos siglos que los psicólogos siderales investigaban los linajes y las generaciones judaicas, respecto a su resistencia biológica ancestral, a fin de garantizar el éxito del Mesías en la tierra para proporcionarle un instrumento carnal a la altura de su merecimiento y naturaleza de su misión. En consecuencia, fueron seleccionadas diversas familias hebreas y estudiados detenidamente los diversos aspectos de sus generaciones. De ahí resultó que la descendencia de Hilel y la de David presentaban los genes más saludables y de mejor vitalidad. Rápidamente, los Mentores Siderales optaron por la estirpe hereditaria de David como fundamento ancestral del organismo de Jesús, aunque él también había sido un terrible devastador de pueblos y desencarnó seriamente comprometido en espíritu. Lo cierto es que sus descendientes, por orgullo de raza o por inspiración superior, hacía muchos siglos vivían preservando su linaje carnal. Los últimos remanescientes de David, no sólo eran vegetarianos, sino adversos a las especies, tóxicos, condimentos, alcoholes y vicios que afectan el perfecto equilibrio de la salud.

Pregunta: La naturaleza espiritual y angélica de Jesús, ¿no era suficiente para dispensar de las preocupaciones selectivas de la genética para estructurar su cuerpo ¿El espíritu se impone a la materia o ésta encadena al espíritu?

Ramatís: Cuando se injerta la planta de cualidad superior en la llamada "planta salvaje", ésta cede su vigor y primitivismo ante la condición cualitativa de la especie. El más eximio conductor no consigue sobrepujar la insuficiencia mecánica y la mala calidad del vehículo que dirige, aunque sea un as del volante.

Sin duda, que el espíritu de Jesús podía influir y desenvolver su cuerpo carnal sano y. equilibrado por fuerza de su elevada graduación, sin necesidad de selecciones genéticas. Pero él mismo lo dijo: "Yo no vine a destruir la Ley, fino a cumplirla". En consecuencia, no venía a producir milagros y a practicar distorsiones o ejercer privilegios, sino a cumplir la voluntad del Padre, que está en los cielos. El principal fundamento de su misión junto a la humanidad terrena era servirse de las mismas oportunidades y someterse a las leyes que correspondía a los demás hombres, para no sembrar desconfianza que lo hicieran un ídolo y no un guía.

Sería algo cruel que Jesús, después de un descenso tan sacrificial, como el príncipe que abandona su agradable palacio y su paz venturosa para servir a los hombres pecadores, aun tuviese que movilizar todos sus recursos angélicos para superar los genes inferiores de un organismo proveniente de alcohólicos, epilépticos o sifilíticos.

Jesús no era un malhechor o un estigmatizado por crímenes co- metidos, pero sí un espíritu en misión sacrificial, que abdicaba de su mansión celestial para orientar a la criatura humana, aun esclava a los grilletes de la animalidad. Por consecuencia, merecía el "mejor" linaje para sustentarle un cuerpo biológicamente equilibrado.

Pregunta: ¿Qué fundamento utilizó la tradición religiosa, que sirvió más tarde al Catolicismo para asegurar el dogma del Jesús concebido por "obra y gracia del Espíritu Santo y nacido de una virgen"?

Ramatís: Esa concepción se debe a la propia Biblia, pues en el Viejo Testamento, los profetas predecían que el Mesías debería nacer de una virgen, y conforme al evangelista Mateo, también lo confirma en el Nuevo Testamento cuando dice: "Que siendo María, su madre desposada con José, antes que viviesen juntos, se halló haber concebido en el vientre, de Espíritu Santo" (Mateo, cap. I - vers. 18).

Los antiguos profetas intentaban dejar algunas indicaciones, para que en el futuro se reconociera al Mesías, pero la insuficiencia humana no alcanzó a comprender las señales prematuras y exactas sobre la realidad de su nacimiento. Las sucesivas y deficientes traducciones de los libros sagrados contribuyeron para oscurecer el sentido concreto de las alegorías proféticas y que más tarde se interpretaron en forma fantasiosa. La Biblia predice que el Mesías tenía que "nacer de una virgen y ser concebido por obra y gracia del Espíritu Santo", mas eso, de ninguna forma desmentía el proceso natural de la gestación humana; apenas indicaba las señas importantes del advenimiento e identificación del Mesías al nacer en la tierra.

Jesús, como el primer hijo generado por María, nació de una virgen, pues virgen era su joven genitora cuando dejó el templo de Jerusalén para casarse con José. Así se cumplía la profecía a través del indicio de la presencia del Mesías en la tierra para que la humanidad lo conociese y aceptase en el futuro sus enseñanzas liberadoras.

María, por su estirpe elevada, era un ángel que descendió de los cielos, y por lo tanto, un "espíritu santo", corroborando una vez más la predicción de la Biblia. En su cuerpo virginal y por obra de su "espíritu santo" se generó el cuerpo del Mesías cumpliendo con la profecía del Viejo Testamento. La vieja leyenda de los nacimientos sagrados y milagrosos de las madres vírgenes y de los espíritus santos, como Hermes, Orfeo, Zoroastro, Krishna y Buda, también se le atribuyó literalmente al nacimiento de Jesús, en la ingenua suposición del sacerdocio organizado en querer valorizarlo por encima del mecanismo de la concepción carnal humana.

La vida monástica de las criaturas que huyeron de los pecados del mundo profano, casi siempre les produce en la mente una exagerada desconfianza y prevención contra el sexo humano, al que atribuyen la culpa de casi todas las irregularidades del mundo. Las organizaciones religiosas terrenas han hecho todo lo posible para colocar a sus Mesías, Avatares o Instructores Espirituales por encima del proceso de las relaciones humanas y sexuales, puesto que lo consideran como un acto pecaminoso o impuro. Entonces, su lógica les dice que debe nacer de vírgenes en divino esponsalicio con espíritus santos, o de los rayos refulgentes o genios fabulosos que los rodean de glorias y esplendores, totalmente exceptuados de la genética sexual del mundo físico.

Pregunta: Sin embargo, la naturaleza excepcional del Espíritu de Jesús, ¿no debería tener un proceso genético más elevado, independiente del mecanismo sexual?

Ramatís: Si el mecanismo sexual de la concepción de la vida humana se considera como un proceso inferior, eso no es culpa de Dios, puesto que Él lo creó para la manifestación del ser en la materia: la responsabilidad compete al hombre que lo transforma en un proceso para satisfacer sus bajas pasiones. Aunque consideremos la supremacía espiritual de Jesús, ni aun por eso, es necesario derogar las leyes inmutables de la Vida y alterar el proceso de la genética humana para encarnar en el seno de la humanidad. Tanto el ángel como el espíritu inferior podrán ingresar en la carne terrena a través de la puerta del sexo, mejor dicho, del acto sexual, que no es indigno, sino un proceso establecido por Dios para el advenimiento del hombre. Cualquier explicación o excusa sobre el particular, no pasa de una fantasía u orden subjetivo, incapaz de encubrir la verdad. Conforme dijéramos anteriormente, mientras el espíritu primitivo se encarna instintivamente arrastrado hacia el vientre materno, Jesús, debido a su naturaleza excepcional/necesitó un milenio del calendario humano para su descenso espiritual y poder alcanzar el claustro materno. Como es lógico, no era el modo de nacer en la carne lo que comprobaría la supremacía espiritual que portaba, sino, el inmenso sacrificio realizado para alcanzar la materia.

Todavía existen en vuestro mundo, familias de las zonas rurales por cuyo linaje de raza y metabolismo orgánico, están exceptuadas de las enfermedades luéticas, vicios o pasiones degradantes de vuestra civilización, que óptimamente podrían ofrecer un cuerpo sano a Jesús, sin desmerecerlo en su elevada naturaleza espiritual. A través de un maravilloso quimismo, Dios transforma montones de desperdicios en rosas y claveles perfumados, ¿por qué Jesús, tan Sabio y Excelso, no podía manifestarse en un cuerpo de carne, generado por el proceso común para dar el mensaje de Paz y Amor entre los hombres?

Cuando los evangelistas se refieren a Jesús en los Evangelios, dejan bien constatado la condición de que era ***hijo*** de María y José, como un hecho concreto e indiscutible en aquella época, sin alusión alguna al Espíritu Santo. El evangelista Marcos fue muy claro cuando dijo: "Mira, tu madre y tus hermanos te buscan ahí afuera" (III-32). El evangelista Juan también lo confirma en lo siguiente: "Después de esto se fue a Cafarnaum; él y su madre, y sus hermanos, y sus discípulos; y estuvieron allí no muchos días" (II-12). Mateo, a pesar de ser el responsable por la idea de que Jesús descendía del Espíritu Santo, también alude sobre la filiación de Jesús en su Evangelio, cuando explica: "¿Por ventura no es éste el hijo del artesano? ¿No se llama su madre María, y sus hermanos Santiago, José, Simón y Judas?" (XIII-55). Y, acrecienta en el versículo 56: "¿Y sus hermanas no están todas entre nosotros?"

Resumiendo, todos los evangelistas son acordes en afirmar que Jesús era hermano de Tiago, José, Simón y Judas, Ana y Elizabet, pero hijo de José el carpintero, de donde se deduce que no se le conocía como generado por el Espíritu Santo.

Pregunta: ¿Por qué motivo, entonces se forjó el dogma de la Inmaculada Concepción y de un Jesús concebido por obra y gracia del Espíritu Santo?

Ramatís: Eso es obra de un exagerado sentimentalismo y del temor religioso, puesto que las personas han supuesto que sus guías o líderes son frutos de nacimientos milagrosos. Cuando más se distancia la época donde actuaron tales hombres excepcionales, la posteridad olvida, poco a poco, la vida natural transcurrida bajo la disciplina de las leyes que rigen al mundo, pasando a rodearlos de una aureola fantasiosa, de un misterio y divinismo que satisfacen la exaltación del fanatismo religioso.

El sacerdocio organizado, cuya vida y sustento depende de la especulación religiosa, explota la faceta humana negativa de sus fieles y creyentes, antes de esclarecerlos a la luz de la ciencia y de la razón. Por esa causa, los líderes e instructores espirituales pierden sus características humanas y les atribuyen poderes, milagros y leyendas que pasan a engrosar el *"combustible"* de la fe, de la idolatría de los templos y el comercio de sus organizaciones. Con el correr del tiempo y la proverbial fragilidad de la memoria humana, hasta los tiranos, criminales, bárbaros y bandoleros sanguinarios, cuyas vidas fueron perversas, llegan a ser redimidos y perdonados por la literatura sentimentalista y expuestos en los melodramas lacrimosos de la radio, teatro y televisión.[2]

Por consecuencia de esa candidez de espíritu, ¿qué no harán los discípulos e historiadores cuando resuelven biografiar a sus ídolos religiosos? De acuerdo con la historia sagrada de vuestro mundo, la mayoría de los dirigentes religiosos nacieron de vírgenes y por obra de las fuerzas extraterrenas, o de misteriosos esponsalicios, ajenos al mecanismo del sexo y de la gestación. Los libros de los asirios, de los hindúes, de los caldeos, de los chinos y de los árabes son unánimes en señalar nacimientos provenientes de vírgenes y bajo condiciones milagrosas. La tradición mazdeísta dice que un rayo de gloria divina penetró en la madre de Zoroastro, notable instructor Persa. Krishna, nació de una virgen y también Lao-Tsé; la madre de Buda tuvo un sueño, donde el elefante blanco (símbolo del espíritu puro)

2 *Nota del Médium:* En Brasil eso sucede con el culto censurable que se ha hecho a "Lampión" jefe de una banda de foragidos, que la cinematografía brasileña los "redimió", transformándolos en héroes, cuya vida sangrienta y plagada de venganzas bárbaras se matizan con toque poético, pues lo único que interesa es el éxito de la boletería. En Portugal, el facineroso José de Telhado se hizo una figura muy simpática e injusticiada; en los Estados Unidos, los bandidos Jesse James y Dick Turpin son aplaudidos por la juventud moderna, gracias a la propaganda interesada del cine. Gengis-Khan, Atila, Cortéz y Ta-merlán, en vez de señalarlos como verdaderos flagelos sanguinarios, cuyas vidas la pasaron matando a mujeres, niños y viejos, como si trituraran el trigo en los molinos, ahora son *revividos* por los galanes cinematográficos, como héroes fabulosos.

entró en su seno y ella concibió al Salvador de Asia; Salivahana, de la escolástica hindú, también fue concebido por una virgen, que lo recibió en su seno como la encarnación divina. El propio Gengis-Khan, turbulento invasor de China, se generó por causa de un rayo solar que descendió sobre una virgen, elegida por el Señor de los Mundos. Dentro de algunos años es posible que Mahatma Ghandi, asesinado a tiros en la India, también termine glorificado por un nacimiento misterioso, siendo generado por un rayo del cielo en el vientre inmaculado de una virgen.

Pregunta: Ciertos religiosos y hasta algunos espiritas, encuentran que es bastante inmerecido para Jesús, el haber nacido a través del mecanismo sexual de la procreación común. ¿Qué opináis?

Ramatís: Repetimos: El sexo no es un mecanismo degradante, pero sí, la bendecida puerta de la vida carnal y de acceso para que las almas sufrientes puedan rehabilitarse de sus pecados y remordimientos de vidas anteriores. El cuerpo humano es el vaso o alambique donde se filtran los residuos que se hallan adheridos a la contextura delicada del periespíritu. Resumiendo: es el "hilo a tierra" que debe transferir hacia el suelo el magnetismo deletéreo y los fluidos tóxicos del ser. El acto de procrear es importantísimo para la felicidad de las almas, pues en esos momentos las fuerzas angélicas descienden del cielo y se unifican a las energías vigorosas de la materia para generar un cuerpo carnal. El fenómeno del nacimentó es un acontecimiento divino y de valioso significado para la vida del espíritu y su ascenso angélico.

Por eso, Dios valoriza mucho a las madres, sean cuales fueran sus condiciones sociales o morales. Siempre son dignas del amor divino y del alto respeto espiritual, siempre que no destruyan ni abandonen el fruto de sus amores lícitos o pecaminosos. Sólo esto, es suficiente para redimirlas y elevarlas por encima de cualquier mujer, que aun siendo virtuosa huye del sagrado compromiso maternal. Las infelices criaturas dedicadas a la profesión del aborto, o las madres que prefieren la destrucción de sus retoños prematuros, jamás podrán valorar en la tierra, el infierno pavoroso que les espera después de su desencarnación. No existen vocablos humanos, para dar una idea de los tormentos y desesperos que sufrirán esas madres desnaturalizadas,[3] adheridas a los repugnantes charcos del astral inferior.

Cada cuerpo que se genera en la tierra y despierta en la cuna, es un valioso instrumento de redención espiritual para que el alma afligida, enferma o atribulada por el remordimiento, pueda amenizar su dolor y avanzar en su condición espiritual. El espíritu que ha tenido un pasado delictuoso se refugia en el biombo protector de la carne para poder expurgar sus malezas a través de sus luchas, sufrimientos y lágrimas redentoras. Por eso, el sexo jamás degrada el hermoso proceso de la procreación, aunque el hombre en su fiebre de placeres, invierta su elevado sentido creador.

He ahí por qué, Jesús no subestimaría el proceso gestativo común e inherente al mundo terreno, ni deshonraría a su madre, exponiéndola a la crítica feroz de la época. Jamás se felicitaría por su nacimiento aberrativo y de un esponsalicio dudoso por parte del Espíritu Santo, humillando la dignidad de su padre, José, persona enérgica y severa, pero justa y honesta.

La redención del hombre, comenzó justamente, por el hecho de que el Mesías no huyó al proceso común de la gestación, sino qué lo valorizó todavía más con su presencia y acatamiento, malgrado la corrupción de los hombres. El acontecimiento de generar, nacer, crecer y morir en el mundo terreno, Jesús lo sintetizó en un poema de respeto y consagración, sin recurrir a los procesos milagrosos que menosprecian los reales valores del sexo. Después de su advenimiento, el nacimiento del hombre se glorificó por la marca angélica recibida de tan alta entidad, pues el Salvador de los hombres la admitió, como mandaba la ley.

Pregunta: ¿El nacimiento de Jesús fue un acontecimiento rodeado por fenómenos incomunes? ¿Llamó la atención a los moradores de la ciudad o sólo lo percibieron María, José y demás familiares?

Ramatís: El nacimiento de Jesús sucedió sin anomalías o milagros de naturaleza ostensiva, todo ocurrió en un ambiente de pobreza franciscana, tal como era el hogar de Sara, vieja tía

3 Ver "Los Depósitos de Fluidos Nocivos en el Astral Inferior", de la obra *La Vida Más Allá de la Sepultura,* donde el espíritu de Atanagildo, en la página 289 describe minuciosamente el sufrimiento de las mujeres que en su vida terrena desechaban sus frutos y que en el Espacio se las denomina como "Destructoras de ángeles". Edición en castellano. Editorial Kier, S.A.

de María hacia donde José llevó a su esposa a fin de ser asistida y protegida en la hora de dar a luz. Conforme dijéramos, María era una joven delicada envuelta por extrañas ansiedades y secada, envuelta por extrañas ansiedades y se agotaba fácilmente durante el período gestativo, requería cuidados y atenciones por parte de su esposo.

La casa donde se había hospedado era muy sencilla y se dividía en dos aposentos; en uno se amontonaban los muebles y objetos de uso familiar; en el otro, además de servir de depósito, guardaban las cabras, aves y carneros. De las vigas colgaban ganchos con ct reales, arreos, pieles de animales y el pescado se ponía a secar a la altura del techo, donde la luz del sol penetraba por un rectángulo. Sara y Elcana, tíos de María, durante la noche extendían un cobertor sobre la alfombra y dormían tranquilamente, bajo el seco y saludable clima.

En el momento de dar a luz, María tuvo que ser acomodada a toda prisa sobre un rincón del aposento, sobre el lecho improvisado de la alfombra, cobertores y pieles de cabra; y de éste acontecimiento, la fantasía humana pintó la escena del pesebre y el establo. En verdad, Jesús nació en un ambiente pobre y cerca de los animales que pertenecían a sus parientes de Belén, cuyo hogar cedieron para su pronto nacimiento, yendo las primeras noches a dormir a las casas vecinas. Tampoco es cierto que José y María se dirigieron a Jerusalén para atender al hipotético recensamiento, que en aquella época nunca ocurrió, sino, que se trasladaron simplemente a Belén en busca de ayuda para ese acontecimiento delicado.

El hecho en sí, fue de suma importancia y bastante jubiloso para los familiares de María, cuando comprobaron que su primer hijo era un hermoso querubín. El hecho fue trascendental, porque nadie recordaba que hubiera nacido en Belén o Nazaret una criatura tan hermosa, cuya fisonomía se hallaba envuelta en extraños fulgores. Bajo la mirada asombrada de los presentes, el niño Jesús no presentaba las arrugas características de los recién nacidos, más su cara rosada, el semblante sereno y la quietud de los labios, conformaban la plástica de una encantadora muñeca viva, y que a veces, presentaba un aire de gravedad o divino poder.

Pregunta: ¿Por qué los religiosos transformaron el nacimiento de Jesús en un acontecimiento incomún y legendario, como lo relata la historia sagrada?

Ramatís: Aunque Jesús haya nacido ajeno a los milagros, el hecho revistió suma importancia en el Espacio, alrededor de la tierra, donde los ángeles que lo acompañaron en el descenso, vibraron de intenso júbilo por el éxito alcanzado en el mundo espiritual con el advenimiento del Mesías. Era el más esplendoroso acontecimiento verificado hasta aquella época, pues a través del tan elevada entidad espiritual, las entidades tenebrosas, desde ese momento comenzarían a recibir con mayor fuerza la Luz Crística, en comunión íntima con el Cristo Planetario. Jesús, el Mesías, instrumento vivo y descendido de los cielos, derramaría a través de su carne la Luz del Espíritu del Señor, enseñando rápidamente el camino de la liberación al "hombre viejo", todavía encadenado a la fuerza coercitiva de los instintos animales.

Aunque los hombres ignoraban en su conciencia física la naturaleza excepcional del advenimiento del Mesías a la tierra, lo cierto es, que en la vecindad del hogar de María y José se sentía un júbilo extraño y deliciosa esperanza que les alcanzaba el alma como un sentimiento indefinible. Flotaba en el aire algo de excelso y suave, fluctuaba como una ansiedad espiritual; y un suave magnetismo penetraba el espíritu de sus moradores. Desde ese día, las personas se entendían pacíficamente, ninguno reclamaba por juicio ningún derecho, mostrándose indiferentes a los litigios. La avaricia y la ganancia humana se debilitaban bajo esa fuerza desconocida y saludable que colocaba los intereses humanos en situación secundaria.

Ese es el motivo porque los religiosos crearon leyendas y milagros alrededor del nacimiento del niño Jesús en la tierra, asociándole las mismas fantasías atribuidas a otros instructores espirituales de la humanidad. Ninguna estrella se movió en el cielo guiando a los reyes magos hasta Nazaret, aunque Melchor, Baltazar y Gaspar trataron de identificar el lugar donde debía encarnar el Avatar prometido para aquella época. Eran viejos magos y experimentados astrólogos, que por la disposición extraordinaria de los astros en el signo de Piscis y su profunda sensibilidad mediúmnica, comprobaron que una elevada Entidad Espiritual había nacido en la tierra. Debido a sus cálculos astrológicos y a su habilidad esotérica comprobaron que la conjunción de Saturno, Marte y Júpiter marcaba una fecha sideral de suma importancia para las actividades espirituales. Era un indicio perfecto del clima vibratorio favorable a los acontecimientos espirituales, pues el magnetismo suave e inspirativo del signo de Piscis, balsamizaba el campo astrológico sobre Judea, y la presencia simbólica de la estrella predecida hace milenios, como señal incomún del Mesías, dieron a los tradicionales magos la certeza del nacimiento de una elevada Entidad Espiritual.

La naturaleza sublime de Jesús y sus huestes amigas irradiaban luz angélica sobre la atmósfera terrena, alcanzando los corazones de los hombres y mujeres sensibles, despertándoles un sentimiento de confraternización y convergencia mental hacia los ideales superiores. En verdad, consumado el nacimiento del niño Jesús en el plano físico, los ángeles, los maestros y auxiliares espirituales del Señor se regocijaban felices, aunque agotados por la inconcebible tarea de ajustar el poderoso espíritu de Jesús en el cuerpo vibrátil del "picaflor" humano, que sorprendía a las personas pacíficas y conmovía a las más endurecidas. En seguida, todos ellos elevaron sus cánticos al Magnánimo Autor de la Vida y le rindieron gracias por el suceso alcanzado, pues había encarnado sin defectos o lesiones orgánicas, superando los objetivos malignos de la dirección de las tinieblas.

Sin embargo, la delicadeza orgánica del niño Jesús, desde ese momento pasó a exigir una rigurosa vigilancia y protección desde lo Alto, pues los espíritus de las tinieblas continuaban insistiendo para poder aplastar su cuerpo carnal. Para lograr su fin, habían movilizado los recursos más astutos y ofensivos, puesto que el advenimiento del Maestro terminaría sustrayéndoles a innumerables criaturas, pues el evangelio que pregonaría tenía fuerza y liberaría a muchas almas que se encontraban esclavizadas en el astral inferior. Con su saña diabólica, los enemigos de la Luz intentaron perturbar los ascendientes biológicos de José y María, decididos a debilitar el organismo carnal planeado por los Biólogos Siderales, y que debería servir como instrumento mediúmnico para la trayectoria redentora de Jesús.

Pregunta: Nos agradaría conocer algunos detalles sobre ese júbilo de los ángeles y su influencia sobre la tierra cuando nació el niño Jesús. ¿Puede ser?

Ramatís: Es natural, que esa influencia sublime alcanzó a los hombres de buenos sentimientos y actuó por la vía espiritual y no se hizo ostensiva a los sentidos físicos. Algunos iniciados de Alejandría, India, Arabia y de los santuarios esenios, situados en los montes Moab, en el Carmelo y el Monte Hermón, en Judea, también comprobaron que un hecho de elevado significado espiritual estaba sucediendo en la superficie de la tierra, marcando, tal vez, el descenso de un Avatar. Isaías y Micheas, los profetas que previeron la venida del Mesías en el Viejo Testamento, fueron recordados por los astrólogos, iniciados y magos; consultaron las cartas astrológicas y las posiciones de los astros, confirmando que se había iniciado la era de la transformación moral y espiritual de la humanidad, gracias a la presencia de un Espíritu poderoso en medio de la humanidad.

Ya habíamos dicho, que una extraña alegría y emoción paradisíaca envolvía a las personas de buenos sentimientos, ante la presencia de Jesús y sus ángeles junto a la tierra, tal como sucede, cuando llega la primavera, pues el reino vegetal parece tocado por una extraña magia sidérea y comienza a manifestarse en todo su esplendor, invitando a las criaturas humanas a solazarse pletóricas de sentimientos y pensamientos creadores. La tierra, por lo tanto, quedó impregnada de fluidos sedantes que amainaban las tempestades y las aflicciones humanas, mientras se purificaba el triste panorama del mundo material. Bajo esa influencia amorosa y pacífica, se consolidaron las fórmulas de paz y constructividad entre los gobernantes y florecieron las artes; concretáronse proyectos benefactores y se multiplicaron iniciativas de amparo a los desheredados. Reyes y jefes de tribus belicosas, movidos por un sentimiento de magnanimidad, indultaban a sus prisioneros, libertaban a los esclavos y cesaban los planes belicosos. Debilitábase la violencia, multiplicábase la tolerancia y la ternura en los corazones de los hombres, superando fácilmente los impulsos destructivos del instinto inferior.

Aunque Jesús siempre estuvo en Espíritu junto a los hombres, durante su encarnación terrena se manifestó personalmente para toda la comunidad humana, pues la envolvía directamente en su excelsa vibración sideral, en vivencia íntima con el Cristo Planetario. En verdad, las potencias angélicas habían derrotado exitosamente a las legiones satánicas y Jesús alcanzó su cuerpo terrenal con una óptima contextura cerebral. Malgrado a las embestidas diabólicas del Comando de las Tinieblas, pudo configurarse en un hermoso niño, lleno de lucidez y que iniciaría su peregrinación física para entregar a la humanidad el mensaje de su liberación espiritual.

Alrededor de su lecho las potestades angélicas habían colocado poderosas barreras de luz para disociar cualquier carga de magnetismo nefasto, proyectado con intención de impedir su misión crística. Jesús, realmente, venció a Satanás; y la Sublime Luz del Ángel triunfó sobre el reino de las Tinieblas.

Pregunta: José, padre de Jesús, ¿nunca percibió algo de extraordinario en su hijo, que lo convenciera de que era una entidad mesiánica?

Ramatís: Conforme dijéramos, José era un hombre prudente, práctico y hasta incrédulo a las visiones mediúmnicas de María, pues su vida transcurría en un ritmo prosaico, de intenso trabajo y abnegación constante hacia la familia. Sin embargo, tampoco pudo sustraerse de los fenómenos que alcanzaron su espíritu durante el nacimiento de Jesús, pues a pesar de su severidad y prudencia espiritual, le pareció distinguir sonidos y melodías indefinibles, mientras que su alma presentía una luz zafirina y plateada. Temoroso de caer en el ridículo ante los demás al no poder describir esos fenómenos por medio de la sensibilidad física, entonces prefirió callar ante esa extraña sensación, que tomó a cuenta de una alucinación. María, su esposa, adormecía en un trance feliz, viviendo a plenitud esas ocurrencias venturosas, pues sólo tuvo conocimiento de la aparición de su hijo excelso, cuando lo encontró tranquilo y acostado a su lado, en la sencilla cuna de paja.

Algunos rabíes, puros de corazón, más tarde confirmaron que habían presentido ondas de luz y olor a perfume durante el oficio en la sinagoga, presumiblemente en los momentos de nacer Jesús. Mientras que los pastores y campesinos, simples y buenos, juraron que habían visto sobre la casa de Sara, súbitas refulgencias que parecían centelleos a la luz del sol, surgiendo detrás de las nubes. En verdad, las huestes angélicas proyectaban sus luces profilácticas y desintegradoras en el ambiente donde Jesús debía nacer, a fin de eliminar las sustancias pestilentes y cargas magnéticas proyectadas por los espíritus de las Tinieblas deseosos de impedir el advenimiento del Mesías.

Pregunta: Las personas que visitaban al niño Jesús, ¿notaron alguna cosa extraordinaria, además de su belleza, propiamente humana?

Ramatís: Además de la belleza y del encanto del niño Jesús, aquellos que lo visitaban sentían una dulce sensación de paz y alegría, irradiada desde aquella cuna pobre, conmoviéndolos hasta derramar lágrimas. Sin duda, que no eran emociones fácilmente identificadas por los sentidos físicos, pero sí, una percepción que tocaba el alma, dejando su sello espiritual. Las personas ingenuas, simples y bondadosas, corazones hambrientos de amor y llenos de fe, sintieron nítidamente la presencia real del Mesías. Pero, como el cerebro físico no tiene capacidad para atender a las dos vidas simultáneamente, la física y la espiritual, lo cierto es que los participantes de esos insólitos fenómenos, terminaron por olvidarlo en el prosaísmo de la vida humana.

Algunas mujeres muy sensibles y con facultad de videncia, describieron el aura refulgente que emanaba desde la cuna del niño e iluminaba los aposentos, muebles, objetos, aves y personas, de un color rosa con reflejos dorados, centelleando sobre un fondo lila muy claro. Entonces, se arrodillaban enternecidas, besando las manos del querubín y lo miraban encantadas, como si hubiera llegado el príncipe de un país lejano. Algunas personas aseguraban que habían notado el olor a perfumes sutilísimos; otras auscultaban el aire en melodías, cánticos y preces conmovedoras que emocionaban hasta las lágrimas y que no podían explicar. Bajo tales circunstancias no tardó en divulgarse por la ciudad, la noticia que María, esposa de José el carpintero, había sido visitada por los dioses y dado a luz un niño hermoso, y que parecía ser el enviado para Israel.

Al transcurrir el tiempo, la propia María olvidó las divinas emociones vividas durante el nacimiento de Jesús, ante la responsabilidad de una vida activa junto a la familia, cuya descendencia numerosa provenía de dos casamientos. Así, todo volvió a la normalidad en la tierra y se olvidó los pasajes de aquellos días para encuadrarlo en la moldura de los acontecimientos humanos. Sin embargo, las entidades que protegían a Jesús jamás se apartaron de él, manteniéndose atentas para neutralizar todas las embestidas y tramas movilizadas por los espíritus diabólicos.

La familia se mostraba feliz y tranquila, y José se maravillaba ante la figura tan encantadora de Jesús, su primer hijo con María. El niño se acomodaba en una humilde cuna de paja y algodón, pero hasta los animales parecían sorprendidos, pues lo espiaban por los intersticios de las paredes divisorias del aposento. Ante la noticia de que el hijo de María y José poseía una belleza incomún, sin los trazos comunes a los recién nacidos, el hogar de Sara era una romería. Además, siguiendo la tradición de los hebreos, la vecindad de Belén, la parentela de Nazaret, como las amigas de María, en Jeru-salén, le enviaban presentes al niño Jesús y felicitaban a la madre venturosa. Algunas personas apenas deseaban conocer al niño angélico, otras traían sus presentes y solidaridad al agraciado y feliz casal por el advenimiento de un nuevo ser a su hogar. Eran pastores, campesinos, amigos de José y las jóvenes del templo de Jerusalén, quienes expresaban su sincero sentir ante la hermosura del recién nacido. Algunos presentaban en señal de aprecio, cabras, corderitos, aves, otros traían sacos de trigo y cereales, jarabes de frutas, panes de centeno, higos con miel y otras cosas más que utilizarían los padres. Los vendedores ambulantes, viejos abastecedores de la casa y de la carpintería de José, dejaban abrigos, sábanas, cobertores y diminutas sandalias para el hermoso niño.

A pesar de la tradición bíblica y fantasiosa, no se registró junto a la cuna de Jesús, ningún hecho insólito que pudiese confirmar la derogación a las leyes físicas, pues su nacimiento se produjo conforme a los otros acaecidos con los niños israelitas o árabes de la época. En la hora de dar a luz, María quedó a cargo de la "mujer competente" o partera tradicional entre los hebreos, en cuyo momento la inquietud de la familia se tradujo en preces y rogativas al Señor. Aunque en la humilde cuna estuviera reposando el glorioso Mesías, Salvador de los hombres, la familia se mostraba muy feliz, por el sólo hecho de haber nacido un hijo en su hogar.

Mas, era en el Espacio donde había júbilo venturoso y emociones arrebatadoras, pues los mensajeros espirituales se sentían aliviados del pesado encargo de amparar al Espíritu de Jesús hasta que naciera en la superficie del planeta sombrío, que es la Tierra. Lo cierto es, que María desbordaba en intenso amor por todo lo que le rodeaba, pues su cariño se extendía incondicionalmente a todos los seres, inclusive, hasta las fieras y animales venenosos. A veces quedaba conmovida delante de las flores que pendían en ramos, formando verdaderos bordados en colores; otras veces, se le humedecía el rostro por abundantes lágrimas, cuando contemplaba la figura del ave que surcaba el azul y límpido cielo, pareciéndole que iba en busca de un mundo feliz. Cuando estaba embarazada, se levantaba sorpresivamente, convencida de que estaba oyendo voces angélicas, melodías extrañas y cánticos festivos, parecidos a los salmos de David; así fue la felicidad de María, portadora en sus entrañas, del hombre que sería el mediador entre el Cristo Planetario y el mundo inferior de la tierra.

11.
El hogar de María

Pregunta: ¿Nos podéis dar algunas referencias sobre la vida hogareña de María, en la época del niño Jesús?

Ramatís: Cuando el niño alcanzó los 10 años de edad, su madre era responsable de una prole numerosa, que como ya sabéis era la descendencia del primer matrimonio de José. Su vida doméstica era exactamente igual a la mayoría de los otros hogares, pues siempre había pocos recursos económicos. Las mujeres acostumbraban a secar el trigo y el centeno en amplias esteras tendidas al sol, para luego llevarlos a los molinos existentes por los alrededores, venderlo y con eso ayudar al hogar. Algunas pobres familias de los suburbios de Nazaret plantaban legumbres y hortalizas, o destilaban jugos de frutas en pequeños alambiques; otras, extraían el aceite de la oliva y llegaban a tener bastantes ganancias. Se ponía en marcha cuanto recurso era posible para atender la sobrevivencia, porque además de la pesca, de los servicios modestos de la carpintería, del tejido, del aceite, herrería y talabartería, no existía en Nazaret otra industria de mayor magnitud, capaz de desahogar los gastos de los moradores. Las mujeres hebreas, laboriosas, decididas e ingeniosas, hacían panes de trigo y centeno, mezclados con miel, harina extraída de los tubérculos de la tierra y luego tostada, o bien preparaban deliciosos caldos con el pescado y los vendían en potes de barro; cocían con azúcar frutos como la pera, el durazno y el damasco que acomodaban en cajas de madera de cedro fino, revestidas con hojas de parra. Algunas de esas casas eran tan famosas por sus productos, que les era imposible atender la demanda impuesta por los interesados.

Así era la vida de María, madre del Maestro Jesús, que se desdoblaba cuanto le era posible para sustentar a la prole, pues todos cooperaban en la fabricación de los dulces, en la plantación modesta de hortalizas, en el secado del trigo y centeno y preparar el pescado a fin de vivir una existencia modesta, pero razonable. Era una vida árida y muy laboriosa, de pocas compensaciones en el descanso y diversiones. El mayor entretenimiento era cultivado como un desahogo delicioso junto al pozo común, que abastecía el lugar de agua necesaria. Después de la tarea agotadora del hogar, el centro de las diversiones era alrededor de la fuente de agua, puesto que significaba un descanso para el espíritu atribulado. A la hora de buscar agua se intercambiaban las noticias entre las mujeres, que iban desde el cuidado de los niños, hasta introducirse en las cosas de la vida ajena. Vecinos, amigos, forasteros, mercaderes y rabíes se reunían alrededor del pozo tradicional, que venía a ser el denominador común de todas las ansiedades y emociones de los nazarenos. Las jóvenes, las ancianas y los niños, formaban apretada fila, cargando vasijas, cántaros, potes y jarras de vidrio que brillaban al sol, siendo una apasionante invitación para los pinceles de los artistas. Alrededor de esa fuente crecían amistades y se formaban amores, cuya trayectoria culminaba en el célebre casamiento, pues el gesto cortés de un joven al cargar la vasija de la mujer, era el preludio de tan feliz y futuro acontecimiento.

Y, el niño Jesús, siempre tan servicial y atento, principalmente con los viejos y enfermos, prestaba toda clase de servicios en el lugar. Se regocijaba de poder llenar el cántaro de los más viejos, lavaba las jarras y ayudaba a los perros a mitigar la sed. A veces, todo terminaba en un inesperado baño de agua, a causa de la intervención de otros tantos niños. Retornaba a su hogar muy alegre después de esa ayuda fraterna, y su comportamiento jamás desmentía el gran espíritu de justicia que le animaba hacia el prójimo, pues nunca cargaba la jarra de la joven sin antes hacerlo con la mujer de más edad.

Cuando José falleció, víctima de un ataque cardíaco, Jesús alcanzaba los veintitrés años de edad y María asumió definitivamente la dirección del hogar. Mientras José alcanzaba los veinte años, era ayudado por Tiago de once años, los cuales se dedicaban a los trabajos de la carpintería, heredada por su padre. Efraín, de veintidós años, demostró desde muy temprano su espíritu de especulador, pertinaz y ambicioso, pues hacía de intermediario en algunos negocios de abastecimiento de víveres, como así también, algunos negociados entre los hebreos y los romanos. Algunos años después, su situación financiera era bastante desahogada y respetada. Mientras Andrés prestaba algunos servicios a los vecinos y gentes de las caravanas, Ana y Elizabet ayudaban en los bordados que María les enseñaba. Eleazar, Matías y Cleofás, conocidos por Simón, hijo de José, jamás demostraron resentimientos o quejas contra aquella mujer heroica que los amparaba desde la niñez con el dulce afecto de una verdadera madre.

Así transcurrió la vida de María hasta que Juan, el Evangelista la llevó para Efeso cuando ya tenía bastante edad, donde más tarde desencarnó, después de haber atendido a todas las criaturas, transmitiéndoles los mejores sentimientos de ternura y amor en homenaje al hijo querido, que había sucumbido en la cruz para redimir al hombre. A su alrededor se reunieron los tristes, desamparados y enfermos, todavía esperanzados de la presencia espiritual del Amado Maestro para la cura de sus males. María, buenísima y leal en su amor a Jesús, a veces, se lamentaba de no haber comprendido a su debido tiempo la sublime y heroica misión de su hijo. Entre los discípulos y seguidores del Cristo-Jesús, viejita y agotada, cierto día desencarnó, liberándose de la materia opresiva.

Pregunta: ¿Qué aspecto .tenía el hogar de Jesús, durante su infancia?

Ramatís: Era una casa simple en un suburbio de Nazaret, semejante a las residencias árabes, construida de bloques y ligados con cal y argamasa, de color blancuzco, con las suturas hechas de barro amasado. La puerta de entrada era baja y poco segura, daba acceso a dos aposentos espaciosos que no tenían pared divisoria, sino dos cortinas, hechas de los mismos cobertores, aferrados por ganchos a una cuerda rústica. Ambos se comunicaban con el taller de carpintería de José, y a su vez, permitía la entrada al establo por una puertita mediana. En lugar de ventana, había una gran abertura en el techo por donde entraba bastante claridad que incidía sobre el suelo de tierra amasada que se hallaba semicubierto de pieles de cabra, de camellos y de carneros, además de los cobertores livianos y caminos de paja trenzada. Era una casa, cuyo aposento central y espacioso servía, al mismo tiempo, de cocina, de sala de estar y hasta de cuarto para dormir para los huéspedes que se presentaban inesperadamente.

Aunque fuera pobre, era muy confortable para las costumbres de aquella época; además el clima saludable, la prodigalidad de los peces y el fruto de los árboles frutales, permitían el sustento fácil. La índole innata de recibir a todo el mundo los hacía merecedores de presentes y de la ayuda de los forasteros, que tenían preferencia por hospedarse en un hogar pobre, pero entre gente sana y limpia de corazón. Allí llegaban hombres de todas las razas, conductas y condiciones, causa por la cual preferían un hogar conocido, pero de sana moral.

Durante los días secos y plenos de sol, cuando el cielo estaba límpido, se cocinaba afuera, pues el combustible para el fogón, consistía en gajos secos de cipreses y cedros, cuyo calor era hábilmente conservado con estiércol de camello resecado y mezclado con el aserrín producido por la carpintería. El fogón, grande y bastante ancho, descansaba en un trípode de hierro, siendo trasladado hacia el interior de la casa en los días lluviosos, cuya humareda ennegrecía las paredes por falta de ventilación apropiada.

Alrededor de la casa se había construido una cerca de tablas deformes sobrantes del corte de la sierra, donde se entrelazaban bejucos en flor; aquí y allí, repuntaban montículos de margaritas trasplantadas de las márgenes del Jordán y que necesitaba mucha humedad para mantenerse lozanas. Las manos del niño Jesús habían preparado algunos canteros, protegidos por una cerca de piedras, pues era muy cuidadoso con los rosales en flor, los que resaltaban con su encanto rojizo. José y María tenían algunas gallinas, cabritos y patos que les daban leche y huevos, y no faltaban el dócil borriquito que servía para los quehaceres de la carpintería y para la entrega de los encargues de menor porte.

El observador perspicaz reconocería fácilmente en aquel escenario pobre, simple, pero emotivo, el toque mágico de las manos del niño Jesús; aquí, las piedras amontonadas con agradable sentido estético, delineaban el contorno del modesto jardín; allí, cercas pequeñas de todos los tipos y tamaños, sostenían a una gran cantidad de plantas y las cintas de cuero guiaban a las enredaderas hacia la parte superior del cerco de la casa; acullá, la arena fina y dorada traída de las canteras cercanas, cubría los caminos por donde María debía pasar a extender la ropa y dar de comer a las aves. Allí se observaba el toque del pequeño artista, pues los pinceles y los tarros de pintura abundaban, pues pintaba las paredes, puertas y ventanas, como así también el corral de las aves. Su iniciativa, hacía que la casa de María fuera la más admirada del suburbio pobre, pues jamás se cansaba cuando su espíritu creador deseaba producir algo que fuera agradable para los demás. Era sumamente rebelde a la imposición ajena y un dócil y desinteresado esclavo, bajo la fuerza de su impulso creador.

12.
Jesús y su infancia

Pregunta: ¿Por qué motivo las obras que se han editado sobre la vida de Jesús, guardan silencio entre los doce y los treinta años de edad?

Ramatís: Los historiadores profanos, ni aun los más imaginativos, no pudieron llenar esa laguna existente en la vida de Jesús; también las escuelas ocultistas y principalmente la rosacruz, a veces, divergen en la fecha de su muerte y en la edad que el Maestro desencarnó en la cruz. Innumerables conjeturas se han hecho para explicarlas, pues los mismos discípulos en sus relatos evangélicos, también parecen ignorar este aspecto. Así, la pluma de los escritores algo exaltados y místicos describen a Jesús como un ser mitológico, cuya vida discrepó con los acontecimientos y las necesidades de la vida humana. En el otro extremo, los enemigos de las fantasías y apegados anáticamente a los postulados "positivos" de la ciencia terrícola, biografiaron a Jesús como si fuera un hombre común y sedicioso, una especie de líder de los pescadores y campesinos que fracasó en su intento de rebelión contra los poderes públicos de la época. Los más irreverentes llegaron a considerar, que en la actualidad, el caso de Jesús apenas sería un problema de orden policial.

Es muy difícil para esos escritores extremistas, comprender la situación exacta de un ángel que descendió de las esferas paradisíacas hasta colocarse en la misión redentora en el valle de las sombras terrenas. Jesús no fue el hombre milagroso o santo inmaterial* cuyos gestos y palabras sólo obedecían al porte celestial decretado por Dios; pero, tampoco era un hombre vulgar buscando ambiciones políticas y deseando las falsas glorias del mundo material. En verdad, donde terminaba el ángel comenzaba el hombre, sin romper el equilibrio psicológico, ni discrepar con sus contemporáneos.

Pregunta: Sobre su infancia, ¿qué nos podéis decir?

Ramatís: La infancia del niño Jesús, aparentemente transcurrió en forma común y similar a los otros niños hebreos, Conforme dijéramos, resaltaba de los otros niños por su sinceridad y franqueza con que juzgaba las cosas del mundo, sin sofisma o hipocresía. Algunas veces causaba aflicción a sus padres, provocando comentarios contradictorios entre aquella gente conservadora, que no podía comprender el temperamento de un ángel exilado en la carne e incapaz de acomodarse a los intereses prosaicos del ambiente humano.

La vida de Jesús transcurrió fiel a las costumbres de las familias judaicas, pobres pero con mucha descendencia y que todavía es muy común en la Judea actual. Los escritores que biografiaron su vida, casi siempre hicieron comentarios al sabor de su imaginación y absolutamente, creyentes de que era una criatura sumisa a los pre-conceptos y sofismas de la época. Así, la leyenda y el absurdo se transformaron en un concepto equivocado, en un Dios inmolado en la cruz de la redención, después de haber vivido toda una existencia incompatible con la realidad humana.

Pregunta: ¿Cuál era el aspecto físico del niño Jesús?

Ramatís: Era un niño encantador, de ojos claros y muy dulces, como dos joyas preciosas, de un azul verdoso que resaltaban en su fisonomía, adornada por la belleza de María y acuñada por la energía de José.

El niño Jesús tenía el cabello dorado, casi fuego, que parecía emitir fulgores a la luz del sol, los llevaba siempre sueltos y flotaban graciosamente al viento. Cuando corría ladera abajo perseguido por los cabritos, perros y aves, sus cabellos parecían llamas vivas revoloteando alrededor de su cabeza angélica. La ropa interior era de inferior calidad y sobre ella usaba un camisón de algodón, color sepia o salmón. En los días de fiesta o de culto religioso usaba vestidos de un blanco inmaculado, permitiéndosele usar el cordón de neófito de la sinagoga.

En las mañanas frías, su madre le ponía sobre los hombros el manto azul marino, de lana pura, tejido en Jerusalén y que fuera el delicado presente de Lía, una de sus queridas amigas de la infancia.

A los doce años de edad, el porte del niño era erguido y gracioso, pues las ropas le cubrían majestuosamente su cuerpo impecable. Su figura admirable era la envidia de las madres que tenían hijos defectuosos. En él se justificaba el proverbio de que lo "bello y lo bueno no es imitado, sino apenas envidiado", pues tanto lo envidiaban por la plenitud de su encanto, por su pródiga dulzura y cortesía, dignidad y conducta moral, que era propio de un santo y un sabio. Aunque fuera una criatura merecedora de todos los mimos del mundo, la maldad no dejaba de alcanzar al niño Jesús, en cuya fisonomía, espléndida y leal, algunas veces se observaban las sombras provocadas por la maledicencia, injusticia y despecho. Además, lo que es delicado es mucho más fácil de ser maltratado, pues mientras el cóndor aprisiona al corderito, el picaflor sucumbe bajo la honda de los niños perversos. Lo mismo sucedía con Jesús. Su aspecto atrayente, su belleza angélica, la sabiduría prematura y la mansedumbre poco común, lo hacían un blanco de la concentración de los fluidos provocados por los celos, envidia o sarcasmos. Enfrentó desde muy temprano, la maldad, la mala fe, la malicia y la hipocresía humana, cosa que es natural que suceda con las almas exiladas en el plano retemperador y educativo de los mundos materiales.

Pregunta: ¿Jesús se trataba con los niños nazarenos? ¿Participaba de sus juegos y diversiones comunes?

Ramatís: No tenía vanidad ni orgullo que lo distanciara de sus compañeros de la infancia, pues era cordial, afectuoso y amigo leal. Innumerables veces, en lo mejor de los juegos, el niño palidecía sorpresivamente, pues sus sentidos espirituales avanzados presentían las efervescencia de las celadas o de las cargas fluídicas agresivas que trataban de alcanzarlo en su aura defensiva. Era el ángel amenazado por los adversarios de las sombras que no podían afectarle la divina contextura espiritual, pero que intentaban herirle el cuerpo carnal, precioso instrumento de su trabajo mesiánico en la tierra.

Esos espíritus diabólicos que la Biblia los sintetizó perfectamente como la "tentación de Satanás" recurrían a las cargas de la envidia y celos que se formaban alrededor de Jesús, por fuerza del despecho de sus coterráneos. De esa forma manejaban el material hostil producido por las mentes insatisfechas con la intención de excitarle los nervios y perturbarle la dirección cerebral.

Entonces, su respiración se hacía agitada y el corazón se le oprimía; el sistema hepatorrenal se apresuraba para eliminar cualquier tóxico que se materializara a consecuencia de la condensación de los fluidos agresivos. El niño Jesús, en un impulso instintivo, corría aceleradamente lejos del bullicio de sus compañeros para dejarse caer agotado sobre la hierba, junto al arroyuelo, debajo de las higueras, o entre los arbustos humedecidos, como si el roble y el perfume de las flores silvestres pudieran refrescarle la mente acalorada.

En tales momentos era cuidado por el ángel Gabriel y sus falanges, que le aconsejaban buscar refugio en medio de la naturaleza amiga durante las crisis emotivas u opresiones astralinas. Esos sublimes amigos podían manipular extractos vitalizantes y fluidos protectores tomados del doble etérico de los arroyuelos, de las flores y de los árboles medicinales, transformándolos en energías terapéuticas e inmunizándolo contra los dardos ofensivos de los espíritus tenebrosos.[1] Rápidamente se producía el deseado desahogo espiritual y el niño volvía tranquilo a retomar los juegos, sin poder explicar a sus compañeros el motivo de su fuga intempestiva.

Pregunta: De acuerdo a vuestros propios mensajes, donde el espíritu sublime sólo atrae buenos fluidos, ¿cómo se explica la necesidad de tantos cuidados y protecciones al niño Jesús, si era un ángel exilado en la tierra?

Ramatís: Habéis dicho bien: "Jesús era un ángel exilado en la tierra", es decir, un ángel fuera de sus dominios y sumergido en una escafandra de carne que lo reducía en su potencial angélico. Ya hemos citado otras veces el concepto popular, que "entre las espinas, el traje de seda del príncipe se rasga con más facilidad que la ropa de cuero del campesino". Eso explica, que

1 Ver el capítulo L, "Ciudadano de Nuestro Hogar", de la obra ***La Vida en el Mundo Espiritual*** (Nuestro Hogar). Edición Kier, S.A., donde el espíritu de Narcisa manipula extractos fluídicos del eucalipto y del mango en favor de un enfermo. Igual sucede en el cap. "Entre los Árboles", de la obra ***Los Mensajeros Espirituales***, de André Luiz, página 178; edición Kier en castellano.

cuando más delicado es el ser, tanto más se afecta por la hostilidad del medio donde habita. El picaflor sucumbe ante el charco lodoso, mientras el sapo canta de júbilo.

El niño de pecho nada sabe del mal, sin embargo, los malos fluidos de la envidia y de los celos proyectados sobre su tierna organización carnal le produce serios males, que obligará más tarde a la madrecita a requerir los bendecimientos de la vecina experimentada. Además, ninguno se basta por sí mismo, ni el mismo Jesús, pues su vida es el fruto del intercambio constante de las energías creadoras que vibran en su plano correspondiente; cuando son hostiles, hieren a cualquier espíritu sumergido en la carne. A sí mismo sólo se basta Dios, que es el Padre, el Señor de la Vida. Las relaciones entre los seres, sean virtuosos o pecadores, son caminos de experimentación de la propia Vida, que tanto educa a los ignorantes como redime a los pecadores.

Cuando la Pedagogía Sideral advierte que el espíritu sublime sólo atrae buenos fluidos y el alma delincuente sufre por la carga nefasta que recepciona sobre sí misma, por eso, no quiere decir que dejen de ser blancos de los maleficios de la envidia, celos o mala fe de los humanos. El ángel de la guarda del católico, ¿no es el símbolo de la protección espiritual superior y necesaria a todas las personas buenas? El pseudo Diablo de la Mitología que señala simbólicamente las falanges de espíritus malignos, no se conforma con arrebatar almas hacia su reino de tinieblas; sino, conforme asegura la Biblia, hace todo lo posible para tentar a los buenos y también lo intentó con el mismo Jesús.[2] El ángel, por lo tanto, es el ser más observado por aquellos que tienen las cualidades de la malicia, crueldad, envidia, celos, sin contar aquellos que son esclavos a la vida animalizada en el mundo de los humanos.

El niño Jesús era un ángel, una flor exquisita de los cielos que debía sobrevivir en el agua contaminada del mundo humano, sufriendo la opresión de la carne que le servía de instrumento para cumplir con su excelsa misión en favor del mismo hombre que lo hostilizaba. Los seres que dirigían las huestes de las tinieblas vigilaban a Jesús constantemente para poder atacarlo y destrozar su delicadísima red neurocerebral, a fin de lesionarlo en su contacto con la materia, cosa que era impedida por sus fieles amigos desencarnados. Jamás, ya sea en el cielo o

2 *Mateo,* IV, vers. 1 al 11.

en la tierra, ninguno pudo lesionar la contextura espiritual de Jesús a causa de su integridad sideral, pero no era imposible alcanzarle su cuerpo carnal.

No hay dudas, que los buenos atraen buenos fluidos, y por encima de todo, merecen la protección de los buenos espíritus, pero es conveniente meditar, que si confiamos en eso, tampoco estamos exceptuados de la agresividad de los espíritus maléficos que no se conforman con las derrotas espirituales.

Pregunta: Creemos que esa protección extraordinaria y poderosa sobre Jesús, debería extenderse a todas las personas buenas y por lógica, quedarían definitivamente liberadas de los ataques del mundo oculto. ¿No es verdad?

Ramatís: Sin duda; eso es racional y también justo; pero, lo esencial es que esas criaturas hagan todo lo posible para ser merecedoras de esa protección superior, tal como la merecía Jesús.

Pregunta: ¿Cuáles fueron las reacciones más comunes de Jesús, durante su niñez?

Ramatís: Hasta los siete años, como sucede con todos los niños en la vida material, predominaban los ascendientes biológicos heredados de sus padres. En esa época, procedía estimulado por el instinto hereditario de la ancestralidad carnal, mientras su espíritu despertaba paulatinamente hasta poder dirigir el cuerpo emocional o astralino, que es revelador oculto de las emociones humanas. Físicamente, Jesús era un niño sonrosado, ágil y flexible, como el junco verde que se agita a la más leve brisa; corría por los campos, rodaba por las colinas mezclándose a las cabrioladas de los corderos y cabritos que parecían entenderlo y gustar de su risa agradable y de su mansedumbre incomún. Había un halo de pureza y lealtad en todo lo que hacía; y muchas veces, las personas bastante envejecidas, le observaban la agudeza mental, el sentimiento superior y la simplicidad fraterna en su forma de brincar y vivir. Esas mismas personas, insistentemente decían que la madre del niño tenía bastante mala suerte, y agregaban: "Este niño no es cría, pues nació antes de la época".

Jesús era divertido y espontáneo en sus travesuras, pero, sin humillar o maltratar a nadie, ni aun a los animales. No urdía juegos maliciosos que pudiera perjudicar o crear confusión;

era sincero, franco y justo, se revelaba entero en su porte, como alma bienhechora de la humanidad. Educado con severidad por José, era tímido y temeroso delante de sus padres, cuya obediencia lo hacía un buen niño. Desde muy temprano ardía en él la llama del amor y devoción al Señor. Innumerables veces se le hallaba en actitud extática, en una adoración invisible que dejaba preocupados y sorprendidos a sus íntimos, puesto que era demasiado temprano para demostrar tamaña fe y ardor religioso por Jehová. Esas actitudes loables en los adultos, se volvían motivos de censuras y hasta de ironías por parte de sus familiares y amigos.

Al completar los siete años, sus familiares vivían afligidos y una extraña melancolía los embargaba, pues algo se estaba revelando dentro de él que le anulaba la alegría. Era el período en que el cuerpo astralino se ajustaba al organismo físico, consolidándose al doble etérico formado por el éter físico de la tierra. Desde allí hacia adelante, como sucede con todos los niños después de los siete años. Jesús pasaba a disponer de su "vehículo emocional", que lo haría vibrar con cierta intensidad en el escenario del mundo. Además, es común decir que las criaturas son inocentes hasta los siete años, porque la voz popular presiente que el espíritu encarnado todavía no cuenta con el vehículo emocional para expresar sus emociones bajo el control espiritual. Hasta esa edad domina apenas el instinto y los ancestrales hereditarios, ajenos a la dirección espiritual.

Conforme al cientificismo cósmico y a la ley que lo rige, desde esa edad, Jesús comenzó a consolidar con más fuerza su conciencia humana, mientras su Ego Sideral ejercía mayor fuerza sobre los fenómenos de la materia. Su raciocinio se desenvolvía rápidamente y las preocupaciones prematuras le sustituían poco a poco, su espontánea alegría por un halo de melancolía y tristeza. Aunque era bastante pequeño, ya se hallaba imbuido en las inquietudes y problemas propios de los adultos y su preocupación era solucionar las vicisitudes de la humanidad que se demostraba tan confusa. La idea más simple sufría un riguroso análisis y le provocaba serias reflexiones, siempre que estuviera en juego la ventura ajena.

Por eso, los viejos rabíes de la Sinagoga acostumbraban a decir, moviendo la cabeza con aire de censura: "Son ideas inapropiadas para un niño de su edad".

Pregunta: ¿Jesús cursó en alguna escuela primaria común o hizo estudios particulares?

Ramatís: Las posibilidades de la familia sólo le permitían hacer el curso primario para adquirir el conocimiento sobre las cosas elementales. Dejó de estudiar ni bien aprendió a leer, cantar los salmos y los largos recitativos en el ambiente severo de la Sinagoga de Nazaret, lo que era menos propicio para los niños de cierta pobreza y oportunidad educativa.

Indudablemente, Jesús era un niño de inteligencia muy avanzada para la época, pues sus conceptos y aforismos de elevada ética espiritual, no sólo sorprendían, sino que escandalizaban a muchos adultos que no podían aquilatar la realidad del padrón de esa vida angélica. Su carácter rector trasbordaba más allá de los límites trazados por el sentido general de los judíos de la época, especialmente, cuando defendía conceptos de justicia, desinterés y dignidad, que llegaba a ponerse extraño y confuso ante el entendimiento de su pueblo. Llegaba a despertar censuras por parte de sus familiares, o sufría severas advertencias de los más viejos, y consejos temerosos de los más púdicos.

Su fuerza de liberación era asombrosa, su alma no resistía mucho tiempo el trato demorado con las cosas prosaicas del mundo, aunque sabía dar valor a todo lo que era manifestación de vida, cuyo e interés le delineó el derrotero futuro de las maravillosas olas, extraídas de la naturaleza y de su observación inteligente. Era incapaz de revelar la índole del relojero, que puede trabajar horas y horas en la máquina de un reloj, o entregarse a la investigación del laboratorio que lleva casi una vida estudiando e investigando el mundo invisible de los microbios. A los 10 años, Jesús visualizaba todos los acontecimientos, las cosas y los ideales humanos en forma panorámica, pues su espíritu volvía fácilmente al pasado como se proyectaba rápidamente hacia el futuro. Aquella gente se sorprendía, pues eran simples, iletrados y vivían apegados a un círculo de preconceptos esclavizadores y fanáticos a la religión tradicional.

El niño Jesús tenía dificultades para estudiar en la forma común de los alumnos que aceptan sin discutir todo lo que les dice el maestro de la escuela. Le agradaba absorberse en la nomenclatura convencional del mundo, antes de ajustarse al sistema primitivo de memorización maquinal. Por eso, no tomaba contacto con las áridas lecciones de la escuela hebraica y era desatento con los símbolos de las ciencias terrenas, en donde su espíritu ilimitado se sentía embarazado, era como pequeñas trabas que se le oponían al vuelo cósmico. Al observar una simple bellota, concebía a la encina florecida, y ante la nube que pasaba apresuradamente por el cielo, le era fácil entrever el fragor de la tempestad.

Con el tiempo, el maestro de la escuela se habituó a las fugas mentales del hijo de José y María, cuyo temperamento tranquilo y por veces inquieto, se ajustaba a su perfil angélico y pródigamente amoroso con todos. Algunas veces, despertaba sorprendido, como si fuese arrebatado de las nubes, bajo la voz imperiosa del profesor pidiéndole la lección del día. Sin embargo, ningún hombre en el mundo asimiló tan rápidamente tantos conceptos de filosofía, leyendas, narraciones, parábolas y conocimientos generales por medio de la escuela viva de las relaciones humanas, como lo hizo Jesús. Su alma, de trasparente sensibilidad era un crisol, donde un puñado de vocablos, bajo la "química" de su espíritu, formaba la síntesis de las lecciones eternas.

Pregunta: En base a vuestras consideraciones sobre la infancia del niño Jesús, entonces, ¿era un serio problema para José y María?

Ramatís: José y María eran pobres, pero responsables de la numerosa prole, y les extrañaba que Jehová, en vez de enviar un hijo de buen sentido, práctico y semejante a los otros niños, los cargaba con un bello ángel, de atractivos y encantos especiales, de una sutileza y sinceridad chocante, en definitiva, inapropiado para esa época, pues vivía durante la infancia los pensamientos de un adulto. Malgrado su dulzura, sentimiento amoroso, pensamientos limpios y de cierta timidez, Jesús era una "criatura problemática" cuando se encendía en su alma aquel extraño fulgor que le hacía severo, dinámico e irreductible en su sentido de justicia, tan poco común.

Sus arrebatos y entusiasmos le permitían beneficiar a los demás con serios perjuicios para sí mismo, su falta de utilitarismo y la inagotable capacidad de trabajar gratuitamente para cualquier persona dejaba a José y a María confusos, pues sólo estaban habituados a la vida rutinaria y sin mayores contrastes. Fuera de eso, el niño Jesús era frugal, simple, y ajeno a su propio bien.

Pregunta: Afirman algunos escritores que Jesús era enfermizo desde la infancia, y si hoy, fuese examinado por la ciencia médica, sería considerado un neurótico y que además se ajustaría perfectamente en los cuadros diversos de la psiquiatría moderna. ¿Qué opináis?

Ramatís: Ante todo, conviene saber el tipo y naturaleza del padrón científico preferido por la ciencia médica del mundo, para tasar cualquier enfermedad atribuida al niño Jesús. La verdad, es que en las tablas de la patogenia sideral, las enfermedades más graves son la vanidad, la avaricia, la ira, la crueldad, la lujuria, la hipocresía, el orgullo, los celos y los vicios que aniquilan el cuerpo carnal, como el alcohol, las drogas y la glotonería carnívora. Cuando los sabios terrenos comiencen a considerar la hipersensibilidad, el amor, la renuncia espiritual y otras cualidades crísticas del niño Jesús, como hechos consumados en las tablas patológicas del mundo, entonces tendrán que clasificar a sus opuestos, es decir, la "conciencia satanizada", como factor que altera la verdadera salud del hombre.

La melancolía, la tristeza, el desasosiego y las aparentes contradicciones del niño Jesús, no eran efectos de un carácter mórbido o sensurable, sino, la consecuencia natural producida por el desajuste de su espíritu angélico, cuya vida esencialmente mental lo hacía sentirse exilado en el ambiente grosero de la materia. Sus rarezas y excentricidades provenían de su imposibilidad de acomodarse al medio terráqueo, como lo hacían sus contemporáneos adheridos a los problemas simplísimos de dirigir, procrear y cumplir con las exigencias fisiológicas del organismo humano. No hay demostración de enfermedad alguna que las palomas se sientan oprimidas, debatiéndose en medio del charco lodoso, mientras que los cocodrilos se encuentran eufóricos y tranquilos en el mismo medio.

Jesús no era un enfermo psíquico porque buscaba refugio entre las plantas, o en medio del campo silencioso cuando se sentía ahogado por la tensión de su espíritu o era el blanco de los fluidos maliciosos. En verdad, había un profundo contraste entre su temperamento angélico, de avanzado entendimiento moral, al chocar con los intereses mezquinos, como son la vulgaridad, la mala fe y la ignorancia de los hombres, que le cabía esclarecer y salvar.

Pregunta: Conforme habéis dicho anteriormente, el niño Jesús exigía una constante vigilancia por parte de sus ángeles tutelares ante su gran despreocupación por la vida humana. ¿Debemos entender, que daba serios trabajos a sus protectores?

Ramatís: Es verdad, la preciosidad de su vida encausada para la más importante misión de un ángel sobre la tierra, al tener que abrir fuentes de luz en medio de las sombras terráqueas para la redención del hombre, movía todas las fuerzas benignas para librarlo de una desencarnación prematura o un accidente fatal. La índole excesivamente contemplativa de Jesús lo inducía a las más insólitas actividades que lo ayudaban a compensar las angustias y emociones que sufría su espíritu elevado, pues según el viejo aforismo inicia-tico, "el ángel nunca duerme". En sus impulsos de liberación penetraba a fondo en los bosques, sorprendiendo a las fieras nómades que lo miraban inquietas y sin coraje para agredirlo ante la refulgencia de la luz sideral que sus guías proyectaban para protegerlo. A pesar de la advertencia de lo Alto, el niño Jesús exponía demasiado su cuerpo a los peligros del medio agresivo del mundo, pues quedaba absorto en su meditación espiritual por mucho tiempo, durante altas horas de la noche.

Muchas veces, María lo encontraba curvado sobre la serpiente que estaba enroscada sobre los matorrales, o bien, acariciando el cachorro de la fiera, el que se mostraba dócil bajo el efecto del cariño prodigado.

Dicen las voces del pueblo y de los más entendidos que la serpiente no ataca a la mujer grávida ni a la madre de buenas intenciones, pero con el niño Jesús, ni la leona celosa de su cría era capaz de atacarlo, pues su presencia trasbordaba de ternura para todos los seres. De esa forma, el lobo feroz se transforma en un perro dócil e inofensivo cuando es tratado con cariño y desvelo, y Jesús envolvía a los animales feroces y a los reptiles venenosos en su aura de amor que los aquietaba totalmente.

Es lógico entonces que ese proceder exigía la atención constante de sus amigos siderales y, muchas veces, la "voz oculta" del arcángel Gabriel lo advertía para que no se expusiera tanto; pero, ¿quién podría modificar la índole de un ángel que jamás tuvo miedo a la muerte?

Pregunta: ¿Qué otros detalles nos podéis ofrecer sobre la

vida del niño Jesús, ya que sus relatos son tan contradictorios?

Ramatís: A fin de que podáis valorar su temperamento, las virtudes y los contrastes del niño Jesús con los demás niños de su época, os daré algunos detalles precisos de su vida, que os darán una idea precisa de su formación angélica respecto a su proceder. En resumen, era un niño que jamás guardaba resentimientos contra nadie, se mostraba completamente inmune a las ofensas e insultos ajenos. Era imparcial y sincero en sus amistades, no hacía diferencia con ninguno de sus compañeros por más incomprensivos que fueran; no aceptaba murmuraciones, no intrigaba, no hablaba incorrecciones ni humillaba. Ninguno lo vio usar medio alguno para herir a los pájaros, destruir a los reptiles, insectos o batracios. Se inclinaba hacia la tierra y tomaba al gusano repelente para colocarlo sobre la hoja del vegetal, a fin de apartarlo de las pisadas humanas. Bajo el asombro de los adultos, se regocijaba observando el camino que construyeran las hormigas para llevar las partículas de alimentos; con los retazos de las maderas de la carpintería de José, construía túneles para evitar que fueran aplastadas por las personas que pudieran accidentalmente poner los pies sobre el camino que conducía' hacia el hormiguero. Muchas veces, perdía largo tiempo tratando de poner en el lomo de la hormiga, la carga pesada que se le caía o les traía restos de cereales para verlas cargar. Los niños de la vecindad, fuertes y dañinos, contaban a sus padres las rarezas del hijo de María, surgiendo por doquier, el dicho que "ese niño no estaba bien de la cabeza".

Ciertas veces, María y José se mortificaban dolorosamente cuando encontraban a Jesús conversando animadamente con las aves y los animales, que en verdad, parecían entenderlo. Advertía, censuraba y aconsejaba a los patos, perros, gansos, gallinas, corderos y cabritos, aseverándolos sobre las imprudencias y peligros del mundo. En los días de matanza, los alejaba muchísimo, pues nadie pudo matar ave o animal alguno en su presencia, cuyo espectáculo doloroso lo deprimía y huía del lugar. Cualquier ave herida o perro maltratado recibía de su parte, el máximo cariño y tratamiento; y un júbilo maravilloso lo embargaba cuando sus enfermos podían volar y comenzaban a caminar. Batía palmas, satisfecho de euforia espiritual, mientras que el sarcasmo de los perversos le herían los oídos despiadadamente. Tuvo muchísimas noches de insomnio, cuando vio tumbar a los bueyes con la garganta perforada vomitando sangre y heridos mortalmente por la lanza de los matadores. Aun después de adulto, le costaba mucho dominarse ante los cuadros lúgubres del Templo de Jerusalén, donde los sacerdotes hacían ofrendas a Jehová, salpicados por la sangre de los animales y aves inocentes.

No podía comprender, por qué José y María le hacían severas amonestaciones para que no arriesgase su preciosa vida entre los árboles envejecidos, donde acostumbraba a subir presuroso, a fin de proteger los nidos peligrosamente suspendidos entre los gajos rotos. Eran inútiles tales censuras o consejos, pues nuevamente era encontrado entre las ramas y los pájaros, que en vuelos efusivos parecían aliarse a su risa cristalina, cual agradecimiento por el trato recibido a sus pichones implumes. Durante las bromas y juegos cotidianos, cualquier perversidad cometida contra los seres inferiores lo dejaban silencioso y severo. La censura en el mirar era tan vehemente, que los niños culpables se apartaban temerosos.

En consecuencia, Jesús no era un niño mórbido, excéntrico o rebelde porque manifestaba una línea de conducta angélica y prematura entre los otros seres, por eso imponía respeto a los hipócritas y censuraba a los crueles, pues ambos, lo criticaban acerbamente cuando manifestaba sus conmiseraciones por los insectos, gusanos o reptiles.

Pregunta: En base a ese cariño y naturaleza superior de Jesús; ¿María y José no eran felices de tener un hijo agraciado por Dios?

Ramatís: ¿Qué podéis esperar del entendimiento de un pueblo de pescadores y campesinos, cuyo índice más alto de cultura era la obstinación, el fanatismo y severidad de los rabíes anacrónicos de Nazaret? Para José y su familia, el niño Jesús los llenaba de múltiples preocupaciones.

Pregunta: María, en lo íntimo de su alma ¿no recordaba las revelaciones que la señalaban como predestinada para dar a luz al Salvador de los hombres? Algunas veces, ¿no fue visitada por un Espíritu radiante que le había previsto la sublime maternidad de su hijo?

Ramatís: Lo Alto había suspendido la frecuencia de las visiones mediúmnicas de María y de sus familiares, a fin de evitarles cualquier superexcitación trascendental e inoportuna, que los pudiese perturbar en su vida cotidiana e inclusive, para que no dificultaran la vida del niño Jesús. Además, dice el viejo proverbio oriental, que "en la casa donde nace un santo, toda la familia vive de su encanto". Entonces, era conveniente que la parentela de Jesús no se convenciera prematuramente de que era el Mesías, tan esperado.

Además, la memoria humana es bastante débil y se olvida fácilmente de aquello que sólo percibe en profundidad en el mundo espiritual. María, poco a poco, se convenció de que las revelaciones recibidas de su ángel de la guarda, en vísperas de casarse con José y de nacer Jesús, eran imaginaciones exaltadas o visiones, propias de su juventud. Además, su hijo proseguía por el mundo sin provocar fenómenos insólitos, pues era su carácter solamente lo que sorprendía a la gente. Tampoco nada hacía suponer que fuera de naturaleza altiva y propia de un profeta o salvador de hombres, un líder o comandante capaz de derrotar a los romanos y liberar al pueblo judío. Aunque era severo contra la maldad, la tiranía y el fariseísmo, en el otro extremo era excesivamente místico, adverso a la violencia y huidizo. Y, conforme a la Ley Sideral, que disciplina el equilibrio emotivo de los seres, justamente, María, tan sensible y mística, se le privó de un contacto trascendente para no exorbitarla de las obligaciones fatigosas de su hogar, mientras que otras criaturas, más rudas que ella se sentían sacudidas por el llanto del mundo oculto.

Una vez terminadas las visiones mediúmnicas de María, al igual que José ingresaron en el ritmo de la existencia prosaica de las familias judías sin dejar entrever que eran responsables por la llegada sublime de un ángel. De modo alguno podían sospechar que el niño Jesús, tan difícil de encuadrarse en las costumbres de la época y totalmente desinteresado de los bienes del mundo, podía desempeñar misión tan elevada y de responsabilidad, como el Viejo Testamento atribuía al Mesías, el Salvador de los hombres.

Pregunta: ¿Nos podéis aclarar algo más sobre ese "sentido de propiedad" que era inapropiado en Jesús?

Ramatís: Jesús se iba aproximando a la edad de la juventud, pero con la mente experimentada de un adulto, y lo que era más sorprendente, de un adulto sabio y santo. No era una criatura práctica, metódica, que hiciera proyectos para vencer en la vida", o tuviera predisposición para servir en la Sinagoga local; ser negociante en los entrepuestos de la Judea o bien, heredar el oficio de José; no sólo se obstinaba día y noche, por alcanzar un mundo fantasioso y se consumía preocupándose por la suerte ajena. Eran especulaciones trascendíales, sin sentido utilitario; soñaba con un reino utópico donde hasta las fieras debían vivir en paz con los hombres. Muchas veces, José y María confabulaban en el lecho durante la hora de descanso, sobre aquel hijo, que a altas horas de la noche se movía inquieto y suspirante en su camastro de paja trenzada. Y cuando ésto no sucedía, se le encontraba de ojos abiertos, a media noche, sentado en el umbral de la puerta, mirando tristemente a la luna cuando se elevaba majestuosamente por detrás de las nubes, mientras que la brisa refrescante le movía levemente los cabellos.

Era un niño ajeno al sentido de propiedad sobre los bienes del mundo; pues condenaba al compañero que hería al pájaro con las piedras, o se afligía seriamente delante del cordero pisoteado por el cuidador rabioso; dejaba sus juguetes por los caminos, abandonaba los útiles escolares a los demás niños, y sin protestas o disculpas donaba sus sandalias y las porciones de su comida a quién la solicitara primero. Saltaba por los campos, rodaba por las cuestas y cuando debía rendir cuentas a María, se sorprendía al comprobar que las monedas le faltaban de la bolsa que llevaba ajustada a la camisa.

Un viejo mago de Fenicia y amigo de José, que le debía un favor, mandó como presente para el niño Jesús una valiosa ave rey, coronada por un magnífico penacho color oro y un esplendoroso plumaje purpurino, además primaba un color azul sedoso con manchas opalinas, la que estaba aprisionada en una hermosa jaula con recipientes de plata. José y María y los demás hermanos de Jesús se deleitaban anticipadamente con la alegría y la sorpresa que éste manifestaría al retornar de la escuela y recibir el regio presente. Pero, para sorpresa de todos y con gran dolor, el niño Jesús, en su falta de sentido sobre los bienes del mundo, soltó al ave en un gesto de felicidad. Para colmo de sus familiares, le tentó la risa al ver que el ave se movía entontecida ante los primeros aleteos de libertad, mas luego tomó vuelo majestuoso bajo el fondo azul del cielo.

¿Qué futuro podía augurar la familia de José para aquel niño tonto y desprevenido, aunque fuera correcto, bueno y obediente? Evidentemente, sus contemporáneos tampoco podían prever qué ocultaba aquel ser de tan maravillosa espontaneidad y absoluta confianza en la contextura de la vida creada por Dios, que a su maestro, más tarde, le recomendaría así: «Mirad a las aves del cielo, que no siembran, ni cosechan, ni guardan provisiones para el mañana; y con todo eso, vuestro Padre celestial las sustenta. ¿Pues no sois vosotros, mucho más que ellas? (*Mateo,* cap. VI, vs. 26 al 34).

Pregunta: Como la tradición religiosa siempre nos ha presentado al niño Jesús como un ser irreprensible y obediente, se nos hace difícil comprender esos estados de incertidumbre y temor en sus padres y familiares. ¿Qué opináis al respecto?

Ramatís: Los historiadores de la vida de Jesús, especialmente en la parte correspondiente a su niñez, se vieron forzados a utilizar su propia imaginación, a fin de poder llenar las lagunas encontradas en esa época tan lejana. Y, la prueba la tenéis si consultáis las obras biográficas sobre los grandes personajes desaparecidos hace apenas uno o dos siglos, pues existe tanta contradicción en los relatos de sus vidas, que embarga a los lectores una duda inquebrantable sobre las verdades citadas. Imaginad entonces, la dificultad encontrada para poder a justar todos los pormenores y menudencias de la vida del Amado Maestro Jesús, que además de haber vivido hace dos mil años, se hacían muy pocos registros biográficos y los archivos que pudieran contener algo a su respecto fueron destruidos e incendiados por la invasión de Tito a Jerusalén.

Tratándose de una entidad que más tarde se glorificó por su muerte sacrificial en la cruz, cuya vida fue un himno de belleza y ternura en favor del género humano, es obvio que sus biógrafos supusieran que había tenido una infancia llena de cordura, dulce y de obediencia perenne, en perfecta concordancia con la fase adulta e irreprensible. Naturalmente que olvidaron su lucha interior entre el espíritu adverso a las convenciones y preconceptos tontos del mundo, y de su indiferencia hacia la vida carnal, porque se trataba de un ángel que estaba por encima del temor a la muerte.

Nazaret, como miniatura de la humanidad, era una fuente

abundante de preconceptos, propios de sus campesinos y pescadores incultos, que vivían entre sofismas, intrigas y mistificaciones, propias de su gradación espiritual rudimentaria. Por eso, el niño Jesús, espíritu totalmente liberado del fariseísmo de la época, incapaz de pactar con la malicia, capciosidad o mentira, revelaba un padrón de vida que fatalmente ponía en choque hasta sus familiares, vecinos y amigos. Sus preguntas y respuestas inspiradas por la cristalina luz de su alma angélica sobrepasaba las ironías, hipocresías y convenciones tradicionales del hombre común. Cualquier artificialismo o burla mordaz lo hacía desatar un rosario de preguntas neurálgicas que, a veces, daba pánico a los adultos.

Cuando alcanzó los doce años se hacía incómodo a los rabíes conservadores de la Sinagoga, pues insistía en premisas inoportunas que descubrían a la luz del mundo la insania y el absurdo de los dogmas religiosos de la Ley de Moisés y de las prácticas devocionales excéntricas. Sería más fácil congelar la luz del Sol que acomodar al niño Jesús a las iniquidades del mundo, pues su naturaleza superior espiritual e intuición incomún se oponían con vehemencia a cualquier contravención a la Verdad. A la noche, junto a su familia, le llovían los consejos por parte de sus padres y hermanos que trataban de enseñarle a vivir en forma que no perturbara las buenas relaciones humanas. Le advertían sobre la imprudencia de sus indagaciones, muy anticipadas, sobre cosas que no eran nada prácticas y que sólo causaban confusión o disminuía a otros por la imposibilidad de una solución satisfactoria. Era necesario que se adaptara a las circunstancias del medio, debía actuar cautelosamente, con habilidad y diplomacia entre los hombres. Entonces, el niño Jesús abría sus ojos sorprendido y en su pureza cristalina, preguntaba altivo: "¿Por qué debo proceder así? ¿Por qué debo esconder mi sinceridad y alimentar la hipocresía?"

José y María, espíritus buenísimos, pero amoldados al medio convencional de su raza y pueblo, presentían muchas veces, que el modo de actuar del niño era verdadero en el hablar y digno en el proceder, pero era imposible convencerlo con los argumentos del mundo donde vivían, entonces se contentaban con decirle a forma de solución: "¡Mi hijo! ¡Así es el mundo, nosotros no podemos reformarlo!" Y, el niño Jesús, se retiraba silencioso para luego ponerse a meditar sobre sus equivocaciones cotidianas, confuso por los motivos que le parecían tan justos y nobles, pero que sumía en la desconfianza al prójimo.

Una vez vencida la etapa instintiva o impulsiva de la pubertad, él mismo reconoció que sus preguntas o soluciones eran prematuras; por eso, se recogió con más firmeza en lo íntimo de su alma y allí buscó los recursos que necesitaba para poder reformar a los hombres, antes de reprenderlos en sus pecados. Mientras tanto, a pesar de amainar la tempestad emotiva que lo lanzaba valerosamente en el océano de las indagaciones interminables, de guardar silencio donde podía enfadar, de aceptar las imposiciones del medio donde naciera, como la cuota de sacrificio para alcanzar el éxito de su obra mesiánica, él jamás pudo confundirse con el rebaño humano, codicioso e insaciable, ¡Y, por eso, lo mataron en la cruz!

Pregunta: ¿Nos podéis informar respecto a la alimentación acostumbrada por el niño Jesús y su familia?

Ramatís: Conforme hemos dicho en otras oportunidades, Jesús desde muy pequeño reveló profunda repugnancia por la carne, y las veces que lo obligaron a comerla, sufrió vómitos, urticaria y choques anafiláticos que produjeron serias preocupaciones. Entonces, la familia estaba obligada a evitar la carne en su alimentación, puesto que le producía impactos mórbidos en la delicada contextura de su periespíritu y le desarmonizaba el sistema endócrino por la perturbación química inesperada, resultando fiebre y fatiga hepática.[3] Felizmente, José y María seguían las costumbres de los terapeutas esenios, en cuya alimentación predominaban los vegetales, frutas, cereales y pescado. Sólo en épocas de crisis graves de la siembra o en la pesca, se recurría a la carne, pero aun así, se hacía en forma parsimoniosa.

Los galileos usaban agua como bebida; algunas veces, leche de cabra y el vino de la campiña, este último era muy ácido. Eran eximios para hacer miel de higos, jarabes, jugos de frutas y vegetales escogidos que acostumbraban a guardar en vasijas de barro, enterrados en la tierra y revestidos por una arena porosa que absorbía la humedad del suelo, proporcionando una

3 *Nota del Médium:* Nosotros tuvimos un niño en la familia, hoy es un mozo absolutamente vegetariano, cuyos ataques circulatorios en la niñez, desaparecieron cuando sus padres eliminaron la carne de su alimentación, conforme lo aconsejó un espíritu desencarnado.

refrigeración natural. Eran refrescos deliciosos y tradicionalmente se servían con panes de centeno, de trigo o bollitos de polvo refinado que se proveían de las sobras de los molinos.

La agricultura, a pesar de abastecer lo esencial para el consumo de las familias, era precaria, pues la abundancia de pescado en los lagos y ríos de Galilea, no acrecentaba el interés por otros recursos alimenticios. Los pescadores iban a cazar a los bosques o a las montañas cuando se hallaban hartos del mar y de los pescados. Así mismo, no eran muy partidarios en substituir el alimento predilecto, pues los vegetales y frutas los preparaban tan bien, que no perdían su sabor natural y propiedades nutritivas. Pero, el pescado era el alimento tradicional y lo preparaban de mil modos distintos, lo hacían frito con aceite de oliva y lo agregaban a la sopa de cereales; o también lo servían con panes frescos de trigo. También se hacían deliciosos bollitos al aceite, cuyo aroma era muy conocido a la distancia. La alimentación de los nazarenos se completaba con higos cocidos o crudos, támaras del Líbano, uvas secas, aceitunas, pan de trigo o negro con miel de higo o abeja. En determinados días de la semana, se fabricaba una manteca con leche de cabra, que después era servida con los tradicionales panes pequeños, mezcla de la harina sobrante de los molinos, donde predominaba el trigo.

El niño Jesús prefería los panecillos con miel de higo y de abeja, o los bollitos, que gustaba mezclar con el sumo de la cereza. Mas Jesús, siempre fue adverso a los alimentos carnívoros, aunque recomendara el uso del pescado; y aun en la última cena con sus discípulos, expuso el más significativo símbolo educativo de la vida espiritual, cuando tomó una porción de pan y un vaso de vino y lo ofreció diciendo: "Aquí está mi carne y mi sangre".

Pregunta: Aunque tenemos conocimiento sobre algunas distraciones del niño Jesús, nos gustaría saber cuáles fueron los juguetes y las diversiones que más prefería.

Ramatís: El niño Jesús, como espíritu de elevada estirpe sideral aprendía con gran facilidad cualquier iniciativa de su pueblo; además, era el más eximio alfarero de los alrededores entre los niños de su edad. Era diestro en fabricar animales y aves de barro, a veces, se dedicaba con tal ánimo y pericia creadora que los productos forjados por sus manos arrancaban exclamaciones de admiración entre los adultos.

¡Parecen vivos! decían los más entusiastas, llenos de profundo asombro.

Bajo sus dedos ágiles y delicados, el barro amorfo despertaba como si le fuera dado un soplo de vida. Jamás percibieron sus contemporáneos que allí se encontraba el ángel exilado en la carne, sublimando las sustancias del mundo material en figuras de contornos poéticos y atrayentes. Los pequeñitos rodeaban a Jesús, atentos y asombrados por la rapidez con que transformaba un puñado de barro arcilloso en la figura esbelta de un ave o animal, que sólo le faltaba moverse para dar la sensación de estar vivo. Después, los niños corrían aceleradamente hacia sus casas portando las figuras confeccionadas por Jesús, que reía feliz como un príncipe magnánimo.

En aquella época la escultura de barro era inferior, hecha rápidamente y con carácter exclusivamente comercial para adornar los hogares pobres, porque las obras finas de arte provenían de Egipto, de la India y de Tiro a pedido de los romanos y hebreos ricos. Las manos del niño prodigio daban tal belleza y expresión en sus productos esculturales, que los artesanos de calidad no temían colocarlos a la par de las obras más finas y de buen gusto. Durante sus trabajos de arte en la arcilla, Jesús se mostraba serio y compenetrado, los labios contraídos y un vuelo de elevada inspiración le cruzaba por la mente angélica hasta terminar su trabajo. Cuando se daba por satisfecho y finalizaba su obra, su fisonomía se desahogaba y su rostro se abría en una expresión de infantil alegría.

Después de ese trabajo, jamás se ligaba a su obra, ni se preocupaba por su valor o posesión; lo que salía de sus manos ya no le pertenecía y lo daba fácilmente al primero que lo solicitara. Niño aún, ya revelaba la contextura de un Maestro y que más tarde recomendaría: «No debéis querer para vosotros, los tesoros de la tierra, que el herrumbre come y la polilla destruye; y donde los ladrones desentierran y roban». «Mas, atesorad para vosotros tesoros en el cielo, en donde no lo consume orín ni polilla. Porque en donde está tu tesoro, allí está también tu corazón».[4]

También se entregaba a las diversiones de la época, como eran los juegos de pelotas de paño y barro, que eran arrojadas

4 *Mateo,* cap. VI, vers. 19, 20 y 21.

sobre obstáculos de madera; las travesuras con los perros, cabritos y corderos, o la construcción de diques y lagos artificiales, cuyas barcas de pesca las construía con los restos de maderas de la carpintería de José. Para las velas de los barquitos contribuía María con los retazos de lino y algodón de sus costuras. Las flotas de galeras romanas navegaban en las ensenadas de agua sucia, para la distracción amena de los niños que siempre estaban atentos a las iniciativas y sorpresas del niño Jesús, cuyo espíritu enciclopédico jamás encontraba dificultad para salir airoso de sus cometidos infantiles. Eran caminos, puentes, y ríos, lagos y cascadas; o puertos de carga y descarga, barracas pintorescas para los caravaneros, cuyos camellos y elefantes de barro descansaban a la sombra de las palmeras improvisadas y bajo los bosques hechos de ramas.de árboles. También había jardines colgantes, como los de Babilonia, faros quemando mechas untadas en aceite, para que a la noche guiara a las galeras retrasadas que eran empujados por los peritos, bajo las órdenes del Jesús niño. En fin, era un mundo divertido y contagioso que reunía a todos los niños de los alrededores; y los adultos acostumbraban a espiar con la excusa de retirar a sus niños para el reposo nocturno. Muchas veces, María se sentía dominada por extrañas emociones y las lágrimas le corrían por las mejillas viendo aquel niño, como reyesito venturoso o como un diocesito creador dirigiendo a su mundo rico de novedades y sorpresas. Era el centró de atracción para los niños que entre gritos de alegrías y espanto se movían obedientes a las directrices enunciadas por Jesús, a fin de alcanzar la mayor armonía y el tiempo necesario que insumían tales diversiones. Eran pequeños, dorados como las espigas del mijo nuevo, rubios u oscuros como el ébano, hijos de etíopes emigrados; pecosos, pálidos y colorados; sucios y limpios; confortablemente vestidos o harapientos, allí se confundían en los límites del mundo elaborado y movido por el genial niño ángel. Era un enjambre de niños, que poco a poco, se integraban en las disposiciones temperamentales y emotivas de él, pues exigía buen comportamiento para poder ingresar en su «grupo infantil». Entonces, se reducía la maldad hacia los pájaros y animales, disminuía también el entrenamiento malicioso y destructivo. Jesús inventaba siempre cosas nuevas; del barro arcilloso y de la arena húmeda, hacía castillos y reyes, príncipes y fortalezas, que reproducían las historias oídas de María por las noches sobre el folklore hebraico. Por eso, aun los niños resentidos retornaban nuevamente y se sometían a la férrea disciplina de dominar el instinto dañino y los impulsos crueles para no perder dádivas tan atrayentes.

Pregunta: El niño Jesús, ¿qué disposiciones emotivas o entendimiento religioso tenía hacia la Divinidad?

Ramatís: En general, todas las criaturas hebreas temían a Jehová y muy pronto aprendían a respetarlo, como así también a su Ley, pues estaban seguros que les espiaban sus travesuras, hábilmente escondido detrás de las nubes. En los días tempestuosos, donde el agua caía a torrentes de los cielos, las madres predicaban a sus hijos que Jehová estaba enojado con los niños desobedientes, y por eso iluminaba el cielo y lanzaba rayos incandescentes, partiendo árboles y abrasando a la tierra. Pero, el niño Jesús miraba sin temor alguno, pues no podía admitir noción alguna de castigo o de ira por parte del Padre que estaba en los cielos. Desprovisto de mala intención e íntegro espiritualmente, sin haber movido jamás arma alguna para herir a un animal feroz o insecto venenoso, en su cerebro pequeñito no había lugar para esa idea severa que los rabíes hacían de Jehová y sus ángeles.

Entonces, José y María se desanimaban ante la infinidad de indagaciones que les hacía Jesús, cuando intentaban convencerlo de las disposiciones belicosas de Jehová. Él no temía al fragor de los truenos, ni se asustaba con la caída cercana del rayo, porque reconocía en todo la obra del Señor, que amaba a sus hijos y jamás crearía cosa alguna para hacerlos sufrir. No podía concebir peligro alguno en medio de la vida, porque su espíritu se sentía eterno y consideraba a la muerte corporal como un acontecimiento de poca importancia. Bajo el espanto de sus compañeros y de los adultos, cuando la naturaleza se movía inquieta y el cielo se oscurecía por las nubes cargadas de agua y electricidad, Jesús se rejubilaba y golpeaba sus manos de contento. Inquieto, pero satisfecho, esperaba la tempestad arrasadora, mas cuando los rayos fulminaban los árboles y se diseñaban en la tela del cielo serpientes de luz amenazadora y la lluvia caía fuerte, rompiendo diques e inundando caminos, ninguno conseguía mantener al niño Jesús bajo el abrigo del hogar. Rápidamente escapaba y se iba bastante lejos, fuera del alcance de los suyos, caminando bajo la lluvia copiosa con los cabellos mojados y esparcidos por el rostro, como quien recibe un presente, tomando la linfa del cielo en el hueco de sus manos. Saltaba dentro de los pozos de barro y chapaleaba en el agua, consiguiendo que algunos de sus compañeros, los más atrevidos, le acompañaran en su fiesta acuática. Otros niños, detrás de las ventanas rústicas, observaban riendo lo imprevisto de la diversión.

A veces, su silueta se recortaba nítidamente bajo la luz incandescente de los relámpagos; entonces levantaba los brazos y cantaba alegremente, como si quisiese abrazar los relámpagos y traerlos en un solo haz, para su casa. Los relámpagos caían sobre las colinas y lamían las copas de los árboles; a veces, descendían por la cuesta empedrada y desaparecían, como si se los tragara la tierra. Los gritos jubilosos de Jesús se confundían con los llamados de Tiago y Eleazar, su tío y hermano que lo llamaban desesperadamente. Aunque era motivo de crítica por parte de los vecinos despechados, aquel aspecto inusitado era impagable, pues el niño Jesús se satisfacía debajo del agua torrencial, como si fuera un ave feliz entreabriendo sus alas gozosa.

Era un ángel que no temía a la naturaleza, aunque estuviera embravecida, pues aducía, que no podía hacerle ningún mal. Sabía que mediante la tempestad saturada de truenos y rayos amenazadores, el Espíritu Arcangélico de la Vida producía la limpieza de la atmósfera, recomponía el plasma creador, carbonizaba las impurezas peligrosas, sensibilizaba el campo magnético del doble etérico de la tierra y procedía a la higienización fluídica en el periespíritu de los hombres.

Sus contemporáneos no podían comprender el desahogo espiritual del niño Jesús ante la violencia de la naturaleza saturada de agua, rayos y truenos que le amenizaban el potencial sidéreo que actuaba en su cerebro tan frágil. Eran reacciones emotivas brotadas de una alegría sana e inofensiva; un estado espiritual de absoluta confianza en los fenómenos grandiosos de la Vida. Se entregaba a la furia de la tormenta, buscando la compensación terapéutica psíquica, que bajo la ley de "los semejantes curan a los semejantes", el magnetismo electrificado de la atmósfera le ajustaba la mente superexcitada. Indudablemente, todas las criaturas se sienten alegres y buscan el agua como un imperativo gustoso para su propia naturaleza humana; mientras tanto, el niño Jesús no hacía caso a ninguna advertencia, pues se entregaba incondicionalmente a la hostilidad de la naturaleza enfurecida, viendo en ella una vibrante manifestación de la propia vida en grandiosa y sublime ofrenda a la Divinidad. Mientras tanto, esa conducta durante la infancia del niño ángel, se transformó, poco a poco, en aquel silencioso dolor que lo absorbía en la madurez, delante de la hipocresía, de la maldad y del egoísmo humano. Los pecados y los sufrimientos de la humanidad le pesaban sobre los hombros quitándole la alegría, porque Jesús era el más sensible y amoroso de los hombres, pues sufría delante de sus hermanos desgraciados y sin esperanzas.

13. Consideraciones sobre Jesús y la familia humana

Pregunta: Algunos escritores afirman que Jesús, aun siendo de admirable conducta moral, no pudo sustraerse al amor del sexo.

¿Qué opináis?

Ramatís: Si Jesús se hubiera casado y formado un hogar, la humanidad entera hubiera recibido la más inolvidable de las lecciones como jefe de familia. Y, aunque hubiera mantenido un amor menos platónico, eso no sería motivo suficiente para dejar de ofrendar su vida a los demás. Muchas personas solteras y castas viven tan llenas de envidia, egoísmo, celos y concentradas en sí mismas que se vuelven inútiles y hasta indeseables al prójimo.

No hubiera sido deshonra alguna que Jesús se hubiera dedicado al amor que une al hombre y a la mujer, ¿acaso no dio toda su vida en holocausto a la redención espiritual de la humanidad? Sin lugar a dudas, que su rara belleza encendió violentas pasiones en los corazones de muchas jóvenes casaderas o mujeres que buscaban sensaciones nuevas, lo que le exigía una enérgica autovigilancia para no sucumbir a las tentaciones de la carne, ni formar hogar como el hombre común.

Además, Jesús fue calumniado muchísimas veces por sus detractores, pues lo acusaban de fascinar a las viudas ricas cuando peregrinaba y enseñaba su evangelio. Bajo el dominio despótico de Roma, algunas hebreas falseaban sus deberes conyugales, porque preferían la hartura del conquistador antes que la pobreza honesta de sus coterráneos. Y, los espíritus de las tinieblas que vigilaban a Jesús en todos sus pasos, le tendieron celadas seductoras con las patricias romanas. Aunque él haya evitado la formación de un hogar, jamás condenó o menospreció la constitución de la familia, porque siempre advirtió sobre la legalidad y el fundamento de la Ley del Señor, que así recomendaba: "¡Creced y multiplicaos!"

La sangre humana como vínculo transitorio de la familia terrena, tanto encadena a las almas que se odian como une a las que se aman en el proceso kármico de redención espiritual. Por eso, Jesús aconsejó al hombre para que se liberara de la esclavitud de la carne y pudiera extender su amor fraterno a todos los seres, más allá de las obligaciones que el hogar demanda. Habiendo superado las seducciones de la vida material y sintiéndose un realizado en medio de la humanidad terrena, llegó a advertir; «aquellos que quisieran seguirlo en busca del reino de Dios, tendrían que renunciar a los deseos de la vida humana; y si fuera preciso ¡abandonar al padre y a la madre!» Por eso acentuó textualmente: "¡Quien ama al padre y a la madre más que a mí, no es digno de mí!"

Jesús recomendaba siempre, amor y espíritu de justicia, induciendo al hombre para que aprendiera a liberarse de la familia en el mundo material por encima del egocentrismo de castas y en favor de toda la humanidad. Procuró demostrar, que a pesar del vínculo sanguíneo y egoísta de la parentela humana, el hombre no debe limitar su afecto solamente a las criaturas de su familia o simpatías. Muchas veces, detrás de la figura antipática del vecino o de algún extraño desagradable, se puede encontrar el espíritu amigo de otras vidas pasadas. Sin embargo, entre los más íntimos de la familia pueden encontrarse encarnados espíritus vengativos que otrora nos torturaban y la Ley Kármica los reúne nuevamente para la necesaria liberación de los lazos de culpa o del perdón recíproco.[1]

1 *Nota del Médium:* En nuestro barrio de Agua Verde, en Curitiba, conocemos a una señora que odiaba terriblemente a un niño de la vecindad, y no le daba razón, aunque su hijo actuara en flagrante injusticia y deshonestidad en los hechos de la infancia. Se preveía que iba a estallar una tragedia entre los adultos, cuando esa misma señora que frecuentaba nuestro trabajo mediúmnico, se quejaba fastidiosamente por el niño que ella amonestaba continuamente; más tuvo que oír del guía la siguiente y severa advertencia: "Su amor materno egoísta le está haciendo cometer las mayores injusticias, pues en la existencia pasada, su actual hijo, fue un hombre de vida airosa, rico y deshonesto, pues llevó a su propia hermana al prostíbulo, insumiéndola en la desesperación. Mientras tanto, surgió otro hombre digno, bueno y piadoso, que no sólo retiró del antro de perdición a la hermana,

El inmenso amor de Jesús por la humanidad, realmente fue el motivo que lo apartó del compromiso de formar hogar. No fue solamente su elevada cualidad espiritual el motivo de su renuncia, sino, el de conservarse ligado a todos los hombres y ajeno al afecto exclusivo de la familia, además de sentir en sí mismo, la piedad, el cariño y la comprensión ante el sufrimiento de todas las criaturas. En verdad, él no condenaba los derechos de la familia consanguínea, sino, que advertía el peligro que acechaba sobre el afecto egocéntrico que se genera en el seno del hogar, que termina embotando el sentimiento del amor hacia las demás criaturas. Al recomendar la terapia del "Amaos los unos a los otros como yo os amé", había demostrado el amor incondicional que abarca a la familia-humanidad.

Era el cuño intrínseco de su alma, pues a los doce años de edad respondía dentro del concepto de la familia universal. De ahí la expresión que dejó anonadados a los participantes de una reunión, cuando le dijo uno de los presentes: "Jesús, ahí afuera están tu madre y tus hermanos que te quieren hablar"; el niño sorprendido exclamó: "¿Quién es mi madre? ¿Quiénes son mis hermanos? Rápidamente se vuelve y moviendo la mano en un gesto acariciador, que alcanza a los amigos, extraños, mujeres, viejos, criaturas y jóvenes presentes, concluye diciendo: "Aquí está mi madre y mis hermanos. ¡Porque cualquiera que hiciera la voluntad de mi Padre que está en los cielos, ése es mi hermano, mi hermana y mi madre!"

Pregunta: Sin embargo, Jesús aconsejó al hombre que abandonara a su familia y se dedicara a amar a la humanidad. Esa actitud, ¿no es la consecuencia de no haber amado físicamente y de no haber formado un hogar?

Ramatís: Jesús no formó la clásica familia humana porque era un Espíritu liberado del sexo. Él no repudió, ni censuró a la familia constituida, solo evitó los lazos de la sangre que son capaces de oprimir o limitar la expansión de su amor, tributado a la humanidad entera.

Las personas que lo seguirían bajo el impulso de ese amor

sino que le ofreció casamiento y la bendecida paz del hogar para el espíritu. Ese hombre bueno, del pasado, es el hijo odiado de la vecina, y el hombre que perdió a su hermana, es el hijo de la señora que asistía a la sesión mediúmnica; así lo dispuso la Ley del Karma, y también se explica ese terrible odio que aparentemente no tenía explicación.

incondicional hacia todos los seres, evidentemente que iban a ser hostilizadas por sus propios familiares, incapacitados para comprender esa efusión, liberada de los intereses egoístas. El simple hecho, que dos seres unifiquen sus destinos en la formación de un nuevo hogar, no debe ser motivo para reducir el amor espiritual y substituirlo por el sentimentalismo egocéntrico del amor consanguíneo. En el futuro, cuando las virtudes superiores del alma dominen los intereses y el egoísmo humano, entonces existirá una sola familia, la de la humanidad terrena. Los hombres abandonarán el amor egoísta y consanguineo, producto de la familia transitoria, para dedicarse definitivamente al amor de amplitud universal que consiste en "amar a Dios sobre todas las cosas y al prójimo como a sí mismo".

Acotando la recomendación hecha por Jesús, cuando aconseja el "abandono" del padre, la madre y los hermanos para que lo siguieran a voluntad, la verdad, es que los miembros de cada familia humana tampoco permanecen definitivamente en cada hogar, pues a medida que van cayendo las hojas del calendario terrícola, se producen las separaciones obligatorias entre los componentes del mismo hogar.

Las criaturas de corta edad necesitan ausentarse para frecuentar la escuela, separándolas de la familia durante muchas horas; de jóvenes se distancian mucho tiempo de la casa para poder conseguir el sustento o conseguir el diploma académico. Después, surge el período de enamoramiento, continúa el noviazgo y definitivamente se ligan a otras criaturas extrañas, y por último se gestan nuevos destinos y el consecuente "abandono" natural entre dos familias consanguíneas. De otra forma, la irascibilidad, avaricia, el celo, el odio, el egoísmo y demás factores censurables, llegan a separar a los miembros de la familia, hacia caminos opuestos. Hijos, padres, suegros, yernos, hermanos y demás parientes muchas veces, incompatibilizan y cortan las relaciones debido a los intereses materiales que la herencia crea, probando la fragilidad del amor de la sangre. Paradójicamente, la familia más unida, es aquella en la cual sus miembros son más tolerantes y amorosos con todos los seres, pues la bondad y la paciencia constituyen un lazo de unión y buena convivencia en todos los ambientes. Por consiguiente, los parientes separados por discordias domésticas, se unirían más si atendieran el consejo de Jesús, pues abandonando el amor de la sangre que influye en la familia, también desaparecería el amor propio y se fusionaría en un sentimiento universalista.

Jesús no recomendaba al hombre el abandono impiadoso de sus familiares, haciéndoles sufrir dificultades para poder sobrevivir cotidianamente; pero, advirtió "que no sería digno de él, el que amase más al padre, a la madre, al hermano o a la hermana, que al prójimo mismo". De esa forma, el hombre necesita renunciar a su personalidad, al sentimentalismo, al amor propio, a la opinión patética de la familia y de la sangre, y aun deberá oponerse enérgicamente, cuando sus miembros lo repudien por alentar ideas y sentimientos crísticos. En el campo de las ideas y sentimientos universalistas fue donde Jesús concentró su advertencia cuando dijo: "quién me ame más que a la familia, recibirá centuplicado y poseerá la vida eterna", es decir, amando a toda la humanidad la persona se libera de las purgaciones generadas por los continuos renacimientos en las vidas físicas. Entonces, pasará a vivir en los mundos superiores de la espiritualidad entre las almas afectivas y liberadas de los conjuntos egoístas de la familia carnal, donde el verdadero amor queda oprimido por las afecciones transitorias del mundo reducido del hogar. Quién ama al prójimo como a sí mismo, ama al Cristo; y de esa forma desaparecerá el amor egoísta de castas, razas y de simpatía ancestral de la materia. En cambio surge el "amor espiritual", que beneficia a todos los miembros de la misma parentela, y se ejerce por encima de cualquier interés de la vida humana, pues habla bien claro sobre la vida integral del Espíritu Eterno.

14. Jesús y sus aspectos humanos

Pregunta: Como existen tantas esculturas y pinturas sobre la efigie de Jesús, según la inspiración de cada artista, se nos hace imposible conocer las características exactas y la expresión de su fisonomía, como así también su porte físico. Como habéis conocido personalmente al Maestro, ¿nos podéis informar al respecto?

Ramatís: Jesús era un hombre de elevada estatura, porte majestuoso, de clásico perfil hebraico, pero tenía los trazos imponentes de un hidalgo romano. Era delicado en sus formas físicas, pero exudaba extraordinaria energía a flor de piel, pues en aquel organismo vibrátil, las fuerzas vivas de la Naturaleza aliadas a su potencial energético del mundo etéreo astral, demarcaban una gran actividad mental. La cabeza era amplia y suavemente alargada, su rostro triangular, pero lleno de carne, sin arrugas o manchas que conservó hasta los días de la crucifixión. Los labios eran perfectos, con suave predominancia del inferior, no eran muy carnudos propios de los hombres sensuales, ni finos o laminados que recuerdan la avaricia y la disimulación. La nariz era recta y delicada sin curvatura inferior que denuncia al hombre de malos instintos; la barba corta y espesa, un poco más oscura que sus cabellos, caprichosamente separada al medio, haciendo que Jesús tuviera uno de los más bellos perfiles del mundo.

El psicoanalista moderno habría identificado a Jesús como la figura del hombre ideal, de fisonomía atrayente, pero de expresión dual, es decir, al mismo tiempo era cariñoso y enérgico, suave y serio cuyos labios angélicos bien recortados mal podían esconder el potencial de un Genio. Sus ojos eran claros, afectuosos y sumamente tiernos, pero siempre dominados por una expresión grave y melancólica; emitían fulgores inesperados cuando parecía ligarse súbitamente a las potencias superiores. En esos momentos se volvían casi febriles, de un brillo imponente ante tanta energía moral. Sin lugar a dudas, era el mirar del ángel censurando la maldad y el cinismo de los espíritus satánicos que intentaban invertir los valores de la vida humana trabajando desde el mundo oculto. A pesar de ese tono enérgico de amonestación espiritual, jamás desaparecía de su semblante la expresión de mansedumbre y de inmensa piedad por los hombres.

La sabiduría y el amor se reflejaban en exquisita armonía. Delante del insulto, del sarcasmo o de la crueldad, sus ojos revelaban divina paciencia y serenidad. El sabio cedía lugar al ángel apiadado de la ignorancia humana. Cuantas veces, aquel que ironizaba la aparente ingenuidad de la filosofía de Jesús no podía soportar su compasiva forma de mirar, lleno de ternura y piedad para quien no podía comprenderlo. Era una dulzura quemante, pues arrasaba la conciencia de los sarcásticos y ponía al descubierto los pecados que se ocultaban en lo recóndito de sus almas.

Las personas curadas por Jesús decían que el fulgor de sus ojos le penetraba por la médula como una energía vivificante, trasmitiéndoles un misterioso potencial de fuerzas desconocidas, que les reactivaba la vitalidad adormecida. Los malhechores y delincuentes no podían disimular su terror delante de esos fulgores vehementes, que les ponía en evidencia el cortejo de vicios, pecados o hipocresías. Raros eran los hombres que no se postraban de rodillas delante del Maestro, clamando perdón por sus errores cuando les decía imperiosamente: "Andad y no pequéis más".

En medio de la masa humana y heterogénea que rodeaba al Maestro, tanto participaba el curioso como el discípulo atento; y el cínico ensayaba la forma de perturbar el discurso.

Pero, el mirar de Jesús sobre aquéllos que tenían malas intenciones les penetraba el alma, arrasándoles los pensamientos a la luz de su divina compasión. Entonces, los perturbadores asalariados por el Sanedrín se retiraban aprensivos o se mantenían en silencio, bajando la cabeza al enfrentarse con el fulgor de aquel mirar tan sereno, pero severamente interrogativo.

Pregunta: Nuestros pintores generalmente presentan al Maestro con una fisonomía esencialmente femenina, ojos grandes y rostro redondo, que nada se parece al tipo semítico de donde descendía. ¿Eran los trazos predominantes de María? pues la tradición dice que era una mujer de rara hermosura.

Ramatís: Imaginad un edificio moderno, alto y sólido, cuyas venas son de acero incurvable; sus líneas agradables y nítidas, los contornos simples, pero impresionantes. Sin embargo, en ese conjunto de simplicidades, la decoración y la iluminación revelan aspectos delicadísimos, en base a los colores translúcidos y los suaves matices que completan la belleza del conjunto. Por las noches, cuando está iluminado, su figura recortada en el espacio realza su belleza poética.

Jesús heredó del padre las líneas firmes y enérgicas que le daban el aspecto viril; sin embargo, a través de aquella energía y masculinidad aparecía la belleza radiosa de María, cuyas facciones delicadas, semblante sereno y profundamente místico, justificaba la fama de que era la esposa más linda de Galilea. La sabiduría de lo Alto juntó la energía y la sensatez de José a la bondad y belleza de María, cuyo rostro radiante como una encantadora muñeca de porcelana viva se notaba en la figura atrayente del Maestro, encendiendo la llama del amor en los corazones de muchas mujeres, que ni siquiera sospechaban de la grandiosa misión del sublime nazareno.

El Maestro Jesús, además de irradiar simpatía, era un joven extremadamente bello, cuyo andar denunciaba su majestuosidad angélica, pues había en su todo un toque celestial. A través de él todo se sublimaba, sus palabras eran una esperanza para quien las oía, pues la gracia y la ternura femenina se conjugaba a la virilidad masculina. La belleza del ángel se confundía con la grandiosidad del sabio.

Pregunta: ¿Los cabellos de Jesús eran oscuros o dorados?

Ramatís: Sus cabellos eran rubio almendrado y formaban las tradicionales volutas que le caían por los hombros a la moda de los nazarenos. En las tardes de cielo limpio, donde el viento corría suavemente y encrespaba la superficie de los lagos de Galilea, Jesús acostumbraba a sentarse en los barcos anclados en la orilla para descansar. Cuando él poniente se teñía de púrpura y color liláceo y los tonos esmeraldinos se confundían con los rayos dorados del sol, sus cabellos resaltaban en ese fondo paradisíaco, cuyo color de almendra parecía llameante, emitiendo reflejos sugestivos que destacaba la belleza angélica de sus trazos fisonómicos.

Después del agotador trabajo de tender las redes y recoger el pescado los rudos pescadores regresaban esperanzados para escuchar las prédicas consoladoras de Jesús. ¿Quién era aquel hombre hermoso y de sabiduría poco común? La elocuencia de sus palabras hipnotizaba a sus oyentes, haciéndoles sentir la realidad de un reino lleno de Bondad y Amor donde los pobres y pobres y sufrientes vivirían eternamente felices adorando a su Creador.

Pregunta: Por lo que cita la tradición religiosa se tiene la impresión que el Maestro Jesús llevaba una vida excéntrica, absolutamente introspectiva y que además, era adverso a la emotividad del mundo. ¿Cuál es la verdad?

Ramatís: Jesús estaba dotado de un temperamento sereno y equilibrado que ponía en práctica en contacto con los seres humanos, pues aunque viviera en profunda e interior tensión espiritual a causa de su potencial angélico, sabía conformarse y ninguno podía señalarle gestos y aptitudes de cólera por sentirse ofendido o desatendido en sus pláticas. Era un hombre excepcional, pero sujeto a las necesidades fisiológicas del cuerpo físico y a una vida disciplinada e inconfundible.

No se negaba a las relaciones sociales y comunes con el mundo exterior, ni censuraba la alegría y diversiones de los humanos. Participaba gentilmente de las festividades y tradiciones religiosas de su pueblo, mas lo hacía sin exageraciones. Manifestaba la suave sonrisa de María en los momentos alegres del hogar, pero no se excedía en carcajadas descontroladas o en el lloro compungido del sentimentalismo humano. Ante los cuadros simples y humorísticos de las fiestas regionales de su tierra natal, su fisonomía se llenaba de una sonrisa tolerante, y por veces, traviesa; sin embargo, delante de las escenas crueles, como la de los esclavos, personas ciegas y víctimas de las quemaduras en los trabajos forzados de las fundiciones de Tiro, la tensión interna le hacía estremecer su cuerpo delicado abatido por el vendaval agresivo de la maldad humana. El sudor le humedecía la frente y la palidez le alcanzaba el rostro al contemplar el panorama aflictivo de las miserias y atrocidades del mundo.

Pregunta: Algunos investigadores de la vida de Jesús dicen que era algo enfermo y sujeto a serias alucinaciones, por eso adoptaba una rigurosa dieta alimenticia. ¿Qué fundamento tiene todo eso?

Ramatís: Aunque no tenían fundamento los exagerados ayunos de esos cuarenta días en el desierto que le fueron atribuidos, realmente se sirvió de los mismos en algunas oportunidades, como una delicadísima terapéutica para armonizar su espíritu con las exigencias de su cuerpo físico. No era ninguna práctica iniciática u obligación religiosa; sólo era un recurso sublimado y admisible en una entidad tan excelsa, cuya conciencia angélica ultrapasaba los límites materiales ofrecidos por el organismo carnal. El ayuno desahogaba la circulación sanguínea por causa de los tóxicos provocados por los cambios fisicoquímicos de la nutrición y asimilación, además, debilitaba las fuerzas agresivas del instinto inferior, aquietaba la naturaleza animal, aclaraba la mente y el sistema cerebroespinal pasaba irrigarse por una sangre más limpia.

Durante el reposo digestivo, la naturaleza renueva sus energía restaura los órganos debilitados, activa el proceso drenativo de la vías emuntoras por donde se expulsan los tóxicos y substancias perjudiciales para el organismo. Es lógico que el ayuno debilita debido a la desnutrición, pero compensa porque reduce la fuerza de la carne y desahoga el espíritu, permitiéndole reflexiones lúcidas e intuiciones seguras.

Durante el debilitamiento orgánico, impuesto por el sufrimiento el ayuno, las facultades psíquicas se aceleran y la lucidez espíritu es nítida, conforme se comprueba en las personas que se hallan prontas a la desencarnación, pues recuperan su claridad mental y reimemoran lejanos hechos de su existencia humana. La caída de las energías físicas proporciona mayor libertad a la conciencia del espíritu, y hay una tendencia innata de huir espiritualmente del cuerpo físico ni bien se debilita este último. Dice el vulgo que las personas en el auge de la fiebre, acostumbran a "desvariar", es decir, son tomadas por alucinadas, pues llegan a identificar a conocidos que ya desencarnaron hace mucho tiempo, como también ven insectos, figuras grotescas, cosas extrañas que no corresponden al mundo material.

Por eso, el ayuno era para Jesús el recurso beneficioso con que contemporizaba la excesiva tensión de su Espíritu en la carne. Su fabulosa actividad mental provocaba excesivas saturaciones magnéticas en el área del cerebro, su cuerpo, aunque fuera sensibilísimo en todo su sistema orgánico, era insuficiente vehículo para atender las exigencias de su amplia conciencia sideral. Los neuronios y centros sensoriales estaban constantemente en alta tensión, como la lámpara modesta que amenaza romperse ante el exceso de energía.

El Ángel es la entidad que más se aproxima a los atributos de Dios, como son la Sabiduría, el Poder, la Voluntad y el Amor. En consecuencia, posee cualidades superiores a los tipos comunes y reencarnables en la tierra. El organismo físico no le ofrecía los recursos necesarios para equilibrar el mundo angélico con el de la materia. Aunque no hubiera sido crucificado a los 33 años, no habría sobrevivido mucho tiempo, pues su cuerpo carnal ya comenzaba a manifestarse agotado e incapacitado para atender sus elevadas exigencias mentales.

El Maestro Jesús fue indiscutiblemente, la entidad de más alta estirpe sideral que halla descendido a vuestro mundo. Su conciencia amplia y poderosa luchaba incansablemente para poder dirigir al cerebro humano. Era un divino balón que se hallaba cautivo por delicadísimos hilos de seda. Su espíritu elevado y en permanente vigilia hacía grandes esfuerzos para dominar a las pujantes energías de la vida animal, que se multiplicaban en la esfera instintiva e intentaban dominarlo, tanto como él las repelía. Innegablemente, se trataba de una conciencia angélica de sereno contenido espiritual que debía proporcionar euforia a la carne, pero su fuerza, sabiduría y poder, sobrepasaban las fronteras de la conciencia humana.

Además, la tradición religiosa terrícola siempre pintó al ángel como una entidad resplandeciente, y a Satanás como el símbolo del instinto animal, de rodillas delante de Miguel Arcángel cuando lo enfrenta con su luz. Aunque el Sol sea un potencial creador y benéfico, bajo sus rayos abrasadores hasta el "iceberg" se aniquila. Muchos de los hombres célebres de vuestro mundo, como son los poetas, escritores, músicos, escultores y filósofos han presentado fases anormales, mostrándose perturbados por la elevada tensión de sus espíritus sobre el sistema neurocerebral.[1] Por otra parte, las noticias trágicas, las sorpresas y las alegrías que dan las fortunas fáciles, inesperadas, pueden afectar al cerebro humano ante la carga sin control que el espíritu proyecta sobre la masa gris.

El dinamismo espiritual del Maestro Jesús presionando constantemente al frágil cerebro físico, casi lo sumía en el clásico "surmenage", además de exigirle grandes esfuerzos para mantenerse en el mecanismo vivo de la carne. El hombre moderno reconquista o recompensa sus funciones mentales y el gasto excesivo de energías ante el proceso fatigoso de las elucubraciones cerebrales, ayudándose con la medicina energética y vitaminizada especialmente a base de fósforo o ácido glutámico. Mientras tanto, Jesús solo conseguía equilibrio y ayuda a través de las preces y por medio de los fluidos benéficos que le eran suministrados desde el mundo oculto por sus fieles amigos espirituales.

A medida que pasaban los años, la fatiga se le notaba en el semblante, por veces empalidecía rápidamente y el sudor le cubría la frente y bajo una intensa sensibilidad el cuerpo perdía temperatura y parecía agitado por un viento fuerte. Muchas veces, sus discípulos temieron que cayera sin vida, pues su generoso corazón latía peligrosamente mientras el cuerpo se estremecía por el alto potencial de su alma.

Como espíritu valeroso y viviendo exclusivamente para el Ideal redentorista del terrícola, el Maestro hacía todo lo posible para so portar la carga del cuerpo humano y continuar cautivo en el mundo Tierra, rogando al Padre que lo mantuviera en condiciones para pode: terminar la obra encomendada. Su espíritu, sujeto por un tenue Hile al diminuto mundo de la carne, parecía un millar de rayos convergiendo sobre la lente del precario cerebro. ¿Qué sería del motor eléctrico, construido para soportar la carga máxima de 120 volts, si de pronto recibiera el potencial de 13.000 volts?

Ángel exilado en la materia, lo Alto le ofreció el encantador paisaje de Nazaret, lleno de luz, color y poesía para amenizarle *un* poco la condición aflictiva de permanecer algún tiempo en

1 Ver la obra ***Enfermos Célebres,*** de Gastón Pereira da Silva, de la colección de bolsillo, sello distribuidor "Estrella de Oro", donde el autor hace un minucioso estudio sobre los hombres famosos, anotándoles sus estados de espíritus perturbados como en el caso de Allan Poe, Hoffmann, Dostoiesvsky, Ñijinski, Paganini, Van Gogh, Tchaicovsky, Nietzsche y otros más.

el cuerpo de la carne para poder desempeñar a gusto la misión de salvar a 1a criatura humana.

Pregunta: A través de algunas biografías sobre Jesús nos enteramos de que era un enfermo, pues llegó a sudar sangre por los poros. ¿Qué hay de verdad?

Ramatís: No ignoramos los sentenciosos diagnósticos de algunos médicos terrenos que tratan de colocar a Jesús en la terminología patogénica de "hematidrosis", porque tenía sudores impregnados de sangre.[2] Escritores y médicos presuntuosos tratan de explicar la hiperfunción de las glándulas sudoríparas de Jesús dentro de un esquema patológico, porque ignoran que el organismo carnal del Maestro hechaba mano a los recursos de emergencia para poder subsistir ante la poderosa carga espiritual, que sobrepasaba la resistencia biológica humana. Vivía bajo estados febriles y excitaciones poco comunes, en dramática lucha para mantenerse, pues el exceso de potencia que descendía del cielo era avasallador y ganaba la materia para fluir por toda ella, como si fuera un verdadero hilo a tierra.

En su naturaleza carnal se producían verdaderas descargas fluido-magnéticas a través del sistema glandular, cuya exudación sanguina no puede considerarse como un ataque específico y mórbido de "hematidrosis". Después de ese fenómeno, que sucedió en el Huerto de los Olivos en víspera del sacrificio en el Calvario, el Espíritu del Maestro se desahogó en base al agotamiento de su cuerpo desfallecido. El Divino Maestro era un crisol fabuloso de la química trascendental donde se procesaban las más avanzadas reacciones de los problemas espirituales. El pasado y el futuro no tenían límites de graduación en su poderosa y genial mente; los conceptos insignificantes se podían transformar en sentencias milenarias bajo el toque de su alma.

Desde muy joven se mezclaba con los forasteros y mercaderes provenientes de Egipto, de la India, Caldea, Grecia, África y otros puntos del orbe. Les prestaba pequeños favores en los entre puestos del camino con el solo fin de escucharles sus comentarios sobre otros pueblos y tierras. El joven nazareno, admirado y querido por todos, gracias a su aspecto atrayen-

---

2 Y fue su sudor, como gotas de sangre, que corrían hasta la tierra" *(Lucas,* XXII, vers. 44). Además, la misma medicina consideraba la sangre como una excelente terapéutica para los casos de síncope y apoplejía.

te y su fisonomía siempre serena se deleitaba escuchando las conversaciones sobre el folklore, sueños, ideas y costumbres de los pueblos situados más allá de la Judea. Ágil de memoria, tenaz indagador y poco satisfecho en su curiosidad sana y constructiva, Jesús se embebía emocionado con el contenido de las historias de otros hombres y formaba la amalgama del conocimiento psicológico y filosófico del mundo, que más tarde tanto sorprendió y aún sorprende a sus biógrafos.

¿Quién podría suponer que Jesús, el joven hijo de José el carpintero, el mozo insaciable en sus indagaciones de «sabelotodo», cargaría en sus frágiles hombros la cruz de los dolores y sufrimientos de la humanidad? ¿Quién podía prever su renuncia, sacrificio y heroísmo delante de la muerte carnal, para transfundir la luz del Cristo Planetario en las sombras tristes del mundo terráqueo? Entre los mensajes de importancia que la historia registra en la tierra, el suyo es el más elevado Código Moral de ayuda para la humanidad.

Asimilaba rápidamente cualquier conocimiento por raro, difícil e imposible que fuera, llegando a causar asombro a los rabíes e intelectuales de la época. Muy pronto, Jesús fue conocido como «un hombre de ciencias y letras, ¡que todo lo sabía, sin haber ido a estudiar!» Su mente, como poderoso catalizador, en una fugaz fracción de segundo solucionaba las ecuaciones más complejas. Además, conocía y determinaba sobre las premisas más difíciles de la psicología y filosofía humana. De un puñado de ideas formaba una parábola genial; era como el buen jardinero, que de un pequeño ramo de flores intenta describir la hermosura de un jardín policrómico.

Jesús, jamás necesitó aplicar los métodos didácticos de los hombres terrenos, pues su alma, cual divina esponja sideral, abarcaba la síntesis de la vida terrena en toda su fuerza y manifestación educativa. Sabía y podía acumular en sí mismo el «quantum» de vida «psicofísica» que lo rodeaba, lo etéreo y lo material, luego desenvolvió su capacidad para guiar inconfundiblemente a los hombres ciegos por la sed de oro, violencias y pasiones indeseables. Por eso aseguró con firmeza irrebatible: "Yo soy el Camino, La Verdad y la Vida" .

Jesús, en verdad, era el ángel y el sabio que representaba excelente binomio sidéreo en el mundo material; no existe, ni jamás existió filósofo, líder religioso o Instructor Espiritual alguno sobre la tierra que halla vivido en sí mismo una realización tan integral como la que él vivió. Ninguno podrá igualarlo en fe, coraje, renuncia y amor, pues además de su desprendimiento por los bienes del mundo, dominó totalmente las pasiones humanas.

El Cristo Jesús, por lo tanto, ayer, hoy y mañana, será el Maestro insuperable y además fue un hombre sano y perfecto, pero n el enfermo que la patología médica pretende clasificar, pues no era entidad sujeta a ningún proceso de rectificación kármica.

Pregunta: Otros estudiosos sobre la vida del Maestro, afirma que Jesús era analfabeto, por esa causa no dejó nada escrito, ni tan poco se sabe que haya escrito alguna vez. ¿Qué fundamento existe para tales afirmaciones?

Ramatís: Si hasta Pedro, que era un rudimentario pescador sabía leer y escribir, ¿cómo no iba a saber el Maestro? Jesús era correcto en el lenguaje y cuando escribía, estereotipaba con precisión en los caracteres gráficos, la exactitud de sus pensamientos y la poesía de su sentimiento. Exacto, lógico y parsimonioso en su grafía no empleaba una coma demás. Si un grafólogo moderno examinase sus escritos, habría descubierto al hombre perfecto, donde la rectitud, la sinceridad, el espíritu de justicia, y el amor absoluto se mostrarían armonizados en la tesitura de sus límpidas frases, ajenas de atavismos o artificios superfluos.

La grafía de Jesús era un poco nerviosa, pero revelaba mucha sensibilidad y gran dominio mental; los caracteres clarísimos era trazados con perfecto equilibrio. Tanto en el hablar como en el escribir, era adverso a la verborragia, a la logomanía peculiar de los pseudos sabios o políticos terrenos, que tejen agotadores circunloquios para exponer, pero se pierden por la dramaticidad de las ideas prosaicas. Jesús escribía poquísimo, y por una razón muy simples; sabía decir en media docena de vocablos aquello que la complicación del pensamiento humano sólo puede hacer por medio de extensas y agotadoras páginas. Recto en el pensar, en el hablar, en el escribir, un punto que fuera sacado a su escritura, era lo mismo a una pared fuera de su plomo. Basta observar la precisión del «Sermón de la Montaña», la composición del "Ama al prójimo como a ti mismo", o "Buscad y encontraréis", para comprobar que esos conceptos evangélicos no necesitan que se les agregue nada para darle mayor relieve: así como una palabra escrita, jamás podrá menospreciar la estructura de una letra.

Pregunta: ¿Existe alguna prueba de que Jesús haya escrito?

Ramatís: Delante de la mujer adúltera, su divina mano trazó en la arena las palabras de censura, revelando las maldades de aquellos escribas y fariseos, que querían apedrearla (*Juan,* VIII - vers. 3 al 11): "El que entre vosotros se encuentre libre de pecados, que arroje la primera piedra sobre ella". Silenciosamente, alguno de los más osados perseguidores de la adúltera dijeron que iban a tirarle piedras, entonces el Maestro tomó una vara y trazó en el suelo las palabras "Hipócritas" y "perjuros", lo que hizo retirar a la turba de juzgadores.

Jesús vivía lo que pensaba y pensaba lo que vivía, por eso no necesitó dejar compendios doctrinarios. Preveía anticipadamente el sofisma y la astucia del hombre inescrupuloso cuando trata de garantizar sus intereses, por eso el Maestro prefirió dejar que otros escribieran para la posteridad.

Optó por la confusión que el hombre implantaría sobre aquello que él posiblemente habría dicho, a la incomprensión sobre lo que hubiera escrito. Cualquier testimonio escrito que hubiera dejado serviría de pretexto para justificar la paternidad de otros millares de mistificaciones esparcidas bajo su augusto nombre.

Pregunta: Para cerrar el presente capítulo sobre los aspectos humanos de Jesús, ¿nos podéis dar una imagen nítida sobre su juventud?

Ramatís: Aunque Jesús era bastante joven, tenía el aspecto grave y austero del hombre viejo; era de porte imponente y sus ojos serenos, penetrantes y profundos, aunque reflejaban la melancolía que lo dominaba desde la infancia, estaban llenos de ternura, casi femenina. Cuando alcanzó los diez y nueve años sufría inmensamente al comprobar que sus propios familiares y contemporáneos, no le comprendían en su Ideal mesiánico, reafirmando una vez más, que "ninguno hace milagros, ni es profeta en su propia tierra". En constante ebullición interior y dedicado únicamente a las cosas definitivas, pasaba inadvertido ante las jóvenes hebreas que soñaban desposarlo.

Intentó ocuparse en varios empleos, tanto en Nazaret como en Jerusalén para ayudar a la familia, pero no conseguía ajustar su espíritu cósmico en las luchas de los trabajos humanos, ni soportaba la inmovilidad de concentrarse exclusivamente en un objeto, que desde el primer instante, reconocía que era fugaz y transitorio. No era defecto de un joven ocioso y adverso a las obligaciones del trabajo, común a todos los seres humanos, sino que le era imposible controlar y ajustar las fuerzas fabulosas que le descendían sobre el cerebro, exigiéndole expansión de ideas y desahogo del alma.

Aunque todavía no estaba convencido de ser el "Salvador" pregonado por los profetas y esperado por el pueblo de Israel, estaba seguro que su vida se consumiría en el fuego del sacrificio. No se consideraba el misionero descendido de los cielos para redimir a los hombres, pero desde muy joven se manifestaba tan acorde a los enunciados proféticos, que podían suponerlo el anhelado Mesías para gloria y liberación del pueblo de Dios.

La familia consanguínea era para Jesús como un camino de disciplina, pues su amor ultrapasaba cualquier límite egocéntrico y afectivo de la parentela humana, para confundirse incondicionalmente con todas las criaturas. El hogar y la familia fueron la dádiva generosa que compensó el árido desierto de la vida física, mas no podía aferrarse exclusivamente a esos sentimientos egocéntricos. Su padre y sus hermanos eran simpáticos y afectivos, los amaba sinceramente, pero en su lealtad espiritual y su índole angelical no podía sustraerse de su único amor, ¡la humanidad!

Pregunta: Finalmente, ¿qué disposición emotiva tenía Jesús para los jóvenes de su época?

Ramatís: Muchas veces, Jesús se quedaba recostado sobre la columna del pórtico de la Sinagoga para examinar las fisonomías, los gestos y demás expresiones de sus coterráneos vestidos con los trajes de fiesta, cuales bandadas de personas felices. Como era un gran psicólogo, comprendía los sueños, angustias, esperanzas e ideales de aquellos jóvenes. Veía en sus rostros despreocupados la figura abatida y cansada del futuro viejo, cuyas arrugas, como líneas gráficas, marcarían la estadística del sufrimiento de la vida material. La llama ardiente que observaba en los ojos de los jóvenes, más tarde se apagaría, arrasada por el viento de las desilusiones, infidelidad y dolores, que forman el cortejo y la cuota del sacrificio oneroso para que el espíritu habite en el mundo carnal.

Cuando las miradas femeninas le caían sobre el rostro, les penetraba a fondo descubriéndoles las ansiedades, pero también les identificaba los designios y las desilusiones que deberían soportar en el futuro con las pesadas cargas de la familia. Jesús, el "bello nazareno", como le decían, vivía rodeado de jóvenes casaderas, pero en base a su imposibilidad de dedicarse afectivamente a un solo ente y de su lealtad fraterna para todos los seres, no podía concebir responsabilidades conyugales. Los desengaños sucedían constantemente en los corazones femeninos, y las jóvenes hebreas no podían comprender por qué el hijo de José, el carpintero, no encendía en su corazón el deseo o la pasión humana para formalizar un hogar común y lleno de vida, como lo hacían generalmente todos los humanos!

15. Aspectos bíblico del pueblo elegido para el advenimiento del Mesías

Pregunta: No tenemos dudas respecto a la elección del pueblo judío como plataforma viva para la misión de Jesús; sin embargo, nos extraña su formación moral y social cuando compulsamos las contrariedades citadas en la Biblia. ¿Cuál es vuestra opinión?

Ramatís: La Biblia se compone de un conjunto de libros antiguos que describían la vida y costumbres de varios pueblos; más tarde, fueron agrupados y atribuidos a una sola raza, conocida por la hebrea. Es verdad, es una revelación religiosa y los espiritualistas no pueden ni deben despreciar la Biblia, porque a pesar de presentar incongruencias y contradicciones con la moral de vuestro siglo, es un esfuerzo realizado en el pasado por los Espíritus para dar a entender la gloria, el poder y las intenciones de Dios.

Es lógico que no se puede atribuir a su texto el carácter vertical de la "Palabra de Dios", porque las entidades espirituales que en aquella época entregaban los mensajes bíblicos, tuvieron que presentar la revelación, como si partiera directamente de la "Voz de Jehová", pero esto no quiere decir que proviniese realmente de la mente de Dios. La mentalidad de los pueblos en aquella época y su forma de vida, exigía que las revelaciones no sobrepasaran la capacidad del entendimiento común.

La Biblia, todavía, es de gran provecho bajo todos los puntos de vista, porque exceptuada de sus figuras alegóricas y de las incongruencias naturales de la moral de aquel tiempo, os serviría para distinguir, en su todo, los dos órdenes distintos que disciplinan las revelaciones posteriores. La Biblia, como archivo que es de las comunicaciones espirituales, mezcladas con los acontecimientos de la vida profana de los judíos, se vuelve muy incoherente cuando es examinada por razas como la vuestra. El Viejo Testamento una vez que se le ha quitado el simbolismo exigido para la época que fue escrito, es la matriz tradicional de la revelación divina; en su fundamento se asientan todos los esfuerzos posteriores y el éxito de haber sido comprendida la unidad de Dios, que Moisés consolidó en el Monte Sinaí.

Pregunta: Sin embargo, debemos decir, que existen en la Biblia relatos escabrosos, que pecan contra la buena lectura y hasta contra la ética judía, por ser el pueblo escogido para el advenimiento de Jesús. ¿No es verdad?

Ramatís: Debemos entender que la Moral tiene aspectos relativos, y lo que fue moral en el pasado, puede muy bien ser inmoral en el presente. Por ese motivo no podéis hacer juicio sobre la vida de un pueblo de más de dos mil años en base a los valores morales de la época presente. Entre los antropófagos, es de muy buena moral devorar al guerrero valiente, mientras que para vosotros es inmoral y repugnante; mientras tanto, la moral moderna, que os permite devorar al cerdo, al buey y al carnero, es pronunciadamente inmoral para la humanidad superior de los marcianos, que se escandalizarían si les ofrecierais un riñon o una costilla de cerdo asada. En ciertos pueblos de Oriente, la poligamia es de excelente moral, mientras tanto, en vuestro país sería ajusticiada con prisión. Algunas tribus asiáticas, menos evolucionadas que vosotros, tacharían de inmoralidad que el cónyuge sobreviviente de un matrimonio constituido por ley, se casara nuevamente. La moral cristiana de Jesús pregonada hace dos mil años y que hoy consideráis de orden superior, lo llevó a la crucifixión, porque esa moral era considerada subversiva y contraria a la época.

La Biblia es la historia de la vida del pueblo judío, con sus costumbres y sistemas, que difieren totalmente de la ética occidental moderna, sin embargo, ninguna nación del mundo fue tan pura en su fe hacia Dios y tan preocupada con el reinado espiritual del alma. Conforme os recordamos, Abrahám cuando decide matar a su propio hijo, porque Dios así lo dispuso, representa alegóricamente, la sumisión incondicional que la raza hebrea manifestaba por su Creador. Aunque os parezcan absurdas y condenables esas sumisiones para el espíritu liberal de vuestra época, comprueban la inigualable fidelidad y el sentimiento elevado de esa gente hacia los poderes superiores. Ningún pueblo podía ofrecer aquellos pescadores iletrados, campesinos rudos que saldrían a pregonar por el mundo una nueva ética, contraria a su propia moral racista y tradicional, mientras vuestra humanidad evolucionada no consigue asimilar todavía el elevado padrón del Evangelio que ellos pregonaban. La raza que presentó a un Isaías, un Jesús de Nazaret, un Pedro, un Pablo de Tarso, un Timoteo o María de Magdala y la pléyade de mártires que murieron en los circos romanos porque habían mezclado su vida profana con la divina, y atribuido sus insanidades a la propia "palabra de Dios"; puede ser esto una extraña moral, hasta aberrativa y que consta en la Biblia, pero fue la mayor contribución que la humanidad tuvo; la cuna del Salvador del mundo.

Pregunta: Entonces, ¿debemos ignorar deliberadamente esos aspectos bíblicos, que para nosotros son moralmente deformantes?

Ramatís: No tenemos la intención de recomendar textos bíblicos que puedan deformar la "mejor" moral de vuestro tiempo, pero os recordamos que los aspectos inmorales de la Biblia, atribuidos a las presunciones divinas, quedarán revelados a la luz del día. Es obvio que la imprudencia infantil al exponer en público sus imperfecciones íntimas y detallar la violencia fanática de sus jefes religiosos a cuenta de la voluntad imperiosa de Dios, estigmatizó la tradición; mientras tanto, la diferencia entre la inmoralidad judaica, expuesta en la Biblia, y la de vuestro siglo, es bastante pequeña. El judío la expuso en público, mientras que la humanidad actual, la esconde con habilidad. La civilización moderna practica las más abyectas y viles torpezas, y a pesar de eso, continúa dentro de los templos religiosos embebecido con la voluntad de Dios. La creciente corrupción, el lujo nababesco, las uniones conyugales modernas que ocultan cálculos astutos, la indisciplina precoz y las intrigas internacionales para el comercio diabólico de la muerte bajo la pseuda inspiración de Dios, ¿no debería merecer, urgentemente, la atención de todos los moralistas modernos?

Jehová protegía a las tribus de Israel contra los otros pueblos y se deleitaba con los "altares cuajados de sangre" vertida en holocausto, pero hoy la religión bendice, los cañones, cruceros y aeronaves de guerra, mezclando el Dios amoroso de Jesús con carnicerías peores que las descritas en la Biblia. Hace dos o tres milenios era razonable que un pueblo desprovisto de cultura científica, como la de vuestro siglo, desconociendo la electricidad, la radio, la televisión, la cinematografía y el intercambio aéreo, confundiera su instinto belicoso y su moral censurable con los preceptos divinos, pero, actualmente, es tener demasiada ceguera el matarse invocando a Dios a fin de proteger los ejércitos simpáticos o para bendecir armas criminales, destinadas a las guerras fraticidas. El pueblo judío cuando compuso su libro sagrado — El Viejo Testamento — como fundamento religioso de su vida, lo mezcló con hechos condenables, pero lo hizo por exceso de Fe y sumisión al Creador; mientras que el hombre del siglo XX practica los mismos desatinos y se alardea de emancipación espiritual con el agravante de haber conocido a Jesús.

A pesar de la promiscuidad de Dios en la Biblia, con la censurable moral judaica, aun así, fue una revelación honesta, sincera y hasta ingenua sin los artificialismos comunes de los pueblos modernos que acostumbran a cultivar dos morales maquiavélicas; una para uso interno y otra para el público. Si vuestra civilización pretendiera escribir su Biblia adoptando la misma franqueza y simplicidad del pueblo judío, se concretaría el más bárbaro compendio de historia humana, saturado de ignominias, prácticas e intrigas religiosas en nombre de Dios que harían encrespar los cabellos de la cabeza.

La Biblia, llena de incongruencias atribuidas a los designios de Dios, pero sincera, estoica e ingenua, todavía es el libro que revela las condiciones espirituales de un pueblo profético y tenaz en su fe. Sin embargo, pánico mayor os causaría si se hubiera escrito por otro pueblo cualquiera de esa época, pues la moral más común se basaba en el rapiñaje, en la esclavitud y en las orgías sin límites. Eran naciones donde los dioses abundaban para todos los gustos, aun para las prácticas corruptas, y sancionaban bajo las más terribles bestialidades humanas, inclusive, se quemaban las criaturas a tierna edad, para el sacrificio pagano.[1] El simple descenso de Jesús en el pueblo israelita

1 *Nota del Revisor:* Los amonitas, moabitas, fenicios e hititas veneraban a la

para servir de sede a su misión, lo acredita como el más indicado en lo espiritual. Y, su Biblia merece, por lo tanto, un poco de afecto por parte de los pueblos, porque es el tosco basamento del eterno edificio del Cristianismo.

divinidad Moloc, cuyo culto consistía, generalmente, en el sacrificio de arrojar en el brasero al rojo, a los niños primogénitos.

16. La influencia del pueblo galileo em la obra de Jesús

Pregunta: Desearíamos saber de qué forma contribuyó el pueblo de Galilea en la tarea mesiánica de Jesús. ¿Es posible?

Ramatís: El pueblo galileo era sumamente simple, no ostentaba abundancia excesiva que choca a los necesitados, ni sufría la miseria que hace pensar a los pudientes. Era un pueblo amable, respetuoso y acogedor, muy comprensivo con las necesidades del prójimo y se encontraba eufórico cuando podía servir. Ese temperamento y forma peculiar del galileo, que lo hacía feliz cuando el huésped se sentaba en la cabecera de la mesa, obedecía a la creencia de que eso era muy agradable a Jehová y también dio margen para que Jesús manifestara innumerables lecciones donde loaba la caridad e insistía en el espíritu acogedor, es decir, que se hospedara a quienes lo necesitaban. Mas su temperamento era algo pendenciero, pues discutían fácilmente por cualquier asunto religioso, pero sin la capciosidad de los fariseos o la obstinación de los saduceos. Los hombres se alborotaban por la pesca, sus negocios, fiestas y peregrinaciones; las mujeres eran tímidas, serviciales, humildes y algo supersticiosas.

Desde pequeñitos, los galileos se acostumbraban a obedecer los preceptos religiosos y la voluntad de Jehová. Eran esencialmente comunicativos con su Dios y hacían poca diferencia entre la vida carnal y la vida espiritual; no concebían división alguna entre los dos mundos. Eso era una peculiaridad común de todo el pueblo judío, que mal podía señalar dónde comenzaba la vida objetiva y terminaba la subjetiva, siempre que se tratara de asuntos religiosos. Jehová hacía parte integral de sus vidas, devociones, placeres y negocios, no cabía dudas de su creencia religiosa.

Antes de pedir favores a Jehová, lo adoraban a través de las ofrendas diarias, de la obediencia absoluta, de las loas y hosannas que tributaban bajo cualquier pretexto en su vida común. Cuando el Señor no les correspondía en las luchas, en los negocios, en liberarse del enemigo, los judíos no se rebelaban ni descreían, apenas entristecían como hijos obedientes y afectuosos que se conforman con la negación del padre. Cualquier favor, por insignificante que fuera, atribuido a Jehová, era motivo sagrado para ofrecerle su mejor ofrenda, como la yunta de palomas, el carnero más gordo, el vaso de aceite más fino, el incienso oloroso traído de la India o el presente delicado, proveniente de Alejandría. No era un tributo convencional o interesado, sino, una ofrenda llena de mimos y cuidados.

Pregunta: En otras oportunidades, habéis dicho que los galileos eran menos apegados a los ritos y obligaciones religiosas; ¿no es verdad?

Ramatís: Eso es verdad. Galilea quedaba al norte de Jerusalén, por eso no podían frecuentar el Templo como los judíos que vivían allí. Esa dificultad debilitaba el gusto por las ofrendas constantes, relajándoles el compromiso religioso tan arraigado entre los jerusalemitas. Poco a poco iban descuidando sus obligaciones con el Templo, y a medida que Jesús les enseñaba la naturaleza espiritual del "Reino de Dios", se alejaban de los compromisos exteriores y de las prescripciones mosaicas, apegándose cada vez más, a los rabíes peregrinos.

Los galileos no podían asistir a cualquier ceremonia privada del Templo. Eran condenados por los fariseos porque les faltaba el espíritu de la nacionalidad judaica; y aun admitían dudas o daban nuevas interpretaciones a las enseñanzas de Moisés, que se consideraban inmutables. Por otro lado, sufrían los apodos y las críticas de los saduceos porque, además de faltarles la aristocracia judía, tenían poca confianza en los sacerdotes y sólo se apegaban a sus rabíes peregrinos. Los galileos, en verdad, consideraban su religión como una emotividad de su espíritu y no como un férreo código moral.

He ahí algunos trazos del pueblo galileo, que en su peculiaridad afectiva, su creencia religiosa de amor a Jehová, su temperamento amoroso y acogedor lo hicieron la fuente viva de la obra mesiánica de Jesús. Así como la levadura favorece el crecimiento de la masa harinosa, el pueblo galileo también fue el fermento humano que dio fuerza iniciática y divulgó el Evangelio del Maestro Jesús, el que fue ampliamente correspondido en comprensión y amor para poder difundir sus enseñanzas. El Maestro no hubiera tenido éxito alguno si desde un comienzo hubiera pregonado entre los fariseos intrigantes y los saduceos orgullosos que se apegaban a la letra de la Ley, como garrapatas al cuero del animal. El pueblo galileo, alegre, activo, bullicioso, sincero en su fe y puro en su amistad, fue un verdadero ensayo para el advenimiento del Cristianismo.

Pregunta: Reconocemos que el paisaje de Galilea y la hospitalidad de su gente, fueron una influencia benéfica y catalizadora de las actividades de Jesús; nos agradaría saber, cómo asentó el Maestro las bases doctrinarias del Cristianismo entre razas tan diferentes.

Ramatís: Aquello que os parece deficiente o dificultoso al comienzo de la obra de Jesús, le fue de mucho provecho en base a su sensibilidad espiritual y gran conocimiento sobre los sentimientos humanos. Las divergencias, propias de los individuos de razas antagónicas, como las discordias comunes entre los galileos, le servían a Jesús como experiencia en su entrenamiento espiritual para confeccionar el Evangelio destinado a la humanidad. El ambiente donde vivía le permitía realizar una provechosa auscultación sobre la naturaleza de los hombres, sin necesidad de recorrer el mundo para conocer los variados caracteres de la humanidad.

El Maestro tomaba contacto diariamente con todos los habitantes del lugar, prefiriendo quedar alejado de las cizañas, risas y contiendas de todas las especies. Actuaba amorosamente cuando aparecían los conflictos religiosos y demostraba la tónica ajena a las costumbres de las razas en pugna y de la religión imperante. Gracias al sublime entendimiento espiritual que demostraba a los contendientes, amainaba las tempestades del personalismo humano. Los conflictos violentos perdían su ardor y se debilitaban los ánimos de los pendencieros cuando se acercaba el Maestro Jesús.

Los idiomas, los dialectos, las devociones y costumbres diferentes de sus coterráneos las consideraba como la miniatura de la humanidad terrena, la cual también se subdividía en materia de fe, sentimientos, religión y política. Jesús meditaba mucho sobre la naturaleza humana, todavía tan animalizada, ignorante, insatisfecha, avarienta, cruel, llena de amor propio y orgullo de raza. Esas pasiones y deseos incontrolados eran los verdaderos fundamentos que desentendía a los hombres, los cuales, a semejanza de los animales, sólo se mostraban inofensivos cuando estaban bien alimentados, hartos, gozando de salud y satisfechos en su instinto sexual.

El Maestro se entristecía al comprobar que el hombre necesitaba tan poco para ser feliz, pues sólo debía saber amenizar el deseo cúpido y domesticar las pasiones violentas para ser más venturoso y substituir los placeres transitorios de la carne por los placeres duraderos del espíritu. Entonces se ponía a enseñar a la criatura humana, transmitiéndole un poco de ventura espiritual, que era el estado normal de su alma. En Galilea, observaba a todos los seres que eran los fieles representantes de las principales razas del mundo, que además, eran portadores de pasiones, vicios y artimañas. Aliados con algunas virtudes bondadosas, se manifestaba en todos ellos los diferentes tipos de pecados humanos, motivo por el cual Galilea le parecía un muestrario vivo de los especímenes representativos de toda la humanidad.

Jesús sabía perfectamente de la inutilidad de los tratados civiles, de las leyes y códigos penales, de las doctrinas y sectas religiosas del mundo que intentaban disciplinar la conducta humana, por cuanto la represión moral no educa el corazón del hombre. Ni el culto religioso, la disciplina filosófica, ni los conceptos avanzados de la ética podían extirpar del corazón humano las pasiones y vicios, si actuaban desde el "exterior" hacia el "interior". El éxito sólo se puede, alcanzar desde el centro hacia la periferia, del mundo oculto hacia el visible, del espíritu hacia la mente y en forma de un sentimiento amoroso que consiga purificar los pecados del alma.

Entonces Jesús comprendió, que el hombre se volvería altruista si era explotado en su propio egoísmo; pues alcanzando su propio bien también alcanzaría el del prójimo. Nadie podrá dar aquéllo, que aun no haya experimentado y realizado en sí mismo. El hombre, primero ha de ser egoísta, es decir, acumular hasta hartarse, para después sentir el placer de dar, de repartir. Por eso, sería necesario darle al hombre mucho amor, para que pudiesen amarse los unos a los otros. Partiendo del egoísmo de la criatura, que prefiere lo máximo para sí. Jesús entonces lanzó su máxima o principio sorprendente y de mayor sublimidad en el ser: "Ama al prójimo como a ti mismo". El egoísmo, tan helado y separador, principal sustentáculo de la personalidad humana, serviría para cementar el fundamento del Amor con relación al prójimo.

Jesús no intentaba aniquilar la "fuerza" del egoísmo, sino inculcarle un provechoso sentido en beneficio del prójimo. El amor a ***sí mismo*** sería la acción dinámica que le imprimiría al amor viejo. Utilizando su admirable don de percepción espiritual trataba de identificar en sí mismo, cuáles serían las reacciones morales del espíritu delante de la injusticia, de la ingratitud, de la perversidad o del egoísmo humano. Él no sufría íntimamente la agresión o el insulto inferido sólo trataba de conocer muy de cerca las torturas a que se sometía la criatura terrícola con sus pecados y vicios. Reconocía que los hombres eran avaros, perversos y orgullosos porque eran ignorantes e inmaduros de espíritu. Antes de ser condenado o censurado necesitaba que lo esclarecieran y le enseñaran sobre el verdadero motivo de la vida y la responsabilidad que posee el espíritu eterno.

Si los animales se vuelven pacíficos y serviciales después de domesticados, aunque extremadamente imperfectos; los hombres también pueden ser cariñosos y buenos aprendiendo a dominar sus pasiones, antes de atacarlos agresivamente. Jesús, alma sublime y generosa, se propuso enseñar a los hombres para conducirlos a la ventura del "reino de Dios", donde la paz del espíritu es el fundamento para alcanzar una existencia divina. Pero, también reconocía la necesidad que había de vivir las lecciones suministradas a la humanidad, si en realidad, quería conquistar la confianza de los terrícolas. A través de su ejemplo personal, de la total renuncia a los bienes y placeres del mundo, sufriendo estoicamente en su propia carne los dolores de las ingratitudes y agresividades ajenas, entonces podía demostrar su fe incondicional y sumisión absoluta a la voluntad de Dios, atrayendo hacia sí, la confianza de los hombres.

Jesús, desde allí en adelante, programó definitivamente su

acción y temario, cuya base, era asegurar entre los hombres la gloria de los ángeles, el Amor. El Amor era el fundamento de la Vida y sólo por el Amor, el hombre se salvaría. Ningún otro sentimiento fuera del Amor, podía hermanar al lobo y al cordero, al amigo y el enemigo, al creyente y al ateo, al malo y al bueno, al rico y al pobre. El Amor, por lo tanto, sería el lema definitivo para todas sus pre-gonaciones, conforme lo exteriorizó en todos los momentos de *m* vida, de su pasión y de su muerte. Hasta el último momento, desde lo alto de la cruz y ante las multitudes agitadas y sarcásticas, dirigió al Creador aquella patética rogativa, de misericordia infinita, diciendo: "¡Padre! ¡Perdónalos, porque no saben lo que hacen!".

17.
¿Por qué Jesús debía nacer en Judea?

Pregunta: ¿Jesús debía nacer irremediablemente en Judea para consolidar el éxito de su misión redentora? ¿En esa época, no había otro pueblo que fuera espiritual y psicológicamente más apto para ese objetivo?

Ramatís: Si la Administración Sideral reconociera en cualquier otro pueblo cualidades y hasta los defectos peculiares del judío, es obvio que Jesús no hubiera necesitado encarnarse en Israel. Pero, Judea y los hebreos, aunque eran considerados en aquella época "una colección de esclavos despreciables"[1] por sus costumbres, fe religiosa y capacidad de adaptación a los menesteres de la vida, ofrecía las condiciones psicofísicas apropiadas para la misión salvadora del Mesías. Además, el Viejo Testamento lo consideró como pueblo elegido para el advenimiento del Mesías; y el mismo Moisés en el Monte Sinaí, al unificar la revelación espiritual en un solo Dios llamado Jehová, fueron las bases preliminares del Cristianismo. Eso allanó el camino para que el Maestro Jesús consolidara su obra, exceptuándolo de la tarea espinosa de fundir los dioses paganos en una sola unidad, tal como lo pregonaría por intermedio del sublime Evangelio.

Por eso, una raza estoica, ardiente y fanática en su creencia religiosa monoteísta, sería capaz de corresponder a la invitación espiritual de Jesús, sin que hubiera resistencia o sarcasmo para el encantador mensaje de la "Buena Nueva" y del "Reino de Dios". El judío manifiesta su sentimiento a flor de piel y vive más por la fe que por su raciocinio, aunque sea instintivamente

1 Opinión de Tácito.

muy sagaz para los negocios y especulaciones de la vida humana. En cuestión de creencia y devoción, indagaba poco sobre los motivos que lo obligaban a proceder de éste o aquél modo con su Dios. Su fe innata no solicitaba indagaciones intelectivas; creía y obedecía ciegamente en aquello que trasciende su mundo de actividades humanas. Por eso Jesús encontró el camino abierto para su prédica evangélica entre los judíos, sin necesidad de destruir el antropomorfismo de Jehová, sin alterar las legiones angélicas, sin desmentir a los viejos patriarcas y profetas del Antiguo Testamento. Vino para ampliar las enseñanzas de Moisés y hacerlas más amenas, respecto a su responsabilidad moral. Substituía el concepto personal y punitivo del "ojo por ojo y diente por diente", por la condición kármica de "quien con hierro hiere, con hierro será herido", en la cual Dios no castiga, sino que es la misma criatura la que se ajusticia por sus pecados cometidos, aceptando espontáneamente los mismos efectos de las causas perniciosas que promovió en el pasado.

Ante el toque sublime de las enseñanzas de Jesús, Jehová se volvía tolerante, tierno y compasivo, disminuyendo las exigencias, bastante humanas. Todo eso, atendía a las simpatías de los galileos que eran considerados ignorantes de los formulismos religiosos, y que aceptaban sin protestar la nueva versión de Jehová, separándose paulatinamente de las sectas religiosas y de los bienes del mundo. Sin embargo, los fariseos aunque no temían a las enseñanzas de aquel nuevo rabí de la Galilea, notaron que se debilitaba la virilidad doctrinaria de Moisés. Y, la peligrosa deshumanización de Jehová podía acarrear serios perjuicios para los cofres del Templo. Desde ese entonces, los fariseos pasaron a vigilar a Jesús y a recelar sobre los efectos de sus peligrosas ideas en medio de la comunidad de Galilea.

Pregunta: Jesús, ¿no podía haber encarnado en otra raza y haber cumplido igual con la Divinidad y con su misión?

Ramatís: No es el culto religioso y la devoción ciega lo que se necesita para alcanzar éxito en lo propuesto, sino, y por encima de todas las cosas, comprobar cuál es el sentimiento que anima a ese pueblo en su creencia religiosa. Existían cultos religiosos de naturaleza profundamente racionalista o excesivamente interesada que se devotaban a varios dioses. La misión de Jesús en su comienzo, solicitaba "sentimiento puro", fe inquebrantable, humildad absoluta y cierta ingenuidad de sus simpatizantes para poder cimentar rápidamente, sin discusiones estériles, especulaciones fatigosas o dudas mortificantes. Habiendo comenzado por las raíces profundas del corazón humano, los sentimientos y emociones casi infantiles que sustentaba el Cristianismo en su cuna, alcanzó, más tarde, el testimonio afectivo de las mentes mucho más desenvueltas. Hoy, el Evangelio es una doctrina respetada por los cerebros de mayor cultura filosófica y científica del mundo y considerado como un poema de belleza y un tratado de liberación para el espíritu encadenado a la animalidad biológica. Son muy pocos los hombres que pueden comprender las enormes dificultades que Jesús encontró en los primeros días de su pregonación doctrinaria para que no fuera rechazada, ni superada por cualquier excrecencia del mundo.

Los espíritas de hoy pueden comprobar con qué celo el Maestro Jesús cuidó la pureza iniciática del Cristianismo, semejante al que ellos hacen para evitar que el Espiritismo codificado sufra deformaciones o se introduzcan prácticas supersticiosas, que son impropias a su mensaje de liberación espiritual.

He ahí por qué Jesús tuvo que recurrir a los hombres brutos, ignorantes e intempestivos, pero simples, francos, humildes y sinceros en su emociones, como fueron los apóstoles. Ellos jamás contradecían las enseñanzas del Maestro, ni se le oponían con determinaciones que no estuvieran al alcance de sus mentalidades simples. Se embebían en las palabras que le transmitía sobre el "Reino de Dios" y creían ciegamente en aquel mensaje de ternura y esperanza espiritual. Esos seres fueron el cimiento vivo que solidificó los fundamentos del Cristianismo, hasta que se hizo resistente e inmune a las influencias de los credos paganos de la época y a las distorsiones religiosas, propias de las falsas interpretaciones personales.

Jesús, debido a su fabuloso conocimiento sobre la psicología del alma humana, sabía de los perjuicios que su obra sufriría si recurría primero al intelecto de los hombres, antes de hablarles a su corazón. Sus primeros discípulos tenían que ser criaturas sin complejos, con emociones espontáneas, tal como son los niños, "porque de ellos es el reino de los cielos". Artista Divino, trabajó hace dos mil años con un material tan deficiente como era el pescador, el campesino, el publicano o la prostituta, pero supo esculpir en la carne humana, las figuras monumentales de un Pedro, Juan, Mateo, Tiago, Timoteo, Magdalena y tantos otros. Una vez que consolidó la base del Cristianismo en el corazón de los simples, entonces lo Alto recurrió con más propiedad al intelecto, atrayendo al movimiento liberador cristiano a Pablo de Tarso, José de Arimatea, Nicodemos y Gamaliel, hombres de cultura y elevada capacidad que gozaron de cierto prestigio junto al Maestro, pues eran simpáticos a la doctrina de los esenios,[2] y eran humildes de espíritu.

También estamos obligados a reconocer que la doctrina, cuyas bases Jesús asentó con la rudeza y simplicidad de un Pedro, la sublimación de la Magdalena y la sinceridad del publicano Mateo, más tarde, generó un San Agustín, discípulo apasionado de Platón y cuya elocuencia al exponer la Teología Cristiana, sacudió a Roma y a Cartago. Así también, podemos mencionar al mayor filósofo de la Iglesia, como fue Tomás de Aquino, uno de los mejores genios de la Edad Media en la propagación del Catolicismo. Mas, previendo el peligro que el intelecto encerraba, aristocratizando excesivamente al clero por la idea cristiana, la Administración de lo Alto recurre al espíritu que fuera el Apóstol Juan, para hacerlo vivir en la admirable figura de Francisco de Asís, lleno de renuncia e inmaculada pobreza. Así, el calor cordial del sentimiento purificado y la abdicación de los bienes transitorios del mundo, vividos por el fraile Francisco de Asís, reactivaron nuevamente la fuerza cohesiva y poderosa que cimentó las bases del Cristianismo en las actividades de los sencillos pescadores, campesinos y publícanos. En la comunidad de la Iglesia Católica, transformada en museo de granito y mármol, cultivando los oropeles y los trajes costosos de los sacerdotes, lo Alto colocó a Francisco de Asís a manera de invitación para que todos los eclesiásticos retornaran al Cristo-Jesús de la simplicidad, de la renuncia y del Amor. Desgraciadamente, fueron muy pocos los espíritus que se hallaban en el seno del Catolicismo y que entendieron el divino llamado, es decir, los preceptos elevados del Cristianismo nacido a la orilla del mar de Galilea.

2 *Nota del Revisor:* Esenios o Terapeutas, cuya fraternidad pierde sus raíces más allá de las civilizaciones conocidas. En remota antigüedad, fueron conocidos como los profetas blancos, para los cuales, la reencarnación y la Ley de Karma eran asuntos familiares.

Mientras tanto, imaginad a Jesús intentando introducir su mensaje deísta entre la versatilidad de los dioses paganos de la Grecia, de los pueblos bárbaros de Germania, de los fanáticos de la Galia, de los agresivos españoles, de los salvajes de África, de los hechiceros de Caldea o de las orgullosas castas de la India que masacraban a los parias infelices. Sin lugar a dudas, que el Maestro fracasaría si hubiera descendido en medio de esas multitudes rústicas, fanáticas, irascibles y politeístas que se dividían en castas de sacerdotes y parias, esclavos y señores, que rendían culto a los dioses protectores de las variadas pasiones mundanas.

Por otra parte, conviene que no olvidéis que Pablo de Tarso, después que Jesús había sido crucificado, fue el blanco de las risotadas cuando intentó pregonar el Evangelio entre los griegos, altamente intelectualizados.

Pregunta: ¿No fue Roma, en la época brillante de Augusto, la más indicada para la misión de Jesús?

Ramatís: Jamás el Maestro Cristiano hubiera conseguido en Roma a tan fieles discípulos, pues ningún romano ambicioso abandonaría las redes de pescar y sus intereses comunes, para aceptar la invitación de un hombre ilusionado por un reino hipotético de amor y bondad. ¿Cómo habría hecho para atraer la atención de los sanguinarios gladiadores de los circos romanos y hacerles comprender la sencilla lección que encierra el "grano de mostaza"? ¿Cómo hubiera podido exponer a gusto en medio de las matronas disolutas, aquella vertical recomendación del «ve y no peques más», como advertencia a la mujer adúltera? No hubiera tenido éxito pregonar el amor, la paz, la tolerancia, el perdón y la renuncia entre las feroces legiones del César, pues habría sido motivo de chacota punzante, ni bien intentara pronunciar el" sed puros y perfectos como lo es vuestro Padre", entre los glotones romanos, amigos de los banquetes pantagruélicos regados con abundante vino.

Desde un comienzo se hubiera sentido impotente para convertir a los romanos hacia el culto de un solo Dios, pues implicaría despojarlos de su fe interesada y de los dioses que les atendían los deseos, caprichos y les presidían los negocios, amores, diversiones, juegos del circo y las conquistas guerreras, además de la fertilidad genésica. Viriles y ambiciosos, personalistas e insensibles, cupidos y disolutos, serían muy pocos los ciudadanos romanos que se hubieran impresionado por los llamados hacia la humildad, renuncia, pureza y frugalidad alimenticia. En Roma, el pueblo rendía tributo religioso, como aquel que acierta sus negocios y liquida deudas con una cuenta corriente. Y, lo que era más importante: los dioses también debían compensarlos, dado que a ellos le cabía la gloria de divulgarlos y profesarlos en las lejanas provincias de Galia, Palestina, Germania, Siria o Egipto, puesto que hasta allí dominaban las águilas de Roma. Sólo al pueblo de Israel le incumbía realzar a la angélica figura de Jesús en el ambiente del mundo terreno.

Pregunta: La fuerza espiritual que poseía Jesús, ¿no era suficiente para vencer los obstáculos que se le presentaron en el mundo donde debía encarnar?

Ramatís: Si la fuerza espiritual de Jesús fuera suficiente para eliminar todas las dificultades naturales del mundo físico, es evidente que no hubiera necesitado encarnar en la tierra para esclarecer "personalmente al hombre", dado que lo hubiera hecho desde el propio mundo invisible y en Espíritu. Para servir a la humanidad encarnada, el Maestro necesitó movilizar los mismos recursos que utilizaron todos los hombres y también enfrentar las mismas dificultades. Aunque se comprende que el genio existe en la intimidad del pintor excelso o del compositor incomún, la verdad es que el primero necesitará de los pinceles y pinturas; y el segundo del instrumento musical para dar forma concreta a sus creaciones musicales.

Jesús era un genio, un sabio y un ángel en espíritu, pero necesitó exilarse en la materia para entregar personalmente su mensaje de salvación a la humanidad. En consecuencia, se sirvió del instrumento carnal apropiado y enfrentó los inconvenientes del mundo físico para realizar su tarea de esclarecimiento espiritual. Además, sólo disponía del corte plazo de 33 años para cumplir su tarea mesiánica, como sintetizador de los instructores espirituales que le habían antecedido. Su obra exigía una conformación absoluta para el género humano y un ejemplo personal incomún, sin gozar de los privilegios extemporáneos del mundo invisible, así también evitaría en el futuro, que se debilitasen las convicciones de sus discípulos o se produjera el milagro que genera la superstición.

Pregunta: ¿Debemos creer que el advenimiento de Jesús a la tierra debía cumplirse rigurosamente hace dos milenios? ¿No podía haber sucedido algunos siglos antes o después.

Ramatís: El "acaso" es cosa desconocida en el Cosmos, pues todo obedece a un plan inteligente; y los mínimos acontecimientos de la vida humana se interligan a las causas y a los efectos en correspondencia con el esquema del Universo Moral. Sin dudas que hay un fatalismo irrevocable en el destino del hombre: que es su eterna Felicidad. Nadie podrá exceptuarse de ser inmortal y venturoso. Si eso sucediera, Dios también desaparecería, porque el espíritu humano es de la misma sustancia del Creador. Dentro del plano inteligente que da lugar al perfeccionamiento de los hombres y de los mundos, lo Alto atiende los períodos de las necesidades espirituales de las humanidades ni bien se manifiestan sensibles para las nuevas revelaciones y evolución de sus códigos morales.

En la época exacta de esas necesidades o imperativo de progreso espiritual, se manifiesta en la tierra un tipo de instructor apropiado a cada raza y pueblo que le apura la idiosincrasia, le ajusta el temperamento y elimina lo superfluo. Es una vida mesiánica de esclarecimiento sobre el fanatismo religioso y la preparación de un esquema superior en lo espiritual para el futuro. Antulio, el filósofo de la Paz, pregonó y preparó a los Atlantes para las relaciones pacíficas entre los hombres; Orfeo dejó sus huellas poéticas y elevada melodía de confraternización entre los griegos; Hermes enseñó en Egipto la inmortalidad del alma y las obligaciones del espíritu después de la muerte del cuerpo físico; Lao-Tsé y Confucio atendieron a los pueblos chinos, sembrando la paciencia y la amistad a través de las características regionales; Moisés, casi a la fuerza, impuso la idea y el culto a Jehová; único Dios; Zoroastro instruyó a los persas sobre sus obligaciones espirituales; Krishna despertó y enseñó a los hindúes a querer y amar a Brahma, y Buda, peregrinando por Asia, aconsejó la purificación de la mente por la luz del corazón.

Las encarnaciones de esos instrumentos espirituales precedieron a Jesús en el tiempo exacto y obedeciendo a un programa evolutivo delineado por lo Alto. Ellos amenizaron pasiones, fundieron creencias, fortalecieron la mente terrícola, eliminaron a los epicureístas, propusieron deberes y prepararon a la humanidad para la creencia en un sólo Dios, y a su vez, la disciplinaron para aceptar un Código Moral y único en el mundo, que sería el Evangelio. A pesar de que cada pueblo interpreta la idea de la Divinidad contra el criterio y tradición de su raza, la verdad es que todos los misioneros Espirituales descendidos a la tierra tenían un solo objetivo: pregonar la comprensión en base a un solo Dios. La humanidad poco a poco va percibiendo que en la esencia de los vocablos de cada raza, la idea unitaria de Dios es la misma, ya sea Alá, Tupá, Jehová, Zambi, Rá, Foco Creador, Absoluto. Parabraham, Señor de los Mundos, Energía Universal, Gran Espíritu o Motor Inmóvil.

Consecuentemente, Jesús bajó a la tierra en el tiempo prefijado para sintetizar las enseñanzas de sus predecesores, y la época exacta, fue hace dos milenios.

Pregunta: Aunque consideramos que Palestina fue el ambiente apropiado para que Jesús concretara su misión redentora, ¿por qué nació en Galilea, rústica y estigmatizada por sus contemporáneos, si mejor le hubiera sido Jerusalén?

Ramatís: Repetimos, que Jesús fue un espíritu elegido para sacudir el polvo de las supersticiones religiosas y un gran esclarecedor para aquellas doctrinas, que aún sacrificaban animales y hasta seres humanos ante un Dios cruel. Carecía de un ambiente estimulante e inspirativo que le avivase constantemente la memoria espiritual del mundo angélico. Aunque era un espíritu excelso y sabio, precisaba del incentivo que le ofrecía la belleza y la poesía terrena para sustentar el mayor y eficaz rendimiento mesiánico.

La vida sencilla y encantadora de Galilea, que hemos descrito en otro capítulo, no exigía resguardos severos para proteger la salud, pues ofrecía el confort y la tranquilidad a su pueblo, sin necesidad de crearlo artificialmente. La belleza y calma de sus paisajes inspiraba a Jesús y le amenizaba su exilio sacrificial en el cuerpo. El pueblo galileo, feliz y satisfecho, habituado a la alimentación liviana no castigaba el sistema neurodigestivo, pues era un público asiduo e ideal para escuchar las prédicas de Jesús, que además se conmovían ante las argumentaciones del paraíso y las deliciosas parábolas sobre los deberes del espíritu inmortal.

En cambio, Jerusalén era un ambiente totalmente opuesto a la emotividad de Jesús, pues los habitantes de la ciudad vivían en continuos conflictos, sediciones religiosas y fanatismos supersticiosos, era un pueblo avaro, cupido, intrigante, inescrupuloso y explotado por el sacerdocio, cuya cultura religiosa apenas era canónica o teológica. El estudio de la Ley Mosaica, o del Tora, no eran más que cansadoras discusiones, muy parecidas a las que en la actualidad ocurren entre las sectas protestantes, muchas veces, por causa de una coma o error tipográfico en la Biblia.

Jerusalén era pedregosa y antipática, sus paisajes monótonos y melancólicos, en los valles abundaban los basurales, pues servían de morada a los vagabundos y leprosos. No abundaba el agua, los arroyos pequeños eran sucios y los pastos bastantes secos. Los animales de las caravanas que se retardaban, descansaban fuera de los muros de la ciudad. En los días calurosos, el olor del pasto fermentado, el sudor y mal olor de los animales se esparcía por los suburbios de la ciudad. En verano, las baldosas recalentadas por el sol ardiente irritaba los pies de los transeúntes, mientras sudaban copiosamente, mojando sus trajes pintorescos. Los mercados establecidos por la Prefectura hacían bulla y entraban en fricción con los vendedores ambulantes, disputándose la mercadería, pues de esa forma era vendido el pescado, la cerámica, los tejidos, hortalizas y todo cuanto era producido en la zona. La confusión y los gritos recrudecían ante las súplicas obstinadas de los mendigos y enfermos, debido a su gran cantidad. La ciudad ofrecía un aspecto árido y desagradable para el espíritu del quilate de Jesús; además, no podía olvidar los sueños y las ideas de su infancia en Nazaret.

Aunque lo Alto halla escogido la Palestina como lugar adecuado para la misión de Jesús, la belleza de Galilea y lo apacible de Nazaret, le sirvieron para mantener la llama sublime de.su Amor inagotable para la humanidad.

Pregunta: ¿Jesús se dejó influir por la raza judaica, a pesar de que era espíritu evolucionado?

Ramatís: Las razas, los pueblos y los hombres son caminos educativos y transitorios, que manifiestan a la luz del mundo material las adquisiciones alcanzadas por el espíritu inmortal. Podría decirse que las superficies de los planetas son el medio para que el espíritu pueda manifestar su padrón de conciencia, que alcanzó a través del tiempo y del espacio. De esa forma, también extrae ilaciones personales de su capacidad, resistencia, individualidad y talento espiritual. Se apresura al espíritu y se cultivan las manifestaciones que se encuadran en los códigos morales de los mundos superiores. Además, se esfuerza para eliminar los ascendentes que le retardan la paz y la ventura definitiva.

He ahí por qué, al remontarnos al pasado, comprobamos que innumerables razas que se habían impuesto sobre el mundo terreno por el fausto, cultura, comercio, descubrimientos y conquistas belicosas, desaparecieron dejando muy pocos vestigios. Así fueron Babilonia, Fenicia, Sodoma, Gomorra, Herculano, Pompeya, Hititia, Caldea Cartago y las civilizaciones atlantes que desaparecieron del mapa terráqueo; y Persia, Etiopía, Hebrea, Egipto y otras naciones viejas del mundo comenzaron a oscilar en sus bases, mal sustentadas por sus glorias y poderes del pasado.

También es evidente que el amor manifestado por un chino, árabe, ruso, italiano o groenlandés siempre ha de ser el mismo en su esencia, aunque varíe el tipo del cuerpo físico que el espíritu utilice para ese fin. Por lo tanto, aunque Jesús hubiera sido Judío o Inglés, revelaría su intenso e incondicional amor hacia la humanidad. La prueba más concreta de que no fue judío, en el sentido racista de la palabra, fue la manifestación de los mismos judíos, que «no lo reconocieron como tal», conforme lo predecían los profetas del Viejo Testamento.

En su época, civilizaciones como las de Grecia, Persia y Egipto, habían dado al mundo innumerables sacerdotes, filósofos, científicos, sabios, escritores y poetas. Sin embargo, ejercían ávidamente las manifestaciones metafísicas pero no ayudaban al hombre común, para que mejorara su existencia y entrenara prácticamente su conciencia moral. Platón preveía el advenimiento de una humanidad que sólo la integrarían los artistas, filósofos, poetas y científicos; Sócrates pregonaba una conducta de moral elevada, pero que debía depender de un sector escogido para cultivarla; Epicuro enseñaba a substituir los dolores corporales por los placeres del espíritu y Zenón explicaba el valor del estoicismo en la crudeza de los sufrimientos, cuyas doctrinas, aunque muy loables, exigían una férrea voluntad y una buena dosis de optimismo para llegar a sublimar el sufrimiento humano y especular sobre la metafísica.

Jesús no era portador de mensajes complejos, ni pedía investigaciones técnicas ni teóricas para enriquecer el intelecto, pues sólo pregonaba un auto realización sencillo y a la luz del día por medio de un trabajo lento, pero eficiente para que el espíritu se liberara de la materia. La simplicidad, la fe, la devoción, la humildad, la resignación, la pureza, la ternura, el perdón, la renuncia y el servicio al prójimo, eran cosas posibles y realizables para el más común de los hombres. Ninguno podía desmentir tales enunciados, porque el Maestro los enseñaba por medio del ejemplo vivo y en sus pregones. El Maestro Jesús decía a sus discípulos: "¿Si aún no comprendéis las cosas de la tierra, cómo queréis que os hable de las cosas del cielo?"

Era objetivo y sus parábolas versaban sobre cosas tangibles y asuntos de buen sentido, tales como «el grano de mostaza, los talentos enterrados, el fermento que da vida, el yuyo y el trigo, el lobo y el cabrito, el buen samaritano, el hijo pródigo, el tesoro escondido, el mayordomo infiel, el sembrador y el rico insensato».

No era un judío predicando para los judíos, sino un representante de la humanidad de los cielos, hablando para todos los seres, porque su lenguaje se comprendía y aun hoy es comprendido perfectamente por todos los pueblos y razas. No fue el vaso carnal de la raza israelita el que acondicionó al espíritu de Jesús en su temperamento peculiar, o el que le modeló la forma de enseñar para incentivar las características específicas de un pueblo, sino que fue su Espíritu sublime el que iluminó al linaje biológico del judío.

18. Aspectos de Judea, Galilea y Nazaret en la época de Jesús

Pregunta: ¿Nos podéis dar una idea aproximada sobre Judea, en la época de Jesús?

Ramatís: Judea, en ese tiempo estaba habitada por varias razas, las que vivían peleando en base a conflictos interminables, que muchas veces terminaban en luchas sangrientas. Se regía bajo el yugo de Roma y estaba representada por los procuradores de la confianza de Tiberio, los que después de cierto tiempo, permanecían en el territorio conquistado. Actuaban inescrupulosamente, pues explotaban para sí mismos, los odios y desentendimientos entre los judíos, para regresar después a Roma con sus arcas repletas de oro.

Anualmente se llamaba a elección para ocupar el cargo de Sumo Sacerdote del Sanedrín, cuyo privilegio era disputadísimo entre las cuatro principales familias de Jerusalén. Ese puesto permitía rendimientos fabulosos y fortuna fácil, aparte de las cargas públicas que exigía el conquistador. Esas familias se movían solapadamente para alcanzar el poder del Sanedrín, promoviendo verdaderas guerras entre ellos y que arrojaban muy buenos beneficios monetarios a las arcas del procurador romano. La lucha para alcanzar ese puesto era cruenta, se organizaban discordias, intrigas, traiciones y toda clase de ardides para llegar a esa codiciada posición. Hermanos, suegros, padres e hijos cometían indignas bajezas y perfidias para tentar a la política rastrera y comprar el beneplácito del Procurador, que a modo de ave de rapiña conseguía fortuna fácil en esas provincias tan alejadas de Roma.

La clase sacerdotal vivía lujosamente gracias a las tasas e impuestos que las autoridades romanas imponían al pueblo sojuzgado. Las ofrendas y obligaciones religiosas hacia el Templo de Jehová, proporcionaban un excelente negocio con los animales y aves sacrificados, que más tarde se transformaban en un hermoso caudal de renta, pues se vendían por trozos y a buen precio. Las monedas y los metales preciosos hinchaban las arcas sagradas; los cobradores de tasas y los recolectadores de las grandes y pequeñas rentas se imponían al pueblo agotado por la sangría de Roma. Los infelices judíos pagaban tasas por el uso del agua, por el pan, la carne y cuanto alimento transportaban por los caminos; el tributo variaba conforme a las medidas del terreno ocupado y a la importancia del lugar que se había establecido en el perímetro de la ciudad. Todos los productos llevados al mercado sufrían tasaciones elevadas; los viñateros, cerealistas, labradores y artífices de todos los tipos y regiones estaban obligados a pagar en cada cruce o pasaje del río a los recaudadores la moneda para el César de Roma.

El pueblo, además de esa carga tributaria con el Imperio de Roma, tenía los impuestos de orden religioso, cuyas tasas para el Templo incidían desde la redención del pecador, la santificación del virtuoso, el advenimiento del recién nacido, la maduración de los primeros frutos, hortalizas y otras obligaciones sobre cosas de poca importancia, que terminaba por oprimir totalmente al pueblo. Tanto el tributo romano como el religioso eran obligatorios, siendo severamente punidos aquellos que se negaran a pagarlos. ¡Cuidado de aquel que no pudiera cumplir con la deuda en el plazo prefijado! Perdía su burrito, su vaca, su carnero, aves, el producto de sus viñedos, su campo y todo cuanto fuera posible decomisarle. Y, cuando no se tenía nada más para cubrir el impuesto aplastante e impiadoso del fisco romano y del Sanedrín, entonces le quedaba la prisión; y en ciertos casos, el trabajo de esclavo hasta liquidar la deuda, que no debía exceder de siete años.

También es cierto, que al pueblo le cabía un poco de culpa por esa situación en base a su fanatismo y vieja superstición religiosa, dejándose explotar hasta llegar a transformarse en materia prima de fácil especulación para los sacerdotes cupidos que eran amparados por los mañosos romanos. El Procurador de Roma siempre recibía, pues garantizaba la ejecución de las bulas y decretos forjados por la avidez de lucros, pero no dejaba de ser un vulgar rapiñaje religioso, hábilmente disfrazado como tributos devocionales.

Lo interesante es, que a pesar de la evolución de la idea religiosa, de lo avanzado de la ciencia y de la mayor comprensión sobre la realidad espiritual, todavía existen innumerables fieles que contribuyen para ese negocio tradicional del sacerdocio organizado, como es el mantenido por el Clero Romano moderno. Aunque las ofrendas religiosas o tasas para los templos de hoy es voluntaria, el negocio progresa día a día.

Tal como sucedía en la Judea en el tiempo de Jesús, hoy se cobran en las Iglesias tasas para el bautismo, casamientos, etc., etc. Al lado del templo, la librería vende escapularios, santos, rosarios y reliquias bendecidas por los sacerdotes. La organización progresa realizando campañas bulliciosas para el nuevo "vitraux", o la nueva torre de la iglesia o para revocar las paredes. Pídese el óbolo para promover acciones sociales en los barrios pobres, se requiere ayuda para las procesiones o el traslado de las imágenes y los congresos eucarísticos que en definitiva afectan los cofres del tesoro público. Raras son las autoridades públicas que no sancionan las pesadas subvenciones para construir un lujoso templo como futuro patrimonio estético de la ciudad, o bien, para edificar seminarios de sacerdotes y palacios episcopales.

Por consiguiente, no os será difícil comprobar lo que sucedía en Palestina en el tiempo de Jesús, cuando el Clero Judaico, que tenía enorme influencia sobre el pueblo y las autoridades romanas, abastecía sus arcas mediante pesados impuestos y tributos para mantener la clase parasitaria. Hoy, sin la fuerza de otrora y contando apenas con la capacidad de adoctrinar e influir sobre los creyentes, el Clero Romano canaliza hacia el Vaticano rentas tan fabulosas como las recaudadas por el Sanedrín en el tiempo de Jesús. No hay duda, que muchos de aquellos sacerdotes hebreos, hoy viven reencarnados en la figura de ciertos eclesiásticos al servicio del Catolicismo Romano.

Pregunta: Cuando Jesús nació, ¿qué aspecto tenía Galilea?

Ramatís: Galilea estaba situada en la región norte de Palestina, y en el tiempo de Jesús se extendía desde el río Jordán hasta el mar Muerto. Era una nación casi independiente, constituía una tetrarquía bajo los Herodes. Habitaban en ella varias razas, además de los judíos, como ser los árabes, abisinios, griegos, fenicios, sirios, gente de Tiro, Sidón, Alejandría y algunos africanos. Las características religiosas, las costumbres y temperamentos tan contradictorios entre esos tipos, tal como sucedía en toda la Palestina, también provocaban discordias, fricciones y discusiones, propias de la avaricia y avidez, de lucros en sus negocios. Todo eso, presentaba a Galilea como un mundículo alborotado y cupido, cuyos desentendimientos nacían de las cosas más fútiles y por las razones más tontas.

Frecuentemente peregrinaban por Judea y demás provincias de Palestina, algunos rabíes que se obstinaban en interpretar a su modo las leyes y los preceptos del Tora, que enardecía aún más los ánimos y agravaba las opiniones contradictorias sobre la religión. El flujo continuo de especuladores, charlatanes, mercaderes, camelleros y gente sin trabajo que trataban de quedarse en Judea, aumentaba continuamente las discordias y las injurias, creando situaciones difíciles para las autoridades locales.

Por encima de ese espíritu belicoso, propio de la heterogeneidad de razas, los galileos eran hospitalarios, sinceros y buenos, pues no guardaban resentimientos entre sí. En sus contiendas religiosas, bastante ruidosas, jamás descendían espiritualmente, pues no caían en el fanatismo, asperezas de carácter o sediciones religiosas tan comunes entre los fariseos y saduceos de Jerusalén. El Sanedrín comentaba y se mofaba de la devoción ingenua del pueblo de Galilea, reíase de su simplicidad e incapacidad para adherirse a las pompas, al culto ostensivo y a las ceremonias religiosas. Las virtudes de los galileos, que tanto remarcaba el trabajo de Jesús en la fase iniciática de su pregonación de la "Buena Nueva", eran consideradas peculiaridades, propias de un pueblo atrasado, tonto e incapaz.

A través del Viejo Testamento Isaías profetizaba, que la Galilea de los gentiles sería favorecida por la luz del Señor, aunque la posteridad fijó un proverbio que decía: "no puede ser buena cosa, ni buen profeta si proviene de Galilea".

Pregunta: ¿Y qué nos podéis decir de la provincia de Nazaret, donde Jesús vivió casi toda su existencia?

Ramatís: Nazaret, en la época del advenimiento de Jesús era una ciudad pequeña, con un poco más de 20GJ habitantes, situada entre sierras, en una pendiente de las montañas que conducía al valle de Jezrael. Los caminos que venían de Séforis y otras partes, además del camino principal de las caravanas, que cortaba el valle desde el mar Muerto hasta Damasco, demarcaban la provincia en todos los sentidos. El clima de Nazaret era muy saludable, pero bastante frío en invierno, presentaba a la vista del viajero el más bello paisaje de toda Galilea, y quizá del resto del mundo. Los campos cultivados con cebada, trigo y avena, manchaban la pradera de un verde claro, color de limón nuevo para terminar junto a los Montes Tabor y Gilbos, después de formar un delicado tapete de vegetación, recortada por los hilos de agua cristalina de los arroyos y ríos. Visto a la distancia, las colinas bañadas por la luz solar, limitaban el horizonte con tonos azulados, lila y violeta, y adornaban las cimas de las montañas las hermosas coronas de nieve, que completaban el fascinante y encantador paisaje de Nazaret.

Las sierras estaban salpicadas por los atajos y caminos que subían del valle de Jezrael y serpenteaban entre el verde pasto, y las flores silvestres centelleaban bajo el rocío de la madrugada. Algunos caminos convergían hacia el corazón de la ciudad de Nazaret, que vista de lejos parecía un nido en la concavidad de las montañas, otros tomaban rumbo diferentes, en dirección al mar Muerto o Damasco, a Séforis o Cafarnaum. Esos caminos cruzaban los abundantes viñedos y olivares que abastecían a la población y al mercado con vinos; sabrosos y el suave aceite de Galilea. Las granjas se multiplicaban por las planicies, pero siempre rodeadas de bosques y cipreses, alternados con las higueras cuajadas de frutos y los limoneros de olor penetrante. De vez en cuando aparecía el color rojizo de las cerezas y los abundantes árboles de granada, que acentuaban aún más el poético paisaje.

Alrededor de la ciudad de Nazaret, formando un caprichoso cinturón se esparcían las casas de madera, construidas principalmente con cedro del Líbano, mezclándose las cabanas bien construidas y las del tipo rudimentario, hechas de barro pisado y cubiertas con hojas de palmeras. A la orilla de los caminos principales, siempre transitados por caravaneros, rabíes, mercaderes, soldados y gente de todas las razas, los buenos galileos habían construido pozos de agua y ranchos con forraje y pasto fresco para los animales cansados. La hospitalidad, aunque era remunerada, estaba al alcance de todos los bolsillos, pues a cualquier hora los retrasados encontraban un buen caldo de pescado, sopa de hortalizas con mucho ajo y cebolla, carne asada, ensalada de muchas variedades sazonadas con el buen aceite del lugar; el pan era de trigo o de centeno, fresco y sabroso y para terminar, servían los ricos y variados frutos de la zona. El vino complementaba la comida y de sobremesa había higos secos o frescos.

Junto a los caminos se encontraban establecimientos especializados de talabartería, herradores para los animales y la carpintería para reparar los carruajes y otros menesteres. También había pequeñas industrias que vendían palas, rastrillos y todo elemento indispensable para la cosecha y molienda del trigo; herramientas y tablas para la construcción; y la industria de la cerámica con sus variados y coloridos tipos de trabajo, como vasos, floreros, cazuelas, todos elaborados con arte y muy buen gusto. Era muy fácil encontrar las fábricas de tejidos, que hacían desde la simple tela hasta la delicada túnica, como así también se fabricaba en cantidad los toldos de lonas para cubrir los puestos de mercaderías en la vía pública. Se fabricaban chinelas de género, adornadas con pequeñas florcitas para uso doméstico, otros eran de cuerdas o cuero trenzado con base de madera, apropiadas para el uso externo. En las proximidades de las ciudades estaban instalados los mercados de flores hechas de papel y género; hermosos paños bordados con hilos de Sidón; collares y anillos traídos de Egipto o Etiopía, bolsas de paño y seda; tejidos de púrpura, tachos y calderos de cobre provenientes de las fundiciones de Tiro, donde los esclavos se consumían torturados por el trabajo impiadoso. Los aceites aromáticos, las hierbas olorosas, la mirra, el incienso y los filtros amorosos de la India, eran pregonados vivamente por los camelleros.

Así era la provincia de Nazaret, con su paisaje encantador y bullicioso, que más tarde serviría para hospedar al más excelso de los huéspedes: Jesús, el Sublime Peregrino.

Pregunta: Aun dentro de la misma Nazaret, ¿gustaríamos conocer otros detalles sobre el lugar donde vivió Jesús?

Ramatís: Solamente las construcciones romanas presentaban un estilo incomún, que se esparcían por toda Palestina. Las residencias de los romanos más prósperos, estaban adornadas con capiteles en miniatura. Las ventanas eran de vidrio en colores, las escaleras de mármol blanco y negro, y en general tenían columnas, cuyas bases terminaban asentadas sobre el mosaico del piso, cuyo color variaba entre una y otra residencia. Eran viviendas amplias y confortables que se prolongaban hasta los jardines, los cuales estaban llenos de flores y adornados con arbustos pequeños, además de los árboles frutales.

Las casas de Nazaret, en su mayoría eran de estilo primario, hechas de bloques, semejantes a las que aun hoy se encuentran en los países habitados por los judíos. Parecían enormes cajones, color gris y blanco, desprovistos de cualquier ornamento. En algunos casos, los menos, adornaban las puertas y las ventanas de las casas con los símbolos de Salomón, o bien, en la parte alta de los frentes colocaban vasijas de barro. Los toldos en colores protegían la entrada del sol; y por la puerta siempre entreabierta, veíase el camastro que servía para el descanso nocturno o la indefectible estera enrollada junto a la pared, a la espera del huésped.

Además, el clima ameno y estable de Galilea no necesitaba construir casas complicadas o disponer de recursos adecuados, como sucede con las regiones tristes y lluviosas. En Nazaret había sosiego total y propio de la naturaleza apacible y encantadora, favorable a las cosechas, a las flores y a la misma vida humana. Por las tardes llenas de sol, cuando se subía las cuestas saturadas de perfumados frutos, eran una dulce invitación para descansar y recrear-se en la contemplación; virtudes que Jesús siempre reveló en sus peregrinaciones mesiánicas. El sol acogedor, el paisaje hermoso y el viento perfumado, predisponían a las personas para un desprendimiento espiritual. Bajo tales sugestiones que la naturaleza brindaba, afloraban los buenos sentimientos desde lo íntimo del alma, haciendo que las criaturas se olvidaran de las penurias cotidianas y de las vicisitudes comunes.

Nazaret, como un retazo de cielo, como si fuera visto al levantar la punta del velo sideral, no predisponía a la ira, a la decepción, a la avidez, al egoísmo y a la vanidad de los hombres, sino que los dejaba satisfechos y serenos ante esa prodigiosa dádiva de la naturaleza. Era una constante sugestión edénica que despertaba en los galileos el espíritu hospitalario, la afabilidad, la franqueza, la sinceridad e interés por servir y atender a los sufrientes, como a las preocupaciones ajenas.

El cielo claro, con reflejos esmeraldinos sobre el azul celeste, bañado por un hermoso y dorado sol, manchaba de color rosado liláceo y oro reluciente la cima de los montes, adornados de nieve. Nazaret, bajo esa hartura de luz y colores, parecía una encantadora paloma, posada entre flores y una vegetación fascinante, cuyo nido estaba formado por las concavidades de las serenas montañas de Galilea. Al fondo, en las quintas de las residencias judaicas, las palmeras agitaban sus verdes ramas, como si fuera un gesto amistoso para el viajero recién llegado. Las palmeras eran parte integrante de la vida de los judíos, pues bajo su sombra pasaban la mayor parte de su existencia. Allí trabajaban, bordaban, estudiaban y comían, inclusive elevaban sus oraciones en los días de fiestas y de gracias.

Los judíos de mejor posición tenían buen gusto: gustaban de los jardines bien cuidados, puesto que era un motivo de esparcimiento espiritual. En general, al costado de los caminos se plantaban las más variadas especies de flores, cual verdadero bordado, cuyo contraste de fondo era el verde majestuoso de la hierba tierna o las pequeñas plantas, exclusivamente para adornos.

Hemos dicho en varias oportunidades, que los moradores de Nazaret no se preocupaban con los adornos artificiales y ornamentaciones exteriores de las casas y calles. Sin embargo, no era fruto de la despreocupación o desgano, sino, se debía al paisaje en sí, cuya belleza natural sustituía cualquier sugerencia humana. Los galileos, en fin, desistían de competir con la naturaleza espléndida y tan hermosa, pues estaban seguros que no podían igualarla jamás dado el encanto del paisaje embebido de luz, el color misterioso que presentaban las amapolas, claveles, jazmines, nardos y la blancura inmaculada de los lirios, como el perfume atractivo de los durazneros, ciruelos y limoneros en flor. Jamás hombre alguno hubiera podido copiar el color azul violáceo de las colinas, el verde encantador de las planicies y la fascinante serpiente plateada del Jordán, corriendo tranquilamente entre pastos y arbustos.

Allí, la poesía alcanzaba su más elevado nivel de espiritualidad; las planicies que se extendían muy lejos, más allá de los cerros y cada tanto se animaban con los movedizos rebaños de ovejas, salpicando de manchas blancas el inmenso y verde tapete de la vegetación de pastoreo; las lavanderas bulliciosas se servían de las aguas cristalinas de los arroyuelos y de las fuentes adormecidas bajo los árboles; la ropa, de diversos colores danzaba sobre las ramas pequeñas de los arbustos, cual cortejo de aves graciosas. La risa cristalina de los niños corriendo cuesta abajo, saltando alegremente en medio de los cabritos, mezclábanse a los cánticos de los jóvenes que recogían la miel o los racimos de uva. Aun el caminito color ocre, parecía una vereda compacta, donde el burrito hacía resonar los cascos. Las abejas y mariposas volaban en enjambre sobre las atractivas y rojizas amapolas. Bandadas de pájaros de todos los tipos revoloteaban pintorescamente sobre las margaritas que surgían a la orilla de los lagos y de las fuentes de agua, donde los animales mitigaban tranquilamente su sed. A la sombra de los coposos árboles, los animalitos de pequeño porte, descansaban tranquilamente y los frutos pequeñitos, como las moras *rojizas* casi les tocaba el dorso interrumpiéndoles su sueño apacible.

Desde la cima de los montes de toda Galilea, el viajero se sentía conmovido ante ese espectacular escenario, que se perdía en el lejano horizonte. El cielo derramaba sus luces sobre los caminos, lagos, ríos, casas, cabanas y bosques, donde la gente, las aves, los niños, los animales y los insectos se movían en todas direcciones, como si fuera un pacto amigo, jubiloso, de alegría bulliciosa y contagiante.

19.
Jesús y María de Magdala

Pregunta: El afecto que tenía María de Magdala por Jesús, ¿de qué índole era?

Ramatís: María de Magdala, natural de Galilea, era joven y muy hermosa, además de famosa cortesana que encendía el fuego de las pasiones en muchos hombres de elevada categoría administrativa y social de Jerusalén. Movida por un sentimiento de curiosidad y al mismo tiempo de ansiedad espiritual, trató de conocer al rabí de su tierra cuya fama de redentor de almas, llegaba a las ciudades populosas. Al principio, dirigió al Maestro insistentes miradas, irónicas y casi desafiantes. Conocedora profunda de los sofismas y capciosidades de los hombres, que eran capaces de rondar alrededor de las cosas más puras con tal de satisfacer sus pasiones animales, gustaba conocer a fondo la naturaleza pasional de aquel hombre bello, sereno, pero humano. Esas miradas tan provocadoras, Jesús las recibió con su habitual serenidad, pero le devolvió una mirada de censura espiritual, tan pronunciada que vaciló confusa, casi avergonzada. Desde ese momento comenzó a seguirlo acompañada de su madre, y poco a poco comenzó a disimular su pródiga belleza y encantadoras formas, pues estaba en la euforia de sus 24 años de edad. Acompañó al Maestro en su última visita a Nazaret y estuvo presente en la casa de Simón, en Betania, conquistando muy despacito las amistades de los familiares como ser, Eleazar, Alfeo, Marta y Salomé. Sin embargo, con quien tomó más afecto fue con María, la madre de Jesús, pues tenía mucha necesidad de un afecto puro y verdadero. Su alma cada día se sentía más atraída hacia aquel pregonador, que todos decían que era casto, sin mancha alguna y de gran corazón para infundir su grandioso amor al género humano. Entonces, la "dulce" María trató con ternura y respetuoso sentimiento de lealtad al Maestro, como un homenaje espiritual. Pero, en el fondo de su ser no conseguía esconder el remordimiento que le había producido, cuando en forma provocativa y desafiante había mirado a Jesús por primera vez, porque había puesto de manifiesto las dudas que poseía sobre la pureza e integridad de tan excelso ser. Dedicóse solícitamente a seguir al Maestro a fin de poder apagar aquella primera, pero mala impresión que le había causado y no se atrevía a mirarlo de frente, pues su mirar siempre era sereno y desprovisto de las malicias y deseos indignos.

Finalmente, un buen día, su alma se inundó de júbilo y encanto, pues pudo cruzar la mirada con la de Jesús, insistiendo suavemente, pero con gran timidez, sin la ostensividad de la mujer que se siente admirada, hermosa y atractiva. Había desaparecido de ella, la mujer vanidosa por sus encantos, habituada a divertirse con la avidez de las miradas codiciosas de los hombres. Ante el mirar franco y puro del Maestro Cristiano, se manifestó como una tímida criatura, que intentaba mirarlo, casi asustada.

Jesús le sonrió y su mirar angélico se derramó sobre ella como la linfa caída de los cielos sobre la tierra ardiente y reseca-da. María de Magdala llevó su mano al pecho y casi cae al suelo, bajo el impacto de tanta emoción y alegría.

Pregunta: Conocemos algunas obras que señalan a María de Magdala como la pasión humana de Jesús, y que ella también lo amó físicamente. ¿Qué nos decís al respecto?

Ramatís: Volvemos a repetir; María de Magdala había oído hablar tanto de Jesús que pensaba divertirse al desafiarlo con su belleza provocativa, segura que lo comprometería al despertarle su pasión física, y que el famoso rabí dejaría de lado todas sus virtudes. Había encontrado al Maestro en una de sus tradicionales asambleas públicas, cerca del lago Tiberíades donde los presentes podían preguntar o consultar a los rabinos que pregonaban; María de Magdala trató de llamarle la atención con insistentes preguntas, mientras lo miraba provocativamente, intentando confundirlo en su prédica. También es verdad que María de Magdala llegó a tener extremada simpatía por Jesús y él la correspondía cuando la veía.

Sin embargo, Jesús jamás amó físicamente a María de Magdala, pues su porte moral y su fidelidad a la obra cristiana, que era su sueño dorado, lo apartaba de cualquier objetivo vulgar del mundo. No hay dudas, que él no tardó en percibir que ella había sido víctima de su propia imprudencia, pues pasó a amarlo desesperadamente. Jesús decidió vencer aquel amor tan tentador y salvarla de su vida impura y delictuosa, pasando a tributarle un afecto tierno y paternal, que de a poco le fue dando fuerza espiritual, ayudándola a vencer esa pasión abrasadora a cambio del cariño fraterno. Abatida por las falsedades de sus ardientes admiradores, que sólo le codiciaban el encanto femenino y que jamás le serían tan nobles y desprendidos como Jesús, ella no podía soportar el resentimiento abrasador de la criatura humana, puesto que aun era incapaz de sentir las emociones superiores del reino imponderable del espíritu. Esa pasión indigna de los primeros días no tardó en transformarse en sentimientos puros de idolatría espiritual, convirtiéndola, incondicionalmente, al mesianismo redentor de la obra cristiana.

Jesús, entidad que había superado la ilusión de las formas humanas, cuyo descenso a la tierra le costara inmenso sacrificio espiritual, jamás se hubiera conmovido o dejado fascinar por los encantos físicos de cualquier mujer, que él consideraba como una hermana digna y venturosa.

La vida material no le llamaba, ni le impresionaba sobremanera porque a través de las cosas del mundo físico, sólo vislumbraba al espíritu eterno que la sostenía. La persona más bella delante de él, era como una maquinaria viva, cuyas piezas constituidas de átomos, moléculas y células, sólo eran dignas de un examen técnico, pero no codicioso. Cada hombre y cada mujer no dejaban de ser para él como el instrumento provisorio que actuaba momentáneamente en el mundo material, para que el espíritu apresure su sensibilidad psíquica y desenvuelva la conciencia eterna. Espíritu "auto realizado", señor de toda la trama de la existencia física y de los planeamientos espirituales del Espacio, su corazón jamás podía sucumbir a las tempestades de la pasión humana, pues como dijo Buda, "la pasión es romo la flor que se abre por las mañanas y se marchita por las tardes".

María de Magdala no podía inducir a Jesús a la pasión transitoria de la carne, pues su inconfundible honestidad jamás consentiría que su amor piadoso dejara de alcanzar a todos por igual.

María de Magdala, espíritu inteligente, culto y sensible, no tardó en percibir que en base a la naturaleza angélica de Jesús no había combustible suficiente en su corazón que pudiera alimentar aquella pasión de naturaleza carnal. Por eso, en un esfuerzo heroico de absoluta renuncia, extrajo los dardos apasionados de su corazón y para sublimarlos los quemó en el fuego del sacrificio y de la abnegación fraterna, dedicándose al Maestro y olvidándose del hombre.

Pregunta: ¿Nos podéis elucidar qué fuerza desconocida o sentimientos impulsó a María de Magdala, para que abandonara todo cuanto le era simpático y valioso, y siguiera sumisa los pasos de Jesús?

Ramatís: María de Magdala era un espíritu muy generoso y delicado, y su espíritu hacía mucho tiempo que estaba hastiado de los placeres inferiores de la carne, ansiando encontrar un amor puro, sin pasión egocéntrica; un corazón amigo donde pudiera confiar sus amarguras, sueños, desafectos y ansiedad espiritual. Sabía que sus pretendientes apasionados y celosos, no eran más que hombres ególatras y violentos, que después de hartados en sus deseos no les importaría dejarla abandonada en medio de los parias del mundo. Esos seres, en lo íntimo de sus almas guardaban un deseo de venganza, porque las migajas que ella les había dado de su amor, las habían Conseguido a peso de oro y de servilismo, algo bastante humillante para el amor propio de los hombres.

Su cuerpo hermoso, sus encantos y finura de mujer culta, como su buen trato personal, encendía los celos, pasiones y codicias entre sus contemporáneos y también entre los patricios romanos. Las demás mujeres se consumían de envidia y despecho porque disponía de una gran fortuna y el poder arrasador sobre los hombres. Su castillo, a orillas de un hermoso lago, sus jardines llenos de flores raras, traídas de los países lejanos a través de la influencia de sus adoradores, su carro adornado con oro y plata era tirado por un par de cebras de pura raza; su huerto de hierbas olorosas donde se elaboraban los famosos perfumes de

Judea, era causa de enormes contradicciones entre los sentimentales hebreos. Ella no ignoraba cuánta envidia y celos estaban en juego cuando se le invitaba a los homenajes y fiestas.

Espíritu de buena estirpe sideral, no abandonaba a los desheredados de la suerte, pero aun así se sentía muy sola en su mundo, como si todo se transformara en fatal silencio a su alrededor. Aunque estaba rodeada por el fausto y sus admiradores, que se movían a sus caprichos, aun así se sentía alejada de todo.

En realidad, vivía espiritualmente desesperada y reconocía la necesidad urgente de cambiar aquella vida dañina por un vivir simple y limpio, donde la sonrisa ajena, fuera sincera y amiga y el gesto de ponderación partiera de la amistad pura, antes de verlo disfrazado por el vil e inconfesable placer de la carne. En esos momentos de incertidumbre espiritual, casi desgarradora, le hablan de un rabí amoroso, sabio y bueno, que pregonaba un reino de amor y bondad, en el cual, hasta las fieras vivirían en paz con los corderos y todos los seres se entrelazarían en un amor de suave redención. Le decían, que Jesús era magnánimo, justo, leal y amigo sincero tanto del rico como del pobre, del sabio como del ignorante, del sano y del enfermo, del santo y del criminal, del señor y del esclavo, de la mujer digna, como de la prostituta. Por eso, después de su mirada provocativa y casi sensual, Jesús al mirarla la envolvió con un suave magnetismo de afecto espiritual; entonces se sintió avergonzada y afligida, convencida de que Jesús tenía todas las cualidades excepcionales que ella jamás hubiera podido imaginar en un solo hombre.

Innumerables veces había intentado liberarse de aquella vida disoluta, aunque le proporcionaba fortuna, pero la decisión siempre fracasaba, ya fuera por falta de motivos elevados o debido a la capciosidad de los hombres. Mientras tanto, Jesús significaba el milagro que esperaba hace tanto tiempo, puesto que él se apiadaba de sus pecados, frutos de la lascivia de los hombres, pareciendo ignorar su ignominia. Aunque el cuerpo carnal de María de Magdala se prestaba para la corrupción del mundo, su espíritu hacía mucho tiempo venía tejiendo sueños de liberación espiritual; como el pájaro que tiene sus alas cubiertas de lodo, no deja de hacer hercúleos esfuerzos para alcanzar su vuelo de liberación, y retornar a su morada feliz. Ella soñaba con la bendecida lluvia espiritual que le apagara el tormento que soportaba su alma angustiada, y que sería capaz de donar toda su fortuna y aniquilar su fama de mujer deslumbrante, si pudiera sustentar su alma con el afecto del amor espiritual.

Ante Jesús, sintió que la escoria de la animalidad inferior retrocedía ante el impacto de su luz angélica, enseñándole el camino de la ambicionada redención; era la esperanza de saciar su sed en la linfa pura del Espíritu superior. Reconocía en el rabí de Galilea al hombre perfectamente realizado en espíritu y reafirmaba con su ejemplo la vida santificada que llevaba; entonces, María de Magdala *abrió* su alma radiante y feliz, como lo hace la flor ante el sol amigo, pues no era una impura congénita, ni había nacido para la corrupción humana, sino, que apenas era la mujer frustrada por las circunstancias adversas.

No necesitó mucha decisión para renunciar a su fortuna; donó sus bienes a los infelices, cubrió estoicamente su figura de mujer tentadora con ropajes humildes y se entregó a la vida de los simples y pobres.

Pregunta: ¿Nos podéis describir el momento en que María de Magdala se arrodilló junto a Jesús y le limpió los pies con los cabellos?

Ramatís: Dominada por una intensa emotividad espiritual, se abrió paso entre la multiud que escuchaba las palabras de Jesús, temblando y con toda humildad, sintiendo que su corazón se le partía ante dolor tan ardiente, se dejó vencer por el llanto indominable.

— ¡Jesús! ¡Sálvame! — exclamó, cayendo a los pies del Maestro, cubriéndolo con lágrimas ardientes. Después, secó los pies del Maestro con sus cabellos y con aterradora timidez, desconocida hasta ese momento, levantó los ojos lentamente hasta alcanzar los de él, para luego embeberse en el inmenso cariño que se reflejaba en su mirar triste y sereno. Jesús le hizo un gesto afectuoso, después movió sus labios angélicos para decirle:

— ¡María de Magdala! ¡Tu fe te salvó!... Sus palabras fueron remarcadas por una suave sonrisa.

En ese momento, ella tuvo deseos de correr locamente por el campo, cantar al sol, al viento y a los árboles toda su felicidad, pues había descubierto el verdadero amor y podía decirlo al mundo entero sin vergüenza, pero exceptuada de los deseos impuros y lejos de la codicia humana. Grandes luces brillaban en lo íntimo de su alma; la linfa eterna de la vida se había posesionado de su corazón y ella había renacido en espíritu y verdad. María de Magdala entonces se entregó en cuerpo y alma a la obra de Jesús y puso en movimiento todas sus energías espirituales para elevarse por encima de las pasiones de la carne y transformarse en un perfecto símbolo de redención para la mujer pecadora.

Pregunta: Volviendo al caso de María de Magdala, algunos espiritas afirman que ella representó la celada perfecta, puesta en movimiento por los espíritus de las tinieblas para destruir la obra de Jesús. ¿Qué fundamento tiene esa afirmación?

Ramatís: La misión de Jesús en la tierra, fue precedida de un atento estudio por parte de los Maestros Siderales de vuestro mundo; y aunque no predominara un fatalismo absoluto en su realización, los principales acontecimientos fueron previstos con seguridad en el gráfico mesiánico. Ante el perfecto conocimiento de las premisas que irían a componer la obra de Jesús en la tierra, lo Alto pudo secundarlo en todos sus puntos a fin de concretar físicamente lo trazado. Previo los hechos más importantes, fijándolos dentro del tiempo psicológicamente establecido, como fue el nacimiento, la infancia, la juventud, la pregonación y el sacrificio de Jesús en el Calvario. Así como el general esquematiza y detalla la batalla decisiva, previendo los desvíos, retrocesos y ofensivas probables en el avance de sus ejércitos, cuyo éxito dependerá del comportamiento y habilidad de sus soldados; en el esquema fabuloso de la pasión y muerte de Jesús en el madero de la cruz, los resultados previstos o deseados también quedaron subordinados a las reacciones, al estoicismo y a la fidelidad de los cooperadores del Cristianismo.

Los apóstoles, discípulos, simpatizantes y amigos de la obra de Jesús eran la materia viva que él utilizó para pregonar el Evangelio sobre la superficie de la tierra. Y, María de Magdala fue una celada forjada por los espíritus de las tinieblas para truncar la obra de Jesús, pero ella había sido una entidad amiga de Jesús en el pasado y también se hallaba comprendida en el plano del Cristianismo. Le cabía cooperar en la obra cristiana y dirigir a las mujeres que le darían el sello característico de cariño, poesía y renuncia a la divulgación de los principios libertadores del rabí de Galilea. Mientras tanto, los espíritus tenebrosos se rejubilaron al confundir el amor espiritual de

Magdala por Jesús, bajo el impacto ardiente que despierta la pasión carnal, pero ignoraban que el sentimiento de ella se elevaba y daba curso a ideas superiores; como la savia de la planta salvaje que recibe el injerto de la especie superior. Aseguraban que Jesús sucumbiría ante la presencia fascinante de la famosa cortesana, pues en verdad, María de Magdala era irresistible y su nombre llegaba hasta los lugares más lejanos de Judea. Los agentes de las Sombras consideraban que Jesús había resistido ante la pasión de mujeres muy dignas porque no tenían experiencia, pero iba a ceder y debililar su obra ante el escándalo de una pasión ilícita.

En verdad, ellos desconocían la capacidad de renuncia y la fe que tenía el espíritu de María de Magdala, motivo por el cual sufrieron amarga decepción ante el equívoco de su elegida. Contrariando los pronósticos emitidos por los demoledores del Cristianismo, este hecho dio más énfasis a la obra cristiana, transformándose en estímulo y convergencia de toda mujer deseosa de renovación moral. Se invirtieron los polos de la maldad, porque Magdala resurgió del charco hacia la gracia luminosa de Jesús.

Jesús, el divino Maestro era para ella el oasis amigo en donde podía mitigar la sed del afecto y sobrevivir al naufragio espiritual, pero algo más serio y grave le acusaba en lo íntimo; la necesidad urgente de su recuperación. Jesús fue el poderoso catalizador que le dinamizó las fuerzas superiores y la ayudó a vencer el yugo peligroso de las pasiones humanas, pero ella también sintió que algo le tocaba realizar en aquella obra redentora, aun con el sacrificio de su vida. Saturada por el sabor amargo de las desilusiones mundanas y sintiendo que la hiél tenebrosa le minaba la contextura espiritual, se entregó, cual esclava, al amor piadoso de Jesús dedicándose incondicionalmente a la obra que él realizaba.

El Divino Maestro, a su vez, por su capacidad retentiva e intuición superior, presintió que María de Magdala estaba ligada íntimamente a su obra mesiánica, porque reconoció que se trataba de un reencuentro amigo en la tierra. En realidad, él había cambiado ideas con ella en el mundo espiritual antes de ingresar en los fluidos del orbe terráqueo, prometiendo convocarla en el momento oportuno y ayudarla en su tarea, inherente al Cristianismo. En consecuencia, el comando de las Tinieblas se sintió totalmente decepcionado y desarmado en su tenacidad para herir la realización cristiana, pues había fracasado al querer confundir el amor pasional de Magdala ante la pureza espiritual de Jesús; y para mayor golpe de gracia de los tenebrosos, ella se convirtió en una nueva fuerza espiritual para el fundamento amoroso del Cristianismo.

20. José, el carpintero, y su hijo Jesús

Pregunta: ¿Qué grado de influencia tuvo José sobre Jesús, y cómo era la convivencia entre ambos?

Ramatís: Jesús, como ya manifestáramos anteriormente, heredó el porte de José y la belleza de María. Cuando el Maestro se quedaba pensativo, en actitud grave para tomar cualquier decisión importante, se acentuaba aún más el aspecto grave y heráldico de su padre. José era un hombre servicial, reservado y muy conocido por su rectitud, firmeza de carácter y acción moral, además de ser excesivamente cauteloso en las cosas más simples. Era atento con la familia, pero muy severo, jamás aceptaba cualquier compromiso profesional si tenía alguna duda para poder cumplir. Enérgico, sobrio y religioso, pero sin ser fanático o exageradamente místico, tenía mucho respeto por los preceptos y reglas sagradas del Tora. Además, era un terapeuta, externo de la colectividad de los Esenios, pues atendía a los necesitados a través de un mediumnismo a base de pases fluídicos e irradiaciones magnéticas, cuyo trabajo, exceptuado de interés, fue objeto de la atención de Jesús.

Esas virtudes incidían bastante en la educación de Jesús, evitándole los impulsos prematuros de liberación espiritual antes de que alcanzara el momento psicológico de su tarea mesiánica. El Ideal sublime que sustentaba Jesús en favor del prójimo, su deseo ardiente de transformar las sombras de la tierra en grandes focos de luz y ver a todos los ciudadanos infelices en venturosos, gracias al buen sentido y a la pureza de José le permitió reducir su exceso místico, evitando una actividad espiritual prematura. Aunque se trataba de un ángel, cuyas emociones y energías creadoras eran dedicadas a la humanidad, era necesario contenerlas prudentemente durante su juventud, pues el programa mesiánico fue cronometrado para la madurez de sus últimos años. José lo ayudó a desenvolver sus fuerzas espirituales para que supiera inmunizarse contra las mañas del mundo material. En las reflexiones y respuestas sensatas que Jesús, más tarde, daba a los fariseos en sus preguntas capciosas y malévolas, como en el caso de la mujer adúltera y de la moneda del César; el Maestro, la sutileza que demostraba se la debía a la prudencia del padre que desde la infancia lo advirtió sobre la malicia, el cinismo y mala intención de los hombres. La influencia ancestral biológica y la contemporización psíquica de José protegieron la obra de Jesús desde su comienzo, ya sea cortándole los vuelos prematuros del espíritu antes de la época mesiánica, como ayudándolo, poco a poco, en el laberinto de las contradicciones, propias del mundo terreno.

Más tarde, el mismo Jesús comprendió que le fue de vital importancia el freno impuesto a sus exaltaciones místicas, gracias a las ponderaciones y a los esclarecimientos sensatos de su padre. José no puso obstáculos al ministerio mesiánico de su hijo, ni tampoco al ideal de sus otros hijos, aunque era algo despótico en lo tocante a la disciplina y a la moral de la familia. En sus últimos días gracias a la constante inspiración de lo Alto, llegó a comprender que su hijo Jesús era una criatura de estirpe superior, y que ninguno podía desviarlo del rumbo heroico y redentor a seguir. Comprendió, en fin, que su hijo era un joven diferente a los otros de su época. Las excentricidades y rebeldía de Jesús en su infancia fueron comprendidas como la manifestación singular de un temperamento indomable y severo, pero tierno y tolerante aunque era bastante joven.

José no era insensible a la naturaleza espiritual de su hijo Jesús, pues indagó sobre sus designios y trató de conocerle el ideal sublime que lo movía por el mundo, estrictamente en favor de la ventura espiritual del hombre. Por eso cambió su táctica y se hizo más confidente e íntimo con su hijo, aficionándose cada vez más a los propósitos de querer redimir a la humanidad y ofrecer su propia vida en favor de tal evento.

José también amaba al prójimo y se sentía feliz de servir al Señor en cualquier empresa espiritual; sin embargo, bajo la fuerza emotiva del amor paterno sufría al comprobar que Jesús, la prolongación viva de su sangre y de su carne, era un mozo que abandonaba todo en el mundo, inclusive su hogar afectivo y justo a que tenía derecho todo ser humano. ¡Tantas personas habían beneficiado al mundo sin aislarse de la familia y de los preceptos de la vida común!

Innumerables veces José veía a Jesús silencioso y meditativo, recostado sobre las cercas o apoyado sobre las vigas de la carpintería; pero el sudor que se notaba en su rostro, la respiración agitada y el mirar febril denotaban los pensamientos inusitados que le ardían en la mente. Y, cuando cerraba los ojos en actitud de profunda meditación su cuerpo se estremecía por efecto de la angustia interna, semejante al ave que se halla impedida de levantar su vuelo.

Pregunta: Hermano Ramatís, ¿podrías relatarnos alguna conversación que hallan tenido José y Jesús y que pueda ser útil para nosotros?

Ramatís: Todos los acontecimientos ocurridos con el Maestro Jesús desde su nacimiento hasta su crucifixión, quedaron vivamente grabados en el Éter que impregna el Universo, el llamado "Akasa", conocido por los orientales del cual hemos dado amplias explicaciones de cómo se registran todos los fenómenos del mundo material y que gracias a la auscultación psicométrica es posible volver a revivirlos. Por lo tanto, es posible volver a captar aquí en el Espacio, los hechos en todos sus detalles. Así que ahora utilizaremos ese proceso sideral para sintonizarnos con la frecuencia vibratoria de la faja psíquica de la vida de Jesús y José, focalizándolo en Judea, hace dos mil años.

José, al final de su existencia debido a su avanzada sensibilidad espiritual, se percibió que Jesús era un ser superior, y que él, como padre, era parte de su obra mesiánica. Además, lo Alto deseaba que él presintiera la tarea de Jesús antes de partir del mundo terráqueo. Cierta vez, José se sintió afligido ante aquella idea que constantemente se le manifestaba, pues desconocía que se trataba de una ansiedad espiritual poco habitual. Entonces, se acercó a él y le preguntó afectuosamente.

— ¡Jesús! ¿Qué motivo es el que te aflige y hace sufrir tanto?

Su hijo demoró en responder; pero, sus ojos dulces y serenos demostraban una gran concentración espiritual. Rápidamente exclamó, sin queja alguna:

— Tú no puedes comprender mi aflicción, porque yo vivo la voluntad de mi Padre que está en los cielos; y sólo Él sabe el motivo de mis preocupaciones.

Haciendo un gesto de ansiedad, agregó:

— ¡Todavía no pude descubrir hacia dónde mi Padre me guía los pasos! — Y, con una sonrisa algo triste, pero resignado, prosiguió diciendo: — ¡Sufro mucho por la espera!...

José se mantenía silencioso, indeciso, pues no deseaba disgustar a Jesús.

— Pero, ¿qué alientas en tu alma, que te hace diferente a los otros jóvenes? — preguntó José atrevidamente.

— No existe flor alguna, ni metal precioso, ni pasión humana que aceleren los latidos de mi corazón o encanten a mi alma — recalcó Jesús, con un gesto elocuente, pero absorto en un mundo irreal. Y en un prolongado suspiro, entrecerrando los ojos, exclamó con cierta vehemencia:

— Vivo únicamente el deseo de aclarar el camino de esa pobre humanidad, que se encuentra sumergida en el charco de las miserias, que son su propia infelicidad.

— Pero, ¿qué puede hacer un hombre como tú, para transformar los sentimientos de los otros hombres y modificar las costumbres de la humanidad? — insistió José inconformado.

Entonces Jesús, dominado por algo extraño; su voz vibrando altilocuente, como si estuviera viendo a un ser invisible, pero más real que la misma forma terrena, exclamó:

— ¿Qué importancia tiene vivir, si para contentar los deseos insaciables de mi cuerpo, necesito desechar los anhelos de mi alma? ¿Qué sentido tiene la vida, si se consume en medio de los placeres mediocres y transitorios de la carne y camina implacable hacia la tumba?

José se estremeció algo confuso:

— ¡Hijo mío! ¡Esa es la razón de la vida humana y debe ser la voluntad del propio Jehová, que así lo desea! — le dijo en forma convincente.

Jesús miró al padre; y a pesar de la gravedad espiritual que había en su rostro, le sonrió dulcemente:

— ¡Padre! ¿El buey, el carnero, el cabrito y el camello no viven también por la voluntad de Jehová? Pero nosotros razonamos, no es verdad? Y, en seguida acrecentó:¿

— ¿Qué hace el buey, el cabrito, el carnero y el camello? Apenas duermen, digieren, procrean y se desenvuelven atendiendo a las necesidades físicas. ¿O su mundo es el producto de los instintos que los impele para la satisfacción de su vida animal? — Y, pasando levemente la mano en la cabeza de José, y después en su frente, dijo gravemente: — ¡Tú piensas; yo pienso! ¡Entonces existimos más allá de nuestros sentidos físicos! ¡Más allá de los fenómenos transitorios del cuerpo! Sobre nuestros hombros ¡Jehová colocó el libre albedrío de optar por las ideas superiores del alma, o esclavizarnos a los tesoros, a los bienes que la polilla come, la herrumbre destruye y los ladrones roban! ¿Habéis comprendido, padre?

José parecía fatigado para acompañar los elevados vuelos filosóficos de Jesús; sin embargo, era un espíritu envejecido y experimentado en los cursos dolorosos y educativos de las vidas planetarias; por eso, si no lo entendía en la conciencia física, lo sentía en lo íntimo de su alma, pues la verdad inconfundible que fluía de las palabras elocuentes de su hijo eran un fuego perenne que recordaba a las llamas del sacrificio religioso y poseían vibraciones de elevada inspiración. Algo misterioso había sentido en su alma, como si una extraña suavidad lo hubiera envuelto por unos instantes y, hasta le parecía haber oído melodías desconocidas bajo un halo de diáfano perfume; su mente quedó vitalizada por una energía deslumbrante, ya que le daba una percepción más amplia de la vida y de las cosas. Su corazón quedó confortado y una dulce brisa le balsamizaba su alma. Pero pronto se delineó el escenario triste del mundo de las formas pesadas y oscuras. Entonces, vio frente suyo a la figura de su hijo Jesús, y súbitamente le invadió una extraña emoción que le alcanzó su corazón y el alma, y entrevió en la memoria espiritual el cuadro del Calvario, pero sin poder definirlo en su conciencia física. Fue el terrible presentimiento, el recuerdo estigmatizado antes de encarnar en la materia, y que ahora se presentaba como una tremenda posibilidad. Pesaroso y afligido, exclamó:

— ¡Temo por ti, hijo mío!

Jesús sonrió como si lo hubiese comprendido en todo su dolor por el presagio intuido; pero en una sonrisa sublime y heroica, que daba valor, pues tenía un halo de belleza impresionante, exclamó:

— ¡Nadie se pierde en el seno de mi Padre, que está en los cielos! — Y señaló suavemente hacia lo Alto —. ¡Quien diera su vida, por el amor de Jehová, la ganará para toda la eternidad!...

En un acento afectuoso, como para tranquilizar a José, concluyó:

— ¡Yo no me pertenezco; es la voluntad de mi Padre la que actúa en mí y me guía! ¡Quién me dio la vida también puede quitármela, si así lo desea!

Silenciosamente, se encaminó hacia la puerta; y volviéndose en un último gesto afable y cortés, exclamó en tono grave, pero acompañado de una sonrisa angélica:

— ¡Que se cumpla en mí la voluntad de mi Padre!

José se acercó a la ventana de su modesta habitación y siguió con los ojos húmedos a la figura majestuosa de su hijo, que caminaba lentamente entre los nardos y anémonas que crecían junto al camino de la fuente. El silencio de la tarde, aliada a la pureza de la atmósfera hacían vibrar los chirridos de sus sandalias sobre la arena húmeda y resaltaban bajo los últimos rayos del sol poniente.

El joven Jesús caminaba sobre la tierra pero su alma estaba sumergida en el infinito; la naturaleza a su alrededor, parecía auscultar sus pensamientos y aflicciones que le abatían el corazón. Subió una pequeña loma y se sentó sobre una piedra en medio de las flores silvestres. Fijó sus ojos sublimes sobre la verde llanura, los caminos, los pastores y la senda que rodeaba al río Jordán y al monte Tabor, donde más tarde tendría una categórica visión mediúmnica del mundo espiritual. A lo lejos, brillaba el mar de Galilea con sus ondas de lentejuelas brillantes, que se fragmentaban ante los reflejos del sol. Los pescadores preparaban las redes para salir a la madrugada y las barcas manchaban la superficie del agua con tonos coloridos, desde el índigo hasta el amarillo claro. La brisa acariciante que descendía desde la cima de Nazaret movía lentamente los barcos y agitaba los sedosos cabellos de Jesús.

Jesús cruzó las manos sobre el pecho y cerró los ojos, y un largo suspiro de infinita recordación fluyó de su corazón. El silencio de la tarde saturado de colores, perfumes y poesía y el cielo cuajado de luz crepuscular descendiendo sobre la cabellera verde de los cipreses y los erguidos cedros, encendía matices de púrpura, oro y rosa en el hermoso escenario de Galilea, acariciada por el sol de la tarde. Reflejaba, tal vez, el paisaje soñado por Jesús; era el plagio atrayente y sugestivo del Paraíso, que hacía brotar de su alma la ternura, el amor y la paz del espíritu.

Entonces, el Divino Amigo de la humanidad se dejó deslizar muy despacito, hasta poner rodillas en tierra y recostado sobre las piedras y las flores, con las manos juntas en actitud de orar, levantó los ojos hacia lo alto y brindó su alma al Señor, en angustioso pedido donde la voluntad y el sacrificio se confundía con el más puro y exaltado Amor hacia el género humano.

— ¡Padre! !Que vuestra voluntad se cumpla en mí hasta la última gota de sangre!

Era el primer vislumbre consciente de su holocausto en el Calvario; intuición viva del motivo principal de su vida en la materia, y que el Arcángel Gabriel, su guía, aprovechó en aquel momento de éxtasis y de sintonía espiritual para anunciarle la proximidad de sus pasos mesiánicos. Desde aquel instante se definiría en un solo propósito y proyectaría el ideal que traía desde la cuna, meta definitiva de su vida física. La "aguja" de su corazón apuntaba hacia el Norte del Calvario y no tenía dudas que su obra demandaba el sacrificio de su vida en cambio de la salvación del hombre.

Al día siguiente, cuando descendió la cuesta hasta las márgenes del Tiberíades, Pedro aceptó su invitación y dejó las redes para seguirlo. Eran los primeros pasos de su Pasión en cumplimiento de la voluntad del Señor.

Pregunta: En base a su quilate angélico, ¿Jesús no podía prescindir de la influencia ajena, inclusive la de su padre José?. A nosotros, siempre nos pareció que él modelaba sus pensamientos y reflexiones bajo su auto personalidad. ¿No es verdad?

Ramatís: La Técnica Sideral protegió el equipo carnal del Maestro a través de su ascendencia biológica y por la presencia y cooperación de José; pues hasta las especies florales más delicadas, requieren esmerado cuidado por parte del jardinero. José espíritu austero, digno y de sentimientos elevados, gracias a su condición de padre carnal, protegió e influyó a Jesús desde la infancia y en los primeros años de su juventud. Más tarde, el mismo Jesús demostró poseer la cautela y prevenciones demarcadas por su padre en el contacto con los seres humanos cuando advirtió a sus discípulos: "Sed mansos como las palomas, pero prudentes como las serpientes".

Aunque el corolario de la obra de Jesús previera su sacrificio en la cruz, lo Alto lo protegía celosamente para que no hubiera truncamiento en su misión en favor de la humanidad.

He ahí el por qué, su cuerpo carnal debía ser el fruto de una estirpe ancestral seleccionada y sana, así como el artista sensible y genial debe usar un instrumento perfeccionado para poder transmitir hermosas melodías. Su organismo funcionaba en perfecto y saludable equilibrio "psicofísico". Sus angustias, inquietudes o fugas inesperadas, que tanto sobresaltaban a José y a María eran el fruto de la tensión orgánica que le exigía enormes esfuerzos para que su cuerpo pudiera resistir el fabuloso potencial angélico, que incidía sobre las órbitas electrónicas de las células y en los intersticios de la red nerviosa.

Pregunta: Nos podéis decir, ¿por qué siendo Jesús de tan elevada graduación espiritual, necesitaba de un cuerpo carnal de elevada selección biológica?

Ramatís: Un cuerpo ciego, mudo o deformado es un instrumento ineficaz para servir a un ángel descendido de los cielos; como lo era Jesús. También es verdad, que hay criaturas de buen temperamento espiritual que logran superar sus defectos físicos o deficiencias del medio donde encarnan, y que realizan cosas que asombran y desafían a los más sanos.[1]

Pero, Jesús encarnó para cumplir con un trabajo de magnitud colectiva, donde la salud y la perfecta resistencia orgánica eran fundamentales para su cabal desempeño en la tarea a realizar, que además le exigiría actividad dinámica sin el menor desfallecimiento. Por otra parte, no era un espíritu con proceso de rescate kármico. Por consiguiente, es lógico, que su cuerpo debería ser un instrumento de ascendencia biológica excepcional.

También, debéis saber, que el cuerpo humano se constituye de grandes aglomerados de seres microscópicos que forman los

---

1 ***Nota del Médium:*** Beethoven compuso la "Novena Sinfonía" cuando era sordo; Milton, autor de ***El Paraíso Perdido,*** era ciego; y Dostoievsky, epiléptico. Muchas criaturas sin brazos pintan, bordan y son hábiles músicos, sirviéndose apenas de los pies. Sin duda alguna que la persona que superó los mayores obstáculos de esa índole y puso una verdadera fuerza creadora en lo espiritual, fue Helena Keller, que habiendo quedado sorda, muda y ciega a los dos años de edad, más tarde aprendió a hablar, alcanzó a diplomarse en Cambridge y Radcliffe College, y que además escribía perfectamente a máquina. Es autora de algunos libros, destacándose ***Historia de mi Vida,*** autobiografía.

tejidos carnales, los cuales, obedecen a cierto esquema biológico que también se hallan entrosados al padrón psíquico de las especies ancestrales. El hecho de que Jesús fuera un ángel, no quería decir que debía prescindir de la ayuda de lo Alto, cuyas providencias selectivas y protectoras para proveerle un cuerpo sano y bastante sensible, estaba acondicionado al éxito de su misión redentora. Era de suma importancia, el equilibrio integral de su sistema neurocerebral. Necesitaba de un instrumento carnal perfecto para transmitir la divina melodía evangélica a los terrícolas, así como Paganini no hubiera podido extasiar a sus oyentes si ejecutaba sus piezas con un instrumento que no estuviera acorde a su sensibilidad artística.

He ahí entonces, el porqué de la influencia de José y del linaje de David para ser el padre del Mesías, porque era un retoño sano, heredero de una ancestralidad sin manchas ni truncamientos biológicos. Además, su influencia espiritual, volvemos a reiterar, sirvió de freno a la prematura empresa de Jesús para componer la más sublime de las doctrinas, que tuviera relación entre la criatura y su Creador: el ¡Cristianismo!

21. Jesús y su precursores

Pregunta: Habéis afirmado que el Cristianismo es la Religión Universal; y Jesús el fundador insuperable. Sin embargo, muchos espiritualistas estudiosos y simpatizantes de la filosofía oriental, afirman que el Budismo es un movimiento superior. ¿Qué opináis?

Ramatís: Se sabe muy bien que los hombres y las religiones evolucionan en forma paralela; conforme se civiliza el pueblo, ¿u religión progresa en sus aspectos y prácticas. A medida que la humanidad asimila y cultiva ideales superiores, se esfuerza para adquirir una moral acorde a su entendimiento sobre la Divinidad. Si las religiones primitivas condicen con los pueblos atrasados, el hombre civilizado del siglo xx requiere una doctrina religiosa compatible a su progreso actual.

Los estudiosos ateístas dicen que la religión se originó por las costumbres y entendimiento del hombre; pero ellos ignoran, que el hombre no es sólo un equipo carnal, sino un espíritu que actúa desde el mundo oculto para dar forma al cuerpo que sustenta en la tierra. En consecuencia, el sentimiento religioso es innato en el hombre y lo precede en su adaptación al mundo material, como lo prueban los salvajes en la búsqueda de su Dios, ya sea adorando al viento, al sol y otros fenómenos de la naturaleza. El hombre civilizado es inteligente y su devoción la sublima en conceptos delicados, como ser la Luz, Energía, Divinidad o Absoluto.

Esa es la causa del porqué hay muchos caminos religiosos en vuestro mundo, dado que existen en la humanidad tipos adecuados a los exóticos y excéntricos movimientos que tratan de "relacionarse" con el mundo oculto. En seno del Catolicismo, del Protestantismo y aún dentro del Espiritismo, nacen movimientos con carácter particular,[1] como verdaderas verrugas en el cuerpo principal de la doctrina. Ante la psicología y el temperamento de los creyentes primarios, incapacitados para ajustarse a la matriz religiosa original, no hace falta más que un individuo fanático, excéntrico o imbuido de órdenes mesiánicos, para iniciar un movimiento religioso, que aun siendo fantasioso y ridículo no tardaran en aparecer adeptos que llevarán en serio, esa iniciación absurda, convencidos que han de encontrar la Verdad Absoluta. De ahí la inutilidad de las discusiones religiosas respecto a cuál es la verdadera, puesto que eso depende de la comprensión y grado de cultura de sus adeptos. A despecho de esa gran diversidad de credos, el Cristianismo es la única Religión Universal que ha de prevalecer en el futuro, porque sus bases son ***inconfundibles e inmodificables.*** Aunque la humanidad alcance un elevado índice de cultura y sabiduría, jamás repudiará los conceptos cristianos como son el "ama a tu prójimo como a ti mismo" o "haced a los otros lo que quisierais que te hagan a ti".

Cualquier grado de cultura que se alcance, los fundamentos del Cristianismo continuarán inalterables porque aconseja o determina el "estado espiritual" de la criatura humana, cualquiera sea su raza, inteligencia o posición social. Es una doctrina que se ajusta al ángel, al salvaje, al señor, al esclavo, al pobre, al rico, al santo, al criminal, al sabio y al ignorante.

Hace muchos siglos, los precursores de Jesús enseñaron máximas semejantes, pero, ninguno consiguió consolidarlas sobre bases indestructibles para la comprensión general de los hombres. "Ama al prójimo como a ti mismo"; es una sentencia de eterna moral, pues su sentido fraterno abarca a toda la humanidad. Jesús, por lo tanto, fundó la Religión definitiva o la doctrina inmutable de la actualidad y del futuro; nos dio

1 De la Religión Católica Romana primitiva, surgió la Iglesia Católica Brasileña, la Ortodoxa y el Protestantismo; de éste, surgieron sectas como los Luteranos, los Mormones, Adventistas, Presbiterianos, Bautistas, Congregaonistas y Asamblea de Dios, los Testigos de Jehová, Ciencia Cristiana, Metodistas y otras más. En el área espirita están los kardecistas, redentoristas, eclécticos, mediúmnistas, neoespíritas; y en la Teosofía y Rosa-Cruces también se iniciaron movimientos de la misma índole.

el medio para las relaciones espirituales entre las criaturas y su Creador en cualquier momento y latitud geográfica que se encuentre. Las contradicciones que existen entre los religiosos que cultivan el Cristianismo o que desmienten sus conceptos sublimes, son el fruto de las interpretaciones personales y especulaciones religiosas, que se distancian de la fuente iniciática por fuerza de las convicciones fanáticas o el elevado grado de presunción. Ninguno podrá "fundar" o "inventar" un credo más sabio, justo y elevado que el Cristianismo, cuya base, el Evangelio, es un código Divino y a través de sus conceptos de elevada moralidad es el reflejo vivo de las inmutables leyes del Cosmos.[2]

El Cristianismo se basa en las fórmulas del Evangelio, inmutable en el tiempo y en el espacio, y no necesita que nadie le agregue siquiera una coma en su estructura doctrinaria. A Jesús, el insigne fundador, se le debe considerar como el más elevado de los Instructores del mundo Tierra que sobrepasó a sus precursores, aunque éstos sean dignos del tributo devocional por haberle preparado el camino mesiánico. El Budismo, aunque sea un movimiento religioso de elevado alcance espiritual le falta la tonalidad característica de la amplitud universal del Cristianismo. Mientras, que para ser cristiano dentro de la ética pregonada por Jesús, el hombre de cualquier raza o posición social puede aceptar y vivir sus principios y el budismo está confinado a una limitación geográfica, a un temperamento de raza y gusto. Mientras tanto, el oriental puede ser tan cristiano como el eslavo o el germánico.

Pregunta: Diversos espiritualistas de Occidente afirman que Buda era más evolucionado que Jesús. Entonces, ¿qué nos podéis decir de la doctrina de Buda?

Ramatís: No hay dudas que Buda fue un Instructor de elevada categoría espiritual, cuyas enseñanzas eliminan las ilusiones de la mente y liberan al hombre del temor a la muerte. Él también trató de conformar a los desanimados, levantar a los débiles y consolar a los afligidos, pues su mensaje tenía algo de la "Buena Nueva" pregonada por Jesús. Siendo joven y príncipe, Buda no dudó para renunciar a los placeres y ostentaciones de la corte de Kapilavastu para alcanzar la verdad redentora de

2 A ese respecto, Ramatís nos está dictando en la obra ***El Evangelio a la Luz del Cosmos,*** los conceptos y cientificismo que encierran las máximas del Evangelio.

la vida humana. También advirtió, que "la gloria del mundo es como la flor que se abre lozana por la mañana y se marchita por la tarde". Su alma, delante de los dolores y desilusiones de la existencia humana, se entristecía al ver que nada era verdadero y todo terminaba bajo la piedra fría del cementerio. Después de usufructuar de los placeres y del confort, propio de su estirpe real, al tomar contacto con las realidades del mundo, más allá de los muros dorados de su corte, observó a su alrededor el nacimiento y la muerte, el fausto y la decadencia, la vida y la disolución de la materia. En todas las actividades del mundo, Buda comprobó el deseo y la decepción, el miedo al dolor y a la muerte, la pasión y la frustración, el poder efímero, la juventud fugaz, la vejez acumulando sueños deshechos o terribles remordimientos. ¡Las glorias del mundo se enterraban en el subsuelo de la sepultura!

Espíritu sano y de elevada estirpe sideral, no se desequilibraba ante el pesimismo o la descreencia, ni tampoco se abatía ante el enigma triste de la vida humana. Su alma mereció las loas del Señor porque investigó, descubrió y enseñó, que las «cosas aunque cambien continuamente, siempre existe sobre ellas una verdad oculta e inmutable, que da realidad a esas mismas cosas». De esa forma, la verdad se halla en todas las cosas, en la piedra, en la planta y en el animal, pero inconscientes. En cuanto al hombre, ya "siente" y "sabe" sobre la verdad porque tiene conciencia/de ser, existir y pensar. La razón le da un sentido nítido de la vida; tiene conciencia de su yo, pero todavía engendra el egoísmo, la injusticia y la iniquidad hasta que descubre, que por encima de su "yo inferior" forjado en el mundo transitorio de las formas, existe su Yo Superior, espiritual y eterno, por lo tanto, es la Verdad. Es que, cuando todo es miseria en el mundo de "Samsara"[3] la Verdad proporciona la paz del espíritu después que vence el error y "mata" el deseo, alcanzando el "Nirvana".[4]

3 *Nota de Ramatís:* Samsara, término sánscrito, significa literalmente "acción de vagar", es la transición y mutación constante; el pasaje por los mundos transitorios, que es el físico, el astral y el mental, causa fundamental de los renacimientos en la materia y del sufrimiento por ignorar la verdad sobre la vida espiritual.

4 *Nirvana:* Es lo opuesto Samsara; es un estado perenne de conciencia despierta, el autoconocimiento que libera. No es aniquilamiento para el ser, como la gota de agua que se funde en el océano; sino, un estado de plena conciencia espiritual; es la vida del Espíritu liberado de las limitaciones del tiempo y del espacio con el derecho de transitar libremente por el Infinito.

Pregunta: El Maestro Jesús ¿por qué resalta ante sus precursores?

Ramatís: Aunque se considere la magnitud filosófica de Buda y su pasaje mesiánico sobre la tierra, que merece nuestro mayor respeto, sin embargo, Jesús vivió toda su vida material subordinada al Supremo Ideal de servir a la humanidad sufriente; a excepción de algunos instantes placenteros que tuvo en su infancia, pasó por, la tierra en constante angustia y piadosa aflicción por el sufrimiento ajeno.

Mientras tanto, sus precursores, todavía manifestaban "deseos" y se envolvían en "Maya" o en la ilusión de algunos placeres de la vida humana; Jesús fue absolutamente inmune a cualquier apego o tentación de la materia. Sus precursores se dedicaron al mesianismo redentor y al esclarecimiento de los hombres después que experimentaron las seducciones de la vida carnal. El hijo de María y José, desde la cuna hasta la cruz vivió en completa pobreza y entregado totalmente a la tarea de liberar a los terrícolas de las pesadas cadenas del pecado. Buda y otros iluminados más de Oriente, salieron en busca de la Verdad después que tuvieron algunas desilusiones de la vida 'del mundo, y casi preocupados por una solución personal.

Jesús, desde su infancia vivió indiferente por su felicidad, pues sus sueños e ideas sólo deseaban alcanzar la felicidad del prójimo. Jamás trató de resolver los misterios de la vida humana para satisfacer su ansiedad. No era un filósofo que aconsejaba directrices extemporáneas, ni un legislador que imponía leyes o puniciones a la equivocada humanidad, pero sí, el compañero, el amigo fiel y generoso que vivía minuto a minuto aquello que enseñaba y ofrecía a favor de los humildes y desgraciados. Consideraba a la humanidad, como su propia familia. Moisés toma por esposa a la hija de un sacerdote y vivió hasta la edad de 120 años usufructuando de los bienes de la vida humana; Zoroastro alcanza honores en la tierra y se casa tres veces; Confucio se casa a los 19 años, llega a ser ministro en China y desencarna a los 73 años de edad después de varias alternativas de gloria y honras políticas. Finalmente, Buda, educado en medio de los placeres y el bienestar de la corte de Kapilavastu, se casa con su bella prima Yosodara. Deja el hogar a los 29 años, y después de largas meditaciones encuentra la Verdad espiritual a los 35 años. Mientras tanto, Jesús, nacido en un hogar pobrísimo de gente trabajadora, participó del arduo servicio doméstico, sin posibilidad de alcanzar una cultura adecuada, como muchos de sus precursores habían recibido; siente esa misma Verdad Espiritual desde la infancia y la vive integralmente hasta el sacrificio en la cruz.

Aunque era oriundo de las esferas angélicas, el instinto natural del sexo no dejó de acicatearlo, así como la planta salvaje insiste e intenta dominar con su fuerza agresiva el injerto de la planta superior. Sin embargo, Jesús mató el deseo carnal y venció a "Maya", la ilusión de la vida humana que Buda alcanzó a los 29 años, después de haberse desilusionado de los placeres del mundo. El Maestro Galileo fue casto durante toda su vida, pues vivió una sola emoción, dio cabida a un solo pensamiento y tuvo un solo deseo: la felicidad del prójimo. Aunque Buda también había sido un excelente y genial instructor espiritual, primero contentó los deseos del cuerpo y los bienes del mundo. Su mesianismo, en verdad, comenzó después de la saturación de los sentidos físicos. También es lógico, que no hay desmerecimiento para Buda por haberse casado y procreado, y más tarde haberse entregado a la vida espiritual. Pero, ninguno ha sido tan heroico, puro y honesto en el ofrecimiento de su vida al prójimo, como lo hizo Jesús.

Los iluminados que antecedieron a Jesús casi siempre tuvieron aspectos vigorosos y tipos bien alimentados, pregonando sabiduría con cierto optimismo espiritual, sin llegar a ser contrariados por el medio ni los hombres, mientras que el Maestro Galileo, atravesó su época como si fuera un junco abatido por los vientos helados de las ingratitudes humanas. Era de un perfil muy delicado, un tipo de ángel afiebrado y lleno de angustias por estar exilado en la tierra, reflejándose en sus ojos los dolores del mundo, la ignorancia, la hipocresía y la maldad de los hombres. Dice la biografía de Buda, que cayó en meditación y expiró tranquilamente, después de haber dicho: «La destrucción es inherente al todo compuesto; pero la Verdad durará sempiternamente. Trabajad con ahínco por vuestra liberación». Jesús, expiró en la cruz entre dolores y sufrimientos acerbos, pero reuniendo sus últimas fuerzas y a pesar de ser la víctima inocente de la maldad humana, y dando término a una existencia de incondicional amor hacia los hombres, se manifestó así "¡Padre! ¡Perdónalos, porque no saben lo que hacen!"

En verdad, cargó sobre sus hombros el peso de las impurezas humanas, mientras que la mayoría de los genios, sabios y santos planeaban sus mensajes de libertad en el silencio del hogar amigo, en el refugio de la naturaleza o en el ambiente inspirado de los conventos y de las instituciones fraternistas. Jesús grabó sus ideas y pensamientos a lo vivo, día a día, minuto a minuto, bajo el sol ardiente, la lluvia copiosa o en la tierra caliente; junto a los mendigos, mujeres licenciosas y publícanos; entre los leprosos, llagados y dementes. Los pobres, los miserables y los desesperanzados fueron la argamasa de su edificación espiritual.

Indiscutiblemente, que el Maestro Jesús fue el Espíritu de mayor quilate que jamás halla pisado la tierra, pues desde su nacimiento hasta su muerte vivió la idea crística, representativa de la Verdad y la Voluntad del Padre.

Jesús, como sintetizador de las enseñanzas de sus precursores, no vino a crear cosas nuevas o a destruir las viejas, sino, que consolidó las viejas y muy buenas enseñanzas de la tradición religiosa de los templos. En el Sermón de la Montaña lo confirma, diciendo que no vino a destruir lo profetizado, sino a confirmar sus manifestaciones.

Por lo tanto, quiere decir que sus enseñanzas deben aceptarse incondicionalmente, liberadas de vicios, dogmas, distorsiones, prescripciones o liturgias, pues representa una liberación total sobre el modo de pensar y vivir.

Es lógico, que todo lo dicho por Manú, Antulio, Numu, Orfeo, Hermes, Rama, Zoroastro, Krishna, Buda, Fo-Hi, Lao-Tsé, Confucio, Moisés, Pitágoras, Platón, Sócrates o Mahoma, Jesús lo hizo protestando con vehemencia contra los aparatosos ceremoniales y el agotador simbolismo que sofocan la belleza inmaculada, cedida por lo Alto. Su mirada alcanzaba a todo el mundo y se sumergía en el pasado, comprobando con tristeza, que la siembra generosa de la enseñanza divina, siempre estaba asfixiada por los hombres, llenos de lujo, en los fastuosos santuarios, donde los sacerdotes vivían de la idolatría de todos los tiempos. Su Evangelio estaba implícitamente ejemplificado en su modo de amar y de vivir; aquel silencio constante y su estoicismo ante la inutilidad de reaccionar contra la estupidez humana, nos hablan con más fuerza que la multiplicidad de palabras sentenciosas que le quisieran atribuir, copiándolas de otros iniciados menores. La fuerza eterna de Jesús — ya lo hemos dicho — se halla fundamentalmente en su incondicional protección a la pobreza, a la desgracia y a la infelicidad humana. Es suficiente todo eso, para reavivar nuevamente la belleza crística que poseían sus mensajes, pues el mundo desgraciado de hoy, comprendió perfectamente que sólo el ¡Amor de Jesús, es lo único que lo salvará!

22.
Las prédicas e las parábolas de Jesús

Pregunta: ¿De qué forma pregonaba Jesús al pueblo?

Ramatís: Jesús fascinaba a las multitudes con sus pregonaciones hermosas y fluidas, pues era una persona insensible a los afectos superficiales y no utilizaba artificialismo alguno para resaltar su oratoria. Jamás se preocupaba en impresionar al auditorio por la elocuencia rebuscada, como es natural entre los oradores del mundo profano. La esencia espiritual de sus palabras provocaba una suave y consoladora alegría en aquellos que lo escuchaban. No acostumbraba a dramatizar los acontecimientos, ni sacrificaba el contenido sencillo de sus lecciones para resaltar como un admirable orador. Exacto, sin las interioridades que agotan a los oyentes, en un puñado de vocablos familiares exponía el esquema de una virtud o revelaba el estado del espíritu angélico. Jesús hablaba con naturalidad, sin la proverbial altilocuencia que poseían los evangelistas, como si estuviera en el acogedor hogar de un amigo. Su voz dulce y comunicativa extasiaba a los oyentes; les penetraba el alma y los embargaba de suave euforia espiritual.

Pregunta: Jesús, ¿qué medio de locomoción utilizaba para llegar a los lugares prefijados, donde debía dictar sus palestras evangélicas?

Ramatís: Al comienzo, Jesús recorría Galilea sin alejarse mucho de Nazaret, llegaba hasta Cafarnaum o descendía hasta Samaría sin atravesar el Jordán o el mar de Galilea. Sus discípulos lo cuidaban muchísimo y en todo momento trataban de preservarlo del sol, cubriéndole la cabeza con un pañuelo grande de seda como era costumbre en el lugar. Algunas veces cabalgaba en un burro o muía dócil, sentado sobre una almohada tejida por alguna cariñosa mujer, fiel seguidora de sus ideas. En general, acostumbraba a realizar sus oratorias al atardecer cuando el poniente se irizaba de colores, pues gustaba aliar al efecto policrómico de la naturaleza, la ternura y poesía de sus palabras afectuosas. Agradaba dirigir la palabra desde la cima de las pequeñas colinas, mientras sus discípulos, amigos y fieles se acomodaban a sus pies, embebidos en la dulce enseñanza del mensaje, donde les anunciaba el tan esperado "Reino de Dios". Otras veces, se dirigía hacia la villa más próxima, haciendo venturoso ei hogar donde se hospedaba, participando de la modesta cena y conmovía el corazón de los dueños hospitalarios con palabras de ánimo, alegría, consuelo y esperanzas para el futuro.

Las mujeres y los niños lo rodeaban con particular afecto, pues la ternura emanada de Jesús era como un sedativo para las almas simples y buenas. Agasajaba a los niños con profundo sentimiento de amor, despreocupado de causar efectos favorables en la mente de sus hospitalarios dueños. Siempre veía en los niños el símbolo del ciudadano del "reino de Dios", pues con sus risas abundantes, travesuras inocentes, reacciones espontánea» y sinceras reproducían las virtudes naturales del hombre sublime. También era su costumbre tratar con cariño a las aves y animales, pues no tardaba en curvarse hasta el suelo para ayudar al reptil o al insecto venenoso a fin de apartarlos del camino para que no fuera pisado. Espontáneo y sincero, indiferente a las críticas y a la opinión pública, sus gestos, palabras y actos no afectaban a nadie, pues reflejaban claramente su espíritu angélico, incapaz de cualquier sofisma o capciosidad.

La casa que Jesús frecuentaba era invadida rápidamente por los vecinos; las criaturas se aglomeraban en las puertas y ventanas, ávidas de escuchar al rabí de Galilea sus magníficas parábolas, de enseñanza simple y comprensible hasta para los niños. La Paz del Señor posaba sobre el techo del hogar donde él pregonaba la "Buena Nueva" llena de esperanzas y amor, que conmovía hasta los corazones más endurecidos. Las madres corrían a buscar a sus hijos, pidiendo al profeta de Nazaret que lo tocara, pues se decía que su bendición era como un lenitivo para los dolores y preservación contra las enfermedades. Algunas personas se inclinaban a su frente y exclamaban afligidas: "¡Bedíceme, Rabí, pues yo sufro mucho!" Muchas veces su palabra o simplemente su presencia, era suficiente para curar a los enfermos imbuidos de intensa fe;[1] o provocaba súbitamente, la manifestación de remordimientos, lamentos angustiosos o delitos que se habían conservado íntimamente. El Divino Rabí posaba su mirar complaciente sobre aquellos seres, y aconsejaba a los ladrones que devolvieran lo robado; a las mujeres de vida dudosa, que redimieran sus pecados y a los criminales endurecidos, que vencieran sus instintos crueles. Fortalecía las virtudes en los buenos y la conducta superior en los disciplinados; infundía su fuerza angélica a todos, redimiendo e incentivando transformaciones morales que prolongaban las llamas del buen vivir en las personas sensibles, engrosando de esa forma las filas de su corte mesiánica.

Pregunta: Cierta vez nos habéis dicho, que en la época de Jesús estabais encarnado, y en vuestro viaje a la Hebrea, conocisteis personalmente al Maestro. ¿Nos podéis decir algo respecto a vuestra experiencia personal junto al Maestro Jesús?

Ramatís: Aunque nuestra afirmación no sea una prueba irrefutable' para vosotros, sino, una especie de enunciado de confianza; sin embargo gozamos íntimamente cuando tuvimos ese encuentro personal con el Maestro en Palestina, pues nosotros hacíamos parte de cierta escuela filosófica de Alejandría.[2] Por eso, conocimos algunas enseñanzas de la "Buena Nueva" y del "Reino de los Cielos" que él pregonaba entre judíos y paganos. Cuando lo encontramos, usaba una túnica de esmerada blancura y un manto azul celeste, cabellos sueltos sobre los hombros, y calzaba unas sandalias de cordones atadas a los tobillos. Lo vimos subir una pequeña loma, seguido por sus dilectos discípulos. Caminaba con sumo cuidado para no pisar las abundantes anémonas de los prados, que emblanquecían

---

1 *Marcos,* cap. V, vers. 2 al 34.

2 *Nota del Médium* – Ramatís formaba parte de cierta escuela iniciática de Alejandría, donde se enseñaba a conocer la contextura del hombre inmortal. Eran enseñanzas sencillas y expuestas en ambientes tranquilos, muy parecido al de los Esenios y Pitagóricos, pero afirmados en el conocimiento de la Ley del Karma y en el proceso de la Reencarnación. Ramatís, en aquella época, fue un filósofo bastante conocido, pero no estamos autorizados a decir quién fue.

totalmente el suelo. Bajo un bosquecillo de cipreses había una piedra que ofrecía bastante comodidad, donde el Maestro se ubicó y levantando la vista, observó cuesta abajo a la gran multitud que esperaba sus palabras. Su alma parecía deleitarse con el panorama que brindaban los viñedos, limoneros, olivares y el dorado de los campos sembrados de trigo, agitando su cabellera en contraste hermoso con el verde del valle Jordán. Todo se encontraba engalanado, pues era el aire primaveral que revivía hasta las cosas más inverosímiles, puesto que desde los troncos podridos surgían pequeñísimas florecitas de variadas tonalidades. El paisaje estaba saturado de belleza, colores y luces, pues sería muy difícil encontrar un panorama tan fascinante como el de Galilea, donde las flores y el perfume extasiaban.

Jesús extendió su mirar sereno sobre la multitud, mientras Juan le alcanzaba el pañuelo largo (chal) utilizado para rezar, pieza muy tradicional entre los galileos, con el cual se cubrían la cabeza. En seguida bendijo al gentío silencioso y comenzó a hablar pausada-mente, pero haciendo resaltar las frases e imágenes que definían sus ideas, mientras sus oyentes sentíanse contagiados de sublime emoción. El poder verbal de Jesús era inmenso, pues impresionaba muchísimo a quienes les hablaba, terminando por embeberse con su maravilloso néctar verbal. Su voz era pausada, llena de dulzura y de cristalina sonoridad, jamás escuchada por nosotros, las palabras vibraban en el aire cual manto armonioso que envolvía a los presentes hipnotizados. Espíritu equilibrado y de' visión amplia, sus palabras se ajustaban herméticamente al pensamiento enunciado, consiguiendo despertar emociones, cuyo eco quedaba vibrando para siempre en el alma de sus oyentes.

Las manos del bondadoso Rabí, eran cuales batutas mágicas, pues en sus pregonaciones se acompañaba con suaves gestos, pareciendo mansas palomas que configuraban en el espacio los contornos del pensamiento y avivaban sus palabras amorosas. En aquel día que le conocimos, el Maestro explicaba la parábola del "Sembrador",[3] dado que acostumbraba a pregonar las enseñanzas conforme al ambiente y circunstancias para que fueran más fáciles de entender.[4] Escogía cada parábola de

3 *Mateo,* XII, vers. 1 y 23; *Marcos,* IV,vers. 1 y 20; *Lucas,* VIII, vers. 4 y 15.

4 *Nota de Ramatís:* Cuando Jesús hablaba a los campesinos, exponiéndoles la parábola del sembrador, del grano de mostaza, del yuyo y del trigo; los pescadores

acuerdo al tipo del auditorio, pues su elevada intención era ofrecer soluciones a los problemas de orden moral y social para quienes lo escuchaban.

Jesús conmovía hasta las lágrimas cuando explicaba lo acontecido al sembrador que arrojó las semillas en el duro suelo, en la roca, en la tierra árida; pero finalmente obtuvo éxito en el terreno fértil. El lugar escogido para esa prédica era magnífico, pues además de los nardos del campo, del color rojizo de las amapolas y de las anémonas safirinas, liláceas y amatistas que daban intenso color a la planicie de Genesaret, completaba el cuadro la superficie esmeraldina del mar de Galilea.

Jamás olvidaremos la vehemencia y la fe con que Jesús enunciaba sus enseñanzas, aún prematuras, entre los judíos, subordinados a su dogmática y mosaísta creencia. La gente de Galilea, ruda e ignorante, pero dotada de sentimientos compasivos se sublimaba ante la prédica de su Rabí porque vivía en sí mismo aquello que enseñaba. No era un sistema político, ni filosófico; pero sí, una doctrina moral y religiosa que tocaba el corazón y pedía la aprobación del sentimiento, mucho antes que el raciocinio de la mente.

Cuando regresamos a Alejandría y consultamos a nuestros Mayores Espirituales respecto a las actividades del Rabí Jesús, que tanto nos había impresionado, todos ellos fueron unánimes en confirmar, que a pesar de su aparente insignificancia para aquella época, en realidad, era el mayor de los revolucionarios espirituales que habían descendido a la tierra para sintetizar las enseñanzas de sus precursores y redimir a la humanidad.

Pregunta: ¿Por qué el Maestro Jesús prefería explicar su doctrina a través de las parábolas?

Ramatís: Ciertas tribus de Judea y alrededores con las cuales Jesús había tomado contacto, se entendían entre sí por medio de parábolas. El Maestro, inteligente e intuitivo percibió que esa expresión verbal era un perfecto vehículo para enseñar

---

se referían a la parábola de los peces. Guando estaba en un banquete o fiesta, hablaba de los talentos, de los tesoros enterrados; cuando lo hacía entre negociantes y especuladores, citaba la parábola de la "perla de gran valor", del "acreedor sin compasión" o, la de "los deudores"; entre los magnates, se servía de las parábolas del "rico insensato", del "rico y Lázaro"; entre los trabajadores a jornal, explicaba la parábola de los "siervos inútiles", de los "trabajadores de la viña" y la del "mayordomo infiel"; entre los hombres de Ley, mencionaba al "juez inicuo" y entre los religiosos, la historia del "publicano y el fariseo".

su doctrina a los hombres de su época, y que podía sintentizarse armoniosamente para la humanidad del futuro.

La parábola es el medio apropiado para los fines de comparación; y Jesús comenzó a emplearla para despertar la mente de las personas simples y sin cultura académica. Era un apasionado para analizar los fenómenos de la naturaleza, y los comparaba con loa acontecimientos de la vida humana. Le daba forma a las cosas que parecían vivas, manteniendo entre las mismas una estrecha relación, como si la tierra fuera la antesala del cielo, donde el hombre prematuramente debe limpiar sus sandalias. Sus principios elevados, los formulaba a través de la correlación de las parábolas y de las cosas animadas e inanimadas, las que acrecentaba con el sublime toque de poesía espiritual. Entonces, los hombres lo comprendían fácilmente, pues Jesús mencionaba en sus ilaciones filosóficas, la caída de una hoja, el murmullo del arroyuelo, la mansedumbre de la paloma, resaltaba la ineficacia del tesoro enterrado, o la modesta semilla enterrada en el suelo. Le auscultaban el pensamiento antes que pudiera llegar a la conclusión moral o filosófica de lo que estaba manifestando; se embebían ante la belleza y la fuerza de las imágenes que sabía componer en simbiosis con el encanto de la naturaleza. Los acontecimientos graves y los hechos complejos asumían tonos de ternura y afección familiar, que cautivaban bajo la fuerza imperiosa del buen sentido.

A través de la parábola, Jesús narraba y ofrecía admirables lecciones de moral superior, que podían ser entendidas en cualquier época y latitud de la vida humana. Sabía modelar las frases y eliminar lo trivial, lo inicuo o inexpresivo, transformando el sencillo pétalo de la flor en centro de un acontecimiento de elevado fin espiritual. En las parábolas ponía en juego toda su táctica e inteligencia, pues los insignificantes fenómenos de la naturaleza transfundíanse en la fuerza de un símbolo cósmico. Sus enseñanzas se encuentran repletas de comparaciones simples, pero ligadas a la vida común de los seres, que aún después de tantos siglos son verdaderos y definitivos conceptos, constituyéndose en base de inmortal encantamiento para la redención humana.

Los proverbios, los aforismos y los adagios de sentido común de algunos pueblos y tribus, bajo el quimismo espiritual de Jesús servían de enseñanza eterna; eran frases que se mecían bajo la suave brisa de su Amor y penetraba a fondo en el alma de los hombres. Simples conceptos y máximas de aldeanos, realzáronse como inalterables principios filosóficos; el modo peculiar de ciertos humanos para entenderse entre sí, se transformó en un proceso de análisis y revelación en favor de un mayor entendimiento sobre la vida eterna. La fuerza creadora del Ángel y el excelso sentimiento de un Santo, conjugados a la sabiduría cósmica del Sabio, eran los únicos capaces de modelar los preceptos eternos, bajo la modestia de las palabras insignificantes.

Aquí el diminuto grano de mostaza, sirve para explicar la Fe que transporta las montañas y crea los mundos; allí, la parábola del talento enterrado advierte al hombre sobre la responsabilidad del mecanismo de la vida y de la muerte; acullá, el yuyo y el trigo simbolizan la selección y división profética de los "buenos" y "pecadores" en medio de la humanidad. En fin, las parábolas fueron el maravilloso recurso que utilizó Jesús para a justar el pensamiento avanzado y transmitirlo en forma práctica a sus contemporáneos. Ofrecen un tono de respeto, sensatez y noble significado moral en el sentido de llamar a la reflexión sobre la Verdad, que debe ser el fundamento de la vida eterna del Espíritu.

Pregunta: Jesús, durante sus prédicas evangélicas a sus contemporáneos galileos, ¿recibió el apoyo y adhesión necesaria?

Ramatís: Las épocas cambian, pero los hombres siempre son los mismos, porque la tierra es una escuela de educación primaria, cuyos espíritus ni bien aprenden el A-B-C, serán substituidos por otro contingente de almas analfabetas y portando las mismas condiciones espirituales de los recientemente aprobados. Además, Jesús manifestó con cierta tristeza, que «había venido para los suyos y ellos no lo reconocieron», justificando perfectamente el aforismo: «el santo de casa no hace milagros», como volvería a suceder hoy si tuviera que descender a la tierra para cumplir tareas semejantes.

Cuando el Maestro comenzó su trayectoria mesiánica, fue el blanco de los entusiasmos y habladurías, de respeto y sarcasmos, de elogios y censuras, de admiración y hostilidad. Los gozadores, egoístas y los hipócritas de todos los tiempos también estaban presentes en su tarea de liberación espiritual, y sin dudas que si hubiera una «segunda venida» los volvería a encontrar. Los irreverentes de la época consideraban a Jesús un individuo hábil, experto y talentoso, que seducía a las mujeres jóvenes y usufructuaba la fortuna de las viudas ricas. Las risas capciosas, los dichos punzantes, el sarcasmo y la censura circulaban a su alrededor desafiando su tolerancia y resignación. Entre los que le seguían se encontraban los pusilánimes, traidores y aprovechadores, como suele suceder en los movimientos políticos y en las revoluciones sociales. Para la mayoría de los maledicientes Jesús no pasaba de ser un profeta de los vagabundos, pues la perfidia, como veneno de la serpiente, se renueva a cada mordedura y lograban infiltrarse entre sus discípulos y simpatizantes. Los débiles se apartaban temerosos ante la primera amenaza del Sanedrín, y los interesados desistían porque el movimiento cristiano no era un suceso-financiero.

Algunas veces, cuando Jesús aparecía en la curva del camino principal, los hombres del pueblo, viudas, mujeres de todas condiciones sociales y pescadores lo rodeaban alegremente, entonces, los viejos rabíes aumentaban su cólera recibiendo al Maestro con apodos y vituperios. Cerrábanle las puertas de las Sinagogas cuando pasaba delante de ellas, como protesta elocuente por sus ideas, que pretendían contradecir los preceptos de Moisés a cambio de aforismos y enseñanzas subversivas, incompatibles con la religión del pueblo. Eran viejos sacerdotes, sometidos a las reglas de los ortodoxos manuscritos, que no trataban de reconciliarse con la expresión talentosa y liberal de Jesús. Sus protestas seniles combatían la idea inmortal que aparecía a la luz del día bajo la palabra mágica del joven pregonador de Nazaret. Desesperados, manoseaban nerviosos en el recinto de la Sinagoga los grandes y envejecidos pergaminos para justificar sus prédicas ortodoxas y el dogmatismo de sus vacías palabras. Los fieles entraban y salían del lugar tan ignorantes como la vida que vivían, a semejanza de los creyentes modernos que hacen de los templos religiosos, exposiciones de moda, o simple demostración de fe para guardar apariencias en público. El rabí Jesús era portador de ideas revolucionarias, puesto que explicaba la existencia de un Dios, incompatible con la obstinación, el fanatismo y las especulaciones religiosas de los judíos. Era la subversión de las costumbres religiosas y tradicionales del pasado, hasta la abdicación de la virilidad judaica, pues llegaba aconsejar la "no violencia" contra los romanos.

Por eso, algunos de sus parientes, vecinos y amigos, aliándose a los que tenían interés en prolongar una situación de utilitarismo personal y encubiertos por una falsa religiosidad, tampoco veían con muy buenos ojos que Jesús pregonara en forma tan liberal, desprendido de los preconceptos milenarios. Además, contrariaba el tradicional e íntimo recogimiento del santuario, dado que pregonaba abiertamente en público, junto a los montes, a los lagos, debilitando el poder religioso y la fuerza sacerdotal centralizados en los dogmas religiosos. La naturaleza era su única iglesia, pues tanto pregonaba en la cima de una montaña, bajo los frondosos árboles, a la orilla de los ríos y de los lagos, como en la popa de los barcos de pesca. Sus sermones eran claros, simples y sin misterio, cosa que tampoco agradaba a los sacerdotes que en forma nerviosa, desde los pulpitos agitaban la atmósfera de las sinagogas con los berridos de una altilocuencia deliberada sobre el público.

Era un contrasentido, que un joven sin los aparatos sagrados y ajeno a los ciclos educativos sobre los conceptos mosaístas, en vez de contentarse con la modesta función de un rabí peregrino que sólo debía exponer soluciones pequeñas entre el pueblo, se dedicara a minar las bases del Tora, sustituyendo temas, preceptos y reglas dictadas por el gran legislador, que fuera Moisés. Su papel de rabí se limitaría a explicar solamente y con claridad, los conceptos de la religión dominante, pero sin deformarlos o desmentirlos. Además, Jesús debilitaba el "misterio" de la religión que algunos hombres, astutos como el zorro, evitaban explicar al pueblo ignorante y tonto. Enseñaba fácilmente, exponía en público las delicadas facetas de la especulación iniciática de los templos y los complejos tabúes se transformaban en juegos de niños. Comprender la inmortalidad era fácil para el pueblo laborioso e inculto, puesto que Jesús evitaba las argumentaciones teológicas o las exhortaciones áridas y quilométricas, ni aducía cuadros ostensibles para valorizar su oratoria. Describía el "reino de Dios" con palabras e imágenes al alcance de la gente sencilla; eran símbolos de la vida humana, con claras y precisas comparaciones que contentaban a todos por igual. Aquí citaba el grano de mostaza, la espiga dorada, el trigo y el yuyo; allí, los talentos enterrados, la levadura que levanta la masa, la perla de gran valor, la red y la pesca; acullá, sus lecciones, apólogos y aforismos giraban alrededor del hijo pródigo, de las bodas del hijo del Rey, del buen Samaritano, del rico y de Lázaro, del juicio inicuo, de los siervos inútiles o de los trabajadores de las viñas. Todo era muy claro, incisivo y conmovedor, fácil de ser divulgado por los iletrados y comprendido por los más obtusos.

Pero, repetimos, todos no aceptaban a Jesús a pesar de su gentileza, ternura y sublimidad, pues en aquella época, los intereses humanos, tal como sucede hoy también, dividía a las personas conforme a sus objetivos egoístas o pasionales. El reino que el Maestro pregonaba, pedía al comienzo, abdicación de los intereses egoístas y al utilitarismo del mundo; insistía en la humildad, en la cesión de los bienes en favor de los necesitados, cosa imposible de ser aceptada por los ávidos, cupidos y especuladores, enemigos milenarios de cualquier reforma social. Además, no era la totalidad de los galileos los que se sometían a las enseñanzas de Jesús, pues había una buena parte, que no deseaban perder sus intereses, por eso, no se integraban al contenido evangélico que escuchaban.

Pregunta: Sin embargo, nosotros suponemos que si el Maestro Jesús hubiera ejercido alguna función prosaica, no se hubiera dedicado con tanta eficiencia en su doctrina y programar las peregrinaciones. ¿No es verdad?

Ramatís: El pueblo judío consideraba a sus rabíes como una institución tradicional y necesaria para solucionar millares de dudas y problemas que surgían a cada paso entre los polemizadores y aprendices. Ellos atendían las ansiedades espirituales públicamente, daban buenos consejos, justificaban compromisos, el sometimiento a las reglas y la ineludible sumisión religiosa. Por eso, no se indisponían con nadie y eran ayudados económicamente por el pueblo judío. El caso de Jesús, era distinto, pues su ministerio daba lugar a protestas, ironías, críticas e irascibilidades en determinadas clases, porque sus enseñanzas no se ajustaban a la tarea común de los rabinos peregrinos, pues trascendía valerosamente la religión imperante, sacudía a los remisos y alertaba al pueblo sobre las especulaciones y fantasías del sacerdocio astuto. El rabino Jesús no seguía la línea doctrinaria de Moisés, sus consejos eran invitaciones excéntricas que abatían al espíritu viril e indomable del judío en su fe, y además adormecía el odio imperante contra los romanos.

La región de Galilea era pródiga y ofrecía a todos sus habitantes el máximo de hermosura, encanto y sustento fácil. Los golfos y los lagos de Palestina poseían enormes cantidades de peces, sobre todo el lago Tiberíades. El pueblo vivía principalmente de la pesca y hacían con el pescado una gran cantidad de platos alimenticios, además de guardar una buena reserva de harina y conservas para el invierno. Había frutos en abundancia y se desenvolvía con gran facilidad, la apicultura, además de la industria de la mermelada de higos, duraznos, cerezas, naranjas y peras, mientras que el preparado casero era variadísimo. El pan de centeno, de trigo o de miel abastecía la despensa de los pobres, y las mujeres perseverantes y trabajadoras, producían con mucha facilidad otros medios de alimentación. No se observaba la necesidad angustiosa de las familias pobres de las ciudades modernas, donde la moneda ganada con mucha dificultad no alcanza para la modesta comida diaria. Entre los galileos, la recíproca hospitalidad era un deber sagrado; había un constante flujo de visitantes y cuando alguien tenía dificultad, recurría a quienes estaban bien provistos, pasando a sustentarlo hasta-que tuviera mejores días, sin tener apremios ni exigencias económicas. Así, el beneficiado quedaba con la obligación de atender en el futuro, a otro semejante necesitado, compensando los favores recibidos. Los presentes, los intercambios y los préstamos eran cosas comunes, pues para aquella gente el sentimiento fraterno y la preocupación de servir al prójimo era una cosa casi general.

De ese modo, Jesús no hacía falta junto a la familia, ni su inactividad era motivo de perjuicio o censura para la comunidad de Nazaret. También es necesario puntualizar, que el Maestro Jesús no incitaba a los hombres que admiraban su doctrina para que dejaran sus hogares, a fin de acompañarlo en su gira por los pueblos vecinos, ya que éstos, le acompañaban después que habían dispuesto todo lo necesario para sus familias durante su ausencia, que duraba muy pocos días. Jesús, como un rabí peregrino atendía solícito a toda esa gente, pues debía elucidar muchas ansiedades espirituales que aún se encontraban entorpecidas por la religiosidad fanática. Tanto el Maestro como sus seguidores, se contentaban con las migajas que sobraban en las mesas, mientras que vestían con extremada sencillez, pero jamás pesaban en la economía del hogar donde paraban. Eran frugales en la alimentación, como verdaderos cultores de una virtud del "reino de Dios", y ajenos a cualquier objetivo que no fuese su tarea mesiánica. Se preveía con anticipación los días que el Maestro y su comitiva estarían fuera de la ciudad y la homogénea colectividad providenciaba los medios necesarios, para que los viajantes no sufrieran necesidades, en lo tocante a los alimentos y hospedajes. También hoy se repite esa disposición emotiva y espiritual entre los espiritas, cuando ofrecen cálido acogimiento a los oradores, que siembran la "Buena Nueva" del Espiritismo.

Cuando se programaban esas giras, se multiplicaba la pesca, el cocimiento de panes, se preparaba mayor cantidad de conservas, se horneaban bizcochitos, se hacían cantidades de bebidas en base a jugos naturales de frutas, como naranjas, ciruelas, duraznos, manzanas y el dulce jugo de cerezas.

Era una fiesta emotiva para ese pueblo que poco conocía de esos raros acontecimientos. Las mujeres trabajaban alegremente para cooperar y divulgar la Buena Nueva ofrecida por el profeta de Nazaret. Se confeccionaban verdaderos y delicados equipos para las peregrinaciones un poco prolongadas; uno o más burros seguían a la retaguardia de los viajeros, conduciendo las provisiones para el sustento general. El cariño y la alegría confraternizaba a todos, puesto que eran muy felices por la oportunidad de participar activamente en el advenimiento de la doctrina cristiana.

En base al espíritu hospitalario y solidario que predominaba entre la mayoría de los judíos de la época, Jesús, sus discípulos y seguidores terminaban por distribuir gran parte de sus provisiones a los deheredados que encontraban en el camino, comprobando el afecto cariñoso y gentil de la caridad y el amor al prójimo, aun latente en el seno del Cristianismo. Los leprosos que habitaban en las grutas y cuevas al lado de los caminos, eran visitados constantemente por los pregonadores de la nueva creencia, recibiendo alimento, vestidos y la palabra amiga y confortadora del amoroso rabí. Cuando regresaban eufóricos y felices a sus hogares, con el alma satisfecha por el alimento espiritual recibido, los esperaban con la bienvenida que les tributaban sus felices familiares. Los que iban quedando a la retaguarda cuidaban de las cosas prosaicas de la vida, y se daban por muy satisfechos y felices por haber participado humildemente de la obra mesiánica del Maestro Jesús.

En los relatos evangélicos es posible comprobar la afabilidad que existía y unía a los apóstoles y familiares, que aumentaban constantemente por la adhesión de otros parientes y amigos; pero el Maestro era el primero en no permitir sacrificios ajenos, pues en su profunda honestidad, naturaleza mística y generosa se sentía el único responsable por los sacrificios que la pregonación del Cristianismo demandaba. Administraba con tanta sabiduría su tarea mesiánica, que la misma historia religiosa nos habla del orden, disciplina y obediencia que reinaba entre Él y sus discípulos, proponiendo soluciones y sugiriendo providencias que no contradijeran el buen sentido.

Pregunta: Considerando que Palestina era una tierra pródiga en profetas donde se pregonaba toda clase de credos, incluso se provocaban conspiraciones religiosas, ¿por qué Jesús sobrepasó a todos, aunque pregonaba una doctrina bastante prematura para la época?

Ramatís: El principal atractivo de las prédicas de Jesús, era su admirable explicación sobre un Dios magnánimo, justo, afectivo y casi humano, que amaba a sus hijos, como lo haría el padre más amoroso de la tierra. El estilo de Jesús era simple, afectivo y convincente, extremadamente comunicativo; no intentaba convencer a su público a través de palabras complejas o por los recursos artificiales de la elocuencia humana. Les explicaba las premisas encantadoras del mundo celestial y las posibilidades que cada uno tenía para ser feliz. Sus palabras eran suaves y nítidas, pues quedaban grabadas en la mente de sus atentos oyentes. En sus prédicas, casi era un narrador de historias brillantes, pero de sugestivo colorido; era un peregrino que comentaba las delicadas y atractivas cosas que se desconocían y que pertenecían a un mundo lejano. Los minutos y las horas transcurrían aceleradamente y aquella aglomeración de gente esparcida por la pendiente llena de flores, quedaba inmóvil, sin hacer gesto alguno que pudiera distraer la atención, prestando atención a la musical voz del querido Maestro Galileo.

Jesús no cansaba al pueblo con prolongadas pláticas, de palabras oscuras, pesadas o sibilinas; exponía sentencias cortas, historietas breves y comúnmente las famosas parábolas, que tanto fascinaban al auditorio. Los encantados oyentes se embebían en las enseñanzas en un silencioso "suspenso" que estaba impregnado de imágenes comunes y naturales de la vida. En sus relatos mencionaba el mar, las montañas, las aves, los ríos, las flores, las nubes, el campo y los árboles, resaltando cada ejemplo con imágenes claras y objetivas que no agotaban el cerebro de sus oyentes menos preparados. Todavía no conocemos profeta alguno que llegara a apasionar tanto a su público y adeptos; ninguno anterior a él aportó tantas esperanzas a los hombres entristecidos, a los desesperados, a los pobres y a los enfermos abandonados. El mundo Tierra había recibido a innumerables sabios, profetas, instructores y líderes religiosos, que dejaron huellas luminosas en los empolvados caminos; pero sólo Jesús había penetrado íntimamente en los corazones de las personas. Su "Buena Nueva" era un bálsamo, porque describía con tal acierto y sinceridad el maravilloso reino del Señor esperando a los infelices, tristes, pobres y enfermos, que hasta los afortunados llegaban a impresionarse, temerosos de quedar fuera de los muros de esa encantadora ciudad. Así como el estatuto regula la conducta moral y disciplina los movimientos de sus asociados en las instituciones recreativas, Jesús también estatuyó la forma de cómo debían comportarse los ciudadanos en el "Reino de Dios", especificándoles las virtudes a desenvolver para lograr pronto éxito. De ahí parte la fuerza renovadora del "Sermón de la Montaña" cuando bendecía a los pobres y misericordiosos, a las víctimas, perseguidos y también a los pacíficos, proclamándolos como ciudadanos felices del reino que había venido a pregonar.

Su voz penetraba como gotas refrescantes en los corazones de los sufrientes y sus oyentes se reanimaban ardiendo de entusiasmo y ventura, ante la sencilla pero eficaz sugestión recibida. Era una gracia, una dádiva prometida por aquel profeta que no mentía, no engañaba y había hecho votos de renuncia a las cosas valiosas y atractivas del mundo terreno, porque acostumbraba a decir: "que el Padre le había dado todo lo que deseaba poseer". Los galileos eran pobres, pero vivían satisfechos, ya sea por el panorama que los rodeaba, como por la facilidad de la abundante pesca que los sustentaba sin problemas de ninguna especie. Eran sencillos en el vestir, y dado el clima tan benigno los hacía vivir totalmente felices. Por eso, confiaban en todo lo que Jesús les manifestaba, ya que eran cosas claras, objetivas y posibles de alcanzar en la vida que llevaban.

La desaprensión que los dominaba por las circunstancias favorables del medio tan generoso, los predisponía para los fines perseguidos por el Maestro; por eso, vibraban intensamente con los cuadros que les mencionaba en sus pregonaciones. Era una deliciosa invitación hacia el reino prometido, donde había un Dios excesivamente amoroso, un Señor que acrecentaba las alegrías y favores de sus subditos sin exigirles ofrendas, compromisos y tasas religiosas insoportables. Era fácil ingresar a ese reinado de felicidad, pero primero debían aprender en la tierra a liberarse de las riquezas, del orgullo, vanidad, codicia, maldad, de la ira y de la envidia. Si bien el hombre debía hacer hercúleos esfuerzos para adquirir los bienes del mundo, encontraba mucho más fácil abandonarlos y podía con cierta facilidad controlar los ataques de orgullo y de ira. El profeta de Nazaret pedía muy poco y ellos vivían casi todo lo que él les solicitaba. Les amenizaba la vida enseñándoles a ser venturosos en medio de la pobreza y el sufrimiento; les ofrecía justas compensaciones ante las vicisitudes y trastornos de la vida humana. Decía reiteradas veces: "Procurad primero el reino y la justicia de Dios, y todo lo demás os será dado por añadidura".[5]

Pregunta: Lo que nos sorprende mucho, es el silencio que guardan los historiadores profanos respecto a Jesús, ya que su movimiento abarcaba casi la totalidad de la población judaica, esencialmente a los pobres.

Ramatís: La Buena Nueva pregonada por Jesús atraía a las multitudes, a pesar de los pesimistas y sarcásticos que juzgaban de fantasioso al pregonador, y que además caminaba infructuosamente por los caminos de Palestina, intentando realizar una vez más, la tarea comenzada por otros precursores, pero que no tenía fuerza para modificar al pueblo y al Clero judío. Sin embargo, el Maestro no necesitó de la ayuda de la historia profana para llegar hasta nosotros, por una razón simple e incontestable, su doctrina y pregonación no estaba destinada a las formas del mundo transitorio, ni destacaba los valores que se clasificaban en las tablas convencionales de la sociedad huma-

5 Ese tema propuesto por Jesús está muy bien detallado por los siguientes evangelistas: *Mateo,* cap. VI, vers. 19, 21, 24 y 34; *San Lucas,* cap. XII, vers. 22 al 34.

na. Era un mensaje de quilate espiritual, dirigido al sentimiento del espíritu encarnado; le reavivaba las virtudes, las cualidades y los poderes ocultos, latente en la intimidad de su esencia divina. Jesús estimulaba en lo profundo del corazón humano el sentimiento angélico, de origen celestial, pues reiteradas veces decía: "el hombre fue hecho a imagen de Dios" y el "Creador y la criatura son uno".

No tiene importancia que la criatura humana no haya mencionado en la historia terrena el pasaje de Jesús de Nazaret, el Mesías tan esperado, pues sus amigos, fieles, discípulos y apóstoles continúan enseñándolo en nuevas reencarnaciones físicas, avivándole la memoria y asegurándole la existencia a través del inmortal recuerdo del espíritu. El perfil del Jesús histórico es dudoso, porque tendríamos que ayudarnos con los precarios registros de los hombres, en base a un mundo sometido continuamente a las catástrofes, guerras y luchas que deforman, truncan y destruyen vestigios, reliquias y datos concernientes a cada época. Pero, es innecesario, porque su vida y obra quedaron grabadas en el alma de la humanidad, reactivándose con más nitidez a medida que transcurre el tiempo, pues el mismo Maestro en una perfecta visión del temperamento variable de los hombres, exclamó: "Pasará el Cielo y la Tierra, pero mis Palabras no Pasarán".

Pregunta: Sin embargo, hay muchos que dicen, que Jesús lo único que hizo fue servirse de las enseñanzas aportadas por Confucio, Krishna, Zoroastro y Buda. ¿Qué opináis?

Ramatís: Volvemos, una vez más a deciros, que la humanidad siempre fue visitada por Espíritus orientadores, ni bien tuvo sensibilidad y fue capaz de recibir los nuevos mensajes, aunque no fuera capaz de comprenderlos íntimamente en su sentido espiritual. Lo Alto siempre transmitió hacia la tierra, antes de Jesús, la misma índole de esclarecimientos y liberación espiritual para los hombres. Los conceptos predicados por el divino Amigo, recomendándonos el "amaos los unos a los otros" y "haced a los otros lo quisierais que os hagan", habían sido enseñados anteriormente en la Lemuria, Atlántida, Caldea, Fenicia, Egipto, Grecia y en la India, por medio de misioneros como fueron Numú, Antulio, Anfión, Rama, Hermes, Krishna, Buda, Confucio, Zoroastro, Orfeo, Pitágoras, Sócrates y otros, mientras que en la era actual fue pregonado por elevados Instructores como Ramakrishna, Maharshi, Ghandi y Allan Kardec.

Por esa causa, Jesús no pregonó una doctrina originariamente desconocida, pero en su misión redentora debía limpiar las viejas doctrinas de sus vicios e incongruencias, avivándoles la esencia adormecida y el sentido liberador petrificado bajo la liturgia pagana, las interpolaciones deformantes en base al interés religioso. Sin embargo, aun hoy se vuelven a repetir los mismos vicios de antaño, pues la Verdad realzada por Jesús se halla nuevamente asfixiada por los dogmas supuestamente infalibles y por los melodramas aparatosos sobre la pasión y la crucifixión. La sencillez y pureza iniciática del Cristianismo se encuentran petrificadas por las prácticas litúrgicas modernas, que además de ser exhaustivas e inútiles terminan por anular la figura del Maestro ante una fantasía circense. Cuando el creyente vibraba y sentía las enseñanzas liberadoras de Jesús, se hallaba agotado por el largo peregrinaje entre símbolos, dogmas y misterios religiosos; así como el viajero que desfallece ante la fuente de agua cristalina, por estar agotado al tener que desplazar los obstáculos, colocados adrede por el hombre.

Pregunta: Aunque nosotros concordemos en vuestros decires sobre la verdad del Maestro Jesús, que llegó hasta nuestros días por la tradición espiritual; sin embargo, ¿cómo fue posible, alcanzar esa meta a pesar de tantos sofismas, interpolaciones y fantasías que los hombres introdujeron en sus enseñanzas?

Ramatís: En verdad, el sacerdocio organizado ha hecho del Hombre Luz un personaje irreal, cuya figura es retocada continuamente en cada concilio sacerdotal, mezclando la realidad con la fantasía y la lógica con la aberración. Mientras tanto, no tengáis la menor duda, que el tiempo del reajuste tan deseado ya se aproxima, y muy pronto tendréis conocimientos dé la fuerza original que encierra la obra de Jesús, pues es bueno resaltar, que habiendo sido un Ángel descendido de lo Alto, vivió una vida coherente y conforme a las leyes del mundo.

El Jesús que hoy es adorado por las religiones terrenas no es el mismo Jesús que respiró el oxígeno de la tierra; es una fantasía imposible de ser conceptuada entre las mismas contradicciones. El protestantismo, que pretendió revivir la sencillez del Maestro, acondicionándole algo de humano, también se asustó ante el miedo al sacrilegio y prefirió dejarlo envuelto en el velo de la fantasía milagrosa. La reforma de Lutero, rebelándose contra los dogmas seculares y el fausto sacerdotal, que ironizaban la pobreza del Maestro Nazareno, desgraciadamente eligió la Biblia como un Señor absoluto, incondicional, que se transformó en autoridad implacable para derribar posibles dudas e innovaciones. El pensamiento dinámico y evolutivo de los protestantes se paralizó, regresando rápidamente hacia el fuerte de la Biblia — que aún lo reconocemos como libro que contiene revelaciones útiles — pero que no puede sustituir la libertad de pensar. Ese libro, apenas ayuda a razonar sobre la Verdad Divina. A nuestra forma de ver las cosas, con esas religiones imperantes, sólo hubo un cambio de autoridad envejecida por otras más nuevas; pero en forma alguna se solucionó el problema de desvestir a Jesús de la aparatosidad pagana y de su aura de mago de feria.

Mientras tanto, los sofismas, tronchamientos, interpolaciones y la desnaturalización de ciertos pasajes sobre la vida del Maestro Jesús, no consiguió oscurecer su trayectoria desde la Palestina hasta nuestros días, porque su rúbrica fue el sacrificio sangriento de la cruz y su investidura espiritual la demarcó por su Infinito Amor hacia la Humanidad.

23. Jesús, sus milagros y efectos

Pregunta: ¿Es verdad que Jesús realizó los milagros que relatan los Evangelios?

Ramatís: El Maestro realizó innumerables curas y renovaciones espirituales que no deben considerarse milagros, pues eran el resultado de sus facultades mediúmnicas. En base a su elevada espiritualidad y de la asidua cooperación de las entidades angélicas que lo asistían, todo cuanto hacía y que era interpretado por milagroso era consecuencia de la aplicación inteligente de las leyes trascendentales. También los Esenios terapeutas manejaban con mucho acierto las fuerzas ocultas y curaban por la imposición de las manos; algunos iniciados como Simón el Mago, los discípulos de Apolonio de Tyana, sacerdotes, budistas, yogas y adeptos emigrados de Egipto sabían provocar esos fenómenos y que al Maestro se le atribuían como milagrosos. Los demás, aunque fueran científicos altamente intelectualizados de Judea o de Roma, ignoraban las leyes del mundo invisible; era el tan conocido fenómeno mediúmnico, que hoy con los médium de elevada capacidad ectoplásmica realizan los mismos efectos que hacía el Sublime Galileo.

Pregunta: ¿Entonces, los relatos existentes en los evangelios son exactos, respecto a los milagros, aunque éstos puedan explicarse por medio de la fenomenología mediúmnica?

Ramatís: Existe gran confusión en los relatos evangélicos, dado que muchos hechos sucedieron en forma diferente a lo relatado, y además, le atribuyeron al Maestro ciertos milagros que eran totalmente ajenos a su vida. Los compiladores del Evangelio se sirvieron de la tradición a fin de engrandecer la persona de Jesús, incorporándole milagros que son repeticiones referentes a otros misioneros de renombre. La resurrección de Jesús y la desaparición de su cuerpo, nos recuerda a la leyenda de algunos acontecimientos milagrosos del pasado. Enoch fue arrebatado por los cielos, desapareciendo su cuerpo carnal; Elías subió a los cielos en un carro de fuego; el profeta babilónico Habacuc, ascendió a los cielos por los cabellos; Pedro, en compañía de Jesús, caminó sobre las aguas del mar, tal como lo habían hecho anteriormente Rama, Moisés y otros precursores del Maestro.

En verdad, si Jesús hubiera practicado tantas cosas que eran consideradas sobrenaturales, sería un verdadero duplicado de los famosos magos y alquimistas y su fama hubiera desaparecido en la historia profana, como sucedió con Simón el Mago, Apolonio de Tyana, Paracelso y otros iniciados. Además, esos hechos solo existen en los relatos de los cuatro evangelios, pero "según lo que los evangelistas dijeron", y no lo que ellos mismos escribieron respecto a los milagros de Jesús. El mismo Flavius Josefus, historiador de la época, no hace la menor referencia al caso citado.

Pregunta: ¿Qué nos podéis decir sobre el milagro de las Bodas de Cana, en Galilea, donde Jesús transformó el agua en vino?

Ramatís: Esas citaciones de la transformación del agua en vino, también le fueron atribuidas a Buda. Los hombres interesados en agrandar la figura mitológica de Jesús por medio de poderes sobrenaturales, se sirvieron de su condición y prestigio divino. Pero, es cierto que Jesús y María estuvieron presentes en las bodas de Cana, dado que el Maestro atendía solícito a todas las obligaciones sociales evitando humillar o despreciar a sus coterráneos; pero también es evidente, ¡que en una fiesta donde se había terminado el vino a causa de su elevado consumo, la mayoría de los invitados estarían totalmente embriagados! Jesús era tolerante con las debilidades humanas, y sería contrario a su honesto proceder si hubiera concretado el tan mentado milagro de la conversión del agua en vino, pues sería muy culpable de haber transformado el ambiente de la Boda en un culto al dios "Baco". Por consiguiente, ese supuesto milagro en nada realzaría el carácter del Maestro; pues truncaría la línea recta de su elevada compostura moral.

Pregunta: ¿Y, en cuanto a la resurrección de Lázaro?

Ramatís: Antes de Jesús, el profeta Elías había resucitado a la hija de Sarepta; Apolonio de Tyana resucitó a una joven, y Elíseo, al hijo de una mujer sulamita.

En verdad, Jesús asistió a Lázaro y lo salvó de una muerte segura; pero los exégetas de la Biblia, quisieron llevar el caso a cuenta de una resurrección, derogando de esa forma las leyes que el Maestro dijo que no venía a destruir, sino a cumplirlas. El caso de Lázaro, hoy tiene muy fácil explicación en la esfera de la patogenia cataléptica, por ese motivo, Jesús dijo que en el futuro otros harían mucho más de lo que él hacía. El cuerpo del supuesto resucitado estaba rígido, pero vivo, pues el joven Lázaro sufría de terribles ataques catalépticos. Hubo sí, un despertar salvador, pero no la resurrección de un cuerpo en supuesta descomposición. Conforme dice el Nuevo Testamento, Jesús llegó junto a Lázaro y le ordenó imperativamente que se levantara, y dándole fuerzas magnéticas de gran vitalidad Lázaro se recuperó rápidamente de la rigidez muscular que lo mantenía inactivo. Si el cuerpo de Lázaro había sido inhumado cuatro días antes, como dice el evangelio de Juan, y en un terreno caluroso y favorable para la multiplicación de la fauna microbiana, Jesús, sólo hubiera encontrado un cadáver putrefacto, carente del fluido vital que mantiene la vida corporal. Entonces, Lázaro, víctima del terrible ataque cataléptico tenía que haber sucumbido en la calurosa gruta de piedra si Jesús no lo hubiera llamado a la vida, antes de su entierro definitivo.

Los autores de ese "milagro" no se contentaron con la resurrección atribuida a Jesús, pues también se encuentran pasajes donde Pedro resucita a una joven, como se podrá observar en el «Libro de los Actos de los Apóstoles» (Cap. IX-40).

Pregunta: ¿Y, respecto al milagro de la multiplicación de los cinco panes y dos peces, con los cuales fueron alimentados cinco mil personas?

Ramatís: La tradición milagrera también dice que Moisés multiplicó los alimentos en el desierto, haciendo caer el maná para alimentar a los judíos fugitivos de los egipcios; por eso, Jesús el Salvador de los hombres, no podía dejar de hacer igual o superior milagro. La verdad es que el Maestro no pretendía multiplicar los bienes materiales de los hombres, sino, "el pan del espíritu" que era lo más buscado por él en favor de la criatura humana.

Pregunta: Respecto a las curas de los paralíticos, ciegos, sordos, mudos y leprosos, ¿qué nos podéis decir?

Ramatís: Aunque el Maestro era una entidad angélica, responsable por la vida espiritual en el orbe terráqueo, debía adaptarse al metabolismo complejo de la vida humana y de sus relaciones con el medio. Bajo la pedagogía de los Esenios, amigos de la familia, Jesús desenvolvió las fuerzas ocultas bajo rigurosa disciplina y aprendizaje terapéutico, al punto, que llegaba a curar a todos aquellos» que dinamizaban sus fuerzas en un intenso estado de fe. Mas él no contrarió ni violentó las leyes del mundo físico o del mundo espiritual. Seguía determinados métodos y reglas para la distribución, concentración y entrega de sus fluidos curativos. El Maestro, siendo Sabio y Justo se sometía fielmente al mecanismo natural de la vida humana creada por Dios y ejercía su ministerio sin discrepar con los principios de control y organización de los mundos planetarios. No hay dudas, que la capacidad espiritual de Jesús le permitía dispensar de la técnica y gestos apropiados para efectuar sus curas. Sin embargo, movilizaba, dirigía y aplicaba los fluidos terapéuticos conforme a las leyes que los regían. Cuando actúan los espíritus desencarnados junto a un médium curador, éstos no necesitan hacer ningún gesto, porque ellos apenas funcionan como catalizadores de la fe de los enfermos, mientras sus protectores siguen las reglas de las leyes terapéuticas. Así, Jesús curaba por la imposición de las manos, por la concentración y dispersión de los fluidos, como si fuera un hábil técnico, moviendo con seguridad y precisión las fuerzas vivas y creadoras. Hoy, cualquier persona sabe muy bien, que la electricidad exige determinados recursos e inteligencia para ser aplicada exitosamente en favor del género humano. Esa electricidad no circula por los cables que contengan material aislante, por más vigorosa que sea la capacidad de la usina. Las leyes que regulan el flujo de la energía eléctrica, exigen un camino apto y un sabio control para determinados usos, así resulta provechoso el calor, la luz y el frío generado por esa fuerza. Jesús, mientras tanto, aportaba el Bien con fuerzas más sutiles, disciplinadas por las elevadas fuentes creadoras del Espíritu, entonces, era un Sabio, no un milagrero, pues actuaba con inteligencia en todas sus curas, sometiéndose a la técnica y reglas terapéuticas del magnetismo superior.

No os quepa la menor duda, que la fuerza principal que dinamizaba esas curaciones era la naturaleza angélica de su alma, entregándose confiado y receptivamente a sus enfermos. Sano de organismo, sin deformidades «psicofísicas», poseedor de un doble etérico, portador de un inmaculado ectoplasma que combinado a los elementos extraídos de la contextura del orbe, era como una antena viva y diamantífera de donde fluían energías vitales que producían modificaciones sorprendentes en los enfermos, y que luego eran tomadas por milagrosas. Su palabra creadora era penetrante e hipnótica; insuflaba vitalidad, ánimo, alegría y esperanza en los necesitados. Era como una palanca que promovía el movimiento en los paralíticos, los ciegos veían y los leprosos limpiaban sus llagas corrosivas. Era un fabuloso potencial de energías creadoras que daban salud y restablecía el dinamismo orgánico.

Por otra parte, el conocimiento de la ciencia moderna demuestra que el ser humano puede despertar y acumular fuerzas vitales en sí mismo, cuando confía, tiene fe y se somete incondicionalmente a una voluntad insuperable que promete curarle todos sus males. Es lo que sucede comúnmente con ciertos enfermos que llegan a la fuente milagrosa de Lourdes, pues la fe les activa el cosmos orgánico vital alcanzando curas sorprendentes. Otros enfermos de menor gravedad, al ser pesimistas y esclavos de su desequilibrio espiritual, terminan por anular el flujo vital de sus reservas corpóreas, regresando sin obtener la mejoría deseada.

Cuando Jesús veía la confianza depositada en los ojos suplicantes de los enfermos, los envolvía con las ondas de su profundo amor, activándoles el proceso de las fuerzas magnéticas a través de las palabras y los gestos, como si les embargara un misterioso torbellino que les hacía surgir poderosos fluidos de su mundo interior.

Bajo los gritos de alegría inusitada, desatábanse los músculos rígidos o se activaban los nervios flácidos; revivían, los miembros inactivos, mientras las corrientes vitales purificadoras regeneraban todo el sistema orgánico, restableciendo la vista en los ciegos, las cuerdas vocales en los mudos, sensibilizaba sistemas auditivos, desatrofiaba los tímpanos curando a los sordos. La influencia excitante I creadora que la mirada del faquir ejerce sobre la semilla enterrada en el suelo, le impone la dinamización de las energías ocultas y crece apresuradametne; Jesús también la ejercía a través de su asombroso y dinámico poder de la mirada. Un cuerpo llagado se volvía limpio en el plazo de algunos minutos bajo la prodigiosa energía que el Maestro proyectaba en el alma del paciente.

Pero insistimos: era un proceso que no causaba espanto ni sobrepasaba el entendimiento común que Jesús tenía sobre las leyes creadoras, ni tampoco sorprendía a los -ángeles que lo acompañaban en su peregrinar sobre la tierra. Jesús disponía con mucha sensatez de las fuerzas que son regidas por la física trascendental, puesto que era la fuente propulsora de los fluidos que él atemperaba con su sublime amor. Por esa causa, cuando terminaba sus curaciones quedaba en estado de visible agotamiento, pálido y tembloroso, recomponiéndose paulatinamente gracias a las preces y ayuda de sus amigos invisibles.

Pregunta: ¿Qué nos podéis decir del milagro, sobre la moneda hallada en la boca de un pescado; cosa que Jesús había anticipado a Pedro cuando fue a pescar?[1]

Ramatís: Eso fue causa de una anécdota de pescadores y que Jesús utilizó para ilustrar una enseñanza a Pedro, él que siempre vivía enfadado con los extraños porque le hacían preguntas capciosas sobre el Maestro.

Pregunta: Respecto a las curas del endemoniado y el joven lunático que constan en los evangelios de Mateo, Lucas y Marcos; ¿qué nos decís?[2]

Ramatís: Entre los mismos evangelistas existe cierta diferencia en los relatos de esos acontecimientos, pues Mateo resume los hechos en base a dos endemoniados gerasenos, en vez de

---

1 *Mateo,* XVII, vers. 6.

2 *Mateo,* VIII, vers. 28-34, v XVII, vers. 14 al 21; *Marcos,* V, vers. 1 al 20, y IX, vers. 14 al 29; *Lucas,* VIII, vers. 26 al 39, y IX, vers. 37 al 42.

uno; Lucas y Marcos son bastante minuciosos e indican un solo proceso. En verdad, Jesús curó a dos poseídos gerasenos, cuyos espíritus obsesores a ser interpelados, le respondieron que eran una "legión" que actuaban sobre los poseídos.

Mientras tanto, es bastante absurdo y falso el proceso que se atribuye a Jesús, haciendo entrar a esos espíritus en el cuerpo de los cerdos, «cuya manada la formaban cerca de dos mil y se precipitaron despeñadero abajo, hacia el mar, donde se ahogaron». El Maestro había ordenado: «Espíritus inmundos, salid de esos hombres» a lo cual le respondieron que «eran una legión» (de obsesores), acrecentando Jesús: «Idos de estos hombres, pues el espíritu inmundo no habita en los hombres pero sí, en los puercos». Siempre que se le atribuye violencia, irascibilidad o venganza al excelso y bondadoso espíritu de Jesús, aunque conste en los autorizados evangelios no debe Keptarse, dado que su carácter era sumamente generoso y tolerante. Por eso, la narración sobre los endemoniados gerasenos es una incongruencia que desmiente la elevada naturaleza del Maestro. Jesús jamás hubiera causado tan enorme perjuicio a los dueños de la maje puercos,, y menos, ante la supuesta transferencia de los espíritu obsesores en el cuerpo de los cerdos, cosa que no tiene cabida en ninguna de las leyes conocidas para la materia, ni para el mundo inmortal de los espíritus.

Pregunta: ¿Es verdad que Jesús calcinaba sobre las aguas?

Ramatís: Aun hoy en la India, no es muy difícil encontrar individuos que realizan el prodigio de caminar sobre el agua y sobre cantidades de varilla con puntas afiladas, como sentarse en un brasero al rojo sin padecer en lo más mínimo, pues la materia, también es energía condensada que forma parte del mundo oculto y puede ser dominada por el hombre, como vuestra ciencia día a día lo va comprobando. Pero, es necesario distinguir la función que brinda un prestidigitador que sorprende al sentido común de las personas, produciendo fenómenos raros, con la «misión» de un Espíritu del quilate de Jesús. El primero puede volverse un «hombre de los milagros» y ser aplaudido por el público fanatizado; el segundo, es un libertador de almas que dispensa de los recursos de la materia para organizar su apostolado. Jesús podía realizar todos los milagros que le fueran atribuidos, aunque actuara sabiamente con las energías naturales del mundo físico; pero, eso no le era propicio para convencer a la criatura humana, necesitaba de su liberación espiritual. Ningún misionero por poderoso que fuera en el manejo de las fuerzas ocultas, conseguiría transformar un hombre en un ángel a costa de fenómenos y milagros. El espíritu del hombre no se gradúa hacia la angelitud presenciando milagros o admirando a los "magos de feria", sólo ha de conseguirlo liberando en sí mismo las fuerzas espirituales, que han de aclararle la mente y después le amplían su conciencia.

El "milagro" del Maestro Cristiano de caminar sobre las aguas, conforme citan los evangelistas, se debe a la errónea interpretación de una costumbre tradicional entre los galileos de su época. Había dos caminos muy conocidos que convergían en Cafarnaum y otras localidades de Nazaret; uno de ellos cortaba la planicie y lo llamaban "camino del campo"; otro costeaba el lago Tiberíades y lo denominaban "camino de las aguas". Cuando alguien iba o volvía costeando el lago Tiberíades, era costumbre decir que "fulano iba o venía por el camino de las aguas". Transcurrido cierto tiempo, fue más apropiado decir que "fulano andaba por las aguas". De esa forma, cuando Jesús volvía con sus discípulos hacia Nazaret, era muy común decir que el "Maestro venía por las aguas"; eso fue lo que la tradición religiosa trajo hasta nuestros días, es decir, la leyenda de que "Jesús andaba sobre las aguas".

Pregunta: Si hace dos mil años, Jesús hacía curaciones positivas; ¿por qué algunos médiums actuales fracasan, aunque utilicen los mismos recursos curativos que usaba el Maestro Cristiano?

Ramatís: Todos los enfermos no tienen la misma disposición para ser curados. El enfermo debe ir al "encuentro" del curador y ser dócil a la cura, ya sea sometiéndose a la terapéutica de los encarnados o desencarnados, pues de ello depende la mayor o menor eclosión de las energías de ambos — enfermo y curador —. Cuando la fuente que permite los fluidos es bastante energética, como en el caso de Jesús, el enfermo se cura rápidamente, sin convalecencia; pero, cuando el curador es débil de potencial, entonces es necesario que el enfermo coopere con la fuerza de su fe, centuplicando la energía indispensable de los fluidos curativos. Ese fenómeno se procesa con más propiedad en el plano espiritual y no en el carnal, en una especie de automatismo desconocido para la conciencia física, cuya actitud positiva de esa fe que "transporta las montañas" es la "llave" que abre las compuertas de las energías, que se hallan latentes en el alma humana. La cura rápida e incomún no es milagro, ni misterio, es el fruto de una serie de circunstancias de carácter moral y espiritual, cuyo suceso depende mucho del amor sincero y desinteresado.

Además, el hombre moderno está viciado e intoxicado con remedios violentos que oprimen sus energías magnéticas mediante el bombardeo de la química moderna, a través de los productos de laboratorios farmacéuticos. El enfermo actual se parece a una probeta de prueba, puesto que es el receptáculo vivo de las dosis que contienen las jeringas hipodérmicas, que introducen en su delicado sistema orgánico el contenido de sales minerales heterogéneas y sustancias agresivas, causándole más tarde graves consecuencias, afectándole la salud. ¡Cuántas veces, el enfermo en vez de morir por motivo de la molestia, su deceso se acelera por medio de la "cura"!

La gran ignorancia que existe sobre el mundo espiritual genere el miedo a la muerte e induce al hombre a intentar una retirada angustiosa, ante el primer síntoma de enfermedad. Entonces se transforma en un foco permanente de molestias, que aparecen y desaparecen sustituyéndose continuamente, hasta verse indefenso en la cama víctima de la intoxicación medicamentosa. El dolor, que es la señal roja de peligro para la salud del cuerpo, se trata de eliminar prontamente con el bombardeo de sedativos y anestésicos.

Las personas parecen ignorar del poder maravilloso de la naturaleza, que actúa desde lo íntimo del alma y produce verdaderos milagros. Sólo pide, que se le dé algún tiempo para corregir y restaurar los órganos y sistemas lesionados. La salud no es el producto de las tisanas, comprimidos y del uso imprudente de las inyecciones; primero, para higienizar el alma debe establecerse el equilibrio psicofísico mediante la educación en los principios espirituales que mejoran las relaciones cristianas entre las criaturas, la comprensión sobre los deberes humanos y la consecuente reducción de las enfermedades de la llamada "civilización".

Está comprobado que los salvajes se enferman gravemente

después que toman contacto y adoptan las costumbres de los civilizados, inclusive con los alimentos y el uso de las bebidas alcohólicas.

La ausencia del sentimiento por falta de espiritualidad, la negación del joven moderno, en ser religioso, tolerante, obediente, resignado, sincero y pacífico hacen crecer el índice de las enfermedades, pues la hipocresía, el odio, la venganza, la violencia, la irascibilidad, la cupidez, el orgullo y otras cualidades anticrísticas provocan las enfermedades en el alma, que repercuten en el cuerpo, perjudicando la salud.

Pregunta: ¿Qué idea debemos tener sobre la técnica o el empleo de las fuerzas terapéuticas, en los casos de las curas realizadas por Jesús, comparados a los médium o curanderos modernos?

Ramatís: La literatura médica cita el caso de los paralíticos que mueven sus miembros anquilosados o se curan instantáneamente, por el impacto de las emociones agudas e inesperadas. Son recursos extraños de los que el alma se sirve para producir transformaciones benignas en la intimidad del cuerpo. En una ciudad norteamericana, hace algunos años, durante el incendio ocurrido en un hospital reservado para los paralíticos, diecinueve de esos enfermos se recuperaron instantáneamente ante el pavor del fuego y la fuerza mental que dinamizaron para poder huir de la tragedia.

Eso confirma que existen energías fabulosas en lo íntimo de cada ser, que al excitarlas ante un supremo esfuerzo mental o por la fe inquebrantable las unifican súbitamente y provoca lo que el vulgo llama el "milagro". Son energías que destruyen lesiones, bajan o elevan la temperatura incidiendo sobre los centros térmicos; purifican la linfa y electrifican el corazón. Son fuerzas acumuladas durante milenios, pues el proceso de la exudación del magnetismo telúrico del orbe, se agrupó a través de la imantación de los minerales, se acumuló en la médula de los vegetales y por último se derramó vigorosamente para estructurar la carne del hombre. Dieron solidez y cualidades al mineral; forma y flexibilidad al vegetal; movimiento e instinto al hombre. Agrupáronse y se concentraron en un dinamismo cada vez más pronunciado en el progreso constante de una forma hacia otra y de especie en especie, dotándolas de un automatismo creador disciplinado y de un instinto que las orienta hacia el punto donde deben construir o restablecer órganos, etc. El hombre debe disciplinar su vida y sus pasiones, porque esas fuerzas creadoras y poderosas existen en su organización "etéreo-carnal", en el periespíritu y son servidoras sabias que cooperan en la estructura de la vida.

Pregunta: Para nuestra comprensión, desearíamos que nos dieseis alguna ilustración sobre el empleo de esas fuerzas.

Ramatís: Ellas gravitan con relativa libertad en el organismo del hombre, sumisas a su voluntad creadora o destructiva, pueden llevarlo al cielo si se emplea sabiamente su contextura, o conducirlo al infierno, si se invierten los polos energéticos. Cuando un acontecimiento inesperado o un hecho emotivo generan un estado de fe, esas fuerzas se concentran en un solo haz, entonces el comando psíquico y milenario puede desencadenar ese potencial en punto dado, sea un órgano o sistema del cuerpo, para eliminar lesiones y restablecer la vida anquilosada. Nos recuerda al recurso empleado por el hombre ingenioso que para mover un pesado block de piedra, primero reúne a los caballos, los pone a tiro y en un sólo envión de esas fuerzas conjuntas, mueve la piedra. De esa misma forma, el "quantum" de fuerzas reunidas y potencializadas producen la cura instantánea bajo el impacto dinámico del espíritu. Muchas criaturas entorpecen el trabajo inteligente de esas fuerzas, porque las debilitan con su desánimo mental y falta de fe en la vida creadora. A veces es preferible que la persona ignore la naturaleza de su enfermedad, puesto que así se aleja de la desesperación y desánimo que le provoca la "caída" energética de las fuerzas vitales.

Hace algún tiempo, los médicos norteamericanos se sorprendieron al realizar una serie de autopsias en varios indigentes, ajenos al tratamiento de la terapéutica oficial y comprobaron que habían padecido de úlceras gástricas o duodenales, lesiones cardíacas, infecciones peligrosas, tumores cancerosos, quistes y amebíases. Sin embargo, su estado patogénico presentaba los vestigios o cicatrices de las molestias curadas por los recursos espontáneos de la naturaleza. Eso prueba una vez más, que en lo íntimo del alma continuamente trabajan las fuerzas creadoras, aunque las personas ignoren su acción. Lo más importante, es saber reunir esas fuerzas bajo una voluntad disciplinada, o bien, por medio de un estado dinámico, que es la FE.

Pregunta: ¿Por qué Jesús no consiguió curar a todos los enfermos?

Ramatís: En relación a las multitudes que seguían a Jesús en busca de alivio y de cura, muy pocos fueron los curados de sus males. Los irascibles y descontentos por el fracaso de sus pretensiones no vacilaban en blasfemar contra el profeta galileo, probando así que la dureza de sus corazones era un obstáculo para merecer la salud del cuerpo.

Pregunta: El Maestro Jesús, como espíritu poderoso y santificado, ¿no deseaba curar a todos? ¿O sabía de antemano, cuáles eran los enfermos que debían ser liberados de sus dolores y enfermedades?

Ramatís: Jesús descendió a la tierra para salvar a toda la humanidad; su amor incondicional sobrepujaba su condición de donar sus bienes espirituales. Si no curó a todos, fue porque la disposición contraria de los enfermos se imponía á sus elevados deseos, puesto que aún eran inmaduros de espíritu. Su principal misión no era curar los cuerpos, sino, salvar el alma. Las curas materiales que realizó servían únicamente para comprobar la fuerza que residía en el espíritu eterno, pero sin alterar la Ley del Karma que determina que «cada uno recoja conforme sea su siembra». Jesús curó a las criaturas que se liberaron de sus malezas morales gracias al estado de fe creadora y pureza de intenciones; es decir, todas aquellas que fueron al encuentro de su espíritu sin desconfianza y con propósitos para una vida digna y amorosa.

Pregunta: ¿Qué nos decís sobre las supuestas reliquias del Maestro Jesús, a las cuales el Clero Católico atribuye la virtud de producir milagros? ¿Existen?

Ramatís: En todos los credos y religiones diseminados por el mundo, como el Catolicismo, Taoísmo, Budismo, Musulmana y Judaísmo, poseen una gran cantidad de reliquias de sus líderes, fundadores y misioneros. Naturalmente, aparejados a los que acreditan sinceramente en el poder misterioso o en la verdad de tales reliquias se encuentran los charlatanes y especuladores, que aprovechan la oportunidad para realizar negocios muy ventajosos.

Lo mismo sucede con las pretendidas reliquias pertenecientes a Jesús que el Clero expone a sus fieles. En realidad, tales reliquias son falsas y el buen sentido nos muestra fácilmente el ridículo y la imposibilidad de su existencia. Tapetes de buen tejido, compactos y duraderos no llegan a resistir un siglo y se transforman en hilachas en los museos; mientras que el "santo sudario", resiste al tiempo hace casi dos milenios, aunque haya sido hecho de lino común. Un litro de sangre se coagula y evapora en algunas horas, pero las gotas de sangre tomadas a Jesús en la hora de la crucifixión desafían los siglos, manteniéndose vivísimas en ánforas de plata. Maderas de larga duración, como el roble, se desintegran bajo el impacto de los siglos; mientras que la cruz de Jesús, hecha de los árboles comunes, livianos y de poca duración, resiste los milenios y sus fragmentos y polvo aun hoy son reverenciados por los fieles de la Iglesia, en varias partes del mundo.

Después de la muerte de Jesús, sus discípulos, debido a las amenazas de ser tomados como sediciosos delante del Procurador de Roma, desbandáronse rápidamente por todos los lugares de Jerusalén, sin pasarles por la mente el deseo de tomar los restos del Maestro y guardarlos como reliquias. La mayoría evitó acercarse al lugar del Calvario, sin preocuparse en recoger gotas de sangre, pedazos de espinas o fragmentos de la cruz. La muerte de Jesús provocó fuerte temor y hasta descreencia en la mayoría de sus seguidores, pues en vez de empuñar el cetro real ante el pueblo judío, terminó siendo sacrificado como cualquier malhechor que trasgrede las leyes romanas. ¿Quién podía pensar, que ese hombre ejecutado por una condena pública, sería capaz de proyectarse a través de los siglos y redimir a la humanidad? Ante la incapacidad de tal previsión, no se justifica que alguien se interese rápidamente en conservar como reliquia algunos clavos o pedazos de la cruz del Sublime Peregrino.

Además, Jesús no fue crucificado con la corona de espinos, pues esto fue una crueldad puesta de manifiesto por los siervos de Pilatos el día viernes, durante la flagelación. Después de los sarcasmos y de la farsa ridicula a que fuera sometido Jesús, el mimbre usado para confeccionar la corona, fue tirado como cualquier objeto inútil, sin valor alguno.

Pregunta: ¿Qué nos podéis decir sobre la resurrección de Jesús, el tercer día de su crucifixión?

Ramatís: Cuando Jesús apareció en Espíritu a María de Magdala, a los apóstoles y otros discípulos en el camino de Emaús, fue un fenómeno de ectoplasmia, pues Magdala era una poderosa médium que había participado en algunos hechos incomunes durante la peregrinación del Maestro. Cuando apareció entre los apóstoles, Tomás le tomó de las manos, siendo posible debido a la facultad ectoplásmica de los presentes que permitió la materialización en cuerpo entero y con amplio éxito de "voz directa". En los demás casos, donde se dice que otras personas vieron a Jesús, apenas se registró el fenómeno de videncia, cosa bastante común entre los médiums.

Jesús no dejó la tumba en cuerpo y alma, pues sus apariciones jamás desmentirían el buen sentido de las leyes que rigen a la física trascendental, ni tampoco fue una consecuencia de hechos milagrosos, sino, la manifestación de las energías que le fueron cedidas por sus discípulos y amigos siderales.

Pregunta:¿Sin embargo, se dice tradicionalmente que su cuerpo desapareció de la tumba?

Ramatís: Cuando María se "acercó a la tumba, casi a oscuras, vio que la piedra había sido movida" (Juan, XX-1). Es evidente, que si Jesús hubiera resucitado en cuerpo y aparecido ante los apóstoles atravesando las paredes de ladrillos de la casa donde se encontraban, también habría atravesado la tumba sin necesidad de mover la piedra que obstruía la entrada. Después de la muerte del Maestro, el asesor de Poncio Pilatos autorizó para que el cuerpo fuera entregado a la familia, conforme al pedido solicitado por José de Arimatea. Entonces, María, su madre, Tiago, el mayor, junto con Juan, Marcos, Pedro y Tiago, hermano de Juan, bajaron el cuerpo que estaba en la cruz y las mujeres lo balsamizaron conforme a las costumbres de la época y de la raza judaica. Le aplicaron aceites aromáticos y extractos de plantas perfumadas, pues el entierro se haría el próximo día. La tumba fue cerrada con una pesada piedra, que hacía las veces de puerta, pues era una pequeña gruta situada en la cima de una colina pedregosa. La turba se había aquietado satisfecha de su saña homicida, como la fiera que se acomoda después de haber saciado su hambre. Los soldados descendían por la cuesta haciendo gracias, dando muestra de una total inconsciencia. Algunos discípulos de Jesús, temiendo ser agredidos iban a escondidas al monte del Calvario, movidos por una intensa amargura y llenos de gratos recuerdos por aquel hombre de virtudes tan raras y sublimes.

El que estaba realmente preocupado era Pedro, pues había escuchado rumores que personas embriagadas y a sueldo del Sanedrín, se proponían profanar la tumba de Jesús y arrastrar su cuerpo por las calles. Era intención de los sacerdotes acabar con toda impresión favorable hacia la doctrina y la persona del Maestro, evitando cualquier intento de demostración dramática que diesen vida y aliento a la tragedia de la cruz. El rabí de Galilea debía ser olvidado a todas costas para evitar que se formase una casta de seguidores, estimulados por sucesos milagrosos o entusiasmos religiosos. De esa forma, Pedro buscó a José de Arimatea y le expuso sus desconfianzas y como su amigo también abrigaba las mismas preocupaciones, decidieron transferir el cuerpo de Jesús a otro lugar, pero desconocido para la generalidad.

Cuando comprobaron que los habitantes de la ciudad dormían, se dirigieron al sepulcro y munidos de rodillos y palancas, hicieron deslizar la piedra que cubría la entrada. Rápidamente cambiaron la ropa ensangrentada del querido Maestro y en medio del silencio de la noche descendieron la cuesta del Calvario y sepultaron el cuerpo en una tumba desconocida, que se hallaba abandonada en medio del campo, entre ruinas olvidadas. De esa forma, evitaron la cosa más atroz para el judío en aquella época, la profanación del cuerpo y el consabido abandono de Jehová. Y, en el caso de Jesús, semejante atropello a su figura misionera daría lugar a dudas y quebrantaría la fe puesta en el ideal cristiano. Si su cuerpo quedaba sin sepultar, significaba —conforme a la tradición hebraica— la negación a los derechos que había adquirido a través de su lucha por el ideal, y su memoria quedaría manchada para siempre.

Mientras tanto, Pedro y José de Arimatea captaron las orientaciones de lo Alto y en una iniciativa elogiable, guardaron absoluto secreto ante María de Magdala y la propia madre del Amado Maestro, quedando el asunto sin mayor trascendencia. Esa fue la causa del porqué. María de Magdala encontró la tumba vacía, dando lugar a la fantasía de la resurrección de Jesús en "cuerpo y espíritu". Pedro y José de Arimatea consintieron en no revelar el sentido de esa equivocación, porque les interesaba particularmente despistar a los esbirros del Sanedrín, que trataban por todos los medios de orientarse para hallar el cadáver del Maestro, puesto que era más importante para ellos, borrar todo vestigio perteneciente a la doctrina originada por Jesús, y nada mejor que humillar su cuerpo para alcanzar éxito en su indigno cometido. Además, lo inesperado del hecho dio más fuerza y cohesión a los discípulos y simpatizantes del Maestro. Pero, en base a la comprensión de la humanidad de vuestro siglo, es necesario reajustar la verdad de todos los hechos ocurridos en la vida de Jesús para que reine en el corazón de todos los hombres, sin dudas ni desconfianzas, generadas por acontecimientos de índole fantasiosa.

24. Jesús y los cuatro evangelios

Pregunta: ¿Qué diferencia existe entre las palabras "Evangelio" en singular y "Evangelios" en plural?

Ramatís: "Evangelio" o "Buena Nueva"[1] es el total de la doctrina codificada del Cristianismo, mientras que "evangelios" son los libros que hacen parte de la Biblia, tradicionalmente conocidos como "evangelios canónigos", oficializados por la Iglesia Católica Romana.

Los evangelistas Mateo, Lucas, Juan y Marcos reunieron las parábolas, las sentencias, las enseñanzas y principales hechos de la vida del Maestro y dieron forma a la doctrina del Evangelio, y es la base indestructible del Cristianismo. El Evangelio es la "Buena Nueva" del Amor emanado de Jesús al servicio de la Revelación Divina, siendo el derrotero para una vida de orden superior. El Maestro vivió real y eficazmente lo que enseñó, concretando la síntesis de un programa en base a la vida sencilla y realizable para el hombre terreno, además de ser un valioso evento para la felicidad del espíritu inmortal.

El Evangelio es el compendio o Código Superior para el espíritu encarnado en la tierra. Es como el libro base para que el escolar primario aprenda el alfabeto, y después de algunos años de estudios intermedios, alcance los ciclos de la enseñanza superior. Ese libro doctrinario difiere en la conjugación, si la comparamos con los libros de enseñanza terrena, pues se invierte el orden de los pronombres, "yo", "tú" y "él". A través del Evangelio debe conjugarse primero la tercera persona, "él"

1 *Marcos,* cap. I, vers. 1; *Mateo,* cap. XXIV, vers. 14

o Dios; después la segunda "tú", o él "prójimo", y finalmente "yo", la primera persona que es común para todo el mundo. Esa modificación y tratamiento en la conjugación habitual, se debe a la abdicación de la personalidad humana en favor de la individualidad espiritual.

Gracias al Evangelio de Jesús, conceptuando la existencia de un solo Dios, Magnánimo y Justo, se pudo proclamar la igualdad entre los hombres y la confraternización como hijos de un mismo Padre. Aunque el Evangelio hubiera sido un compuesto de fantasías, fruto de la imaginación de los poetas, filósofos o religiosos que agruparon conceptos y máximas alrededor de un Jesús ficticio, jamás nadie habría descubierto una fuente de moral tan elevada y reservas de enseñanzas, para la salvación y ajuste de la humanidad. Todos los esfuerzos, actos, sueños, ideas e intenciones que los hombres hallan podido realizar a través de los tiempos, se encuentran muy bien expresados en el Código Superior del Evangelio. A pesar de que las interpolaciones, incoherencias o contradicciones sobre lo que Jesús dijo o vivió, no son suficientes para deformar la contextura sublime del Evangelio, que es el fruto inconfundible de la Inspiración Divina.

Lo que debería sorprender a los críticos y desfiguradores de la obra de Jesús, es que los evangelios se originaron de las anotaciones personales que hicieron los hombres de un pueblo cautivo y primario. ¿Quién podía suponer, en aquella época, que un pequeño grupo de pescadores, campesinos y gente de mala fama, al registrar las enseñanzas y los ejemplos de su querido rabí y maestro, estaban dando origen a una trascendental obra, en lo moral y educativa que la historia haya conocido para la redención espiritual del hombre?

Pregunta: Jesús, ¿cómo pudo asimilar tantos conocimientos sobre los hombres, si no había hecho cursos académicos o estudios filosóficos, tan necesarios para los pensadores de relieve?

Ramatís: La humanidad profana ignora que Jesús estaba preparado iniciáticamente y José de Arimatea era su fiel y dedicado cicerone que complementaba todo cuanto el Maestro necesitaba conocer. El joven Jesús, tenía intuiciones muy elevadas porque su alma estaba preparada, pero también indagó en todos los movimientos espiritualistas e iniciáticos de la época, motivo por el cual su vida está llena de lagunas y períodos desconocidos para sus más fieles biógrafos. Investigaba sobre las prácticas de la vieja iniciación en la India, en Egipto y en Grecia, y su espíritu asimilaba con increíble rapidez el contenido iniciático de cada escuela. Descubría con gran facilidad las raíces fundamentales del ritualismo simbólico, y aunque era joven, sus conceptos valían tanto como la palabra de los cotizados Maestros de la época. Entre los esenios, se distinguía por el gran respeto que tenía hacia todos los credos y movimientos espiritualistas; su apreciación para el trabajo religioso en el mundo era de absoluta universalidad. Los viejos ancianos de los santuarios situados en las grutas de los montes Horeb, Carmelo, Moab y Tabor afirmaban que se trataba de un joven destinado para importante misión entre los hombres. Ellos opinaban, que debería entregarse al trabajo de esclarecer a las multitudes. Mientras tanto, el joven Jesús, sea por su humildad o porque consideraba prematura cualquier decisión en ese sentido prefería guardar silencio al respecto. Algunas veces, cuando los maestros esenios insistían sobre el asunto, respondía: «¡La voluntad de mi Padre, que está en los cielos, me indicará la hora de mi misión!» No se consideraba un ser diferente, ni superior al hombre común, sino, una criatura que apenas tenía un ideal, que no era patrimonio de la mayoría.

Además, las barreras fluídicas que separan al mundo espiritual del terráqueo le impedían tomar posesión total de su extraordinaria conciencia, puesto que se sometía disciplinadamente a la Ley que viniera a cumplir. Su juventud estaba colmada de éxtasis y visiones, causa por la cual lo ridiculizaban en la sinagoga, pues los viejos y conservadores rabíes protestaban contra sus ideas avanzadas. En ese ambiente hostil para sus conceptos, lo consideraban un visionario porque afirmaba que el Dios de Israel también bendecía a los romanos y a los infieles.

Jesús sentía en sí la asombrosa y fortificante fuerza que lo conducía hacia un objetivo superior, de implacable renuncia, y por veces, entreveía en lo íntimo del alma la fugaz imagen de su futuro sacrificio programado por lo Alto. Pero, con el tiempo se fue habituando a hablar con absoluta confianza bajo el impulso directo del Ego Superior, y a medida que su espíritu se manifestaba ampliamente dominaba la potencia esclavizante de la carne y se abrían sus amplios conocimientos espirituales en favor de la humanidad.

Pregunta: ¿Cuáles fueron los pueblos o naciones que comprendían y apoyaban las enseñanzas de Jesús?

Ramatís: Grecia, Egipto y la India, recordaban a Jesús en sus enseñanzas evangélicas y comenzaron a preparar sus programas de actividades de acuerdo al ejemplo que sembraba el Maestro, y Jesús, por intuición sentía como su alma influía espiritualmente en la conciencia de esas naciones. Su perspicacia en comprender a las multitudes, estudiándoles la psicología y descubriéndoles las vulnerabilidades en los caprichos, sufrimientos, cupidez, astucia e ingenuidad lo ponía a la altura de un pensador inigualable.

El Maestro sometía todas sus observaciones a un meticuloso examen predominando su espíritu universalista. No tomaba por adversarios a quienes se sentían ofendidos y devolvían ingratitudes ante su generosidad mal comprendida; clasificaba al hombre según su imprudencia e ignorancia, en lo concerniente a prepararlo para su ventura espiritual. En Jerusalén, su curiosidad insaciable lo llevaba a visitar curanderos, cartomantes, magos y rabíes, sacerdotes y discípulos, profetizas y astrólogos, hipnotizadores y profetas, escribas e ilusionistas, filósofos y adoctrinadores, esclavos y señores. De todas sus observaciones extrajo conocimientos muy importantes para su misión. Entonces, al ver tantas contradicciones humanas, lleno de tristeza, aconsejaba con gravedad a los ricos, avarientos y endurecidos que se olvidaban de los pobres e inválidos.

Pregunta: Si los evangelios son los relatos auténticos sobre la vida de Jesús, ¿por qué causa omitieron los hechos ocurridos entre los 12 y los 30 años de edad?

Ramatís: Después de los doce años, Jesús pasó a vivir en una especie de recogimiento espiritual, sin muchas preocupaciones públicas. Buscaba la naturaleza para tranquilizar a su alma afligida; vivía la vida más mental, reflexiva, en una profunda auscultación espiritual. Dejó los ruidos del mundo terreno para refugiarse en las emociones del mundo espiritual. De esa forma, no se registraron acontecimientos de mayor importancia para que el pueblo pudiera recordar. Aun debemos agregar que la historia relatada en el Nuevo Testamento no es la descripción objetiva de su vida, pero sí nociones morales y enseñanzas para sus futuros seguidores. No existen datos históricos suficientes para escribir la biografía auténtica de Jesús, pues lo que ha llegado hasta hoy es el fruto de la tradición oral, y solo más tarde fue registrado por los evangelistas. Además, la destrucción de Jerusalén por Tito borró los datos fidedignos referentes al Maestro, y la historia tuvo que recurrir a la memoria de los cristianos para componer, poco a poco, un relato lleno de fantasía, opiniones y digresiones personales, aunque todo lo descrito tenga la tónica poética, mística y cierta unidad, que resalta la figura mesiánica de Jesús.

Cuando Jesús cumplió los diecinueve años, José de Arimatea se interesó muchísimo por aquel joven místico, inteligente y generoso, cuya vida era diametralmente opuesta a los intereses del mundo. Entonces lo hizo entrar en los sitios donde se estudiaba y recibían comunicaciones de los "muertos", fenómenos ocultos que en aquella época se conocían por "Cabala". Jesús se dedicó con gran estima a esa doctrina que le era muy simpática, desahogando su espíritu con el intercambio espiritual. Durante el día trataba de auscultar a las personas en su idiosincrasia, y por la noche, se entregaba a los estudios esotéricos. Algunas veces intentó emplearse en Jerusalén, sin alcanzar éxito, pero jamás abandonó sus investigaciones sobre el mundo oculto, ni se apartó de su amigo, José de Arimatea.

En realidad, desde los doce a los treinta años, parecía que deseaba evitar todo contacto con el mundo profano, como si fuera a condensar sus fuerzas para la determinación final que lo conduciría al Calvario. Por esa causa, ninguno encuentra hechos ostensivos que resalten su figura en medio del pueblo y sus autoridades. Aunque la historia profana haya olvidado registrar la presencia del Maestro Nazareno, no hubo personaje alguno en todos los milenios transcurridos, que haya asumido su contextura moral, que aun hoy sirve de modelo para las humanidades superiores.

Pregunta: ¿Por qué hay tanta diferencia entre los relatos de los evangelistas sobre la vida de Jesús?

Ramatís: Juan y Mateo hablan con más particularidad del Maestro, porque lo acompañaban en sus pregonaciones que dictaba más allá de Galilea, Lucas recopiló noticias de cierta consideración entre los compañeros de Jesús, y algunas personas que le habían conocido. Marcos compuso su historia con el material que recogió entre los que visitaban su casa, cuando hacían reuniones cristianas. De ahí parten algunas contradicciones o incoherencias que se evidencian en los cuatro relatos, pues la descripción o comentario de aquél que "escuchó", por boca ajena es muy diferente al que lo vio personalmente.

Las dudas y contradicciones halladas en los relatos de los cuatro evangelistas, pertenecen a los detalles y pormenores de la vida del Maestro, y sus efectos no llegan a alterar la esencia de sus ideas y enseñanzas. Puede haber diferencias de poca importancia en los relatos de sus curas, alteración cronológica de sus peregrinaciones o acontecimientos mesiánicos, pero sin llegar a quebrar el hilo de oro que liga a las perlas de su doctrina. Cada uno de los relatos de los evangelistas se identifica con los tres restantes, aunque varíen en su forma de expresión. Entre lo que ellos oyeron, escribieron o dijeron, y los relatos que llegaron hasta vuestro siglo, por veces, hay contradicciones bastantes absurdas debido a la intervención que más tarde sufrieron los cuatro evangelios para atender a ciertos intereses religiosos. No podemos tildar a los evangelistas de capciosos o livianos, si primero no identificamos la exacta realidad de sus narraciones.

Cuando las autoridades religiosas dieron forma a la nueva Iglesia, ajustaron relatos particulares a la biografía de Jesús, interponiendo a los evangelios originales algunos mitos que eran consagrados por otras creencias. El Cristianismo en su forma iniciática estaba desprovisto de ritos, liturgias, ofrendas y compromisos religiosos, cosa que se evidenciaba a través de las sencillas reuniones efectuadas en las casas de los discípulos y de aquellos que quisieran reunirse *"en su nombre"*. La autoridad máxima entre los apóstoles, discípulos y fieles estaba representada por la debida compostura moral y la pureza de intenciones, pues no había clima favorable para jerarquías de ninguna especie, ni vanidad para que nadie se juzgara como Maestro o líder. Jesús estaba vivísimo en el alma de aquella gente, simple y pura de corazón, y sólo a él le dedicaban devoción y rendían homenaje. Por eso, los primitivos relatos de los evangelistas no admitían jerarquías, ceremonias de aparatosidad pública, vida monástica o especular con las ofrendas como se hacía en el tiempo de Jesús y que era objeto de censura por su parte.

Surgieron entonces, diversos evangelios apócrifos, pero sólo fueron aceptados como auténticos los evangelios según Lucas, Marcos, Juan y Mateo; y en éstos también introdujeron relatos apócrifos, alterando algunos hechos de la vida del Maestro. Además, las traducciones del original griego al latín y otros idiomas han sufrido alteraciones; algunas bastante ingenuas y ridiculas; otras intencionadas y capciosas. El lenguaje de los apóstoles, en ciertos aspectos no corresponde a su índole psicológica, pues Juan, hijo de un humilde pescador, relata asuntos comunes con un lenguaje altilocuente; y Lucas, se preocupa por los relatos históricos de los hechos, antes que del contenido doctrinario de la vida de Jesús. Mientras tanto, se aproxima la época en que los relatos evangélicos van a ser limpiados de sus incongruencias e interpolaciones interesadas, surgiendo la limpidez del movimiento y de los pensamientos del Maestro Jesús. Los espíritus superiores, desde el comienzo del actual siglo, confían en la lógica y sensatez de la doctrina espirita que utilizando los eficientes valores mediúmnicos, de reconocida capacidad, irán revelando la verdad cristalina sobre la vida del Espíritu más sabio y justo que vivió en la tierra sin derogar las leyes y costumbres normales de la vida humana. La vida mitológica e ilusoria, tejida por los intereses religiosos para encubrir la verdad, será deshechada y surgirá el Jesús Angélico, despejado de las creencias inciertas y dogmas del pasado.

Ese trabajo purificador del contenido de los evangelios, comenzó con Allan Kardec a través de sus valerosas interpretaciones a la luz de la realidad de las enseñanzas de Jesús, pues eliminó el aura milagrosa que le habían impuesto los intereses religiosos. Con el advenimiento del "Consolador" prometido a través de la manifestación espirita, comenzó verdaderamente la «segunda aparición» del Cristo, cuya luz se derrama sobre la humanidad. Los espíritus responsables por el ajuste y fidelidad de los relatos apostólicos, comenzaron a identificar a los médium exceptuados de ideas preconcebidas, liberados de las imposiciones religiosas, para hacerles fluir la idea correcta del comportamiento de Jesús entre los hombres. Fue un Dios sin ser el mismo Dios, pues como un embajador del plano angélico, vivió para los hombres como el mismo Padre lo hubiera hecho. Hace algún tiempo que Jesús viene accionando sobre el orbe terráqueo y coordinando las instrucciones que proporcionarán el clima accesible para una mejor comprensión sobre su pasaje por la tierra. Es necesario que la humanidad abandone la inseguridad, desconfianza y descreencia que pesa sobre la obra realizada por el Maestro, pues en vez de verlo como un legislador moral, coherente, genial y humano, resalta como un mito que en nada se ajusta al medio ambiente de la vida material.

Pregunta: ¿Qué nos podéis decir sobre esos autores, que describieron a Jesús como un hombre común, impelido por un complejo mesiánico y persistente en sus objetivos?

Ramatís: Loamos el trabajo de los iconoclasias que presentaron a Jesús con su verdadero ropaje, aunque nieguen su mesianismo como un programa excepcional trazado por lo Alto. Indirectamente, abrieron nuevas brechas para un mayor conocimiento de la persona del Maestro, ya sea rompiendo los viejos tabúes creados por la Iglesia Católica, como liberando a las mentes hipnotizadas por los dogmas seculares. Ellos facilitaron el trabajo del Espiritismo y de los Espíritus, pues prepararon entre los hombres, la disposición mental, lógica y coherente para aceptar la figura majestuosa de Jesús, sin las fantasías y anomalías humanas.

Pregunta: ¿Nos podéis señalar algunas de las incoherencias que citan en los evangelios, con relación a la persona de Jesús y algunos de sus hechos?

Ramatís: El Jesús descrito en los evangelios muchas veces se contradice cuando es analizado en su contextura angélica y condición psicológica humana. También existe acentuada contradicción entre las cuatro narraciones de los apóstoles. Además, algunas escenas y actitudes desmienten la conducta, el temperamento, la sensatez y los objetivos del Maestro, porque en algunos pasajes se le pone como irascible, arbitrario y despótico, cosa imposible después de haber predicado el amor, la bondad, la mansedumbre, el perdón y la tolerancia, como en el caso de su ira y agresión contra los vendedores del templo (Mateo, XXI, vers. 12 y 13).

Pregunta: Jesús castigando a los vendedores del templo, disgustado por el comportamiento irrespetuoso ante el Templo,

¿no es una prueba que pone en relieve su coherencia y admiración por la Casa de Dios?

Ramatís: Esa descripción es de dudoso origen, pues no hay prueba fehaciente que la halla escrito cualquiera de los cuatro evangelistas. Ni tampoco dice nada a favor con la costumbre de la época. La violencia y la agresividad del acto desmiente la índole pacífica y tolerante de Jesús, puesto que lo describen con un látigo en la mano y azotando a los mercaderes, dando puntapiés a las mesas, espantando bueyes, ovejas, palomas y promoviendo un gran desorden en el recinto del templo. Los que cambiaban dinero son corridos hasta la calle, recibiendo insultos y sufriendo perjuicios por parte de aquel que vino a enseñar y a perdonar incondicionalmente.

El Cordero de Dios era dócil, pacífico y respetuoso en todos sus actos y actitudes. Así lo demostró delante de la mujer adúltera ante la negación de Pedro y en la traición de Judas. Su misión no era turbulenta, ni con miras de alterar las costumbres tradicionales de esa ciudad. Jesús descendió a la tierra para vivir a la luz del día, las lecciones de Amor y Piedad en toda su extensión. Alma cósmica, comprensiva y sabia, no poseía resentimientos ni cobijaba cólera alguna. Era enérgico delante de las injusticias contra los débiles, pero jamás se transformaría en un agresor vulgar, atacando a un puñado de hombres ignorantes y necesitados de ganarse la vida. Tales vendedores no ejercerían sus actividades si no hubieran tenido el correspondiente permiso del sacerdocio hebreo, que era la fuerza dominante y que dirigía al pueblo.

Pregunta: Si hubiera sido cierto, ¿no habría procedido bien, puesto que la Casa de Dios es para la oración y no "una cueva de ladrones"?

Ramatís: Llamar al templo de Jerusalén "cueva de ladrones" era un insulto para los sacerdotes y al pueblo de Israel; y Jesús era incapaz de insultar y menospreciar a nadie. Además, él apenas consideraba aquel lugar como un detestable y sangriento matadero de aves, carneros y bueyes. Su noción sobre la "Casa de Dios" era más amplia, conforme lo demostró cuando hecho a volar su pensamiento por el Cosmos y versó sobre otros planetas habitados por humanidades de mayor ascenso espiritual, diciendo textualmente: "***En la casa de mi Padre***, hay muchas moradas". Los narradores cometieron la torpeza de imponer como si fueran del Maestro las mismas palabras proferidas por el profeta Isaías que constan en el Viejo Testamento, referentes a otros asuntos: "Mi casa (la casa de Dios) será llamada casa de la oración". Y, cuando termina con la indigna expulsión de los vendedores, le atribuyeron otras palabras que fueron exprobaciones de Jeremías: "Mas vosotros la convertisteis en cuevas de ladrones".

Los que compraban y vendían monedas, eran modestos vendedores ambulantes, cuyo trabajo mal les garantizaba el pan de cada día. Si el Maestro realmente hubiera querido expulsar a los "vendedores del templo", habría iniciado su acción de adentro hacia afuera, es decir, echando primero a los sacerdotes y su deshonestos secuaces. Además, eso era absurdo que lo hiciera un forastero que se hallaba de visita en la ciudad, puesto que era violar la ley y las costumbres de la ciudad.

Si Jesús hubiera azotado a uno solo de los vendedores, los otros hubieran reaccionado agresivamente, impidiéndole proseguir con la supuesta violencia porque los vendedores eran consentidos y pagaban derechos a la ley que los autorizaba. Por consiguiente, Jesús, como buen hebreo y respetuoso con las leyes del país, no iba a protestar públicamente por medio de la violencia contra aquello que era lícito.

El sublime Jesús del "Sermón de la Montaña" que perdonó y consoló a la mujer adúltera, que recomendó la caridad del perdón "setenta veces siete", que aconsejó poner la mejilla izquierda si lo golpeaban en la derecha, en verdad, jamás incurriría en violencias y desórdenes como le atribuyeron contra los vendedores que negociaban en los lugares permitidos por la ley y las autoridades del Templo de Jerusalén. Su comprensión angélica le permitía ser tolerante y piadoso con todo èl mundo. Era enérgico, decidido y valeroso, pero sin violencia, ira o pasión agresiva.

Por consiguiente, el carácter impoluto, la contextura psicológica, la sensibilidad espiritual y la sabiduría cósmica de Jesús es el que contesta a las posibilidades de ese incidente chocante y que inmerecidamente le atribuyen, además es el mismo pueblo con su tradición y costumbres y las leyes imperantes de la época, el encargado de deshacer tamaña mentira. Los hebreos eran sumamente intransigentes en materia de fe y devoción religiosa, y jamás contemporizaban con sus preconceptos de "puro" o "impuro" en las distinciones que hacían en sus vidas y quehaceres triviales. Los romanos, que eran considerados impuros por parte de los hebreos, evitaban a todo trance, atravesar la línea divisoria del templo por temor a la furia del populacho fanático, que daría la propia vida antes de ver profanada el área sagrada.

Jesús pregonaba la libertad del ser, pero condenaba los impulsos del instinto animal, que es propio de los brutos. Aunque expuso con cierta severidad sentenciosa ante los fariseos que eran "cual tumbas pintadas de blanco por fuera y podridas por dentro", lo hizo sin individualizar a persona alguna. No hería a los individuos, sino a la clase de seres que se demostraban hipócritas, perversos, propensos a las honras mundanas y a los goces materiales, aunque aparentasen una religiosidad piadosa y fanática.

Jesús tenía un sentido crítico muy elevado, esculpía su pensamiento y lo revestía con palabras apropiadas, era inmune a las lisonjas como a la censura; y sus consejos para aquellos que empañaban la belleza de la vida, se transformaban en lecciones inolvidables. Delante de la mujer adúltera, su generoso corazón la absolvió y le ordenó que no pecase más; pero, delante de la actitud de aquellos que querían apedrearla, el Maestro con suma rapidez, trazó sobre la arena la terrible sentencia: "Aquel que no tuviera pecados, que arroje la primera piedra".

Jesús era la imagen auténtica del ángel, se derramaba en infinito amor por los infelices y desheredados, pero por sobre todas las cosas era la figura de la Justicia, del Derecho y la Moral. Muchas veces se apartaba el ángel y aparecía el sabio o el legislador impoluto, ¡que jamás se sometía ni pactaba con la explotación ejercida por los poderosos.

Pregunta". ¿Cuáles son las principales contradicciones que se encuentran en los relatos de los evangelistas?

Ramatís: En forma general se notan diversas contradicciones entre los cuatro evangelistas; aquí Mateo desconoce la historia de los pastores; y Lucas no sabe de la visita de los reyes magos a Jesús. Allí, Mateo afirma que el padre de José es Jacob con 28 generaciones del linaje de David, mas Lucas lo desmiente, señalando a Heli, con 40 generaciones como ancestral de Jesús. Los dos apóstoles también se contradicen cuando

Mateo afirma que José vivía en Belén y que visitaba algunas veces a Nazaret, mientras que Lucas afirma que José residía en Nazaret. Marcos (V-2) y Lucas (VIII-27) dicen que se presentó un endemoniado a Jesús, mientras que Mateo (VIIÍ-28) afirma que eran dos los endemoniados. Marcos (XVI-7) hace aparecer a Jesús en Galilea, pero Lucas (XIX-11) dice que Jesús estaba cerca de Jerusalén; Mateo (XX-30) dice que el Maestro curó a dos ciegos, mientras que Lucas (XVIII-35) cita a uno solo;

Marcos (XIII-32) resalta la afirmación de Jesús, que el Padre es el único que lo sabe todo, pero Juan (XIV-30) asegura, que es Jesús quién lo sabe todo. En la cuestión del ladrón bueno y el malo, la contradicción es acentuada: Marcos (XVI-32) dice que los dos ladrones crucificados al lado de Jesús lo insultaron; Juan que estaba presente en el lugar, no dice nada; Lucas que no asistió a la crucifixión, explica las cosas detalladamente (XXIII-39-42), diciendo que fue uno solo de los ladrones el que insultó al Maestro. En realidad, los dos ladrones crucificados al lado de Jesús padecían por sus sufrimientos, pero no lo insultaron, ni tampoco conocían el drama de Jesús. Juan (V-31) dice por boca del Maestro las siguientes palabras: "Si doy testimonio de mí mismo, mi testimonio no es verdadero", mientras que más adelante las repite así: "Aunque yo de mí mismo doy testimonio, verdadero es mi testimonio; porque sé de donde vine, y a donde voy; mas vosotros no sabéis de donde vengo, ni adonde voy."

Pregunta: ¿No pudo darse el caso, que los compiladores o traductores de los evangelios, hayan hecho ciertas interpolaciones, tomando como base elementos de otros credos o leyendas mitológicas? ¿Qué razón existe para que nos ofrezcan una obra tan contradictoria en algunos puntos y confusa en otros tantos?

Ramatís: El caso se explica fácilmente; existían más de cuarenta evangelios y todos eran diferentes entre sí. Estos evangelios fueron seleccionados por la Iglesia, quedando reducidos a cuatro, los cuales contenían grandes cantidades de errores de las traducciones primitivas, y aun volvieron a sufrir interpolaciones, agregados y nuevos ajustes para poder garantizar el interés religioso puesto en juego.

Como la mentalidad similar a la de Jesús había sido la dé Buda, los compiladores de los evangelios usaron y abusaron de las viejas leyendas que estaban ligadas a la vida de Buda.

Algunas veces se observa en los evangelios, algunos rasgos legendarios de Zoroastro, de Confucio y de Lao-Tsé, que también se confunden fácilmente con la tradición budista.

Pregunta: ¿Podemos conocer algunos pasajes extraídos del budismo e insertados en los evangelios, y que fueran descritos por los evangelistas cuando se referían a Jesús?

Ramatís: Existe mucha semejanza en los siguientes pasajes: "Mas en verdad os digo que no se dará señal (ningún prodigio) a esta generación" (Marcos, VIII-11 y 12) según habría dicho Jesús. Mientras tanto, Buda lo manifestó de la siguiente forma: "No debéis manifestar el poder psíquico o demostrar milagros a quienes son legos, pues quién hiciera así, será culpable".

Jesús, en Mateo (XXV-45) dice cuando se refiere a los enfermos: "En verdad os digo, que en cuanto no lo hicisteis a uno de estos pequeñitos, ni a mí lo hicisteis". El evangelista Juan (VI-61 a 67) relata: "Mas muchos de sus discípulos, que esto oyeron, dijeron: Duro es este razonamiento, ¿y quién lo pueda oír? Desde entonces, muchos de sus discípulos volvieron atrás, y no andaban ya con él". Buda, después de una gran exposición manifiesta: "Duro es d Señor, muy duro es el Señor". Y, sus discípulos se apartaron. Mateo, en el capítulo (XXVII-51) de su evangelio alude la muerte del Maestro Jesús, diciendo: "Y, he aquí se rasgó el velo del templo en dos partes de lo alto hacia abajo, y tembló la tierra, y se hendieron las piedras". Referente a la muerte de Buda consta lo siguiente: "Cuando el Señor entregó su vida al Nirvana, aconteció un gran terremoto, terrible y fulminante".

El evangelista Mateo dice en el capítulo XVII-19, que Jesús profirió las siguientes palabras: "Porque en verdad os digo, que si tuviereis fe como el grano de mostaza, diréis a este monte, pásate de aquí allá, y se pasará, y nada os será imposible". Buda emplea un lenguaje diferente, pero manifiesta lo mismo: "Con fe se mueve el Himalaya". Según dice Juan en el capítulo VIII-12, Jesús habló así: "Yo soy la Luz del mundo; el que me sigue no anda en tinieblas, mas tendrá la lumbre de la vida". Buda había dicho lo mismo, seis siglos antes, (Libro del Gran Muerto): "Pronto la Luz del Mundo se acabará, pues el Señor entrará en el Nirvana". El evangelista Marcos (IV-11, 33 y 34) atribuye estas palabras a Jesús: "A vosotros os es dado sobre el misterio del reino de Dios; mas a los que están afuera, todo se les trata con parábolas. Y, no les habla sin usar parábolas". Buda dice (Dialogo 143-CT, 28): "Al padre de familia ningún discurso religioso es revelado, solo es revelado a los eremitas", es decir, a los adeptos, seguidores o discípulos.

Al narrar la llamada "Tentación de Jesús", dice el evangelista Marcos (I-35): "Y, levantándose muy de mañana salió, y fue a un lugar desierto, y hacía allí oración"; más adelante prosigue (VI-46): "Y, después que los hubo despedido, se fue al monte a orar", luego en el capítulo (XIV-37) dice: "¿Simón duermes? ¿no has podido velar una hora?", y en el mismo capítulo, versículo 40 dice: "Y, vuelto, los halló de nuevo dormidos". En los textos evangélicos se comprueba una gran analogía con los hechos de Buda cuando se retira hacia el desierto para orar solo: "Fue hacia el desierto y quedó solo, durante la primera hora".

Moisés ayunó cuarenta días en el desierto y fue tentado por el pueblo, que prefería él becerro de oro; Buda ayunó veintiocho días, y Maya lo tentó; Zoroastro, en el desierto fue provocado por el Mal; y Jesús fue al desierto, ayunó y Satanás le ofreció reinos y tesoros para hacerlo Señor del mundo. ¿Cuántas controversias religiosas han provocado esos episodios que fueron atribuidos a todos los misioneros? De qué vale querer figurar que el Maestro ayunó en el desierto y que repelió a Satanás, cuando su fuerza estaba presente, minuto a minuto, en su amor a los desgraciados, en su perdón a los verdugos y en su renuncia a la vida, para vencer a la muerte.

Aún hoy se conturban las religiones católicas, protestantes, adventistas y sus discípulos, porque Jesús fue bautizado sencillamente en el río Jordán por Juan el Bautista, cosa que también sucedió con Buda en Sanvathi, en la India, consagrado por un yoga llamado Sangaravo. Sin embargo creemos, que terminarían todos esos conflictos, se aprovecharían los esfuerzos religiosos y se eliminarían las críticas improductivas si se atendiera a esta sencilla sentencia de Jesús: "Ama a Dios sobre todas las cosas y al prójimo como a ti mismo".

No importa que otros tantos profetas hayan dicho las mismas cosas, en otras palabras y en distintas lenguas. Ninguno se anima a protestar contra la poderosa fuerza que sostiene al pensamiento crístico, porque el Maestro vivió integralmente todas sus enseñanzas. Y, en eso, justamente, reside su valor y gloria, que exceptúa a los milagros, alegorías, mitos, tabúes e interpolaciones que constan en los evangelios. Aun en el siglo XX los misioneros modernos de las instituciones espiritualistas fraternidades y movimientos religiosos, continúan repitiendo lo que ya dijera Jesús y sus precursores, pues su trabajo es renovar al espíritu de la Verdad que tiene fundamento en esas enseñanzas.

El contenido de las enseñanzas de Jesús que conforman el Evangelio, brilla, se expande y forma la cúpula radiosa de la liberación espiritual, porque su figura central, el esperado Mesías, vivió la vida que lo identificó con el tipo superior del Hombre-Luz.

25.
Jesús y la buena nueva del Reino de Dios

Pregunta: ¿Hubo algún plan prefijado por lo Alto, en el sentido de coordenar las directrices y la orientación para que el Maestro Jesús pregonara la Buena Nueva del "Reino de Dios"?

Ramatís: El Universo se rige por leyes perfectas e inmutables, tanto en la dinámica de las leyes físicas como en la armonía de las leyes morales. Todo se mueve en seguro y armonioso ritmo. Es lo que proporciona a los Espíritus en su largo camino evolutivo, las múltiples oportunidades para desenvolver y consolidar su conciencia individual, puesto que es la matriz que le estructura el carácter.

En tales condiciones, todos los acontecimientos de proyección moral y social que surjan en los planetas, están subordinados a la dirección del Gobierno Oculto que dirige cada orbe. La conturbación es proveniente de las sorpresas o imprevistos humanos, pero no existen en las manifestaciones panorámicas de la Creación cósmica.

Por consecuencia, Jesús descendió a la tierra después que lo Alto programó y aprobó ese evento. Pero, respecto a los aspectos intermediarios de sus actitudes y acciones se debe a su elevada jerarquía espiritual, siendo evidente que no iba a comportarse como un autómata accionado por cordeles desde el mundo invisible. Era el mensajero elegido por la Administración Sideral para entregar a la Humanidad terrícola el Código de su redención espiritual; el triunfo dependía esencialmente de su discernimiento. En verdad, su renuncia y heroísmo fue lo que cimentó las bases morales del Cristianismo, y es lógico, que sus amigos invisibles siempre le asistieron y confortaron en sus horas de angustia y vacilaciones que el medio ofrecía.

Jesús aceptó el programa sacrificial de su misión, atento a las directrices fundamentales que la misma le imponía, las cuales examinó antes de encarnar, pero el éxito del movimiento cristiano fue el producto de su esfuerzo personal.

En la tierra tuvo que someterse a los imperativos de la familia carnal, adaptándose a ciertas conveniencias prosaicas de la sociedad terrícola, debiendo nivelarse a las razas y costumbres de la época. Aunque era un ángel, estaba obligado a vivir y a participar de los acontecimientos humanos, propios de los encarnados. No podía despreciar los elementos y las convenciones del mundo material, que le eran necesarios para tomar contacto con todos los hombres, receptores de sus novedades espirituales.

La obra de Jesús se desenvolvió bajo la aprobación y la alegría de sus mentores siderales, pues cumplió integralmente su misión redentora. Además, se liberó de las incongruencias y deformaciones que eran muy comunes a ciertos líderes del pueblo, puesto que en sus tareas se dejaban influir por la vanidad a fin de enaltecer su personalidad humana y preocupábanse por el posible juzgamiento que la posteridad pudieran hacerles. Cuidaban de exaltar su figura transitoria, en detrimento de la obra que eran responsables. Jesús, no se preocupaba por la opinión histórica del mundo, pues se dedicaba a la tarea de esclarecer al hombre para ayudarlo a liberarse de las pasiones e instintos animales, a fin de despertarles las cualidades adormecidas del ángel sublime. En uno de los momentos más expresivos de su vida, cuando le solicitaron que demostrara sus aptitudes superiores de Maestro, ¡se inclinó humildemente y lavó los pies de sus apóstoles!

Pregunta: Si Jesús aceptó y obedeció a un plan mesiánico trazado antes de renacer en la materia, en lo que respecta a su crucifixión y muerte; entonces ¿hubo un determinismo inexorable?

Ramatís: El determinismo a que Jesús se sometió, fue el de aceptar incondicionalmente todos los sacrificios inherentes a su tarea mesiánica. El holocausto de su vida física, motivado por los conflictos morales y reacciones interesadas, del mundo, era un epílogo tan admisible o hecho inevitable, como alguien que tratara de salvar a su familia atrapada en medio de un voraz incendio, debiendo aceptar resignadamente el fatalismo de perecer en medio de las llamas. Jesús, mientras tanto, decidió introducirse en las llamas de las pasiones animalizadas que ardían sobre la faz de la tierra, para salvar a su familia que estaba representada por toda la humanidad.

También es indudable, que aun estando encarnado y en base a su libre albedrío, tenía todo el derecho de recusarse a cumplir la tarea aceptada espontáneamente en el reino del Espíritu. Pero, las virtudes de rectitud, abnegación y sacrificio absoluto de su amor hacia el prójimo, eran atributos morales de tal superioridad en su conciencia espiritual, que jamás lo indujo a huir de su misión. Los Maestros del orbe tenían la seguridad de que su graduación sideral y dinámica espiritual eran suficiente garantía para permitirle cumplir integralmente la voluntad del Señor en el mundo Tierra.

Jesús, sus discípulos, apóstoles y fieles amigos comenzaron sus tareas en el momento exacto y decisivo de las necesidades psicológicas de los terrícolas, conforme a la visión de los Maestros siderales y en consonancia con el ambiente moral, social y religioso de la época. Todos los espíritus ligados al Maestro Nazareno, que participaron en el advenimiento del Cristianismo, eran piezas escogidas con la debida antecedencia, aprovechando al máximo el plan redentor impuesto a la humanidad. Aunque eran entidades sumisas al compromiso de sacrificar su vida material, su graduación moral y espiritual no las exceptuaba de ciertas deficiencias propias del espíritu humano, por eso, no podían igualarse a la fulguración sideral del Espíritu de Jesús.

Pregunta: También es evidente que si la divulgación del Cristianismo estaba sujeta a un plazo determinado, eso confirma el plan irrevocable que desde lo Alto incide sobre la materia; ¿no es verdad?

Ramatís: El plan de la obra dirigida por Jesús era irrevocable, y jamás podía modificarse después de la decisión tomada por sus cooperadores y del ajuste a que debían someterse los destinos humanos sobre la faz de la tierra. Era algo parecido al juego de ajedrez, donde determinada jugada no puede sufrir alteración posible, pues de ser lo contrario, volverían a introducirse nuevas modificaciones.

A pesar que el plan del Cristianismo era irrevocable, sus elementos eran libres y podían cambiar o retirarse de sus posiciones asumidas en la hora de su comprobación espiritual, trazadas en el plano por lo Alto. Las figuras de mayor-relieve en la obra cristiana recayeron en Pedro, Juan, Pablo, el Bautista, María de Magdala, Tomás, Mateo, José, María, José de Arimatea, Tiago el mayor y Tiago, hijo de Alfeo, todos ellos debían cumplir con la promesa hecha antes de sus respectivas encarnaciones a fin de no desorientar el rumbo mesiánico de Jesús. La obra cristiana no exigía gestos ni actitudes estandarizadas o abdicación de las voluntades humanas a causa de un rumbo fatalista, sino que requería la manifestación de las cualidades y sentimientos naturales de sus participantes como un testimonio de moral superior y de garantía para el futuro. Cuando Jesús convocó a los citados, ellos se ofrecieron libremente para trabajar en favor del Cristianismo. Pero, todos eran libres en sus acciones; y la prueba demostró que algunos no se mantuvieron a la altura de su compromiso espiritual en la hora de su acción; otros retrocedieron amedrentados antes de manifestarse públicamente en favor de la doctrina del Maestro.

El colegio apostólico se estremeció en la trágica hora de la prisión y crucifixión de Jesús; Pedro, cuando fue interrogado por los esbirros del Sanedrín, negó su condición de discípulo; Tiago, hijo de Alfeo, entró en la primera sinagoga y se puso a orar ante las ventanas abiertas "como una demostración de fe inquebrantable a Moisés; Simón Cananeo y Bartolomé desaparecieron de Jerusalén; Tomás, Felipe y Alfeo cautelosamente buscaron ocultarse en la casa de un amigo; Judas se había comprometido por causa de sus celos e imprudencias, sirviendo de cobayo para los objetivos maquiavélicos del Senedrín. Gamaliel y Nicodemos debían participar directa y valerosamente del movimiento cristiano, cabiéndoles el deber de anotar los acontecimientos de la vida de Jesús para dejar sentado un hecho histórico hasta vuestros días, pero solamente se limitaron a dar muy pocos testimonios en rápidos diálogos y contactos con el Maestro. Los propios hermanos de Jesús, hijos de Débora eran espíritus incluidos sólidamente en el esquema del Cristianismo, debiendo rodear al Maestro de un aura fraterna y amiga, compensadora de los dolores ocasionados por el mundo profano. Mientras tanto, fuera de Tiago, hermano de María que era fervoroso y confiado; sus hermanas Elizabeth y Ana, cariñosas y amorosas y Eleazar, hijo de Débora, siempre contemporizador; y por último Tiago, el menor que acompañó al Maestro en los últimos momentos, los demás hermanos le fueron hostiles. Efraín, el más rico de todos, llegó a insultarlo en público, diciendo que Jesús no pasaba de ser un maniático que comprometía a toda la familia con sus ideas perturbadoras.

Por todo lo expuesto, los Maestros del Orbe tuvieron que efectuar algunos arreglos, reajustes de última hora y apartar elementos extraños y peligrosos para la integridad espiritual de la obra cristiana, pues sólo cuidaban de sus intereses personales. Con todo eso, Jesús cumplió con el compromiso contraído con lo Alto. Es cierto que él sería fatalmente sacrificado, ajeno a la actitud equivocada de Judas, de la conveniencia política de Poncio Pilatos, del odio de Caifas y de la imprudencia sediciosa de sus discípulos en Jerusalén. Otros hombres del mismo tipo psicológico, poderoso y corrompidos perseguirían y crucificarían a Jesús una vez que lo entregaran indefenso. Pero, Jesús no sabía en "conciencia física", cual sería el clímax de su vida en la tierra, aunque siempre tenía presente el llamado interno e insistente de su alma que lo alejaba de los placeres de la carne y de los bienes del mundo. Era una solicitud misteriosa e implacable que le despertaba extraña alegría y lo hacía venturoso ante la perspectiva del martirio en favor del género humano. Jamás temió a la muerte y se consideraba feliz sacrificándose por el bien ajeno.

Después que se hizo discípulo de Juan el Bautista y se sometió al bautismo en el río Jordán, sintió con más fuerza aquella ansiedad oculta, conjugada a su ideal. Ante las sentencias y anatemas severos que Juan el Bautista profería en sus pregonaciones contra los ricos y los poderosos, censurando los pecados, las pasiones y los vicios que mortifican al alma y apartan al hombre de Dios; Jesús entonces percibió las líneas fundamentales del derrotero que también soñaba realizar en la tierra. No se oponía ni dudaba de aquella "voz oculta" que lo advertía en lo íntimo del ser, instigándolo a una campaña superior, algo semejante a lo realizado por el Bautista. Entonces, se disiparon todas sus vacilaciones y dudas.

¿Sería el Cristo[1] tan esperado, conforme le dijera el Bautista y que continuamente escuchaba en las confabulaciones misteriosas de sus apóstoles? Pero Jesús, además de ser un Ángel era un Sabio, cuya humildad jamás lo convencería de ser el Mesías esperado, el Cristo o el Hijo de Dios predicho por los profetas del Viejo Testamento.

Con todo eso, Jesús ignoraba que la poderosa y «Oculta Voz» que lo impelía estoicamente para la renuncia de su propia vida en favor de la humanidad, provenía del Cristo Planetario, que a partir de la fecha del bautismo en el río Jordán, le era más propicia e íntimamente le fortalecía el alma para cualquier hecho trágico en el desempeño de su misión.[2] Desde aquel momento el Maestro se afirmó en su camino por el mundo y comenzó confiado y seguro a conducir la obra cristiana, en perfecta sintonía con su vocación espiritual. Se entregó decididamente a pregonar la Buena Nueva y el Reino de Dios y sus palabras y pensamientos le brotaban de sus labios en poderoso influjo, tan intenso y caluroso, que seducía a las personas reacias y producía renovaciones instantáneas en sus oyentes. Muchas veces se sentía desligado del cuerpo, embriagábase en una venturosa efusión espiritual que le envolvía el alma, tal como le sucediera durante la pregonación del "Sermón de la Montaña" y en la "Transfiguración" del Monte Tabor.

Aunque Jesús no tenía seguridad sobre el fin trágico que le esperaba, presentía la necesidad de un sacrificio, que sería el corolario sublime de su vida.

Pregunta: Debido a su condición humana, ¿Jesús no se sentía impelido a ajustarse a la vida común, como los otros hombres? ¿Vivía completamente inmunizado contra los estí-

---

1 Cristo es una palabra griega que también equivale a Mesías, el Esperado, o Enviado de Israel. Ver ***Juan***, cap. I, vers. 34 al 41: "Y yo lo vi y di testimonio, que éste es el Hijo de Dios". "Hemos hallado al Mesías (que quiere decir el Cristo)."

2 ***Lucas***, cap. III, vers. 21 al 23: "Y aconteció, que como recibiese el bautismo todo el pueblo, también fue bautizado Jesús, y estando orando se abrió el Cielo. Y, bajó sobre él, el Espíritu Santo en figura corporal, cómo paloma; y se oyó esta voz del Cielo: "Tú eres mi hijo amado, en ti me he complacido".

"Y el mismo Jesús comenzaba a ser como de treinta años." Sin lugar a dudas, que esto fue un fenómeno de elevada trascendencia mediúmnica, en donde la paloma refulgente e inmaculada era un evidente símbolo de la manifestación del Cristo Planetario, atestiguado por la videncia de los más sensibles. Todavía hoy se observan los símbolos por parte de los videntes, cuando se refieren a los acontecimientos trascendentales que no tienen analogía con los fenómenos del mundo material.

mulos y las atracciones del mundo?

Ramatís: Muchas veces la razón humana intentó dominarle los sentimientos divinos, invitándolo a participar de los placeres de la carne y atender las exigencias naturales de su ancestralidad biológica. Jesús no podía dejar de reconocer que eso también era un derecho divino promulgado por Dios a todos los hombres, puesto que la existencia humana era un curso educativo para perfeccionar el alma. Malgrado a su estirpe angélica, el Divino Maestro también sentía la necesidad de una caricia afectiva que lo ayudase a soportar sus horas de angustia. Era un ángel exilado en un mundo agresivo y perturbado, y llevaba desventajas con los habitantes que en él vivían satisfactoriamente.

La necesidad de bastarse a sí mismo, porque era una conciencia angélica y un conductor de almas, no lo exceptuaba del aislamiento espiritual por falta de compañeros afines a su tipo sidéreo. Ni tampoco contaba con la compañera afectiva para ayudarlo a vencer las horas cruciales de su vida excepcional, porque era un espíritu muy particular para ser entendido en los roles puramente humanos. Su cerebro tomaba temperatura por exceso de raciocinios comparativos sobre la vida humana y los valores infinitos del Cosmos. Encadenado a la forma limitativa del mundo terráqueo, mal podía contener la expansión constante de su alma que vibraba más allá del tiempo y del espacio en la inmensidad del Universo.

Sin embargo, señor de su voluntad y de su libre albedrío no olvidaba la promesa espiritual que había formulado antes de su reencarnación, ni tampoco protestó ante el sacrificio del Calvario, aceptándolo como un corolario justo por su vida amorosa y benigna hacia la humanidad.

Pregunta: ¿Cuáles fueron los recursos que lo Alto adoptó para inspirar y fortalecer a Jesús en su mensaje de Amor y Redención?

Ramatís: Los Mentores no tenían ninguna duda sobre el heroísmo y la integridad moral del Maestro en su desempeño de la sacrificial misión. Pero, como era un espíritu angélico, sin causas kármicas a rescatar, era justo que recibiera los estímulos y sugestiones adecuados para su mejor desempeño en la tarea a realizar. Era un mensajero voluntario que descendía para invitar a los hombres a que participaran definitivamente en un mundo de paz y armonía, donde todos serían limpios y liberados de sus pecados. De esa forma, Jesús tenía que agudizar su ingenio para presentar imágenes bellas e ideas fascinantes a fin de atraer y conmover a sus oyentes para que se interesaran en el amoroso "Reino de Dios".

A pesar de su condición espiritual Jesús también sufría los efectos opresivos y tristes que las hostilidades del mundo material le causaban. Malgrado se diga que el ambiente no influye ni modifica el contenido espiritual del ser; la emotividad y la disposición mental de las almas encarnadas dependen considerablemente de las condiciones y circunstancias del medio donde ellas deben vivir. El espíritu superior una vez encarnado en la tierra queda limitado en su expansión y júbilo espiritual, que es un estado peculiar al mundo edénico donde residía. Por eso, Jesús necesitaba de los estímulos afines a su misión y motivos del mundo material en donde se manifestaba, para delinear con cierta vitalidad espiritual los panoramas del mundo venturoso que prometía a todos sus oyentes.

No se puede desear el éxtasis del santo, ni exigir al poeta un sublime poema, si lo colocamos en el ambiente repulsivo de un matadero. Si el medio influye en la educación del hombre, es lógico que también influye en su estado espiritual y, por ende, en sus emociones. La música pesarosa es obra de los compositores que nacieron y vivieron en países melancólicos de atmósfera triste, húmeda y neblinosa que baja la condición vibratoria del ser especifica los motivos pesimistas. Mientras que la música alegre, bulliciosa y contagiosa procede de los países tropicales, donde las personas gozan del sol, del aire y de los colores alegres.

Por eso los Mentores del planeta resolvieron que Jesús encarnara en un lugar poético, ameno y lleno de luz, poesía y colores que le serviría de encantadora sugestión a su alma, a fin de asociarle gratos recuerdos de la belleza y encanto del "Reino de Dios" que le cabía pregonar a los terrícolas.

Pregunta: ¿Nos podéis dar algunas explicaciones sobre esa influencia poética que ayudó al Maestro para inspirarlo en su oratoria sobre el «Reino de Dios»?

Ramatís: En base a esa necesidad estética y emotiva, los Mentores Siderales planearon la encarnación de Jesús en Judea, cuya nación en aquella época poseía el material humano adecuado para hacer efectivo el plan sacrificial que le fuera trazado desde la cuna hasta la cruz. Entre las regiones más bellas de Judea, Galilea ofrecía las cualidades apropiadas para estructurar el cuadro mesiánico de la vida de Jesús. En Galilea se destacaba la ciudad de Nazaret, delicada joya engarzada en la cima de los montes en medio de luces y matices fascinantes de sus alboradas y ponientes, verdaderamente celestiales.

He ahí la causa del porqué el Maestro tenía una gran adoración a Nazaret y su corazón pulsaba de júbilo, cuando retornaba de sus peregrinaciones y observaba el hermoso y reconfortador paisaje, rodeado de flores y perfumes embriagadores. Los lagos llegaban a fascinar porque sobre la superficie ondulaba debido al viento fragante que descendía de las colinas, se formaban pequeñas crestas blanquecinas que se deslizaban sobre el agua color esmeralda translúcido. Los trigales y las margaritas cubrían el Jordán; los nardos dispersos por doquier y los puñados de amapolas como si fueran un fuego vivo, se inclinaban ante la suave brisa, agitándolas dulcemente. El perfume reconfortador fluctuaba por todas partes, provenía de los pétalos de las flores, de los durazneros que parecían verdaderos confites vivos, de los manzanos y de los ciruelos que se balanceaban suavemente. Cuando llegaba la noche la superficie tranquila de los lagos reflejaba el manto azul celeste del cielo tachonado de infinidad de estrellas, como si fueran lentejuelas luminosas.

Entonces Jesús entrecerraba los ojos bajo la inspiración del medio ambiente, deslumbrante y renovador que superaba la imaginación poderosa de los artistas. De esa forma, su espíritu conseguía evocar algunos matices de su mundo celestial mediante las imágenes sublimes de Nazaret, las que resultaban una agradable compensación en el mundo Tierra.

Las montañas de Galilea recortadas en los horizontes resplandecientes; la policromía mágica del sol poniente que parecía engarzado en medio de las nubes; los trinos eufóricos de las aves canoras y el balido de las ovejas en las cuestas de la campiña, conjugado a los cantos de los pastores, ese conjunto paradisíaco parecía una sinfonía cósmica fluctuando en el aire, como un cántico de reverencia o gratitud dirigida al Creador de tales maravillas.

La tranquila Nazaret formaba un anfiteatro natural en la cuesta de los cerros; sus calles estrechas, de lajas y piedras, sus casas simples y humildes eran simpáticas, hospitalarias y graciosas, todo ese conjunto era el toque amigo de la naturaleza pródiga, puesto que era un suave calmante para la vista cansada de los peregrinos. Jesús nunca quiso cambiar el caserío simple pero acogedor de Nazaret por la ruidosa metrópolis de Jerusalén, donde los nervios se irritaban bajo el barullo, los gritos, risas, amenazas y pregones de todo tipo. En sus calles y plazas, como en los terrenos baldíos se aglomeraban las multitudes inquietas, que a cada instante requerían orden por parte de las patrullas romanas y de los esbirros del Sanedrín. Cuando el Maestro estuvo en Jerusalén a los veintitrés años de edad, después de la muerte de José, buscó empleo en las carpinterías de la ciudad para poder ayudar a la familia. Pero, cuando regresó a Galilea, le fue como un sedante para los nervios y el alma fatigada del bullicio estridente que habitualmente se encontraba en las ciudades populosas.

Pregunta: ¿Jesús, antes de encarnar, conoció desde el Espacio los lugares en donde debía vivir para cumplir con su misión?

Ramatís: Antes de descender a la carne en Palestina, el Maestro recorrió todos los lugares de sus futuras actividades mesiánicas, grabándolos en su alma, puesto que era el marco que serviría de apoyo para su obra cristiana. Visitó el Tiberíades, en cuya orilla se demoró para consagrar el lugar que diera tanta tradición, como centro de sus pregonaciones; ubicó en el Jordán el lugar donde más tarde encontraría a Juan el Bautista para la memorable escena del bautismo; su espíritu resplandeciente posó suavemente en la cima de los montes Hermón, Moab y el Carmelo, observando a compañeros de otros peregrinajes, que bajo la túnica de los esenios preparaban la bóveda espiritual, que más tarde le sería afectuosa inspiración para el desenvolvimiento de sus ideas de liberación humana. Después se detuvo particularmente en el monte Tabor, donde conmovido señaló el sitio que más adelante cumpliría con el fenómeno sorprendente de la Transfiguración. Miró panorámicamente al paisaje amigo de Palestina, para observar detenidamente a la pobre e ingenua Galilea, pero que el Maestro prefería en comparación a la riqueza ostensiva de Persia, Alejandría, Atenas o Roma, cuyas naciones se turbaban por exceso de orgullo y ambiciones insatisfechas.

Prefería los galileos rudos, pero sinceros; pobres pero honestos; simples mas generosos; pendencieros pero hospitalarios, gritones pero emotivos como los niños. En Nazaret, los judíos eran displicentes hasta con sus festividades tradicionales, puesto que muchas veces se eludía la matanza del buen carnero o del ave consagrada; en fin, era el escenario ideal para que Jesús cumpliera con su magna obra de Amor y de Paz.

Pregunta: ¿Qué nos podéis decir respecto a la convocación de los apóstoles y discípulos por parte de Jesús, para pregonar la Buena Nueva y el "Reino de Dios"?

Ramatís: Algunos siglos antes que Jesús descendiera a la tierra. El Gobierno Oculto del Planeta Tierra había deliberado sobre los ti-pos$_s$ espirituales que deberían cooperar en el advenimiento del Cristianismo junto al Maestro Jesús. Serían hombres humildes, generosos, ingenuos, fieles, valerosos y obedientes, con mucha capacidad de renuncia y sumisos a su Líder Espiritual. Deberían ser unidos, cohesos y disciplinados, sin perturbar las ideas del. Maestro, puesto que debía ser la fuente absoluta y coordinadora de su obra definitiva.

Por encima de todo, deberían pertenecer a la gente común del mundo, para que sus actividades apostólicas y ejemplos redentores pudieran ser imitados y de fácil realización para la generalidad de los hombres. Las enseñanzas del Mesías estaban dirigidas tanto a los pobres e insuficientes de capacidad, como al rico y al sabio. Por eso, se vio obligado a reclutar a sus adeptos entre personas de regular capacidad espiritual, no muy avanzados y con algunos débitos kármicos a cuenta. Sólo así contaría con ayudantes que estuvieran en sintonía con las demás personas de nivel inferior y exaltar el ánimo de los pobres y desheredados. Cada discípulo, apóstol o adepto intervino en el momento propicio y dejó en la obra cristiana su marca personal y redentora. Algunos de ellos, después de cumplir con su parte en la obra, siguieron su destino kármico personal; y hubo algunos que ni siquiera las anotaciones registran su presencia en las filas del cristianismo incipiente.

Pregunta: ¿El advenimiento del Cristianismo, podía anularse por posibles truncamientos de sus piezas principales, o por la inversión en el orden de los acontecimientos prefijados por lo Alto?

Ramatís: Sin duda alguna; era preciso que se respetara el plan fijado, sino sería otro el aspecto que tomaría el Cristianismo, por ejemplo si un Pablo de Tarso surgiera antes de Pedro, que Jesús precediese a Juan el Bautista o que María de Magdala, que es el símbolo de redención de la mujer pecadora, conociera a Jesús después de su inmolación en la cruz. La participación de Pablo en la obra cristiana debía ser exactamente después del holocausto del Maestro Galileo y posterior al trabajo realizado sobre el mesianismo del colegio apostólico. El mismo Maestro no podía excederse de sus actividades más allá de sus treinta y tres años, conforme a la previsión de su resistencia biológica visada por los Técnicos Siderales, pues a esa edad, su organización carnal, bastante delicada, comenzaría a agotarse ante el potencial vibratorio de su capacidad angélica. De proseguir en la materia por un plazo mayor al determinado por los Técnicos, hubiera fallecido por un síncope; y la prueba la tenéis, cuando Poncio Pilatos mandó investigar el motivo por el cual Jesús había perecido a las pocas horas de estar en la cruz.

El Maestro desencarnó en la época psicológica exacta y de mejor aprovechamiento espiritual para la humanidad; antes de ese período su desencarnación hubiera sido “prematura” y después “tardía”. Juan el Bautista, Pedro, Juan, Pablo de Tarso, María de Magdala, José de Arimatea, los esenios, los cabalistas y otros que quedaron en el anonimato, surgieron e intervinieron en la hora prevista de su compromiso espiritual “preencarnatorio”. Aunque no había un fatalismo absoluto en el advenimiento del Cristianismo, cada elemento humano participó de su realización conforme a su categoría espiritual y dejó su lección útil e inolvidable. Fuera de algunas excepciones, que ya hemos citado, las principales piezas vivas convocadas para cooperar en la misión evangélica del Sublime Peregrino, cumplieron con fidelidad sus promesas espirituales. Además, algunos pudieron rectificar su pasado kármico por la excelente oportunidad concedida por el Maestro, pues con el testimonio de sus propias vidas y la abdicación de los bienes y venturas del mundo material, sellaron sacrificialmente la base de los postulados redentores del Evangelio.

Pregunta: ¿Qué hubiera sucedido si Jesús era sacrificado antes de la hora prevista?

Ramatís: El Cristianismo habría sufrido perjuicios irreparables si el Maestro fuera supuestamente señalado como Jefe de los Galileos, sublevados contra Roma. Si hubiera sucedido al comienzo de sus pregonaciones, el rabino de Nazaret sería sacrificado en la misma Galilea, entre sus discípulos sediciosos y olvidado entre las centenas de cruces, como una punición colectiva. Ese acontecimiento prematuro no habría transmitido el impulso renovador del Evangelio hasta vuestros días, que se glorificó con el Amor y el Perdón de Jesús a sus propios verdugos. Los familiares de los discípulos y acompañantes habrían sufrido particularmente cada ejecución de sus familiares, hasta agotar el foco de la insurrección, y en vez de un solo mártir, como sucedió en el Calvario, habría sido colectivo el castigo y no en la forma eficaz que se inmortalizó en base a la genialidad del Divino Maestro.

Jesús pregonó la renovación del mundo y consolidó su obra para la posteridad, porque su pasión y muerte solitaria en la cruz, la concentró sobre sí mismo. Gracias a su heroísmo y nobleza, asumió la culpa de todos los implicados que aparecían envueltos en la tentativa sediciosa de Jerusalén, callando resignadamente ante las autoridades hebreas y romanas, a fin de morir «inocente» para salvar a los «culpables».

El Amoroso Maestro continúa en nuestra retina espiritual de brazos abiertos en la cruz y envuelto por la luz resplandeciente de su perdón, amor y comprensión, que lo hizo resaltar por encima del odio, del celo, de la hipocresía y de las maldades humanas. Si hubiera sido crucificado antes del plazo prefijado por lo Alto, habría privado a la humanidad de la dádiva sublime del «Sermón de la Montaña» o de la inmortal lección de tolerancia y perdón cuando se expresó en la súplica con amor infinito, diciendo: «¡Padre! ¡Perdónalos, que no saben lo que hacen!» Semejante ruego de proporción moral eterna, si hubiera sido pronunciado en medio de los gemidos de centenas de crucificados, expuestos a las aves de rapiña en el desierto, es natural que se habría apagado en la confusión trágica de los dolores colectivos de las víctimas, quedando sin repercusión en la conciencia de la Humanidad.

26.
Jesús y los esenios

Pregunta: Algunas obras esotéricas, principalmente de la "Fraternidad Rosacruz", afirman que el Maestro Jesús vivió entre los Esenios, cuya influencia se evidenció a través de su obra cristiana. En distintas obras de índole mediúmnica, consideran que es inexacto. ¿Qué nos decís al respecto?

Ramatís: Jesús estuvo en contacto con los Esenios durante algún tiempo en donde conoció sus costumbres, austeras virtudes y también apreció las sencillas ceremonias que se realizaban en los santuarios menores y externos, como así también, los sugestivos ritos del "Círculo Interno". Muchas de sus prácticas y obras realizadas en el mundo profano demarcaban las características esenias que eran de elevado tenor espiritual, dado que tenían mucha semejanza con los primeros cristianos.

Jesús, como entidad de elevada estirpe espiritual e insaciable investigador sobre el espíritu inmortal, jamás dejaría de conocer a los Esenios e interesarse por sus ideas, puesto que enseñaban el amor a Dios y al prójimo, creían en la inmortalidad y en la ley de la reencarnación. Todas las religiones, sectas y movimientos espiritualistas de la época fueron observadas por Jesús, cuya mente privilegiada asimilaba inmediatamente la esencia interior, desestimando totalmente sus apariencias exteriores. Sería bastante extraño y un desmentido al tipo espiritual evolucionado del Maestro, si hubiera sabido de los Esenios y no se hubiera interesado por sus trabajos constructivos.

Pregunta: ¿Por qué causa no llegaron hasta nosotros las pruebas de que Jesús había tenido contacto con los Esenios?

Ramatís: Porque el Maestro no perteneció, ni se afilió en la orden de los Esenios, pero tuvo relaciones íntimas y participó de los ritos internos que los Maestros y Mentores Espirituales de esa orden desarrollaban, hallando muy apropiado que asistiera una entidad del quilate de Jesús. Los Esenios del "Círculo Interno" cuyas prácticas eran ignoradas, hacían votos de silencio para que no trascendiera al exterior, lo que llevó a los historiadores a no creer en su existencia, exceptuando a los terapeutas o adeptos externos.

Además, Jesús nunca manifestó su condición de miembro honorario en la Orden de los Esenios, donde el silencio era un voto de severa responsabilidad moral. En consecuencia, salvo Juan Evangelista que conocía esa disposición del Maestro y de sus contactos con los Esenios, nadie más podía identificarlo al respecto. Por eso, no consta nada en los evangelios escritos posteriormente a la muerte de Jesús, que además de constatar contradicciones e interpolaciones, describen cosas que jamás sucedieron. Además de dichas incoherencias que abren tremendas dudas a los estudiosos capacitados, todavía están aquellos que opinan que nunca existió el Rabí de Galilea, y no es de extrañar que duden de las relaciones ocultas que tenía el Maestro con los Esenios.

Pregunta: ¿Qué diferencia existía entre los terapeutas y los Esenios del "Círculo Interno"?

Ramatís: La Cofradía de los Esenios tuvo origen en el año 150 antes de Jesús, en el tiempo de los Macabeos; era una especie de asociación moral y religiosa que nos recuerda algo de las cooperativas agrícolas modernas, que además de dedicarse a la industria, al comercio y al trabajo, se esmeraban por la asistencia social y la educación de sus afiliados. Así nacieron pequeñas sociedades o agrupaciones en los pueblos de Judea, que más tarde se extendieron hasta Fenicia, la India y Egipto. Cada asociación era dirigida por los miembros más viejos de la comunidad, cuyos afiliados, vivían todos juntos, pues participaban de los bienes en común. Cada familia esenia se comprometía a criar por lo menos, un hijo de otra familia que fuera numerosa y pobre.

Al comienzo, sólo se dedicaron al trabajo, a la cría de aves, a la pequeña industria manual y a los trabajos de artesanía; pero ante la necesidad de atender y providenciar lo necesario a sus miembros, comenzaron a estudiar la influencia de las plantas sobre los humanos; compulsaron obras terapéuticas egipcias e hindúes, dando lugar al nacimiento de la profesión de curadores. Como se trataba de una asociación disciplinada que no reconocía otra autoridad que no fuera la de sus Mentores, pronto se transformó en una agradable cofradía, cuya alimentación sana y forma de vida respetable, aliadas a las prácticas y costumbres religiosas, amando a Dios y al prójimo, respaldaban sus acciones por el convencimiento de la Ley de la Reencarnación y por ende en la Inmortalidad del alma.

Como la tendencia humana es la de progresar constantemente hacia expresiones más útiles e inteligentes, una vez que los Esenios se consolidaron en esa agrupación de beneficencia, de seguridad económica y elevada disposición moral, es natural que naciera la idea de una institución esotérica, a fin de cultivar los valores del espíritu inmortal. Al comienzo construyeron pequeños monasterios en cada una de las comunidades rurales, dando lugar a las primeras manifestaciones del culto espiritual, cuyas prácticas todavía se subordinaban a las supersticiones y ritos complejos de los orientales. En ese entonces, estaban en la fase de la siembra, en que al lado de las admirables flores del entendimiento superior, se encontraban las hierbas de la mediocridad humana. Sin embargo, la dignidad, los objetivos superiores y el desinterés de los Esenios, adheridos exclusivamente al bien, atraían la atención de lo Alto y al poco tiempo comenzaba a notarse la presencia de elevadas entidades espirituales, que más tarde pasaron a orientarlos eficazmente en el progreso espiritual de la colectividad. Como la Cofradía de los Esenios era una verdadera resurrección de la Vieja "Fraternidad de los Profetas" fundada por Samuel, lo Alto permitió en su medio las encarnaciones de algunos profetas, que son figuras de renombre en el Viejo Testamento, Rápidamente, el padrón espiritual de los Esenios se elevó ante la presencia de esos excelentes espíritus siderales; y dio lugar a la selección, excluyendo de los ritos y ceremonias los excesos supersticiosos, creciendo los conocimientos de orden superior sobre la inmortalidad del alma, pero guardando la necesaria reserva de aquello que el hombre profano aún no podía entender ni respetar.

Jesús consiguió entre ellos las energías espirituales que tanto necesitaba para neutralizar las hostilidades del mundo, en el desempeño de su obra redentora. Desde ese período en adelante se comenzó a exigir a los adeptos el máximo sobre la divulgación de las prácticas esenias, pero que no debían ser divulgadas ni practicadas fuera de los santuarios, cosa que Jesús, por ser una entidad de elevada jerarquía no violó jamás. De ahí nace la diferencia entre los terapeutas que prodigaban bienes al mundo profano sin tener la iniciación de los santuarios internos que poseían grados superiores. Esos altos iniciados vivían su vida en los monasterios, grutas, minas viejas o abandonadas y lugares distantes del bullicio mundano.

Pregunta: ¿Cuáles son los indicios que nos pueden informar sobre la convivencia de Jesús con los Esenios?

Ramatís: Los estudiosos ocultistas saben que algunas reglas y ciertos principios adoptados por los cristianos en sus actividades doctrinarias, nacían parte de las prácticas y votos de los esenios de la época. También es verdad, que Jesús siendo un espíritu sabio y admirablemente práctico, eliminó de las enseñanzas esenias las complejidades, votos fastidiosos, "mantrans" o posturas iniciáticas que pudieran oscurecer la esencia espiritual y dificultar las relaciones entre los discípulos y el Maestro. Las enseñanzas superiores que él cultivó en la intimidad de los santuarios esenios, más tarde las simplificó ante el público lego en forma de aforismos y parábolas, de elevada sabiduría espiritual. Enseñó a sus discípulos a vivir a la "luz del día" los mismos principios y votos que muchos adeptos sólo hacían entre las columnas del templo iniciático.

Algunas de sus formas en el proceder ante el mundo profano eran semejantes a la de los Esenios, ya fuera para fluidificar el agua, hacer pases e imponer las manos en la cabeza de los enfermos. Los Esenios del "Círculo Interno" eran vegetarianos rigurosos y la alimentación a base de pescado, sólo era permitida ante la falta total de frutas y legumbres. Eran adeptos al celibato, condenaban la esclavitud, f^ oponían a las guerras, a la violencia y agradaban de la vida en común, además eliminaban las fronteras de castas y diferencias sociales. No admitían mujeres en sus reuniones, asambleas y consejos, cosa que el Maestro Jesús también estaba de acuerdo, pues no aceptó a María de

Magdala o María, su propia madre, cuando le insinuaron que las dejara participar en la ceremonia del lavado de "los pies" y en la "última cena" entre los apóstoles.

Los Esenios eran contemplativos y oraban con su rostro mirando hacia Oriente cuando el sol nacía; eran disciplinados para ingerir los alimentos, moderados en el vestir y totalmente despreocupados de los bienes del mundo. No tenían atracción por las monedas ni joyas cuya indiferencia el mismo Jesús reveló cuando advirtió a Judas que "no le pesase la bolsa de dinero" y en la aleccionadora respuesta que decía: "Dad al César lo que es del César y a Dios lo que es de Dios". Los discípulos externos o terapeutas evitaban las profesiones desairosas, extorsionadoras o demasiado especulativas; eran agricultores, artistas, científicos, obreros y pescadores. Jamás se introducían en la política, en los negocios agiotistas o en las profesiones de fiscales, esbirros, militares, negociantes de joyas, criadores de aves o animales para vender o cualquier tipo de trabajo en los mataderos . Servían a Dios por la santidad del espíritu y trabajaban por el bien al prójimo; aceptaban la reencarnación como postulado fundamental de su doctrina, cosa que ningún judío mosaísta admitía. A ese concepto esenio Jesús aludió muchísimas veces, cuando decía que había vuelto Elías encarnado en Juan el Bautista[1] y en la mención que hizo a Nicodemos, que "ninguno vería el reino de Dios si no renacía de nuevo".

Mientras tanto, los únicos que eran reencarnacionistas, como lo era Jesús, fueron los Esenios; ellos no sacrificaban vidas animales en el Templo ni hacían ningún tipo de ofrenda a Jehová para obtener buenas cosechas, éxito en los negocios y mejorar la salud, cosa muy común entre los judíos de todas las clases sociales y condición cultural. Evitaban el contacto con las grandes ciudades, pues se sentían oprimidos en el ambiente codicioso de las multitudes, entre la astucia puesta en juego por la ganancia que esclaviza y por el egoísmo que deteriora. Jesús también demostró ojeriza por las grandes metrópolis y prefería la tranquila orilla de los lagos de Galilea; adoraba a Nazaret y sus colinas, porque podía explayar su mirada angélica hacia el horizonte y revitalizarse en medio del campo, de los bosques, en los lagos y en los ríos.

Los Esenios también eran de condición hospitalaria, bene-

1 *Mateo,* XVII, vers. 11 al 13; *Juan,* III, vers. 1 al 12.

volentes, pacíficos y enemigos de hacer desprecio o da? ejemplos de superioridad; vivían silenciosos, hablando lo suficiente para servir y enseñar al prójimo. Repelían la ostensividad de las preces, el pedantismo de los fariseos, el lujo de las sinagogas y la dureza de los saduceos. Eran valerosos y leales en sus relaciones con los demás hombres y sacrificaban fácilmente sus vidas para no quebrar sus votos iniciáticos. Delante de la crueldad, de la ironía o de cualquier acusación ajena que causara perjuicios a la cofradía esenia, preferían guardar silencio y morir, antes de delatar o defenderse a sí mismo. De ahí, que Jesús era un gran admirador de los Esenios y su hábito peculiar lo identificaba con ellos, pues era de pocas palabras, pero cuando hablaba dejaba asentado un precedente que se volvía imperecedero. Su mayor prueba la dio delante de los jueces del Sanedrín, guardando silencio absoluto cuando lo acusaron cruelmente, y aun delante de Poncio Pilatos, que intentó suavizarle la pena, aunque más no fuera por vengarse de Caifas.

Ciertas máximas evangélicas de Jesús eran verdaderos preceptos esenios como el de la "puerta estrecha", y que "vuestra mano izquierda no sepa lo que hace la derecha", que aun hoy se halla sublimado en el tronco de las ofrendas usado por la masonería. El capítulo VII de Mateo con sus veintinueve versículos, es casi un resumen de los estatutos de los Esenios, elaborado para graduar las diversas fases de la iniciación de los neófitos en los santuarios mayores. Otra narrativa de Jesús de elevado relieve iniciático es la parábola del "Festín de la Boda" cuando comparó el reino de los cielos con el rey que mandó arrojar en las tinieblas exteriores al convidado que se hallaba en la mesa del banquete sin el *ropaje nupcial*.[2] A pesar de cierta oscuridad en el relato o dificultad para interpretar la esencia, velada por el simbolismo, los Esenios conocían perfectamente la existencia del periespíritu, como actualmente sucede con los espiritistas, teosofistas y demás escuelas de ocultismo. Los neófitos aprendían en su iniciación, que una vez que el espíritu vestía la "túnica nupcial", es decir, cuando habían purificado el periespíritu, recién entonces podían participar del "banquete divino" de la vida celestial, pues en caso contrario, como sucedió en el "Festín de la Boda", los que no vestían tal ropaje debían ser arrojados, naturalmente, en las regiones del astral inferior a fin

2 *Mateo*, cap. XXII, vers. 1 al 13.

de purificar sus pasiones animalizadas.

¿Dónde Jesús podía buscar conceptos tan puros y elevados sobre la espiritualidad, si no era con los Esenios? En cambio los judíos devotos a Moisés sólo se transmitían enseñanzas áridas, complejas y un tanto violentas, como la ley "del ojo por ojo y diente por diente". Muchas de las respuestas que el Maestro Galileo daba a sus preguntones capciosos, que trataban de confundirlo o ironizarlo, se basaban en los preceptos esénicos, aunque los simplificaba en sus formas y lo vivificaba con un sentido de mensaje espiritual.

Pregunta: ¿Por qué la Iglesia Católica Romana no menciona esa influencia provechosa de los Esenios en la vida del Maestro Jesús?

Ramatís: La Iglesia Católica ignora totalmente la existencia de la Fraternidad de los Esenios y la convivencia de Jesús entre ellos. Además, las enseñanzas católicas no son simpáticas al origen iniciático y al esoterismo de los Esenios, pues éstos, además de ser reencarnacionistas, eran adversos a la idolatría de las imágenes. Los ritos iniciáticos se hacían cuando los discípulos daban testimonio de sus reacciones mentales y emotivas, tal como las manifestaban en el mundo profano, que luego eran disciplinadas bajo los preceptos esenios. Ninguno se adhería fanáticamente a la adoración de los objetos, imágenes o supersticiones del mundo oculto, sólo era un culto devocional del espíritu hacia la Divinidad, una especie de afecto gentil y cortés a los Maestros responsables por las transformaciones morales de sus discípulos. Jesús demostró lo mismo en sus actividades evangélicas, pues ninguna doctrina había nacido tan simple y se hizo tan comunicativa para el alma de sus adeptos, como lo fue el Cristianismo.

Los responsables por la organización católica romana desde las primeras consultas hechas a los evangelios, ajustaron la figura de Jesús y su obra a un plan que valorizaba únicamente los preceptos católicos, que desde ese momento debían exponer a las masas humanas. Eliminaron cuanto les fue posible, los hechos, relaciones y conceptos de la vida del Maestro Cristiano, que contrariasen o desmintieran las aspiraciones e intereses de la nueva secta religiosa. Se hicieron nuevos agregados en los relatos evangélicos, y las enseñanzas clarísimas sobre la reencarnación fueron oscurecidas para dar lugar a interpretaciones dudosas, como en el caso de Nicodemos y de Juan el Bautista, en cuyo original, el relato es perfectamente reencarnacioonista dado que se trataba de una tradición esenia. Y, aunque el Clero Romano hubiera comprobado la existencia de los Esenios y su amorosa influencia en los fundamentos del Cristianismo, los hubiera recusado, pues Jesús no podía ni debía participar en una secta cuyas enseñanzas contrariaban totalmente las especulaciones religiosas de la Iglesia Católica Romana.

Pregunta: ¿En Judea había un clima psíquico que favoreciera el advenimiento de la Fraternidad de los Esenios?

Ramatís: Judea era bastante influenciada por diversas corrientes filosóficas, religiosas y espiritualistas provenientes de la India, de Grecia y de Egipto, en cuyos países el culto religioso, malgrado su aspecto litúrgico ostensivo, tenía un sello profundamente esotérico. Bajo esos estímulos, muy pronto se formaron grupos de judíos estudiosos y practicantes de las enseñanzas esotéricas, los que se reunían guardando mucho silencio para evitar la persecución del Sanedrín, el que podía castigarlos con la muerte, dado que era una rebelión contra los preceptos oficializados, como sucedió con la lapidación de Esteban. Aun hoy en el siglo XX, donde la libertad espiritual es un patrimonio del ser humano, se repiten algunos casos, del poderío y la persecución que era peculiar al Clero oficial en Judea, pues el Espiritismo todavía es prohibido en su divulgación en

algunos países donde la Religión Católica Romana impera oficialmente.[3]

En la época de Jesús los eremitas vivían esparcidos por las cuestas rocosas de Judea, alejados del mundo profano porque era ostensivamente pecaminoso su contacto. Ellos buscaban la gloria de Jehová por medio de la virtud, de la abstinencia de los placeres y por la renuncia a los bienes del mundo. Aparecían sectas, santuarios, logias, órdenes ascéticas y fraternidades, y con las reglas y principios extraídos de la iniciación habitual de la India y Egipto, preparaban nuevos adeptos. Los creyentes y discípulos se armonizaban compartiendo sus felicidades y ale-

3 *Nota del Médium:* En Portugal y España el movimiento espirita sufre la opresión y el control, debido a la intransigencia del Clero Católico Romano, a punto de ser devueltas las obras espiritualistas que no gozan de la simpatía clerical.

grías, bebiendo la cultura espiritual en las fuentes iniciáticas de otros pueblos. Los monjes, peregrinos, profetas, aventureros y religiosos, egresados de los países extraños, penetraban en Palestina trayendo las costumbres, las ideas y prácticas iniciáticas de los lugares que visitaban. El budismo casi había completado los seis siglos cuando apareció Jesús pregonando su Evangelio; innumerables judíos de excelente cultura intentaban modelar sus vidas en base a esas reglas ascéticas, pero, la Fraternidad Esenia fue la primera institución que se implantó disciplinada y cohesiva en el suelo judío, pues sus estatutos eran puros, prácticos, sensatos y graduaban a sus afiliados conforme a su entendimiento esotérico, su capacidad de servicio y autodominio sobre las pasiones inferiores. En consecuencia, la ansiedad que se anidaba en lo íntimo de cada ser humano, como centella emanada del Creador, proporcionó el entendimiento para la fundación y vivencia de la cofradía de los Esenios remanecientes de la Fraternidad de los Profetas, que fuera fundada por el profeta Samuel y que en ese momento se hallaba encarnado en la figura de Juan Evangelista y que más tarde retornaría a la tierra como Francisco de Asís.

Pregunta: Considerando que el Maestro Jesús podía prescindir de los Esenios para cumplir con su obra redentora, entonces, ¿qué tipo de influencia recibió entre ellos?

Ramatís: No debéis olvidar que todos los acontecimientos que debían suceder alrededor del Maestro, estaban planeados con anticipación por los Mentores y Guías Siderales de Jesús. Así como nació y se fundó la cofradía esenia 150 A.C, cumpliendo con su fecunda obra de redención, ésta desapareció un poco antes que Tito destruyera Jerusalén. Sugieron un siglo y medio antes del Maestro Nazareno y se dispersaron medio siglo después, así como el alumno distinguido, una vez terminado su curso académico, abandona la escuela.

¿Por qué los Esenios no se radicaron en Fenicia, en la India, en Persia, en Arabia, África o Egipto y prefirieron vivir justamente en Judea y por "coincidencia" en Galilea, tierra donde nació y vivió Jesús? ¿Qué misterio o feliz accidente reunió a esa élite espiritual, culta y sabia, conformada por aquél maravilloso consejo de ancianos Esenios, donde Jesús encontró el aliento, el valor, el cariño y el estímulo cariñoso para poder cumplir con su obra, tan prematura para esa época? ¿Quién le dio tantas fuerzas y ánimo para cumplir, en el tiempo fijado por lo Alto, con la pasión y el trágico hecho del Calvario? Los tres últimos años de su vida transcurrieron bajo la inspiración oculta, vitalizadora y persistente de los objetivos redentores, y además, poder alcanzar el sacrificio supremo en la cruz. Cuando comenzaba a presentir el término de su obra, algo lo ayudaba y lo hacía sentirse venturoso ante la perspectiva de su muerte corpórea.

Sin duda, que lo Alto asistió al Maestro en todos los momentos de su vida, exhortándolo para que no lo dominara el instinto humano y la hostilidad del medio adverso que influía muchísimo en su linaje angelical. Él también usufructuó de la amistad pura y sincera de sus compañeros, amigos y discípulos, compensándole la frialdad de las censuras de sus parientes. Sus angustias, tristezas y recordaciones de su morada venturosa, recibían generosa comprensión y saludable compensación entre aquellos ancianos esenios, liberados de las» ilusiones de la vida material y que vivían exclusivamente en base al espíritu eterno. ¿Cuál fue el gigante, el héroe, el santo o conquistador del mundo, que no haya necesitado del aliento, del gesto o de la palabra afectuosa de algún amigoconsejero?

También es lógico, que el mensaje evangélico divulgado por el Maestro hace dos mil años, todavía era prematuro para cualquier nación ajena a Palestina, cuyo pueblo era fanático en religión, pero de una fe inquebrantable. Sin embargo, allí se notaba la influencia esotérica de los Esenios, pues aun viviendo aislados en las grutas o en los monasterios sus ideas y sentimientos eran perfectamente semejantes a los principios del Cristianismo. Se transmitían de hombre a hombre y se producía el clima predilecto para que fructificara la semilla sublime del Evangelio. La siembra cristiana tenía la tierra preparada y se podía garantizar la germinación a través de la fertilidad-que ofrecía el "abono" Esenio. Allí se pregonaba la idea superior del amor a Dios y al prójimo; investigábase sobre la inmortalidad del alma y se estudiaba la reencarnación; censurábase la guerra, el robo, la explotación, la avaricia, el odio y la venganza. Se cultivaban la bondad, el perdón, la renuncia y el sacrificio de la propia vida, se hacían votos de rectitud y de servicio al prójimo, se protegía a los niños, se daba asilo a los viejos y a los enfermos, se enseñaba el respeto a los demás y el culto a los bienes del Espíritu Superior.

Por lo tanto, es evidente, que ese grupo de hombres cultivando aisladamente las virtudes superiores del Espíritu, era una especie de «embajada» espiritual que descendió a la tierra para recibir al Mesías, el que más tarde daría forma objetiva y didáctica a los mismos principios de los Esenios y que además, los afirmaría con su propia sangre. ¿Qué pueblo o agrupación humana podía ofrecer condiciones tan favorables como lo hizo el pueblo judío con su fe, y los Esenios con su sabiduría espiritual? Los romanos, los griegos y los egipcios vivían aferrados a sus dioses que satisfacían el gusto de sus profesantes; en esas civilizaciones populosas abundaban los credos, sectas, intereses y caprichos que desunían a las personas y les impedían dedicarse a una doctrina simple, humilde y popular como era el Cristianismo. Los romanos ofrecían tributos a sus dioses, solicitándoles que le satisfacieran sus caprichos, deseos y pasiones interesadas; los griegos perdían su precioso tiempo en las especulaciones filosóficas en medio de los ¿por qué? interminables y en la verborragia de sutilezas irreverentes; los egipcios, fanatizados al culto de Osiris, hacían de la muerte que libera, un motivo de adoración que atemorizaba y abatía al espíritu. ¿Qué éxito huhiera tenido Jesús si hubiera expuesto la ternura de su Evangelio, enfrentando el sensualismo de los bárbaros, la arrogancia y el orgullo de los romanos o la presunción y envanecimiento cultural de los griegos, que consumían su tiempo haciendo acrobacias excéntricas en el trapecio de la mente?

Jesús, debido a su renuncia y honestidad espiritual podía haber prescindido de los Esenios para plasmar su obra redentora, y aún hubiera podido llegar al Calvario en la «hora psicológica». Sin embargo, no podemos afirmar lo mismo respecto a la sobrevivencia y éxito del Cristianismo, sin el terreno abonado por los Esenios.

Pregunta: ¿Nos podéis destacar el trabajo particular que hizo el Maestro Jesús, aunque tenemos presente la influencia de los Esenios?

Ramatís: Jesús, como sublime catalizador angélico dio vida y forma en el mundo exterior a sus ideas, que le fueron inspiradas por la amistad sincera de los Esenios. Todo lo que ellos pensaban, sentían y cultivaban, se armonizaba perfectamente con el alma de Jesús, lo cual dio mayor vida a sus elevados principios, haciéndolos indestructibles y resumiéndolos en el sublime Código Moral de la humanidad: ¡el Evangelio!

Como todo idealista intrépido, se abrió paso en el largo camino de las civilizaciones humanas, combatiendo al fariseísmo, el negociado religioso, la explotación de los poderosos y la ganancia de los ricos, antes de ser un hábil político o líder religioso, capaz de contentar a griegos y troyanos. También es cierto que Rama, Krishna, Confucio, Zoroastro, Buda y demás instructores religiosos pregonaron el Amor que *une* contra el odio que *separa,* pero Jesús apenas disponía de un pequeño grupo de hombres iletrados, rudos y supersticiosos para transformar ese mismo Amor en una doctrina que se afianzara y expandiera, conforme pasaran los siglos. Incomprendido por sus familiares, amigos y discípulos, consiguió componer sobre la tierra un poema épico escrito con la tinta roja de su propia sangre, vertida en el martirio de la crucifixión, y que la posteridad está obligada a reconocer como el único y viable proceso que es capaz de liberar al hombre de la esclavitud animal.

Pregunta: ¿La influencia de Juan el Bautista, fue el impulso que el Maestro Jesús necesitó para realizar su obra mesiánica?

Ramatís: Juan el Bautista, en verdad, fue el que removió el fuego de las ideas mesiánicas del Maestro, pero quién las fortaleció fue la inspiración elevada de los Esenios. La fuerza salvaje de la austeridad de Juan el Bautista condenando implacablemente a los ricos, poderosos y corruptos, impresionó a Jesús y tuvo el don de eliminarle las excitaciones, pues estaba seguro, que todo eso se podía realizar públicamente pero bajo el toque amoroso y de la santificada comprensión que la humanidad necesitaba. Aunque Jesús había sufrido la influencia estimulante de Juan el Bautista, no seguía los mismos pasos respecto a su ética agresiva. A ésta, Jesús se opuso con la humildad, la bondad y la tolerancia, propia de los Esenios. Juan el Bautista murió por su obstinación en excomulgar a los reyes, poderosos y afortunados, atrayendo hacia su persona la ira y venganza de sus adversarios.

En vez de orientar y esclarecer a los reprobos del mundo, los condenó irremediablemente, como el huracán que arrasa todo cuanto encuentra sobre la superficie de la tierra, dejando el terreno árido y sin esperanza para el futuro. Dios no exige la muerte de sus hijos que no aceptan la Verdad, pues casi siempre esa obstinación es el fruto de la ignorancia o de conceptos totalmente opuestos. Juan el Bautista fue degollado porque se precipitó al querer reformar instantáneamente a los hombres cupidos, instintivos y egoístas, cuyos pecados se debían a su graduación espiritual, ajena a toda deliberación consciente. Era tan prematuro imponerles una rápida renovación moral, como exigir a la semilla, que en pocas horas dé sazonados frutos. Muchos cristianos fueron masacrados en Roma, pero se hubiera evitado si no desafiaban a los anticristianos y cundiera el ejemplo de haber vivido bajo los principios de humildad y amor a la luz del día. No basta morir por un ideal, pues además hay que saber vivir en favor del adversario. La censura agresiva a los pecados ajenos enciende el amor propio del prójimo, mientras que la paternal advertencia, el consejo fraterno de bondad y amor, se escucha con cierto aire de gratitud.

Jesús fue crucificado como el Cordero de Dios, debido a la imprudencia sediciosa de sus discípulos, mas no por haber excomulgado agresivamente al prójimo. Aceptó la ***muerte*** para no violentar la ***vida*** y preservar su doctrina de Paz y Amor. Justo e inocente, no condenó a los pecadores, virtuoso y bueno perdonó incondicional-mente, pues supo vivir en función de la máxima eterna que dice: "Sólo el Amor salva al hombre". Juan el Bautista se ocupó en puntualizar demasiado las acusaciones que hacía a los hombres, cuyas pasiones y placeres eran el fruto de su espiritualidad embrionaria. Jesús murió porque intentó esclarecer las equivocaciones humanas en forma comprensiva y suave; el Bautista fue degollado por acusar los pecados ajenos. Delante de la mujer adúltera, es muy posible que él la hubiera mandado a lapidar para cumplir con la Ley de protección a la moral judaica; Jesús, mientras tanto, la liberó de los verdugos y dejó una máxima, que aún vive en la conciencia de la humanidad: "Quien se halle exceptuado de pecado alguno que arroje la primera piedra". ¡Todo reformista religioso, moralista violento, agresivo e intransigente, puede convencer y arrastrar multitudes de fanáticos, pero no conseguirá convertirlos a la dulzura del Amor!...

El Maestro Cristiano pulverizó las costumbres seculares, igualó a señores y esclavos, santos y prostitutas, ricos y pobres, en una ofensiva anárquica que condenaba las especulaciones religiosas y la idolatría extorsionante de los templos. Sus palabras más severas estaban revestidas de suavidad amorosa, puesto que censuraba pero no condenaba, advertía mas no insultaba.

Pregunta: Hermano Ramatís, ¿no hay cierta contradicción que las autoridades del Sanedrín condenaran a Jesús porque pregonaba sus ideas liberales; mientras que los Esenios, exceptuados del compromiso y de las obligaciones comunes a todos los judíos, no les sucedía nada, pues muy al contrario, todavía reclutaban gente para sus filas de terapeutas?

Ramatís: Los Esenios hacía 150 años que vivían en Palestina y jamás habían incomodado a las autoridades públicas, ni contrariaban a los sacerdotes de Jerusalén. Para el mundo profano, no eran más que terapeutas humildes que peregrinaban por los caminos de Judea haciendo servicios de utilidad para los necesitados. De esa forma se mantenían a cubierto de cualquier interferencia, pues no se interesaban de las maquinaciones políticas y desistían fácilmente en favor de su adversario en cualquier discusión. Algunos de los sacerdotes de Jerusalén estaban afiliados entre los Esenios, como Eleazar y Simón, amigos de José y María, que hacían todo lo posible para apartar las sospechas del Sanedrín ante las denuncias e investigaciones.

Pregunta: Los santuarios esenios, ¿qué aspecto tenían y dónde estaban situados?

Ramatís: Los templos, o mejor expresado, los santuarios esenios estaban diseminados por los montes más importante de la Hebrea, en los lugares accesibles para atender a los discípulos y próximos a las colectividades de los terapeutas. Todos los santuarios se subordinaban al "Consejo Supremo" el cual se reunía en asambleas periódicas o en casos extraordinarios a fin de atender los problemas más importantes de la comunidad y establecer las normas de vida futura de la Fraternidad. Ese consejo estaba compuesto por setenta ancianos, la mayor parte vivía en el monte Moab, en la margen oriental del mar Muerto. Muchos de esos ancianos estuvieron presentes en las principales pregonaciones del Maestro, como en el caso del "Sermón de la Montaña" y durante la "Transfiguración", pues ellos se confundían humildemente con el pueblo. En el monte Ebat funcionaba el santuario que atendía la zona de Samaría; en el monte Carmelo y Tabor los santuarios para los galileos. Los peregrinos y habitantes de procedencia Siria y de pueblos semejantes, frecuentaban los santuarios del monte Hermón, cuyos dirigentes eran egresados de la misma zona.

No estaban ubicados en la cima de los montes, sino que eran excavados con cierto capricho en el interior de las minas abandonadas, en las grutas y cavernas, bastante alejadas de las ciudades principales. Los servidores instalaban esas comunidades donde primaba por la higiene y la estética, muy al gusto de los Esenios, que hasta en sus vestidos preferían el color blanco; sólo en casos muy especiales usaban un manto de lana azul oscuro sobre-los hombros, que Jesús también usó. Eran anacoretas de vida cenobítica, pero criaturas sensatas y afectas al baño diario en los ríos y cascadas, cuidaban sus barbas y cabellos y gustaban de las aguas aromáticas, pues era un gusto bastante generalizado. Eran cultores de los conocimientos esotéricos, pero sumamente equilibrados en sus actividades mesiánicas; limpios, sanos y joviales se notaba la gran diferencia que había con los tradicionales profetas, relajados en materia de limpieza e higiene y excomulgando a los hombres del mundo.

Los santuarios eran limpios, claros y agradables, con alfombran de cuerdas[1] trenzadas y confeccionadas por ellos mismos; existía un eficaz sistema de ventilación que era responsable por el acceso del aire puro de los campos, donde en otoño se percibía el delicioso olor de los frutos de la época y del perfume agreste de las flores en primavera. No eran criaturas que usufructuaran los bienes del mundo, pues sus espíritus sabios y humildes les permitía rodearse del confort natural y apreciaban los motivos agradables que les proporcionaba la buena música y el arte, seguros de que Dios no deseaba que el hombre huyera del mundo, donde Él se encontraba eternamente presente.

En las asambleas que se hacían regularmente se estudiaban las providencias y ayuda que era necesaria y urgente para el sustento y el amparo de los afiliados rurales más pobres, dispersos por las grandes regiones de Palestina. El mismo hogar de Jesús, ante la prole numerosa de José y María recibió a su debido tiempo la contribución de los Esenios para salvar las dificultades de la familia. Estaban estrechamente ligados por un elevado sentido de fraternidad espiritual, y los más decididos y trabajadores fundaban nuevas instituciones regionales ei\ las casas de los afiliados. Gracias a su cautela y prudencia pudieron sobrevivir en medio de la fanática atmósfera religiosa, puesto que evitaban rozarse con cualquier tipo de actividad religiosa que no fuera la suya.

Pregunta: Nos extraña que los judíos generalmente obstinados, especuladores y fanáticos, pudieran afinizarse al movimiento esénico, de orden sutil y esotérico.

Ramatís: Los judíos que ingresaban en la cofradía de los Esenios no tardaban en dejar su modo mecánico y lastimero para orar a Jehová, se liberaban del rosario de murmuraciones ininteligibles y de los cánticos monótonos tan tradicionales en las sinagogas. En los santuarios aprendieron nociones sobre las leyes del Cosmos y de los misterios de la Creación, conjugadas al estudio de la inmortalidad del espíritu. Muy pronto aprendían a dominar sus pasiones, se abstenían de entrar en las fricciones y discusiones religiosas, equilibraban la marcha de sus negocios y volvíanse más comprensibles en el trato con los humanos. Rompían con las viejas cadenas de las tradiciones religiosas, del tabú y el temor impuesto a la ley de Moisés, al sistema de las sectas separativistas, superando poco a poco, los preconceptos de la raza en lisonjera efusión afectiva con las demás personas.

Los torrentes de palabras, tan peculiar al judío, sufrían modificaciones provechosas bajo el toque renovador de las enseñanzas esenias, en la intimidad de los santuarios. Adquirían precisión en el hablar y en el pensar, no tenían apegos a los bienes materiales, desenvolvían la memoria y ajustaban el sentimiento para una vida superior. Por eso, ante la tentativa sediciosa de los galileos en Jerusalén de donde resultó aprisionado y crucificado el Maestro, no participó un solo adepto Esenio del «Círculo Interno». Muchas de las valiosas enseñanzas de los Esenios y que en el tiempo de Jesús todavía estaban subordinadas a ciertos ritos y a una pragmática iniciática tradicional, hoy se puede aprender y cultivar con facilidad sin que el discípulo abandone las tareas cotidianas, ni se halle adherido a las instituciones donde se practican. Algunas de esas instituciones modernas suministran admirables lecciones prácticas, sin complejidades, dado que desenvuelven la mente y ajustan las emociones del discípulo sin exigencias cansadoras o compromisos raros. Además, insistimos en decir, que después del advenimiento de Jesús, ya no se justifica la iniciación a "puertas cerradas".

Considerando que el Cristianismo ha llegado a convertir personas de las más variadas razas, como el árabe, el hindú, el chino, el japonés y al mismo salvaje, es obvio que los Esenios encontraban facilidad en adoctrinar al judío especulador y obstinado, porque era un movimiento que había nacido y evolucionado en su propia patria y enseñado por sus propios hijos.

Pregunta: ¿Los apóstoles, también hacían parte de la Cofradía de los Esenios?

Ramatís: Apenas Juan el Evangelista tenía acceso a los ritos internos, pues era un iniciado, y en el pasado había sido el profeta Samuel, que fundó y organizó la "Fraternidad de los Profetas" en el cual los Esenios se inspiraron más tarde. Además, los apóstoles de Jesús se desbandaron totalmente ni bien se apagaron las luces mesiánicas del Maestro Jesús, ni tampoco podían escalar a corto plazo los tres años de iniciación esotérica del Círculo Interno de los Esenios. Por otra parte, el modesto discípulo o el terapeuta del mundo exterior, debía permanecer el período de tres años en los santuarios menores y de actividades para el bien ajeno en su vida común, para recién poder aspirar a las prácticas de los grados superiores.

Sin embargo, Jesús transmitió oralmente a sus apóstoles muchas de las enseñanzas extraídas de los ancianos del Monte Moab y hasta consagró algunas de las prácticas esotéricas entre los mismos, como la ceremonia del "lavado de los pies" y la "cena tradicional", que el neófito Esenio debía ofrecer a los veteranos en una demostración de júbilo fraterno.

Pregunta: ¿Nos podéis comunicar algo respecto al "Consejo Superior" que conformaban los setenta ancianos Esenios?

Ramatís: En el Consejo Supremo sólo se admitía a los Esenios idóneos y de elevado tenor espiritual, hombres de alta capacidad y sabiduría que habían renunciado a los deseos de la vida humana y estaban dispuestos a sacrificarse por sus semejantes. Ellos mantenían su vida carnal en función de verdaderos catedráticos de la espiritualidad; y en el pasado habían servido en la "Fraternidad de los Profetas". En la época de Jesús estaban encarnados entre los ancianos los profetas Ezequiel, Micheas, Nehemías y Job que formaban el Consejo Supremo bajo la tutela del profeta Jeremías. Esos ancianos Esenios eran un grupo de espíritus que desde los comienzos de la Atlántida venían elaborando los estatutos preliminares de la efusión espiritual en la tierra y preparando el terreno propicio para que el Maestro Jesús sembrara la semilla bendecida del Cristianismo. En tiempos remotos fueron conocidos como los "Profetas Blancos"; después por "Antulianos", "Dactylos", "Kobdas" y finalmente Esenios. Actualmente se hallan diseminados nuevamente por la tierra para organizar una nueva y disciplinada iniciación esotérica con poderosa actividad en el mundo profano a fin de revivir al Cristianismo en sus bases milenarias. Jesús también había participado con ellos en la Atlántida, cuando vivió como Antulio, el profeta sublime, que en época tan lejana fundó la "Fraternidad de la Paz y el Amor", cuyos adeptos fueron conocidos por la tradición esotérica como "Antulianos". Y, Jesuelo, el notable discípulo atlántico que fuera fiel hasta los últimos instantes de la invasión de los bárbaros y de la destrucción del "Templo de la Paz y el Amor", donde sucumbió Antulio, también retornó a Judea para participar en el advenimiento del Cristianismo, encarnando la figura de Juan Evangelista.

Los ancianos esenios se despreocupaban por cualquier favorecimiento humano y no había cosa alguna que les despertara la codicia y el deseo de posesión de los valores del mundo. Pero, no era su edad avanzada lo que facilitaba su elección para la dirección de las cofradías esenias, sino la abdicación incondicional de sus vidas en favor de cualquier causa o necesidad humana. Pedro, que había negado al Maestro tres veces ante la pregunta inquisidora de los esbirros del Sanedrín, después de algunos contactos con los esenios del Monte Moab, donde conoció el significado exacto de la vida y obra del Cristo Jesús, se dejó crucificar con cierta calma en Roma, rogando que lo pusieran cabeza abajo para no ser igualado a su querido Maestro.

Los Esenios conocían perfectamente toda la ciencia del alma, pues lo que hoy muchos hombres buscan a través del Esoterismo, la Teosofía, los Rosacruces, del Espiritismo, de los mensajes de Krishnamurti o del Yoga, los viejos esenios lo sabían y enseñaban en sus sigilosos santuarios.

Pregunta: ¿Nos podéis describir algunos de los ritos o votos habituales de los esenios que imperaban en los santuarios?

Ramatis: Los "Santuarios Grandes" estaban situados en los montes Carmelo, Hermón, Moab, Ebat, Tabor y otros de menor importancia; mientras que los "pequeños santuarios" estaban esparcidos por las cuestas de las montañas, en algunos monasterios abandonados y principalmente en las colectividades rurales y en los hogares de los adeptos, conocidos como "servidores profanos" o "terapeutas" del mundo exterior. Allí no se practicaban ritos o liturgias iniciáticas, sino sencillas ceremonias que involucraban el comienzo de los neófitos en el seno de la cofradía menor esénica. Los santuarios menores resolvían los problemas simples de la Fraternidad, pues allí se trataba a los enfermos, se alimentaba a los necesitados y se daba ropa a los harapientos; por la noche, conforme era la capacidad que poseía el dueño de la casa, disponía de algún cuarto para hacer dormir al discípulo que vivía alejado. El compañero que llegaba y se hacía conocer como afiliado, era una dádiva que festejaba la familia del "jefe servidor" del santuario. Ese huésped merecía todo lo mejor que había en la casa; buena alimentación y buen reposo, mientras se intercambiaban las noticias y se encaraban los proyectos para divulgar los principios generosos de la caridad y el amor, tan cariñosamente cultivado por todos ellos. Bajo tal influencia, el Cristianismo reveló entre sus adeptos un elevado espíritu de confraternización y hospedaje afectuoso.

En general, los terapeutas o afiliados externos se reconocían por la seña característica de cerrar la mano derecha y el dedo índice debía apuntar hacia el cielo, mientras que los adeptos del Círculo Interno cerraban el dedo pequeño y el anular, dejando el pulgar, el índice y el medio abiertos y levantados hasta la altura de la cabeza, conforme lo hacía Jesús habitualmente según se puede verificar por las estampas católicas. El saludo peculiar y preferido entre ellos, era "La Paz sea con vosotros", y que respondía la segunda persona "Que la Paz sea en ti y en mí por la gracia del Señor".

La consagración de los neófitos para el servicio de la Fraternidad se procesaba bajo un rito muy simple, pero significativo en base al elevado simbolismo que predominaba en el acto. Después de algunos momentos de silencio y el debido recogimiento espiritual entre los presentes, en una atmósfera de expectativa sumisa por parte de los nuevos candidatos que pasarían a vivir las reglas superiores, el Servidor Menor traía el jarro y la palangana de un color blanco inmaculado, exclusivo para la función de lavar las manos. Esa simple y expresiva ceremonia, significaba que el neófito purificaba sus manos al tomar contacto con el agua, la linfa creadora y la base de la vida planetaria. El adepto, desde ese instante se comprometía a no ensuciar sus manos con acciones indignas, pues el agua utilizada, además de estar magnetizada por los terapeutas, recibía la bendición de los ancianos. Los santuarios menores representaban el umbral del Templo; el primero de los grados equivalía al orden de los aprendices y que corresponde actualmente a la masonería del rito escocés, y el segundo grado al de acompañante. Después que el aprendiz había pasado dos años en la afiliación preliminar del santuario menor y cumplido con el voto de las buenas acciones a través de las manos con el mundo profano, sin haber practicado cosas viciosas o hechos reprobables, entonces se sometía al ceremonial del segundo grado preliminar. Volvía a repetirse la misma escena del grado anterior, pero esta vez se hacía el lavaje o ablución del rostro, cuya ceremonia era la prolongación del voto anterior del "buen uso de las manos", para contraer el compromiso definitivo de "ver, oír y hablar" conforme al procedimiento y a las reglas morales de la Cofradía de los Esenios.

El rito era simple y de mucho significado; el novicio prestaba juramento para conducirse dentro de una vida moral y superior, mientras que el acto de la ablución de las manos y el rostro quedaban grabados en su conciencia como un centinela vigilante que debía acusarle en el futuro, cualquier infracción a su promesa. Ambas ceremonias se hacían por la concentración del postulante ante la luz de la lámpara votiva empuñada por el Servidor del Santuario, cuya luz simbolizaba la fuente lumínica del Espíritu de Dios irradiando a todas las criaturas. Finalmente, ellos pronunciaban las siguientes palabras como término a la consagración y compromiso moral a los estatutos de los Esenios: «Dios, Todopoderoso, que vitalizáis con vuestra energía cósmica la mente y el corazón de los hombres, vuestros siervos; aceptad el voto sagrado que es ofrecido por éste humilde servidor y que se compromete aumentar en dos horas diarias el servicio para ayudar a los leprosos, socorrer a los huérfanos, confortar a los paralíticos, orar por los dementes y consagrarse a los desvalidos, enfermos y perturbados. ¡Señor! Ayudadme a cumplir con vuestra Voluntad en el mundo de la materia y despertad en mí la llama eterna de vuestro Amor».

En seguida, un adepto del grado superior encendía el cirio del sacrificio de la lámpara sagrada, mientras que el Servidor del santuario familiar posaba sus manos en la cabeza de cada neófito o candidato a terapeuta, pronunciando las siguientes palabras, que completaban el testimonio del compromiso espiritual de la institución: "Que tu vida sea conforme a la Ley del Señor, Creador de la Vida; que las energías bienhechoras que absorbieron tus manos y que fueran esparcidas por tu rostro en este día, sirvan para aliviar los dolores físicos de nuestros hermanos necesitados hasta que nazca en ellos el Amor que hoy te ayuda a ti, para aliviarles sus espíritus".

Pregunta: Desearíamos que nos describieseis algunos aspectos del ceremonial de los candidatos admitidos en el "Círculo Interno" de los Esenios.

Ramatís: No podemos extendernos en esas pequeñeces de orden iniciático que tenían por finalidad testimoniar a los Maestros las reacciones emotivas, la capacidad mental y el discernimiento espiritual de sus adeptos, cuya orden fraternista todavía existe en el mundo oculto y que hoy se está diseminando organizadamente en el orbe bajo la autoridad máxima del Cristo-Jesús. Sin embargo os diremos algunas cosas que conciernen a su significado espiritual del rito prescripto a los novicios, que después de su testimonio de afiliación y período de observación moral en los santuarios menores, eran acreditados para su iniciación en el Círculo Interno.

Una vez contraído el compromiso espiritual ante el Maestro Mayor de la Iniciación, el novicio se sometía a los "tests" de aptitud y control mental, que consideramos reiterar y que consistía, exceptuarse de la ironía, descreencia o incomprensión del mundo profano aún tan materializado en sus relaciones humanas. El discípulo que había alcanzado el grado máximo en el santuario menor y era candidato al Círculo Interno, debía vestir un hábito liviano, color celeste, símbolo de la vida extra terrena, pues el tradicional vestido blanco de los Esenios era exclusivo para los iniciados más aventajados, cuya vida era inmaculada y liberada de crítica alguna. Después, el novicio se arrodillaba delante del altar de los "siete libros sagrados" que simbolizaban y aludían a los trabajos realizados por los siete profetas mayores de la tierra, y de las siete instituciones fraternistas responsables por la evolución espiritual del hombre. Seguidamente se sometía a la purificación simbólica por el incienso extraído del sándalo y debía concentrarse invocando a los "Señores de los Destinos Humanos" y rogando permiso para dedicarse a la tarea de esclarecer al espíritu del hombre, más allá del compromiso anterior, que era de aliviarle los dolores físicos. Esa fase era la consagración definitiva del "hombre nuevo", del ciudadano sidéreo, que desde ese momento pasaba a trabajar sólo en función de la vida eterna y superando cada vez más al "hombre viejo" del instinto animal. El ingreso al Círculo Interno deshacía los lazos que lo ataban a la personalidad humana con las especulaciones utilitaristas de la vida material, pues el Esenio, desde ese instante, se transformaba en una pieza viva de la cofradía al servicio incondicional de la redención del espíritu humano.

Cuando el ambiente de los santuarios mayores se saturaba de vibraciones puras y llenas de energías por la presencia de los iniciados de elevada espiritualidad, o de los visitantes de la calidad de un Jesús, se condensaba el ectoplasma suficiente para proporcionar la materialización de las entidades superiores y se daba el fenómeno de la "voz directa". Todo eso sucedió en la "Transfiguración" en el Monte Tabor, porque allí se congregaban algunos ancianos del Consejo Supremo de la Cofradía de los Esenios. Entonces, el influjo de las vibraciones angélicas de Jesús, conjugadas a las energías emanadas de los iniciados de los otros santuarios, producían en la "tela ectoplásmica" hipersensible, que permitía a los espíritus de Elías y Moisés proyectar sus características personales, dando testimonio que ellos también habían sido precursores de la obra de Jesús, aunque su trabajo radicaba en la preparación del terreno para el advenimiento futuro del Cristianismo.

27. Los últimos días de la vida de Jesús

Pregunta: ¿Qué nos podéis decir sobre los últimos días de la vida del Maestro?

Ramatís: Algunos días antes de la crucifixión, Jesús creyó oportuno y necesario reactivar sus ideas con nuevos estímulos doctrinarios, pues sus pregonaciones evangélicas, debido a la rutina del mundo material, comenzaban a debilitarse entre sus propios discípulos y adeptos, los que manifestaban cierto desánimo ante la demora por la concreción del "Reino de Dios", esperado ansiosamente durante tres años. Además, se justificaba esa situación, pues aquella gente supersticiosa no tenía fuerzas suficiente para alimentar mucho tiempo un ideal que estaba por encima del prosaísmo de la vida humana. Eran personas esclavas del medio ambiente, cuya ventura y placeres dependía de las compensaciones materiales.

Por otra parte, al Maestro le preocupaba la situación creada a algunos de sus discípulos, puesto que tenían cargas de familias y afectos carnales y estaban ansiosos por ver terminado aquel peregrinaje constante por las ciudades de Judea. Era evidente que todos los días aparecían partidarios entusiastas, tal como sucede hoy con los movimientos políticos, filantrópicos y de alto relieve social. Pero, muy pronto desaparecía cuando pasaba el efecto de las primeras emociones y por lo tardío en aparecer los bienes aludidos por Jesús.

El desaliento crecía a medida que proseguían las peregrinaciones y los discípulos no ocultaban el deseo de retornar a sus hogares para proseguir la vida en común con su familia.

Pedro y otros más no disponían del tiempo suficiente para seguir al Maestro, pues eran casa^ dos y sus familias los solicitaba frecuentemente debido a las necesidades de la casa; y los discípulos que eran solteros, sostenían a sus padres envejecidos o parientes enfermos. Además, las pregonaciones de Jesús cada vez se tornaban más inoportunas para los espías del Sanedrín que sembraban sarcasmos y provocaciones para perturbar la armonía entre los oyentes. Y, lo peor de todo, era que Jesús no permitía ninguna reacción violenta, alegando que su doctrina era sólo de Amor y de Paz.

Aunque los partidarios más fieles continuaban firmes en la causa cristiana, la armonía de los primeros días se iba debilitando; perdía vitalidad. Nuevos elementos, pero interesados por los beneficios que podía arrojar la fundación del nuevo reino prometido por Jesús, concurrían para falsear las interpretaciones del Evangelio entre los demás, menospreciando de esa forma las bases del Cristianismo. Más tarde se mostraron insatisfechos, impacientes y con ideas propias, ocasionando discusiones estériles, que sólo tenían objetivos materiales. Además, la propia historia sagrada consigna el enojo de Pedro contra esos insatisfechos y sus desavenencias frecuentes, que lo llevó a protestar delante de Jesús, diciendo:

—"¡Maestro! ¡Esa gente no sigue vuestra enseñanza!" Y Jesús, siempre tolerante y sereno, le respondió: —"Pedro, ¿qué te importa que no me sigan? ¿No me sigues tú?" Jesús estaba persuadido que no convenía proseguir con el ritmo acostumbrado y rebuscó en lo íntimo del corazón y en la sensibilidad de su espíritu la solución eficaz para unir, apaciguar e incentivar todo aquello que iba a exponer en forma más dinámica. A pesar del calor afectivo y de la fidelidad espiritual de los discípulos más allegados, reconocía que la inquietud, el desánimo y la impaciencia, realmente estaba socavando el alma de sus seguidores. Los adeptos decididos encontraban que Jesús era demasiado conciliador, tolerante y acomodaticio, que resolvía las querellas con los detractores a través de las armas empíricas del perdón, la resignación y la paciencia. Según ellos, eso desacreditaba al movimiento cristiano, pues la interferencia de los cínicos y mordaces adversarios sembraban la descreencia entre la gente simple y tonta diciendo, que sólo pedía la renuncia a los bienes materiales para seguir a un profeta nómade. Encontraban, que habían transcurrido tres años de entera expectativa y ya era tiempo de intentar un movimiento lleno de valor para dar la debida posesión al Maestro como Rey de Israel y "Salvador" del pueblo judío. En base a las quejas y descontentos que se escuchaban a su alrededor. Jesús acordó intentar algo para avivar su doctrina, pero sin desmentir los principios cristianos del amor y el perdón que fundamentaban sus enseñanzas. Pero, momentáneamente no veía un modo eficiente para solucionar aquel delicado impasse, que debía hacerse rápidamente, pues su organismo también presentaba síntomas de abatimiento y temía partir prematuramente sin antes haber consolidado su obra mesiánica.

Pregunta: Y, ¿qué disposición y sentimientos emotivos tenían los apóstoles en esos días de inquietud e insatisfacción de los partidarios del Maestro?

Ramatís: Pedro era infatigable, decidido y fiel; su alma ruda, pero de sentimientos afables aceptaba sin protestar cualquier instrucción o recomendación del Maestro. Por eso, la historia lo consagró como la "roca viva" en donde Jesús asentó las bases de su Iglesia. Sus vacilaciones durante la prisión del Maestro, más tarde las redimió por medio de su muerte sacrificial en Roma, cuando fue resignadamente crucificado cabeza abajo. Después de la muerte de Jesús, se dedicó en cuerpo y alma a la causa cristiana y regresó al lado de sus familiares para reconfortarlos afectivamente. Otros apóstoles como Bartolomé, Andrés y Tadeo, también extrañaban la demora del Maestro para manifestar sus fuerzas gloriosas o de ponerse definitivamente camino a Jerusalén para que sus pregonaciones elocuentes y capacitadas le permitieran asumir el poder de Israel y cumplir con la profecía del Viejo Testamento. Además, Felipe no confiaba en el éxito de aquella empresa mesiánica, alegando que faltaba sangre nueva, dinámica y absoluta que impactara a todos por igual; Bartolomé era una pieza indecisa que no sabía a dónde ir, le faltaba entusiasmo y se dejaba arrastrar por las palabras de los más elocuentes y movíase cual autómata entre sus compañeros a la espera de posibles novedades. Tomás y Simón Cananeo ya no confiaban en Jesús respecto al futuro; ellos amaban a su querido Maestro, pero no escondían las dudas que los embargaban sobre los acontecimientos predichos por él. En sus confabulaciones reservadas, llegaban a pensar que el Maestro no parecía lógico y sensato en sus divagaciones, razón por la cual "todo lo que él pregonaba debía aceptarse con reseras". Mateo, reservado y atento no coincidía con la comunidad, pues traía en sí la disciplina del hombre habituado a lidiar con el alma humana, aunque era mal juzgado, a pesar de su buen proceder;[1] Andrés y Tadeo formaban grupo aparte, pues no tenían capacidad para imponer sus ideas; por eso, fácilmente aceptaban las palabras del Maestro Jesús y aguardaban tranquilamente los acontecimientos, mientras que Tiago, hermano de Juan, sufría la influencia de éste y esperaba el milagro de las legiones angélicas que intervinieran en el momento oportuno Juan, el discípulo amado, cuyo afecto, actividad y desprendimiento eran incomunes, poseía un carácter superior y se dedicaba incondicionalmente a la causa cristiana. Jamás demostró tedio, cansancio ni opuso dudas a su querido Maestro, mientras tanto, su alma de poeta, responsable por la apoteosis del Evangelio, vivía poblada de fantasías y supersticiones, volviéndose un creyente dócil, humilde, contemplativo y buenísimo,[2] jamás hería a nadie, ni se interesaba por las procedencias materiales. Desgraciadamente, vivía ajeno a la realidad humana, por eso no se daba cuenta de la sedición que poco a poco se iba ganando en el movimiento cristiano, a través de la influencia de Judas y sus aparentes amigos de causa. Juan se preocupaba mucho por el juicio que hiciera la historia sobre Jesús, y trataba de extirpar cualquier opinión o acontecimiento desairoso que pudiera desmentirlo con relación a las profecías del Viejo Testamento. Casi todos los milagros de Jesús que fueron motivos de discusión en los evangelios, tuvieron su origen en les relatos de Juan, y más tarde, exagerados por la tradición oral por aquellos que lo oyeron. La resurrección y la ascensión del Maestro en cuerpo y alma, como varios hechos bíblicos que le fueron atribuidos, eran justificaciones de las predicciones del pasado. Finalmente Judas, hijo de Simón Iscariote, hombre retraído e indócil vivía

1 Mateo había sido cobrador de impuestos para los romanos.

2 Esto nos comprueba que el espíritu, de una existencia a otra, no altera su linaje psicológico en el ciclo de las reencarnaciones, recalcamos que Juan fue la reencarnación del profeta Samuel, el fundador de la "Fraternidad de los Profetas", que inspiraron la organización de los Esenios, alma de renuncia y desapegado de las cosas materiales, y que más tarde volvería a encarnarse como Francisco de Asís, justificando su formación anterior.

entre los apóstoles, pero no comulgaba con sus sentimientos, pues no sabía disimular sus celos por la preferencia que Jesús daba a Pedro, Juan y Tiago, el mayor. El promovía los bienes de la comunidad de la cual era tesorero, hacía negociados especulativos y hasta peligrosos y demostraba preocupación por el éxito material del Cristianismo, mucho más que con su mensaje netamente espiritual. Judas sentía atracción por los ricos y poderosos, pues no perdía tiempo para enseñar a los afortunados, políticos é influyentes y sacerdotes de Jerusalén, alegando, que no podía haber éxito en el movimiento liberador cristiano a través de personas hambrientas, mal vestidas e ignorantes, como eran los seguidores del Maestro. Hacía promesas atrayentes y asumía compromisos prematuros, prometiendo regalías para los candidatos que ingresaran en el reino de Israel como "fundadores", pues el Mesías pronto' iba a revelar que sería el supremo mandatario del pueblo de Israel. En verdad, no creía en el éxito de la causa cristiana por la interferencia de las legiones angélicas, como decían casi todos los partidarios, ni tenía confianza alguna que sucediera por fuerza de la profecía de Isaías y Micheas; razón por la cual, hacía tiempo buscaba atraer hombres de temperamento enérgico y experimentados para asegurar la victoria final. Judas no consultaba a sus compañeros para emprender sus realizaciones dado que pretendía precipitar los acontecimientos sin obligar a Jesús que activara el movimiento en el sentido de hacerlo marchar hacia Jerusalén, donde el poder de Judea caería en sus manos. Carácter dudoso y materialista, ambicioso e imprudente, no creía en el "Reino de Dios" conforme rezaba en la fórmula espiritual, a base de renuncias y sacrificios por parte de los hombres.

Sin embargo, reconocía en Jesús a un líder innato, que sabía atraer a las multitudes por la fuerza hipnótica de sus ideas y por la elocuencia de sus palabras. Era obvio, que ninguno resistiría en Jerusalén al verbo inflamado del rabí de Galilea cuando proclamara ante los judíos, la idea de expulsar a los romanos y destronar a Hero-des; y una vez terminada esa jornada victoriosa, Jesús tendría el deber de insinuarle, que lo sucedido se debía a su osadía e iniciativa personal. Sería un valioso servicio prestado al Maestro y a la causa, en donde Juan y Pedro jamás lo superarían.

Pregunta: ¿Cómo procedió Jesús ante esa situación creada por sus discípulos y creyentes desanimados?

Ramatís: Habiendo reconocido la infiltración de sentimientos de discordia, excitación e inconformidad entre sus fieles seguidores, y que además dificultaría el ritmo de las pregonaciones evangélicas, Jesús realmente llegó a preocuparse muchísimo con ese nuevo problema. Sin lugar a dudas que su obra sufriría una sería recaída ni bien los celos y desavenencias trascendieran al público, pues serviría de elemento de explotación para los enemigos de la causa cristiana. Por otra parte, el sacerdocio de Jerusalén, no sólo admitía el peligro de las ideas revolucionarias de Jesús, sino, que se hallaba celoso por la acogida que iban teniendo las enseñanzas por parte del pueblo. Caifás había ordenado una severa vigilancia sobre el rabí de Nazaret, exigiendo un parte diario de todos sus pasos y aconsejaba a sus esbirros que hicieran todo lo posible para inculparlo, a la brevedad posible ante las autoridades romanas.

Por eso, Jesús primero trató de solucionar el problema de la vida en común de sus discípulos, auscultándoles las dificultades y las obligaciones con la familia y otros deberes prosaicos del mundo. Reservó la tarea más pesada y urgente para los solteros, para que los casados tuvieran tiempo de servir a sus respectivas familias. Después se puso a reflexionar sobre la forma de variar las pregonaciones evangélicas, mantenidas durante los tres últimos años a fin de dinamizar el alma de sus fieles.

Malgrado a la sabiduría y sentimientos elevados de Jesús, jamás lograría alterar el ritmo encantador de sus prédicas y dispensar el empleo de aquellas parábolas de tierna penetración espiritual, o abandonar los lagos, los montes y los lugares pintorescos que la naturaleza le ofrecía, y le daba un toque poético. Eran sermones simples, efectivos y fácilmente compresibles para todos los oyentes, su tónica resaltaba por la ternura, la esperanza y el amor que fluían de aquel hombre que hablaba de un reino encantado y de belleza extraterrena.

No había dudas; los pobres, los infelices y los enfermos continuaban siguiéndolo dócil y esperanzados; pero faltaban los milagros convincentes a la luz del día, pues los hechos narrados por el exceso de imaginación no llegaban a convencer, comenzando a debilitarse la fe y la creencia en las multitudes. Jesús era el profeta querido, el rabí adorado, el hombre justo y bueno; pero las almas primitivas se cansan rápidamente cuando están sometidas a una severa disciplina o a las normas de buena conducta, que no proporcionan compensaciones inmediatas. Innumerables veces Jesús les había dicho que "Dios alimentaba a las avecitas del cielo y vestía los lirios del campo", y acrecentaba, que eso también lo haría con sus hijos. Mientras tanto, para aquellas mentes interesadas, preocupadas únicamente por su ventura personal —además, eran espíritus sometidos a las pruebas kármicas de la pobreza, dolor y humillación—, sólo les afirmaría su fe vacilante, todo lo que fuera visible, positivo e inmediato. Obviamente, el Maestro tendría que movilizar recursos más convincentes para mantener el mismo diapasón de ánimo y confianza en sus palabras y esperanzas prometidas para el futuro.

Pero, sus providencias no llegaron a concretarse, pues el mes de marzo llegaba a su fin y a los pocos días del mes de abril fue crucificado. Asediado por sus apóstoles y principalmente por Pedro, que también se dejaba impresionar por la opinión de la mayoría de los partidarios de la causa cristiana, Jesús se dejó influir por un extraño y oculto impulso, resolviendo tomar el camino a Jerusalén para pregonar su doctrina durante las festividades de Pascua. Siempre había postergado su viaje a Jerusalén, pues lo consideraba algo prematuro para pregonar sus doctrina, llena de los encantos provincianos de Galilea. Temía una recepción fría por parte de los habitantes, puesto que eran sarcásticos para recibir las nuevas ideas y menos aún las concepciones de los galileos, o ser motivo de escarnio al enfrentar públicamente a los sacerdotes duros de corazón, aunque hábiles y astutos malabaristas de las letras y de los sofismas. Sin lugar a dudas, que su obra sería desvirtuada en Jerusalén, con serios perjuicios para el futuro, en el caso que tuviera que volver a Nazaret frustrado y humillado. Tomás, cauteloso y ponderado, consideró la idea de Jesús como una peligrosa aventura, pues circulaban rumores que sería apresado al llegar a la ciudad, y tal vez, la orden de captura ya estaría expedida.

El Maestro se puso pensativo ante las ponderaciones razonables de Tomás, pues si bien nada temía por su propia vida, más le afligía el destino precario de aquella obra erigida a costas de renuncias, amarguras y perseverancia. Nada le atraía en el mundo material, cuyas sensaciones y placeres no lo hacían vibrar en su avanzada sensibilidad psíquica; pero tardaba en tomar aquella decisión, esperanzado de encontrar en Jerusalén el material adecuado para inflamar la llama de la fe y del ánimo, que amenazaba apagarse en el corazón de sus amigos y discípulos. En fin, no vislumbraba otra alternativa, tenía que pregonar el Evangelio en Jerusalén para alcanzar el deseado estímulo renovador en sus adeptos.

Una vez decidido, reunió a sus fieles y les transmitió la buena nueva de su ida a Jerusalén; no como un simple visitante, sino para pregonar durante las fiestas de Pascua en las plazas, sinagogas, escuelas, y tal vez, en el mismo patio del Templo, donde hablaban los más famosos oradores de Judea. La noticia impactó a sus discípulos e hizo blanco en la turba que deseaba alcanzar provechos materiales. El "Reino de Dios" y el trono de Israel estaban próximos, pues Jesús se había decidido emprender la tan esperada marcha hacia Jerusalén. La alegría fue contagiosa; un soplo renovador y poderoso vitalizó hasta los más pesimistas.

Jesús se hallaba hospedado en la casa de Ezequiel, en Betania, cuando decidió ir a la ciudad de Jerusalén. La efusiva novedad fue transmitida a todos en todo el ámbito de la provincia; rápidamente los discípulos se movieron para diseminar la noticia entre los admiradores. Ninguno tenía dudas respecto a la empresa mesiánica que el Maestro iba a poner en marcha y que se delineaba como la etapa final de sus pregonaciones. Las multitudes lo esperarían llenas de júbilo a las puertas de la ciudad, como se acostumbraba a recibir a un rey; y lo llevarían triunfalmente por las calles hasta la ciudadela del Templo. Allí, el Maestro sería consagrado en su augusta y divina majestad y desde la inexpugnable fortaleza continuarían hacia el palacio de Herodes, donde asumiría el poder, dando cumplimiento a las profecías de Isaías y Micheas.

Delante de la casa de Ezequiel, la multitud daba vivas a Jesús con gran delirio. Los apóstoles sonreían felices, contagiados por el entusiasmo de la turba y hacían coro agasajando al Maestro. Tomás, el hombre cauteloso, Felipe, el pesimista, Juan siempre ajeno a los ruidos del mundo, no estaban de acuerdo con aquella demostración, que preanunciaba trágicos acontecimientos dentro de muy poco tiempo.

Pregunta: ¿Qué reacción tuvo el Maestro Jesús ante la demostración de sus discípulos y el pueblo, festejándolo como Rey y Libertador de Israel?

Ramatís: Las exclamaciones de júbilo del pueblo lo habían contagiado agradablemente y hasta tenía cierto convencimiento, que sería **útil y acertado ir a pregonar los principios de su Evangelio, aunque** siempre tenía presente, que era una verdadera prueba de fuego entre los orgullosos habitantes de Jerusalén. Pero, casi inmediatamente, quedó estupefacto y al mismo tiempo pesaroso ante la distorsión peligrosa que la multitud atribuía a sus valores espirituales. Estaba obligado a reconocer que Tomás y Mateo tenían sobradas razones cuando le advertían de una infiltración oculta en el movimiento cristiano, que desviaba en sentido opuesto la esencia sublime de su Evangelio. El mismo Pedro no escondía su alegría a los demás apóstoles, ya que él también unía su voz al coro que exclamaba, ¡viva el Rey de Israel! Mientras tanto, Jesús se sentía culpable de aquella situación, pues en base a su vida esencialmente introspectiva vivía ajeno a la vida cotidiana de sus adeptos, desconociendo las transformaciones que se habían suscitado por fuerza del pensar primario de los humanos.

No cabía la menor duda que la gente estaba dispuesta y llena de entusiasmo, casi descontrolada, preparándose para ir a Jerusalén en forma imprudente y con aspecto sedicioso. En su alegría infantil e indisciplinada, sus partidarios olvidaban reflexionar sobre la acogida que les brindaría el pueblo de Jerusalén. ¿Y, si en vez de aclamar a Jesús como un rey triunfal, los jerusalemitas lo consideraban como un profeta provinciano, dirigiendo una corte de campesinos, pescadores y artesanos callejeros?

Jesús sentía que le invadía una amargura infinita en su corazón buenísimo, ante la perspectiva de ser desintegrada su obra bajo la fuerza destructora de los espíritus de la sombra, dirigiendo la imprudencia de aquella gente ingenua. Era demasiado tarde para cambiar de idea, pero no podría ir a Jerusalén sin antes esclarecer aquella turba inconsciente. Enfrentaba un terrible dilema, pues su doctrina tanto podía destrozarse allí en Betania, si se negaba a ir a Jerusalén, como podía suceder lo mismo si el pueblo se decidía a luchar en la metrópoli judaica contra los romanos y los esbirros del Sanedrín.

Después que cesaron las manifestaciones de alegría y los

aplausos del pueblo de Betania, el Maestro se recogió en su aposento, en casa de Ezequiel y oró fervorosamente a Dios, rogándole la gracia de un esclarecimiento superior. Conocía Jerusalén en el poco tiempo que había trabajado como ayudante de carpintería entre los 15 y 23 años, pero había evitado pregonar ante aquella gente, pues no creía estar preparado para hacerlo, aunque tenía la impresión interior que algún día lo haría, pues era una cosa que le latía insistentemente. ¿Qué le aguardaba en Jerusalén? ¿La glorificación de su obra? **¿el final feliz de su vida dedicada incondicionalmente al bien de la** humanidad? o ¿las cenizas de sus ideas consumidas por el fuego de la imprudencia humana?

Jesús era una entidad de elevada estirpe espiritual, un alma poderosa y provista de la mayor sensibilidad intuitiva que se haya conocido sobre el planeta. Pero, sumergido en la carne, sin gozar de los privilegios o favores divinos, se mortificaba ante la angustia de no saber cuál sería el camino a seguir en esta oportunidad, por eso solicitaba al Padre orientación. Poco a poco, su elevaba intuición lo fue sintonizando con lo Alto, y sintiéndose envuelto por una agra-dable vibración, fue desapareciendo la terrible angustia sobre su3 indagaciones. A través del fenómeno ideoplástico mediúmnico, muy conocido por los espiritas y ocultistas modernos, le proyectaron en su mente alguno de los dolorosos cuadros que más tarde le tocaría vivir en Jerusalén, exceptuándole el drama del Calvario. La perspectiva de sacrificar su vida como precio implacable para que sobreviviera su inmaculado Evangelio, lo llenó de alegría y le despertó gran interés para cumplir con lo previsto anteriormente. Desaparecieron todas sus dudas, alejó de sí las aflicciones, pues Jerusalén ya no era una aventura peligrosa para la obra cristiana, pero sí el acontecimiento necesario para preservar el sublime Evangelio.

Le cabía "vivir" y al mismo tiempo "morir" por los principios que vino a pregonar entre los hombres, y debía afirmarlos por medio de la renuncia de su vida. Jesús, dejó el pequeño aposento donde recibiera la clara intuición de su próxima y trágica muerte, y muy despacio se acercó a Pedro y Juan que lo esperaban junto a la puerta, con cierto aire de temor en la fisonomía, naciéndole saber al Maestro que estaban dominados por un extraño presagio sobre los acontecimientos que les tocaría vivir en Jerusalén. Entonces, Jesús tranquilo y pensativo, reunió a su alrededor a todos sus discípulos y mirándolos con cariño familiar y a su vez, dominado por una extraña recordación que le aprisionaba el corazón, profirió las siguientes palabras de advertencia, pero llenas de comprensión y benevolencia: "Os enseñé el camino de la vida eterna, a practicar la virtud y a renunciar de las honras perecederas del mundo; honrar a vuestra memoria y a vuestro corazón, vivir la paz del espíritu que permanece por encima de las glorias y de los poderes transitorios del mundo de César. Pues aquel que confía en mí, el Señor lo vestirá y alimentará por toda la eternidad. No os aflijáis por los tesoros del mundo porque seréis ricos en el Cielo. La palabra del Señor es para alcanzar la vida eterna, la que jamás se halla en armonía con los poderosos del mundo."

En seguida, el Maestro se levantó y con aire de suma importancia, y como si fuera una advertencia amorosa, exclamó: "¿Por qué me buscáis en los caminos de las honras y de las glorias del mundo, cuando siempre os he dicho, que mi reino no es de este mundo?"

Pregunta: ¿Nos podéis decir, cómo fueron los últimos momentos de Jesús junto a su familia, antes de partir hacia Jerusalén?

Ramatís: Antes de partir de Betania para Jerusalén, Jesús quiso ver y despedirse de su madre, de sus parientes y amigos íntimos, por eso se dirigió primero a Nazaret. También sabía, que esa era la última vez que veía a su querida ciudad y recordaba los momentos gratos que allí había vivido.

Su propia familia cada vez se volvía más hostil y extraña, pues a su regreso, tuvo una de las peores acogidas por parte de sus hermanos y parientes, pues hacía tiempo que habían confabulado para que no continuara con sus pregonaciones peligrosas. Finalmente consiguió reunir a todos los miembros de su parentela carnal y los exhortó a que siguieran el camino del Señor, como así también, que se alejaran de la tentación de los bienes del mundo, pues presentía que ya no regresaría de su viaje a Jerusalén, puesto que iba a ofrendar su vida por la inmortalidad de su obra.

Al principio, los hermanos más viejos, hijos de Débora, primera esposa de José, lo miraron irónicamente, como si fuera un extraño en el hogar. Una vez que se impusieron de todo el plan que Jesús iba a desarrollar en su próximo viaje, lo increparon duramente, dado que iba a ofender a la Ley y a la tradición hebrea. Lo tildaron de vagabundo de los caminos, profeta que dirigía a una corte de malandrines y andrajosos y que había faltado a los deberes de todo hombre, al no sustentar su hogar y de abandonar a su madre pobre y viuda. Efraín, el miembro más rico de la familia, que trabajaba en el comercio de inmobiliario y especulaba con las monedas en Galilea, dueño de grandes propiedades rurales, fue el más acusador e inculpó al Maestro de demente y que iba a tomar las medidas necesarias para internarlo, dado que ponía en peligro la tranquilidad de la familia en su obstinación de ir contra el sacerdocio judío y las autoridades romanas. Temía que sus bienes le fueran secuestrados, conforme sucedía cuando la justicia hebraica o romana exigía a la familia, la cobertura de los perjuicios causados por alguno de sus miembros sediciosos.

Jesús guardaba silencio durante la discusión suscitada entre sus hermanos, influidos por Efraín y que más bien parecía un tribunal doméstico. En realidad, allí comenzaban sus dolores y pasión a través de aquellas amargas censuras y amenazas injustificadas de sus familiares. Estaba cansado, pobremente vestido y su rostro no ocultaba la tristeza por la falta de afectos de sus propios consanguíneos, que no podían comprenderlo en su apasionada dedicación por el bien de la humanidad. También es verdad, que su corazón no guardaba ningún resentimiento, pues comprendía fácilmente que ellos no estaban en condiciones espirituales para vivir una vida liberados de intereses y pasiones. Apenas Tiago, hermano de María y tío suyo, compañero incondicional hasta los últimos días, trataba de justificarlo delante de los otros hermanos, cuñados y cuñadas, que temían el poder de las autoridades de Jerusalén. Tiago, su hermano menor, en un asomo de entusiasmo y contrariando a los más viejos, allí mismo juró que iba acompañar a Jesús y que lo ayudaría a divulgar los principios de la obra cristiana.

Jesús descansó dos días en su casa, pues su idea era anticiparse a las fiestas de Pascua una semana antes. A pesar de la agresividad de sus parientes exaltados, sin embargo gozó de cierto trato afable por parte de sus hermanas, principalmente Ana, que era la más comprensible para su forma de ser. Lo trataron con esmerado cariño, como es peculiar a los sentimientos de la mujer, llegando a interesarse por sus ideas y deseáronle éxitos en Jerusalén. Es cierto que no podían entender el sentido místico y espiritual de su obra mesiánica, que no preveía ningún provecho personal. En dulce coloquio con esas queridas hermanas y su madre, que también habían sido influidas por Efraín, Jesús se recuperó de su abatimiento, comenzando a sentirse más reanimado y con mejor semblante. María también se conmovió después de escuchar las tiernas palabras de su hijo querido y el dramático relato sobre la marcha hacia Jerusalén para consolidar el Cristianismo, que era la fuente liberadora de los pecados humanos. No era mujer de grandes recursos intelectuales, pero tenía los mejores sentimientos del mundo, por eso, cándidamente hacía emotivas exhortaciones a su hijo para que se quedara en el hogar y abandonara sus ideas atrevidas y sueños irrealizables. Le hizo referencia de los ofrecimientos reiterados que le había ofrecido Efraín, que le daría la dirección y administración de algunos bienes en Galilea del Norte, así se evitarían las dificultades y persecuciones contra la familia por parte del Sanedrín o de las autoridades romanas.

Jesús escuchaba silenciosamente a su adorada madre, pero era invulnerable a la determinación que había tomado respecto a su viaje a Jerusalén. A través de su elevada cortesía espiritual, le hizo ver el motivo que lo impulsaba, que siendo bastante niño, ya había abdicado de los bienes del mundo para poder servir al Señor en Espíritu.

Resistiendo a los últimos ruegos de sus hermanas y madre, a las amenazas y a los insultos de los parientes disgustados, Jesús decidió partir, habiendo combinado el día anterior con sus discípulos y compañeros que lo esperarían en la zona sur, a la salida de la ciudad. Su despedida fue una de las más duras soportadas hasta entonces, pues los apodos y dichos mordaces de sus familiares despechados y llenos de rabia, parecían incidir en Efraín, pues tenía los ojos congestionados de ira y desesperación. Algunos lo llamaron fugitivo y los discípulos que se iban acercando, tuvieron que volverse, pues fueron amenazados agresivamente. Se rieron de su título de "Hijo de Dios" y corearon sus ideas en forma liviana y tonta, tratando de exacerbarlo, pues viendo lo imperturbable que se hallaba, trataron de irritarlo al máximo, como último intento para impedirle su proyectado viaje.

Jesús, irreductible, rogaba al Padre para que perdonara a

su parientes enceguecidos por los intereses del mundo; abrazó a sus hermanas, besó tiernamente a María haciéndole derramar sentidas lágrimas. Y, aunque había sido tildado de loco y otros apodos indeseables, aun así, el Maestro se volvió minutos después y saludó amorosamente a todos haciendo señas, mientras que Tiago, el hermano menor, caminaba a su lado con una sonrisa triunfal, en medio de las protestas que vociferaban los más viejos. Jesús intentó hacer volver a Tiago, pero fue imposible; su joven hermano por nada del mundo dejaría de conocer a Jerusalén. El grupo familiar quedó silencioso, y a lo lejos, apenas María y sus hermanas saludaban moviendo las manos. Efraín se adelantó para llegar antes a Jerusalén e intentó por todos los medios de hacer pasar por loco a Jesús a fin de impedirle su pregonación evangélica. Su desesperado recurso, atribuyendo insanidad al rabí de Nazaret, no encontró eco público, ni en las autoridades, pues su hermano, no había cometido ningún delito que justificara ese pedido.

He ahí el motivo principal por qué Jesús guardó silencio durante el interrogatorio cuando lo estaban juzgando, tratando de aparecer como el único culpable, a fin de resguardar de las acusaciones públicas a su atemorizada familia, pues cuando los jueces le preguntaron sobre sus familiares, les respondió lacónicamente: "¡Que no tenía hermanos ni parientes!"

28. La entrada de Jesús en Jerusalén

Pregunta: ¿De qué forma entró el Maestro en Jerusalén?

Ramatís: El domingo anterior a la semana de Pascua, Jesús y sus discípulos partían de Betania en dirección a Jerusalén. El Maestro estaba silencioso y se le notaba una gran preocupación, dado que preveía los acontecimientos que iban a suceder; sus amigos y adeptos lo acompañaban demostrando gran alegría, pareciendo ignorar el mundo en que se debatía el Mesías.

La ciudad de Dios necesitaba ser higienizada y el águila romana debía ser destrozada por los tacos de los judíos heroicos y decididos, bajo la dirección gloriosa e invencible del profeta Jesús. A medida que la caravana recorría el camino de Betania a Jerusalén, se sumaban nuevos adeptos, simpatizantes y algunos aventureros, entusiasmados ante las perspectivas compensadoras de aquel movimiento liberador. A cada instante, más y más gente engrosaba la turba barullenta alrededor del grupo apostolar; los más entusiasmados cantaban y reían, mientras otros batían palmas, daban vivas a Jesús y lo saludaban como al Rey de Israel. Caravaneros, peregrinos y aventureros encontrados por los caminos recibían la invitación para seguirlos, los cuales reían con muchas ganas al vez la alegría provinciana de los galileos siguiendo a la cola del Maestro.

Aunque el Maestro estaba algo contagiado de aquella alegría casi infantil, sin embargo se mostraba aprensivo, sentíase responsable por el culto muy personal que le dedicaban sus seguidores, pero contrario a las normas de su conciencia espiritual. La muchedumbre llegó a las puertas de Jerusalén y paró unos instantes con cierto aire triunfal; muchos de sus participantes se habían adelantado para preparar una recepción jubilosa que contagiaría a los jerusalemitas, que eran indiferentes a todo lo que proviniera de Galilea. El Maestro no pudo substraerse de aquella onda vibratoria y efusiva y levantándose majestuoso, atravesó la "Puerta Áurea" de la ciudad; más su espanto fue mayor, cuando vio que las mujeres y los niños le arrojaban flores y lo saludaban con ramos de olivos y palmeras, mientras los hombres se sacaban sus túnicas y las tendían en el suelo para que él pasara. Sorprendido y un tanto aprensivo, pisaba los pétalos de las flores y las túnicas de sus admiradores bajo los gritos de "hosannas" y aclamaciones al Rey de Israel y al "Hijo de Dios". Además, Jesús no entró en Jerusalén montado en un burro, como dice la tradición religiosa y como lo predice el Viejo Testamento, pues desde Betania, todos marchaban a pie. Como es lógico, ninguno colocaría la túnica en el suelo para que las pisara un burro, pero es verdad, que lo hicieron para que pasara el Maestro Galileo.

Las calles de la ciudad estaban repletas de todo tipo de gente, muchos de Judea y otros de algunas naciones distantes para asistir a las fiestas de Pascua. Se podía ver a los mercaderes de Alejandría, con gorros color rojizo, túnica y sayo que les llegaba hasta los pies; de Cesárea, Antioquía, Arabia y hasta del norte de África; judíos de Abisinia con los pies descalzos y vestidos con un ropaje en el que primaba el color blanco, los del Oeste se distinguían por sus trajes gruesos; la gente del desierto, se diferenciaba por la vestimenta confeccionada con piel de camello o de león. Había hombres y mujeres pobres, casi desnudos, que los hebreos pudientes miraban con cierto aire de desprecio a la vez que ostentaban sus collares y joyas, e iban vestidos con finas telas de Sidón y ricas fajas color púrpura de Tiro. En medio de aquella muchedumbre, de vez en cuando brillaban los cascos y las armaduras de los romanos que pasaban en pequeños grupos golpeando en las piedras con los tacones de las botas militares. La multitud sudaba y olía mal, pues la ciudad estaba sucia y no había tiempo para efectuar la limpieza. Frutos y legumbres en descomposición se hallaba esparcidos por las veredas mientras que los asnos y camellos buscaban en esos desperdicios algo para comer. Tronaban los pregones y los vendedores vociferaban ofreciendo sus mercaderías a los forasteros, en franca y feroz competición, que a cada instante exigía la intervención de las patrullas de los soldados romanos.

Jesús y los galileos que lo seguían estaban convencidos, que toda esa heterogénea gente estaba impuesta de los objetivos mesiánicos y entraron por la calle de las Especies en donde les esperaba otra gritería casi infernal, pues los judíos de esa zona se dedicaban a la molienda en base a pequeños molinos y piedras pulidas donde aplastaban semillas picantes y olorosas; molían el comino romano y armenio, pimienta de la India, negra y aromática, nuez de Egipto y de Arabia y raíces que provenían de todas partes de Palestina. El populacho sorprendido, retrocedía para dejar pasar aquella procesión intempestiva de criaturas mal vestidas y empolvadas que gritaban muchísimo alrededor de su Maestro, festejándolo con hojas de palmeras. Los forasteros quedaban admirados, pues creían que era una ceremonia regional o grupos de gente que se adelantaban a las fiestas de Pascua. Los ciudadanos jerusalemitas se reían y divertían gustosamente al ver a los provincianos galileos, pues suponían que eso no pasaría de un momento de alegría. Esa gran cantidad de gente colmaba de tal forma las calles estrechas, que al pasar apretujados tiraban todo cuanto encontraban en el camino, llegando a molestar a los comerciantes, cuyos gritos de protesta quedaban apagados entre el bullicio de los alegres galileos. En ese orden de cosas la muchedumbre aprovechaba a pellizcar las mercaderías que deliciaba al paladar de la mayoría, para espanto de los alocados judíos de los bazares y puestos al aire libre. Los que iban al frente de Jesús daban paso forcejeando entre la masa humana, arrasando con todo lo que encontraban delante para colmo de los sorprendidos vecinos del lugar, todavía los remataba la oleada de galileos que venía a la retaguardia. Llegó a tal punto la avalancha de gente, que comenzaron a introducirse en los negocios y cuanto lugar pudiera recibir gente, hasta que la turba encontró desplazamiento hacia las calles laterales, pero algo que llamaba poderosamente la atención era la centena de brazos en alto que atrás quedaban haciendo señas, por los atropellos cometidos. Prosiguieron por la calle de los tejidos, siempre derribando todo lo que se interpusiera a la masa humana, inclusive rompiendo los caballetes que sostenían las mercaderías; después se desviaron por la calle de los joyeros, orientándose hacia la parte alta de la ciudad a fin de alcanzar el puente que desembocaba en la plaza del Templo.

Pregunta; Se suponía, que la recepción festiva al Maestro Jesús se hizo después que entró en Jerusalén, tal como lo dicen los evangelios, ¿no es verdad?

Ramatís: Conforme dice el evangelista Mateo, en el capítulo XXI, vers. 10 al 12: "Y entró Jesús en el templo de Dios, y hechaba fuera a todos los que vendían y compraban en el templo, y trastornó (hechó por tierra) las mesas de los banqueros, y las sillas de los que vendían palomas". Quiere decir que el Maestro galileo y la turba que lo seguía, llegaron hasta el templo en medio de mucho ruido.[1]

En realidad, la procesión después de haber recorrido las principales calles de la ciudad, desembocó en el barrio donde se levantaba el suntuoso palacio de Herodes, esculpido sobre las grandiosas columnas corintias y que servía como administración al gobierno de Poncio Pilatos, a la izquierda, se hallaba el Tribunal de Justicia de los judíos, el Senado, o más conocido históricamente como el Sanedrín. Entre los gritos y vivas que cada vez se hacían más fuertes, transpusieron el puente que daba a la zona alta de la ciudad, para desembocar junto a la puerta principal del templo, enorme y amplia, que permitía el acceso al patio primero, denominado patio de los Gentiles y que era accesible a cualquier tipo de persona, inclusive a los romanos.

Jesús hizo lo posible para aminorar el ímpetu de aquella marcha que cada vez se hacía más tensa e indisciplinada, pues deseaba que los galileos se dispersaran y quedaran por los lugares a voluntad de cada uno, pues estaba convencido que allí debía terminar esa demostración, que a él mismo no agradaba al ver la forma en que se había desarrollado, pero todo intento fue inútil. Los galileos debían haberse dado por satisfechos y dispersados hasta las fiestas de Pascua, para luego prepararse y difundir el Evangelio. Sin embargo, todo era distinto, pues a su frente se hallaba la fabulosa actividad de los judíos, como era el comercio religioso oficializado en donde se agrupaban cantidades

---

1 *Nota del Médium:* Corroborando lo manifestado por Ramatís, la ***Revista Internacional del Espiritismo,*** en el número 11 del VIII año, publicó la copia de la sentencia que condenó a Jesús a muerte y que fuera pronunciada por Poncio Pilatos, el cual, además de culparlo de seductor, sedicioso, enemigo de la Ley, falso hijo de Dios, supuesto Rey de Israel, agregaba, que había entrado en el templo seguido por una multitud que llevaba palmas en las manos.

de personas de todas las razas y naciones. En el patio de los Gentiles, debajo de los hermosos porches sostenidos por ricas columnas corintias, Jesús veía un mar de cabezas humanas distribuidas por las tiendas, balcones, mesas, estrados, donde resaltaban las muestras de piedras preciosas, monedas de oro y plata, conjugado a la gran cantidad de flores polícromas y plantas olorosas de los huertos de Judea. Sentados en sus sillas y cubiertos por improvisados toldos, centenas de judíos hacían público conocimiento de las cualidades que tenían sus palomas, provenientes de los lugares más atrayentes de la tierra. Era el atardecer, el Sol ya se ponía en la parte oeste de la ciudad, mientras el fuerte viento esparcía el aroma de las flores, más Jesús hizo un pronunciado gesto de desagrado al percibir el olor desagradable de la sangre fresca de los animales sacrificados, que corría a través de surcos hasta la ciudad baja en dirección al valle de Hinom, para luego juntarse a las aguas del Siloé que costeaban las murallas y parte del Huerto de los Olivos. A las orillas del río Siloé, en el valle de Cedrón, una fantasmagórica multitud de pobres, maltrechos y hambrientos, escoria de la ciudad, luchaban por conseguir algunos restos que sobraban del lavado de los cueros de los animales sacrificados en el templo.

Jesús estaba abstraído en aquel macabro espectáculo que ofrecía el lujo y la miseria, cuando él y su grupo de discípulos se dieron cuenta que estaban siendo empujados hacia el patio del templo, presionados fuertemente por los que venían a la retaguardia y que descendían por el puente y atravesaban la plaza, ovacionando la victoria de la primera etapa. El Maestro se dirigió a Pedro, Juan, Tomás, Felipe y Tiago que estaban a su lado, para combinar sobre la determinación que iban a tomar desde ese momento, y en ese instante fueron arrollados por la primera avalancha humana, cayendo sobre las primeras mesas, tiendas, sillas y caballetes que estaban adelante, arrojando al suelo todos los objetos, monedas, ánforas de perfume, flores y vasos, mientras que centenas de palomas revoloteaban al romperse las jaulas que las aprisionaban.[2] Pasado ese mal

2 *Nota del Revisor:* Nosotros creemos que ese acontecimiento se originó contra la voluntad del Maestro y que describe el evangelista Mateo en el capitulo XXI, vers. 12 y 13. Pero, la proverbial ternura y compasión que el Maestro sentía por los demás, no le permitiría ser el protagonista de una escena tan violenta, como azotar a los vendedores del templo. Sin embargo, esa versión se halla muy arraigada por causa de la descripción evangélica citada, pero no debemos olvidar, que el Maestro

momento, los vendedores y cambistas de monedas se preparaban para abandonar el patio de los Gentiles, pues comenzaba anochecer; en ese instante se produjo una rápida y violenta reacción junto al Maestro. Las primeras escenas de pugilato entre los vendedores y los galileos, comenzó cuando los acompañantes del Maestro trataron de desviarse de la mole humana, pues ésta se dio vuelta y comenzaron a golpearlos con fragmentos de maderas, cuerdas, bastones y látigos de cuero; Tiago, Tomás y Pedro consiguieron arrastrar a Jesús fuera del lugar, temiendo la ira del pueblo.

Impotente para dominar aquella situación que aún los comprometía más, Jesús accedió a los ruegos de sus amigos y abandonó el lugar, para esperar a todos sus discípulos en un sitio bastante alejado. Una vez reunidos los apóstoles, costearon las murallas del templo para seguir camino al barrio de Getsemaní donde los esperaba el fraterno hospedaje de la familia Jeziel, dueño de una granja situada en el Huerto de los Olivos. Fueron recibidos afectuosamente por Jeziel, viejo amigo de la infancia, en cuya residencia colonial se había reservado el modesto aposento para Jesús, pues la casa estaba llena de parientes, amigos e invitados que acudían para las fiestas de Pascua. A los apóstoles y siervos de Jesús les prepararon camas improvisadas confeccionadas con fardos de heno, mantas de lana, pieles de carnero y camello, que fueron armadas en el depósito de cereales de la granja. Después de una abundante refección a base de jugos de frutas y deliciosos vinos de Sharon, casi todos los apóstoles se durmieron rápidamente pues estaban agotados de la prolongada caminata y por lo acontecido en aquel agitado domingo. Jesús se mantuvo despierto hasta altas horas de la noche y oraba fervorosamente al Padre, pidiéndole que le dejara entrever su Voluntad y analizar las cosas que habían ocurrido aquel día infausto para su causa de orden esencialmente espiritual. La entrada turbulenta en Jerusalén y el desorden provocado en el patio de los Gentiles, era más que suficiente para encuadrar a Jesús como profanador ante las rigurosas leyes del Consejo Sacerdotal. También era evidente que los acontecimientos graves y perturbadores parecían obedecer

Ramatís ha dicho en varias oportunidades, que la Verdad ha de ir presentándose por medio de la literatura mediúmnica y volverán a restablecerse todos los hechos, tal como sucedieron.

a una fuerza implacable, que lo conducía dócilmente hacia los momentos trágicos de su vida.

Pregunta: ¿Qué consecuencias tuvieron esos hechos?

Ramatís: El día lunes, Jesús y algunos de sus apóstoles subieron a la ciudad alta para mezclarse con el pueblo y auscultar las novedades que había en el ambiente sobre los acontecimientos del día anterior. Pronto llegó a sus oídos los rumores sobre la disposición adversa de las autoridades religiosas contra la entrada bulliciosa de los galileos en Jerusalén. Los vivas y "hosannas" al rabí de Galilea, considerado el "Rey de Israel" y el "Hijo de Dios", se interpretaba como el más cínico de los ultrajes al Clero Judío y a la Ley de Moisés, y en cuanto a las provocaciones sediciosas en el patio del templo era un sacrilegio, pasible de la pena de lapidación. Además, el procónsul romano dispuso que las calles fueran patrulladas intensamente, pues habían recibido noticias alarmantes, que los judíos se preparaban para una nueva insurrección. Al día siguiente, el lunes, Jesús y sus discípulos estaban marcados como verdaderos enemigos de la Ley y de la Religión. El Sumo Sacerdote había convocado reunión para el día martes, con carácter de urgente para discutir la osadía de aquel profeta peligroso, elocuente y seductor, que era llamado Jesús de Nazaret.

La verdad es la siguiente; debido a la imprudencia de sus partidarios se invirtió el clima de la recepción que iba a tener Jesús a su llegada, pues sus palabras de cariño y afecto, se habían comprendido muy distinto respecto al objetivo espiritual de su doctrina. Jamás hubiera imaginado que después de haber pregonado durante tres años su Evangelio de amor, sus propios adeptos fueran a tiznarlo en su fundamento, pues su llegada a la ciudad de Jerusalén se había proyectado a espalda del Maestro bajo una férrea indisciplina y la codicia voraz por alcanzar el poder material de Israel. Lo peor ya estaba hecho, pues aunque los galileos eran tildados de provincianos tontos y sin cultura alguna por los jerusalemitas, la verdad es que Judas, el Gaulonita, hombre muy temido se había rebelado contra los romanos veinte años antes, y era de la misma Galilea de donde procedía Jesús. Por consecuencia, los galileos eran primitivos, osados, decididos, cosa que jamás podía pasar desapercibida a los astutos sacerdotes de Jerusalén. Y, algunos de ellos se descargaban diciendo que "el Maestro Jesús demolería el templo y lo reconstruiría en tres días", lo que era considerado como una gravísima blasfemia contra el sentimiento religioso, amparado por el Clero Judío.

También es cierto que todavía no habían ocurrido acontecimientos subversivos o derramamiento de sangre por parte de los acompañantes de Jesús, como sucedió con la rebelión de Judas, el Gaulonita, responsable por la muerte de muchos romanos y por la terrible crucifixión en masa de sus secuaces en los campos de Galilea. Pero, las autoridades de Jerusalén consideraban ostensiva y sediciosa la marcha de los galileos aclamando a viva voz al Rey de Israel y al Hijo de Dios, sin contar el desorden y los perjuicios causados, como se verificó en el patio de los Gentiles, pues sus secuaces, aprovechando la situación habían cometido depredaciones y robos. Jesús no ignoraba que esos acontecimientos habían sido planeados por sus adversarios para encuadrarlo bajo las leyes punitivas de Judea y aun de Roma.

Pregunta: ¿Después del día martes, qué sucedió con Jesús y sus apóstoles?

Ramatís: El Maestro en compañía de Pedro y Juan transitó en medio de la multitud en el centro de Jerusalén, visitó la plaza del mercado, localizó las sinagogas y los lugares donde podía pregonar el Evangelio. Proyectaba iniciar sus pregonaciones con moderación y tolerancia, sin herir a nadie y mantener el respeto ante el sacerdocio organizado y a la Ley de Moisés. Más tarde, cuando el pueblo se hubiera familiarizado con sus ideas de liberación espiritual, entonces trataría de "amarlos a la razón, recordándoles los pecados que esclavizan el espíritu a la animalidad. No pretendía modificar el mundo, sólo al hombre.

Desgraciadamente, las noticias a su respecto cada vez eran más graves, peligrando su libertad, pues los edictos del centurión Quinto Cornelio, comandante de la Torre Antonia, mandaba cerrar las puertas de la ciudad y exigía a los que se retiraban el visto bueno sacerdotal o bien, el consentimiento de las autoridades romanas. El número de patrullas se había aumentado, que parecían proceder en un todo de acuerdo con los esbirros del Sanedrín. Corría la voz que algunos galileos osados habían intentado copar el abastecimiento de agua del templo, penetrando por el acueducto que estaba junto a la vieja Torre de Siloam. Los más pesimistas veían la posibilidad de una crucifixión colectiva, a ejemplo de lo sucedido con los secuaces de Judas, el Gaulonita en las planicies de Galilea.

No fue difícil comprobar a Jesús y sus discípulos, que los galileos huían de Jerusalén apresuradamente ni bien comenzaron a circular noticias comprometedoras desde el día lunes. Retornaban para sus tierras y ciudades por temor a la ira de los sacerdotes y romanos. Los que todavía se encontraban en la ciudad estaban aterrorizados y no se animaban a enfrentar a los mastines del Sanedrín o a los soldados apostados a las puertas de Jerusalén; otros habían sido apresados cuando intentaban pasar desapercibidos por la puerta del Estiércol, en la parte baja de la ciudad, costeando el río Siloé, disfrazados entre los mendigos y leprosos que se agrupaban en ese lugar.

Los apóstoles también se asustaron y sugirieron al Maestro que retornara rápidamente a Galilea, antes de que fuera imposible. Jesús miró a sus queridos amigos y les pulsó el miedo y la angustia de sus corazones, eran hombres simples, buenos, rudos pero sinceros. En su compañía había recorrido toda Galilea en afectuosa amistad, visitando Tiro y Sidón, creando raíces de profundo afecto en su corazón. Ellos se encontraban delante del Maestro terriblemente frustrados como si fueran criaturitas que les descubren en sus travesuras. Los apóstoles, le hacían a Jesús las preguntas más insólitas y de carácter doloroso. ¿Por qué no les explicaba la razón del fracaso del movimiento en Jerusalén, o la inesperada y sorprendente manifestación, contraria al recibimiento, que en un momento dado parecía tan glorioso? ¿Sería Jesús verdaderamente el Mesías predicho hace siglos por Isaías y Micheas? Judas trataba de justificar su disposición insurrecta en sus reflexiones: "¿No era Jesús un rebelde en potencia, un ser que demolía costumbres, tradiciones religiosas en instituciones tradicionales?" A su lado, estaba Felipe y Tomás qué coincidían con su forma de pensar: "El Maestro era un hombre in-común, no había dudas, censuraba el paganismo, condenaba la explotación de los ricos, la hipocresía de los fariseos, la dureza de corazón de los saduceos, la corrupción de los sacerdotes jerusalemitas y el rigor de la Ley de Moisés. Pero, era muy difícil de comprenderle ante algunas paradojas, pues siendo valeroso y enérgico, mandaba a los judíos que amaran y sirvieran a los soldados romanos; moralmente era bien formado y de conducta intachable, pero desmentía a la Ley mandando libertar a la mujer adúltera, que merecía ser lapidada". Pedro trataba de recordar algunos pasajes de las profecías del Viejo Testamento a fin de poder ajustar los actos de Jesús. ¿No había dicho Isaías: "El Señor enviará al Mesías para reponer todas las cosas en su debido lugar"? ¿Y, por qué todo sucedía en forma tan distinta? ¿Dónde estaban las legiones de ángeles, listos para intervenir en el momento de la revelación del Hijo de Dios? ¿Por qué Jesús estaba tan dolorido, lacónico y silencioso en el trayecto festivo, dentro de la ciudad? Pedro, sacudía la cabeza, confuso y abatido.

El Amado Maestro, apiadado por sus queridos amigos y fieles discípulos, les dijo en tono compasivo: "No os debéis afligir, porqué el Hijo del hombre cargará con el peso de los dolores que tengan todos los suyos". Y en un momento de verdadera emotividad, procuró justificarles los sentimientos que habían decaído, las dudas y emociones contradictorias, agregando: "Herido el pastor, las ovejas del rebaño se dispersaron".[3] Dejó a sus seguidores y amigos para subir al Monte de los Olivos, prefiriendo quedar a solas con sus meditaciones.

Pregunta: ¿Cuándo Jesús tuvo la seguridad que sería apresado, y que tampoco podía eludir su trágico destino?

Ramatís: El miércoles por la mañana, Jeziel y sus dos hijos volvieron apresuradamente de la ciudad alta, diciéndole a Jesús que debía fugar rápidamente y que contaba con amigos de mucha fidelidad, que podían retirarlo de Jerusalén por antiguos y secretos caminos que conocían algunos ancianos hebreos. Eran portadores de informaciones graves, pues los esbirros del Sanedrín habían efectuado diversos arrestos de galileos sospechosos de haber participado en la marcha a Jerusalén y de la subversión en el templo, y que a cambio de su libertad habían falseado las declaraciones en contra del rabí de Galilea. El último edicto del Sumo Sacerdote exceptuaba de cualquier tipo de culpa a los participantes de la fracasada intentona en el "Patio de los Gentiles" dirigidos por Jesús, siempre que prestaran declara-

3 *Nota del Médium:* Tenemos la impresión, que esa expresión de Jesús se ajusta bastante a lo manifestado por Mateo, cap. XXVI, vers. 31, aunque no se encuadre en el orden cronológico de los acontecimientos.

ción voluntaria para ayudar al sumario que disponía la culpa del Maestro Cristiano.

Jesús no tenía más dudas respecto a la orden capciosa de Caifás; el Sumo Sacerdote quería sacrificar únicamente al Maestro, no a sus discípulos. Destruida la columna vertebral del movimiento cristiano, era natural que sus seguidores se dispersarían atemorizados, terminando de una vez por todas con aquella campaña sistemática contra los ricos, los poderosos y los sacerdotes jerusalemitas. La noticia no atemorizó a Jesús, al contrario, su alma se sintió aliviada y en cierto modo venturosa, pues aún podía salvar a sus discípulos asustados, que volverían a sus tierras, junto a sus familiares. Desde ese momento, él sería el único culpable y responsable de aquella imprudencia considerada insurrecta para las autoridades de Jerusalén, y jamás movería un hilo de sus cabellos para exceptuarse ante la ley judaica, aunque sabía que su caso podía ser castigado con la lapidación.

El día jueves al retirarse a sus acostumbradas meditaciones en el Huerto de los Olivos, y habiendo decidido entregarse resignadamente a la justicia como único culpable, Jesús concebía que ese gesto escandalizaría a sus discípulos por lo cual les advirtió: "Todos vosotros padeceréis escándalo en mí esta noche".[4]

Pregunta: En realidad, ¿los partidarios de Jesús, tenían en mente rebelarse a las autoridades de Jerusalén, o fue un acto de imprudencia?

Ramatís: Es obvio que Jesús fue enjuiciado por las leyes romanas como un sedicioso, censurado de sacrílego y profanador de las leyes hebraicas, lo que prueba que hubo hechos públicos de magnitud y bastante comprometedores para su persona, y que manejados hábilmente por el Consejo de los Sacerdotes al mando de Caifás lo llevaron a la muerte infamante por el suplicio de la cruz, que en aquella época sólo era reservado para los ladrones, conspiradores y rebeldes.

Nosotros sabemos que Jesús era inocente de los supuestos cargos que se le imputaban, dado que él no había planeado esos hechos perturbadores y que participó involuntariamente por fuerza de las circunstancias. Innumerables veces había ad-

4 *Mateo,* cap. XXVI, vers. 31.

vertido a sus discípulos y oyentes, que "el Reino de Dios no se conseguiría por el poder, ni por la fuerza, sino por el espíritu". Además, desde el momento que el Maestro había llegado a Jerusalén, prácticamente estaba preso, pues la orden se había expedido, pero el Sanedrín aguardaba el momento oportuno para incriminarlo y que no pudiera presentar recursos para liberarse de los graves cargos que le harían. Por eso, nada difícil fue para el Sumo Sacerdote adulterar los hechos, invertir el orden de las pacíficas intenciones del Maestro y convencer a las autoridades romanas por los testigos conseguidos a peso de oro y bajo amenazas de muerte.

Cuando el Maestro se dio cuenta del drama angustioso que vivían todos los galileos y discípulos retenidos en la ciudad, resolvió salvarlos de cualquier forma, aunque tuviera que morir. Impulsado por su amor y heroísmo mantuvo perfecto silencio delante de sus acusadores capciosos, sin mencionar a ninguno de sus seguidores, por eso, terminó vitalizando la obra para los siglos venideros. De ahí la gran equivocación por parte de los investigadores que compilaron los evangelios, al suponer que su prisión y muerte obedeció únicamente al beso traicionero de Judas.

El Cristianismo difícilmente estaría exceptuado de las infiltraciones mercenarias en sus filas, pero también es verdad, que habría terminado en un lamentable fracaso ante la liviandad de algunos adeptos y el interés sedicioso de tantos otros, cosa que no llegó a suceder debido al heroísmo, renuncia, dignidad, amor e infinita comprensión de Jesús por los hombres. Entregándose en holocausto por sus partidarios, fortaleció el Cristianismo en su nacimiento, dando relieve para la posteridad a las figuras de Pedro, Pablo, Juan, María de Magdala, Tiago, Bernabé, Timoteo, Vicente de Paúl, Francisco de Asís, Teresa de Jesús, Juan Huss, Don Bosco, Antonio de Padua y otros que fueron olvidados en santificado anonimato. La inocente sangre del Maestro vertida desde lo alto de la cruz, se transformó en divino fermento y en un fabuloso quimismo que catalizó las dispersas energías de los apóstoles atemorizados y les dio nueva vitalidad para emprender la marcha valerosa y obstinada en defensa y pregonación del Evangelio, aunque tal cometido lo llevó a perder su propia vida. Después de su muerte el dolor y el recuerdo se manifestó vivísimamente en sus fieles amigos, haciéndoles sentir y comprender la pureza, la fidelidad y el amor que el Maestro poseía como Cordero de Dios.

Pregunta: Algunos estudiosos dicen que Jesús era un socialista avanzado para la época. ¿Cuál es vuestra opinión?

Ramatís: El socialismo pregonado por Jesús era una manifestación del interior hacia el exterior, enseñando que los bienes materiales son los medios y no los fines para el alma, que permite a los hombres no ser avaros, más cuerdos y comprensivos, agrupándose para vivir pacífica y fraternalmente. Mientras tanto, el socialismo político, aunque intente distribuir equitativamente los bienes del, mundo, se originó por las condiciones impuestas a través del poder estatal, o bien por las tiranías. El primero de los casos, es el fruto de una abdicación espontánea donde el hombre usa los bienes materiales para renovar las lecciones del espíritu eterno; en el segundo, es la consecuencia de una imposición que no siempre da al hombre la conformidad espiritual.

Es vano intentar confundir el verdadero sentido espiritual del Cristianismo con ciertas doctrinas modernas, todavía inmaduras en sus ensayos sociales. El cristianismo no desea, ni hace negocios con cualquier movimiento político del mundo, pues desde un comienzo renunció a su propia vida.

Pregunta: ¿Qué perjuicio causó Jesús al sacerdocio organizado, para que llegaran a crucificarlo en el Gólgota?

Ramatís: Lo que Jesús pregonaba en aquella época podía juzgarse como sedición, pues a pesar de su tolerancia y pacifismo, hería a fondo el modo de vida de los hombres que dominaban la política, que controlaban las finanzas o vivían nababescamente de la especulación religiosa sobre el pueblo tonto. No había dudas sobre la objetividad del mensaje cristiano; el osado profeta de Nazaret censuraba, a los hartos y displicentes, como a los que tenían grandes ganancias, en fin, a los vampiros de las miserias humanas, propio de todos los tiempos. Era un rabino que producía perjuicios a los ricos del mundo, pregonaba la reforma religiosa y condenaba las ofrendas dedicadas a Jehová. Como jefe de los galileos harapientos pretendía imponer un "Reino de Dios" para los afligidos, enfermos y desheredados que sufrían la explotación de los astutos y afortunados. Poco a poco se les iba a reducir la entrada habitual de dinero en el templo, una vez que los fieles y creyentes sugestionados por sus pregonaciones, terminarían por aceptar que se debe "amar a Jehová apenas en espíritu".

Jesús en aquella época era considerado como un hombre muy peligroso, que intentaba igualar la condición de los hombres, nivelar las fortunas y reducir los poderes del mundo, y además pregonaba el amor entre el enemigo y el verdugo. Era un poderoso líder, excéntrico y al mismo tiempo humilde, catalizaba a los oyentes por sus planes valerosos, pregonando la reforma del mundo material, pero enseguida advertía que su "reino no era de este mundo". Como hombre era inteligente, hábil psicólogo y orador elocuente, no hacía pactos con los poderosos del mundo; censuraba el pecado, pero perdonaba al pecador, revolucionaba a las masas contra la explotación de las ganancias humanas, pero prohibía cualquier violencia, venganza o derramamiento de sangre. En fin, los sacerdotes pensaban, ¿a dónde piensa llegar ese hombre que pregonaba y captaba la simpatía de las multitudes y lo seguían a todas partes? ¿Qué pretendía al tratar de anular las tradiciones conservadoras del mundo?

La verdad es que, cuando el cuerpo de Jesús se estremeció en la cruz, algunas cortinas de seda se cerraron apresuradamente, pues el drama del Calvario había sido planeado sobre la lujosa mesa y ante el ruido de las finas copas de cristal. Jesús, hombre peligroso y portador de ideas avanzadas, había sido eliminado de la faz terrestre, cuya presencia física era perjudicial para todos los grandes del mundo. Muchos hombres se vendieron bajo el peso del oro para comprometer al manso rabino ante las severas leyes de los romanos, la clave de la muerte fue preparada a toda prisa para presentarla y gritar delante del pretorio; "crucificadle", "crucificadle". Muchos de los pusilánimes adeptos que lo habían acompañado en la marcha hacia Jerusalén, y ante el temor a los romanos, se mostraban partidarios para que el Maestro fuera crucificado a fin de eliminar la culpa que sobre ellos pesaba.

Pregunta: La última cena con los apóstoles, ¿sucedió como la relataron los evangelistas?

Ramatís: La tradicional "cena santa" conmemorada por la Iglesia Católica Romana, en verdad, precedía a la ceremonia del "lavado de pies", habitualmente realizado el día viernes a la víspera del "gran sábado" de Pascua. Era una costumbre tradicional que las familias se reunieran para la comida fraterna, donde se hacían promesas de felicidad para el futuro. Las familias más ricas se intercambiaban presentes entre los miembros de la casa o con los parientes de afuera. Jesús también la hizo un hábito entre los apóstoles, puesto que los consideraba como su familia peregrina, además de ser verdaderos parientes, reconocidos por el Señor. Deseoso de hacerla más expresiva, decidió armonizar la cena de Pascua con la del lavado de pies, cuyo culto fue implantado por el Bautista a fin de congraciar a los discípulos con sus Maestros.

Como el Maestro había anticipado la ceremonia del lavado de los pies para la noche del miércoles, pues estaba seguro de ser detenido en cualquier momento, entonces ambas ceremonias fueron hechas en la misma ocasión. Al atardecer los discípulos se reunieron en el aposento más grande de la residencia de Jeziel. Después de las oraciones y de los cánticos de los himnos, que eran motivos de elevada espiritualidad en el movimiento cristiano, los sirvientes de Jeziel sirvieron la cena frugal de Pascua y en base a los tradicionales panes sin levadura y vino tinto, que Jesús bendijo como era su costumbre.

Aprovechando aquel momento tan expresivo, se dirigió a sus discípulos para comentarles los motivos íntimos y agradables que tenía. En lenguaje claro, simple y de gran significado, que difiere mucho de ciertos pasajes de los evangelistas, el Maestro resumió su pensamiento de la siguiente manera: "Doy las gracias a Dios que me permite aún estar entre vosotros en estas fiestas de Pascua, pues sé perfectamente por la voz del Espíritu que pronto ha de comenzar mi pasión. No volveré a comer más entre vosotros, ni me será dado poder beber el próximo vino. Mientras tanto, se ha de cumplir la Voluntad de mi Padre que está en los cielos, pues mi hora ha llegado; mas os precederé en Galilea y os esperaré en el Reino de Dios"[5].

Eran las nueve horas de la noche cuando Jesús se levantó de la mesa, se quitó la túnica que le llegaba hasta los pies y, "tomando una toalla, se la colocó alrededor de la cintura, puso agua en una palangana y comenzó a lavar los pies de sus dis-

5 *Nota del Médium:* Creemos que parte del pensamiento de Jesús en ese breve discurso a los apóstoles, en la hora de la última cena, se halla mejor comprendido en *Lucas,* cap. XXII, vers. 14, 15, 16 y 18.

cípulos, enjugándolos con la toalla que pendía de la cintura.[6]

Pregunta: Respecto al significado de la ceremonia del "lavado de pies", tradicionalmente consagrado por la Iglesia Católica Romana, en Semana Santa, ¿tiene algún fundamento?

Ramatís: Juan el Bautista, el profeta solitario, había instituido algunas ceremonias con la finalidad de incentivar las fuerzas psíquicas en sus adeptos para habituarlos a la concentración o reflexión espiritual. Ese asunto impresionaba a los neófitos y servía para confirmar la responsabilidad de los valores espirituales. En su época, los símbolos, ritos, talismanes y las ceremonias producían loables dinamizaciones de fuerzas en el espíritu o imponían el respeto y temor religioso. Eran recursos que servían como "detonadores" de las fuerzas psíquicas que influían esotéricamente a sus cultores, como se hace hoy bajo el incentivo de la fe y el respeto de los fieles, programado por los sacerdotes a través de los cánticos, perfumes, la música y el lujo en las iglesias.

Por eso, Juan el Bautista creó la ceremonia del bautismo para los neófitos, cuya inmersión en las aguas del río y los lagos funcionaba como un catalizador de las energías espirituales, permitiendo la íntima convicción del lavado de los pecados y la consecuente renovación espiritual para el futuro. Aquél que se juzga estar purificado de sus pecados, después vive en forma distinta para no volver a mancharse nuevamente. Algo más tarde, Juan el Bautista organizó la ceremonia del "lavado de pies" que simbolizaba el evento fraterno y humilde, como sentido de igualdad o denominador común entre los discípulos y el Maestro. Esa ceremonia tenía la función de eliminar la condición social, poder político, la superioridad intelectual o la diferencia entre los adeptos y sus Maestros. En el momento simbólico del "lavado" el señor sería el hermano del siervo y también lo serviría, porque ambos eran herederos de los mismos bienes del mundo.

Jesús, humilde y tolerante, aceptó ambas ceremonias y se dejó bautizar en el río Jordán. Más tarde, en la última cena, dio forma a la ceremonia tradicional como un elemento de unidad que debía existir siempre entre todos sus discípulos. Pero, sus fieles amigos estaban bastante preocupados porque Jesús anticipaba la ceremonia aludida para el día miércoles, la que

6 *Juan*, cap. XIII, vers. 4 y 5.

comúnmente debía efectuarse en día viernes de la semana de Pascua.

La verdad es que el Maestro no tenía la menor duda respecto a su situación desfavorable ante el Sanedrín y las autoridades romanas, pues algo le decía que sería sacrificado antes del domingo de Pascua. Por eso decidió proceder a la ceremonia el día miércoles, anticipándose al día tradicional. Después de haber enjugado los pies de sus discípulos, ayudado por Tiago, el Maestro se levantó y exclamó: "Todos vosotros debéis continuar valerosamente en la divulgación de la Buena Nueva y del Reino de Dios, y nadie ha de perturbarse ni aún delante de la muerte". Les recordó los motivos fundamentales de su amistad y unión espiritual reviviendo las enseñanzas de liberación del Evangelio, mientras les recomendaba el amor incondicional, la ayuda para los pobres, el perdón para los verdugos, el afecto a los delincuentes y la comprensión fraterna para las infelices mujeres. Exaltó la fuerza del espíritu eterno sobre la carne perecible; los exhortó para que sus fieles amigos no mancharan la belleza del Cristianismo haciendo pactos con los poderosos del mundo. El mensaje cristiano debía divulgarse tan puro como eran los lirios del valle, pues de nada servirían las honras del mundo material ante el valor de la vida inmortal. Los reanimó en sus esperanzas por la pronta llegada del «Reino de Dios» y los invitó a proseguir heroicamente en sintonía con los principios elevados de la, redención y liberación de la humanidad.

Ante el dolor, el espanto y la consternación de sus discípulos que le bebían hasta las últimas palabras llenas de melancolía y pesar, Jesús se volvió hacia Pedro, que con el rostro angustiado lo miraba fijamente y le dijo en forma elocuente y profética: «Pedro, desde ahora en adelante serás un pescador de hombres, y no de peces. Sobre tu fe y sinceridad yo fundo mi Iglesia. Que te sea dado el don de saber hablar, escuchar bien y trabajar mejor al servicio del Señor».

Pedro cayó de rodillas con los ojos llenos de lágrimas delante de su Maestro Amado, mientras los demás apóstoles mal sabían esconder su emoción. Judas, estaba cabizbajo, mientras le roían los celos, incapaz de aplastar su orgullo y amor propio herido ante la preferencia del Maestro por cualquiera de sus discípulos.

Jesús cerró la ceremonia del «lavado de pies» y enseguida

se acercó a Juan tiernamente y le dijo, como si fuera un ruego:

— «¡Juan! ¡Mi madre es tu madre, porque somos hermanos delante del Señor! ¡Faltando yo, tú eres su hijo!»

Inmediatamente manifestó que deseaba salir, mientras Juan y Pedro se apresuraban a acompañarlo; desde la puerta se volvió y dijo para todos, con cierto tono de emoción espiritual:

— «¡Vosotros sois mis apóstoles, pregonad la palabra del Señor y anunciad la Buena Nueva del Reino de los Cielos sobre la tierra. La voluntad del Padre se manifiesta en mí y debo cumplirla, porque la hora de mi testimonio es llegada!»

Ante la dolorosa emoción que embargaba a los discípulos, calificados por primera vez como «apóstoles», Jesús suavemente apartó las cortinas y su majestuosa figura desapareció en las sombras de la noche estrellada, envuelto por la perfumada brisa del jardín de Getsemaní.

Pregunta: Dicen los evangelios que Pedro se resistió a que Jesús le lavara los pies, dado que no se creía digno de tal ceremonia. ¿Es verdad?

Ramatís: Esa ceremonia era habitual entre Jesús y sus discípulos desde el tiempo de Juan el Bautista, por eso no había motivo alguno para que Pedro la rechazara. Durante el "lavado de pies" que el Maestro hacía a cada uno de los discípulos, les iba explicando las razones de ese acto y el significado simbólico para el futuro. Jesús repetía la misma pregunta todos los años después de la ceremonia y así se expresaba: "¿Sabéis que hice con vosotros?" Y, conforme narran los evangelistas respecto al "lavado de pies" expresaba lo siguiente: "Pues si yo, el Señor y el Maestro, os he lavado los pies; vosotros también debéis lavaros los pies los unos a los otros, porque ejemplo os he dado, para que como yo he hecho a vosotros, vosotros también hagáis. En verdad, en verdad os digo que el siervo no es mayor que su Señor; ni el enviado es mayor, que aquel que lo mandó. (*Juan*, cap. XIII, vers. 4 al 17.)

Además, excepto Juan, los demás apóstoles ignoraban que la ceremonia del lavado de los pies era parte del rito de los Esenios, como faz iniciática y característica del discípulo que deja el mundo profano para ingresar en el "círculo Interno" del mundo espiritual. Por otra parte, aquel sentido de humildad explicado por Jesús como demostración que el "menor" en la tierra es el "mayor" en el Reino de Dios, Jesús demostraba con su ejemplo, que sólo el Maestro era capaz y sabio para consolar a sus discípulos y siervos, como también aliviarles los dolores y las vicisitudes sufridas en los caminos del mundo transitorio de la carne. Sobre los cansados pies, llenos de polvo y heridas, se condensaban los dolores y sufrimientos de los discípulos entre las desilusiones y hostilidades de la vida humana; entonces, el Maestro los lavaba con su cariño característico, humildad y paciencia, dejándolos limpios y aliviados, a fin de comenzar una nueva caminata.

Pregunta: Con relación a la última cena, desearíamos aclarar nuestras dudas respecto a la acusación que hizo el Maestro a Judas, el discípulo que más tarde lo traicionaría. ¿Es verdad?

Ramatís: Entre los acontecimientos narrados por los evangelistas y los arreglados que posteriormente introdujeron los exégetas católicos, se encuentra el aspecto que vosotros citáis. Si la acusación indirecta de Jesús contra Judas fuera verdadera, sería uno de los más graves y censurables desmentidos a sus elevados sentimientos de amor, cariño y perdón demostrados tan ampliamente en el acto de la crucifixión cuando pidió al Padre que perdonara a sus verdugos, pues ellos no sabían lo que estaban haciendo.

Hasta parece inaudito e inconcebible que después de configurar al Maestro como la máxima expresión de renuncia y amor sobre la tierra, lo coloque en su sentir, igual al hombre común, resentido e intrigante que peca deliberadamente al juzgar anticipadamente sobre la "posible" traición de uno de sus discípulos.

Conforme narra el evangelista Juan, cap. XIII, vers. 21 al 30, Jesús primero dice: "En verdad, en verdad os digo, que uno de vosotros me ha de entregar". Después que los apóstoles se recuperaron de la angustia producida por aquella velada acusación, Pedro y Juan preguntaron nuevamente al Maestro sobre lo mismo, entonces el Maestro con gesto delator y vengativo responde: "Aquél es (el traidor), a quien yo diere el pan mojado. Y, mojando el pan, se lo dio a Judas, hijo de Simón Iscariote". Y el relato de Juan agrega "Y tras el bocado entró en él Satanás".

En un acontecimiento tan comprometedor faltaría al Maestro hasta el último resquicio de piedad, que es común a las personas de relativa formación moral, y lo que es de extrañar, que el Maestro haría tamaña barbaridad ante un ligero presentimiento. Mateo, cap. XXVI, vers. 21 al 25, no hace comentario alguno sobre el pan mojado entregado a Judas, pero es más chocante aun contra el linaje angélico del Maestro, poniéndole en sus labios las siguientes palabras de acusación y maldición: "El Hijo del hombre va ciertamente, como está escrito de él; pero hay de aquel hombre por quien será entregado el Hijo del hombre; más le valiera a aquel hombre no haber nacido". Y respondió Judas, Maestro, "¿Soy yo por ventura?" Entonces Jesús le dijo: "Tú lo has dicho". Analicemos; si Jesús deseaba a Judas un fin trágico y abominable, no sólo lo confirma, sino, que lo difama ante sus compañeros, sentenciándolo como traidor. Ahora bien, si «detrás» del bocado de pan mojado entró Satanás en Judas, conforme lo narra Juan, entonces es natural entender, que hasta ese momento, Judas no había pensado traicionar a su Maestro, cosa que recién concibe ni bien introdujo el pan mojado en su boca, y para colmo de las contradicciones, ese pan había sido "bendecido en la mesa santa".

Pregunta: Se puede admitir que todas esas ocurrencias y desmentidos sobre la contextura espiritual de Jesús, y que forman parte de los evangelios canónicos, ¿sean figuras simbólicas o alegorías, que encierran lecciones de alcance espiritual?

Ramatís: Jamás fue ni ha de ser la verdad, pues la vida de Jesús fue muy clara, sin sofismas o excitaciones y muy lejos de la forma peculiar de los hombres que sobresalen de la masa humana, que hoy obran como un santo y mañana actúan como un demonio. El espíritu de la jerarquía de Jesús no posee dos facetas, no se turba ni se nivela al contenido efervescente de las pasiones humanas, ni es víctima de los descontroles morales, ni de las indisciplinas emocionales. No se confunda la energía, hombriedad, la justicia, la estabilidad emotiva y la franqueza honesta de un ángel apoyado en la carne, con las contradicciones que son el fruto de la personalidad humana. JesÚ9 no deseaba nada del mundo y nunca temió a la muerte; en consecuencia jamás se preocupaba con lo que pudiera pasarle a su persona. Poco le importaba que Judas o cualquier otro discípulo lo traicionara o lo condujera a la muerte. Su linaje espiritual lo mantenía por encima de las actitudes humanas, aunque se tratara de sus propios familiares, amigos o desconocidos. Si en el mundo vuestro existen hombres con cualidades menores a las del Amado Maestro, que no mejoran porque los "elogien", ni son peores porque los "censuren"; ¿qué no sería el Maestro delante de la franqueza de un discípulo, que vivía perturbado por sus emociones íntimas y que además se descontrolaba por los celos infundados?

En cuanto a los hombres que se adjudicaron a sí mismos el derecho exclusivo y la tremenda responsabilidad de divulgar la vida y obra de Jesús de Nazaret, ya es tiempo de que vuelvan sus pasos y enfrenten valerosamente al público para extirpar las equivocaciones de los evangelios, saturados de extremismos, absurdos, melodramas, interpolaciones e imitaciones que comprometen, desfiguran y siembran la desconfianza sobre la persona del bondadoso Jesús — el Mentor Espiritual de la tierra —. Además lo encontramos muy definido a través de sus propias palabras de sentido biográfico, cuando habló así: "Venid a mí todos los que estáis afligidos y sobrecargados, que yo os aliviaré. Tomad mi yugo sobre vosotros, y aprended de mí, que manso soy, y humilde de corazón; y hallaréis reposo para vuestras almas; porque mi yugo suave es y liviana mi carga".[7]

7 *Mateo,* cap. XI, vers. 28, 29 y 30.

29. Prisión y Juzgamiento de Jesús

Pregunta: Históricamente se halla ligado el Huerto de los Olivos a la vida de Jesús, ¿nos podéis dar algunas referencias al respecto?

Ramatís: El Huerto de los Olivos, también se conoce por el Bosque de los Olivos, o Jardín de Getsemaní en Jerusalén; era un-pequeño establecimiento agrícola donde se experimentaban plantaciones de todo tipo, como ser variadas especies de flores, y vegetales, para el consumo casero y aplicaciones terapéuticas, además de las especies destinadas a la industria. Allí se plantaban semillas que provenían de todas partes, como ser de Ceilán, Egipto, Armenia, Persia, India, Galia, Siria, Grecia y también Roma. Pero, la especie más cultivada era la oliva que producía la aceituna y el aceite bajo el proceso de prensas primitivas. Los olivares daban muy buenos resultados para los arrendatarios del Huerto de Getsemaní, y que en aquellos tiempos era de la familia de Jeziel y sus viejos amigos de Galilea.

Ambos lados del Huerto estaban cubiertos por pequeños grupos de olivares, de sombra agradable, siendo preferido por los forasteros que acampaban por las inmediaciones. Desde la granja había una distancia aproximada de 70 u 80 metros, los cuales estaban llenos de caminitos y cantidades de canteros, los que individualmente contenían una especie distinta de vegetal.

Del lado opuesto de Jerusalén, en la parte baja del Jardín de los Olivares, nacía el valle de Cedrón, hacia donde corría la sangre de los animales sacrificados en el templo, en dirección al río Siloé, a través de surcos que daban repugnancia. El terreno era fértil y bien preparado por los cuidadores de Jeziel, en base a los abonos que se elaboraban casi al final del Huerto. En esas tierras se cultivaban las flores preferidas por la aristocracia judaica y romana, como también las especies que solo se utilizaban para ofrendar al templo.

Desde la cima del hermoso Jardín se podía ver al río Jordán, zigzagueando como una hermosa serpiente plateada entre el verde claro y el color oscuro de la planicie; a la distancia descansaba el Mar Muerto remarcado por las colinas de Galilea, y centelleaban los lagos besados por las caricias del sol. Entre las hermosas flores y los canteros de especies raras y olorosas, Jesús descansó sus últimos días en el mundo, ya fuera preparándose para el término trágico y mesiánico de su obra, o para despedirse de la misma naturaleza que tanto bien le había prodigado y que él tanto amaba. El Señor le concedió el deseo de grabar en su retina espiritual y antes de la crucifixión, los contornos familiares de las montañas, de los caminos y de los lagos, que le habían servido de tribuna para predicar el Evangelio redentor.

Pregunta: ¿Cómo transcurrieron los últimos días de Jesús en el Jardín de los Olivos? ¿Tiene semejanza a lo narrado por los evangelistas?

Ramatís: El día jueves Jesús se sintió muy complacido por la visita de algunos fieles amigos que lo entrevistaron muy pesarosos, por temor a lo que pudiera pasarle, pues las noticias provenientes de, la ciudad eran por demás desagradables. Entre ellos se. encontraba Simón de Betania y su pariente Eleazar, mensajeros fraternos de María, Sara, María de Magdala, Verónica, Juana, Salomé y demás, mujeres que deseaban visitarlo en el Huerto de Getsemaní, pues estaban ansiosas de calmar sus corazones ante las noticias poco agradable que hasta ellas llegaban. El Maestro pidió a Simón que le escuchara atentamente, diciéndole que se retraía a todo contacto emotivo, y sentimental, pues sentía que se debilitaban sus fuerzas psíquicas y necesitaba prepararse para los acontecimientos venideros.

Simón trató de animarlo con argumentos optimistas, pero Jesús insistió que había llegado su hora, pues muy pronto sería llevado ante el tribunal de la Justicia del mundo para dar testimonio de su vida y confirmación a su obra, para bien y salvación de la humanidad. Recomendaba recuerdos afectivos para Marta, fiel y querida compañera que se hallaba gravemente enferma en Betania; se despedía da todos sus amigos por intermedio de Simón y predecía un feliz encuentro para el futuro en el Reino de Dios. Simón tenía los ojos cubiertos de lágrimas, mientras miraba a Jesús con pesaroso cariño, pues se embebía en sus gestos y palabras. Era una persona de corazón magnánimo y de elevada condición espiritual, y estaba seguro que se despedía para siempre de su generoso y buen amigo.

Jesús no quiso prolongar más aquel encuentro emotivo y pesaroso; abrazó afectuosamente a Simón y a Eleazar y caminaron en dirección al portón de la granja que se abría hacia los lados del valle de Cedrón. Después de sentidos abrazos de los cuales también participaron Pedro, Juan, Tiago y Tomás se separaron los viejos amigos de Betania. A los lejos Simón y Eleazar se volvían a cada instante para saludar con las manos en alto, luego tomaron el camino a Jerusalén. A la tarde, inesperadamente llegaron Nicodemos y José de Arimatea, cuyos rostros preanunciaban muy malas noticias. Sin ocultar su estado de aflicción, comunicaron al Maestro que su prisión estaba decretada, y que no lo habían prendido por que el Sanedrín recelaba y temía la reacción pública.[1] Por otra parte, los miembros que formaban la pequeña corte del Sanedrín habían sido sustituidos y aumentados el número de suplentes, jueces muy jóvenes y amigos de Caifás, que de esa forma eliminaba cualquier adhesión a Jesús en el juicio. El viejo Hanan y Caifás, su yerno, disponían de muchas pruebas, tomadas por falsos testimonios y comprados a peso de oro, que eran el fruto de las delaciones obtenidas bajo terribles amenazas. Jesús debía huir de Jerusalén lo más rápido posible, pues a pesar del decoro de los jueces del Sanedrín, el juicio se efectuaría bajo la influencia astuta de la familia de Caifás. Nadie podía salvar al rabí de Galilea, a no ser el Sumo Sacerdote, cosa imposible, pues éste deseaba la muerte a cualquier precio. Fuentes oficiales habían informado que Poncio Pilatos estaba convencido, que el fracasado movimiento sedicioso de los galileos se había preparado contra las autoridades romanas.

Jesús escuchó las trágicas noticias de José y de Nicodemos, ambos jueces del Sanedrín, quienes lamentaban, entre

1 Y queriéndole echar mano, temieron al pueblo, porque le miraban como un Profeta" *(Mateo,* cap. XXI, vers. 46).

otras cosas, que no se votaría sobre la suerte que correría Jesús, pues ya estaba decidido por el Sumo Sacerdote y además había preparado el tribunal; el Maestro agradeció el afectuoso interés que demostraban por su persona. Sin demostrar pesar o resentimiento por aquellos que lo querían matar, exclamó con suave voz y de comprensivo perdón:

— "Gracias, amigos míos. No temo a la muerte, ni cómo se presente; porque veo que pasarán los hombres, mas mis palabras permanecerán. Es necesario que el hijo del hombre de su sangre por la salvación del mismo hombre; que la muerte del cuerpo sea el precio impuesto por la necesidad, pues la luz del Espíritu siempre se antepone a la sombra del cuerpo. Mi hora ha llegado por la voluntad del Padre que está en los cielos; mas no se hará por la obstinación de los hombres".

En seguida dejó de hablar, como si escuchara algo de lo Alto; Nicodemos y José de Arimatea bajaron los ojos ante aquel silencio que imponía respeto. Rápidamente, en una decisión que no puede esconder el dolor acervo de la despedida, Jesús exclamó:

—"Aunque os separéis de mí por la carne, yo permaneceré con vosotros en espíritu, porque el templo del Señor estará por toda la tierra y su altar en todos los corazones. Cuando algunos de vosotros me llame, yo allí estaré, porque iré en nombre de mi Padre, y en su nombre volveré".

Llegaron al portón de la granja, mientras los apóstoles esperaban a la distancia, ellos se abrazaban en una tierna y emotiva despedida.

Pregunta: Maestro Ramatís, ¿cuál es la realidad sobre "los momentos de aflicción" que tuvo el Maestro Jesús, en el Huerto de los Olivos, según lo relatan los evangelistas?

Ramatís: Cuando Jesús fue crucificado, su aureola mesiánica casi se había apagado, pues en aquellos días trágicos enmudecieron todos los parientes, amigos y discípulos, ante el miedo de ser inmolados igual a su Maestro. Pero, a medida que fueron pasando los días, la figura de Jesús fue tomando amplitud, surgió del martirio, como la planta que renace al ser cortada al ras. Al poco tiempo, su vida y muerte eran motivos que centralizaban los sueños de sus adeptos y amigos, cultivando su memoria consagrada por las bendecidas enseñanzas y fidelidad a sus ideas. Los compiladores de los evangelios, según los apóstoles, comenzaron a exaltar la personalidad del Maestro como un reformador moral y religioso, de hechos y acontecimientos melodramáticos, además de hacer prodigios para adaptar su vida a las predicciones relatadas en el Viejo Testamento. Le cambiaron totalmente su vida y lo que era sencillo se volvió altilocuente; lo natural, humano y lógico, se transformó en milagroso, divino e insensato. Sumaron a la vida de Jesús los sentimentalismos humanos e infantiles, como las concepciones fantasiosas y la creencia en lo milagroso. Crearon el mito y eliminaron al hombre; hicieron un Dios propio y lo alejaron de la humanidad.

En el Huerto de los Olivos, el Amado Maestro vivió sus últimos instantes de libertad física en el mundo, y las angustias de un espíritu que se preparaba para el holocausto en favor de sus hermanos, pero aún temía no poder afirmar las bases para su doctrina. En realidad, allí ocurrieron fenómenos con su persona de excelsa magnitud.

Pregunta: ¿Podéis decirnos lo que sucedió a Jesús y sus apóstoles el día jueves?

Ramatís: Conforme dijéramos, durante el día visitaron la granja varios amigos trayendo noticias alarmantes, y algunos, le proponían sacarlo de Jerusalén. A la oración, después de las 18 horas comieron algunas frutas, en donde Jesús casi no tocó alimento alguno, pues quiso subir a la parte alta del Huerto y tratar de ver la belleza que brindaba la naturaleza, pues era la hora más apreciada para observar la aparición de las primeras estrellas en el cielo. Estaba caluroso y sofocante y preanunciaba lluvia para la madrugada; los apóstoles, además de afligidos y atemorizados, estaban cansados. El Maestro salió de su pequeño aposento, y al pasar delante del galpón grande vio a algunos de sus discípulos recostados sobre los fardos de heno, mientras que otros estaban tirados sobre las mantas y pieles de carneros; sus atribuladas fisonomías expresaban dolorosas reflexiones. Bartolomé y Felipe que habían hecho lúgubres vaticinios para el movimiento cristiano, se encontraban pálidos y abatidos; Simón Ca-naneo no podía controlar sus movimientos nerviosos; Tomás, creyente sincero en la obra del hombre y descreído de la revelación divina, parecía conformarse con aquel fin, bastante humano; Tadeo y Andrés estaban absortos y sus espíritus deberían estar vagando por Galilea, reviendo los paisajes de la infancia y soñando con el hogar pacífico y acogedor. Mateo, hombre organizado y sensato, parecía ajeno al peligro inminente, pues escuchaba sin inmutarse, la conversación ingenua y jovial de Tiago, hijo de Alfeo. Judas había desaparecido desde las primeras horas de la mañana del jueves y no se volvió a ver más, causando extrañeza que anduviera por toda la ciudad, sin impedimentos de ninguna especie, aunque alegaba que ninguno lo reconocía como discípulo de Jesús. Juan, Tiago y Pedro al ver a Jesús se levantaron rápidamente para acompañarlo, pero el Maestro se acercó a sus apóstoles y su mirar compasivo, pero enérgico, cariñoso y estimulante, los fue mirando uno a uno. A su lado había un fardo de heno y que por coincidencia estaba al extremo de aquel círculo de hombres sentados, recostados y abatidos por la lucha espiritual que soportaban y por el agotamiento corporal. Se sentó al frente de los mismos, condolido por sus debilidades humanas y por lo mal preparados que estaban para los combates gigantescos del espíritu inmortal, pues habían agravado su situación personal por haber prestado oído a la voz de la sirena de la subversión, que iba tomando cuerpo en medio del movimiento cristiano y que fue demostrado públicamente con arrebatos de violencia ante los poderes públicos.

Jesús entonces comprendió que era necesario animarlos, vitalizándoles las fuerzas abatidas del espíritu para que no subestimaran el mensaje del Evangelio, salvador del hombre. Era necesario transmitirles fuerzas espirituales para ayudarlos a enfrentar sus duros destinos y que aprendieran a soportar las miserias humanas para el futuro. El Maestro se sintió embargado por la generosidad de su alma, mientras que una voz amiga, le susurraba al oído; tocado por esa inspiración superior, se levantó y en un tono profético y vibrante, así les dijo:

— "No desesperéis; ha llegado la hora en que el hijo del Hombre será entregado en las manos de los pecadores; mas dormid y descansad, pues el Pastor será motivo de escándalo, pero las ovejas del rebaño no perderán su redil. No os quitarán de Galilea porque vuestro testimonio aún no pide la prueba de la sangre del cuerpo, sino, el tributo sagrado del espíritu. Os doy las palabras que Dios me dio; el Padre me glorifica a mí en vosotros mismos, en la manifestación de su nombre entre los hombres. Yo terminaré la obra que mi Padre me encargó y no temo dejar el mundo a que vine, porque vuelvo otra vez al reino de Dios, que está en los Cielos".

El Maestro aguardaba el efecto alentador y optimista de sus palabras, y ya comenzaba a animarse, cuando Jesús les consolidó su confianza, diciéndoles:

– "¿Vosotros, me creéis? Pues es llegada la hora donde cada uno de vosotros será esparcido por cada lado; yo quedaré solo, mas el Padre estará conmigo. Tened confianza en lo que os digo; vosotros tendréis aflicciones en el mundo; pero, aún no es llegada la hora y veréis a los que son de vuestra carne, pues con ellos aún viviréis".

Los apóstoles se miraron sorprendidos, pero confiados; el Maestro entonces los dejó con sus pensamientos y se encaminó, como era costumbre, para orar en el Huerto. Entonces, todos ellos se levantaron como movidos por un resorte para acompañarlo, mas él los detuvo, diciéndoles afectuosamente:

– "Sentaos aquí, mientras yo voy allí, y hago oración".[2]

Pedro, Juan y Tiago no se dieron por aludidos y siguieron al Maestro por los caminos hacia la parte alta del Huerto, mientras sus compañeros, algo fatigados continuaron conversando sobre el tema del momento. Pero, Jesús que había ofrecido tanto ánimo y esperanzas, rápidamente pasó a angustiarse bajo la tensión oculta de su pesada responsabilidad. No era el miedo del hombre ante la perspectiva de la muerte, pues él se sentía dichoso sabiendo que retornaría a su mundo paradisíaco. A pesar de su resignación y conformación, presentía que su próximo testimonio sería de una gran, influencia para la redención del hombre. Sabio, Justo y Bueno, pero sumergido en la materia, ignoraba cómo se comportaría en esa excepcional prueba de cuyas consecuencias dependía el éxito y la inmortalidad de su obra evangélica.

Dejó a Juan, Tiago y a Pedro en mitad del camino, pues deseaba orar a solas, y subiendo al monte de los Olivos, descansó algunos minutos en comunión espiritual con la naturaleza. Bajo su excelsa vibración, se puso a revivir todos los pasos recorridos en el mundo material. Recordaba sus sueños de amor por la humanidad y su pasión ardiente por el Señor de la Vida, que él agasajaba desde la infancia hasta aquellos proféticos momen-

2 *Mateo,* cap. XXVI, vers. 36.

tos. ¡Jamás ser alguno se consumió tanto en el fuego del amor al prójimo y en el sacrificio de la Verdad! El Maestro en ese momento se sintió embargado por una grandiosa e indefinida emoción, y postrándose de cara al suelo estuvo un largo rato, como si quisiera fundir su naturaleza espiritual con la sustancia del mundo que le había compuesto su cuerpo carnal. Después miró la noche estrellada en medio de una infinita paz. De pronto se sintió como si fuera un inmenso árbol cargado de frutos, que amparaba a todos los infelices que buscaban la sombra amiga y dadivosa. Bajo la asistencia de lo Alto, Jesús revivió en esa ideoplastia mediúmnica el "motivo fundamental" de su vida en la materia, ante el fabuloso compromiso que asumiera antes de descender a la carne, pues ese árbol protector se nutría con el abono fértil de su propia sangre, vertida en el martirio.

Aunque estaba angustiado, se sentía muy feliz al comprobar que sobreviviría su obra evangélica y redentora, malgrado eso le exigía el holocausto de la vida y la donación de su sangre. Representando a las emociones del ángel exilado en la carne. Jesús se sentía como, un "canal" o "eslabón" para la salvación de los hombres, mientras le crecía inmensamente su dolor espiritual ante la duda de no saber con exactitud si iría a corresponder integralmente a la voluntad del Señor. Volvió a prosternarse nuevamente en el suelo, con las manos extendidas hacia adelante, y exclamó con todo el fervor de su alma: "¡Padre mío! Que se cumpla vuestra voluntad; yo no temo el martirio de la muerte, pero ayúdame a conocerlos para poder enfrentarlos".

Nuevamente, la sublime vibración sideral le embargó su alma y su espíritu parecía liberarse cada vez más de las formas de la carne, súbitamente su mente fue alcanzada por una repentina e inmensa luz, mientras se iba clarificando en su conciencia física la silueta trágica de las tres cruces, levantadas en la cima de una colina. Envuelto en espectante silencio, percibió en su trance, la forma de la tierra y los contornos de las ciudades, donde los hombres dormían tranquilamente; más él, Jesús, era en realidad quién velaba por ese sueño reparador de los terrícolas, suspendido entre el mundo de la materia y el reino del espíritu con sus brazos abiertos y atados en una cruz. Pero, también percibió que una vez vencido aquel dolor inhumano, se desprendía de la carne y vibraba por el impacto del voltaje sideral, sintiendo en su propia alma el extraño fenómeno que le absorbía la vida interna. En un extremo, la pulsación y la rotación de los astros, constelaciones y galaxias; y en el otro, el vibrar de los átomos en el seno de las moléculas de las flores, vegetales y de las sustancias terrestres. Escuchaba el extraño torbellino de los mundos saturados de civilizaciones, rotando alrededor de sus soles, y al mismo tiempo, el ruido extraño que producía la savia subiendo por la médula de los vegetales. Jesús en un supremo instante, fracción de un segundo medido por el hombre, abarcó el macrocosmo y el microcosmo, consciente de su fuerza y poder, de su sabiduría y de su gloria.

Ese fenómeno que le sucedió a Jesús, es conocido entre los hindúes como "samadhi" y por los occidentales como "éxtasis"; es un rápido fulgor de la verdadera vida espiritual del ser cuando alcanza el Nirvana, es decir, la comunión con el Padre, aunque sin perder la individualidad sidérea. En esos momentos se diluyen las distancias, el tiempo y el espacio convencional de la limitada mente humana, mientras el alma abarca consciente y perceptiblemente la vida del macrocosmo, como la del microcosmo, fundiendo en la intimidad las constelaciones de los astros con las constelaciones de los átomos, pues la materia es "Maya", "ilusión", donde sólo el Espíritu es la Verdad.

La composición ideoplástica de la visión de las tres cruces en el Calvario, hizo vibrar al cuerpo carnal de Jesús, debido al potencial de la fuerza espiritual movilizada para dar forma a las ideas del mundo del Espíritu, en imágenes que pudieran ser reconocidas en la tela de su cerebro físico. El cerebro había tomado temperatura por causa del impacto sidéreo, además su capacidad de resistencia humana había disminuido mucho, mientras que los nervios estaban totalmente debilitados y la sangre superactivada por la elevada presión amenazaba romperle los vasos cerebrales. Súbitamente, en un esfuerzo heroico emprendido por la naturaleza carnal, la corriente sanguínea fue drenada por las glándulas sudorípa y gruesas gotas de sudor y sangre cayeron al suelo, dejando al Maestro totalmente agotado en sus fuerzas vitales.[3]

Desde ese momento se mantuvo vivo gracias a sus amigos espirituales que le suministraban fuerzas vitales. Se levantó, llevando la mano al pecho y medio tambaleante comenzó a

3 "Y puesto en agonía, oraba con mayor vehemencia. Y fue su sudor como gotas de sangre, que corrían hasta alcanzar la tierra" (*Lucas*, cap. XXII, vers. 43 y 44).

descender hacia la granja, se acercó a Pedro que dormitaba recostado en un tronco de olivo, mientras Juan y Tiago dormían pesadamente con]a cabeza entre las rodillas. Después de las 20 horas comenzó a sentirse inquieto, pues presentía que la noche sería de insomnio, por eso resolvió hacer una nueva plegaria en lo alto del monte, sin consultar a Pedro, ni a Tiago ni Juan.

Finalmente se decidió reposar, y acercándose a los tres discípulos que todavía dormían pesadamente, les dijo: "Dormisteis y descansasteis; bueno, pensad que es la hora de la despedida, pues el hijo del Hombre será entregado en las manos de los pecadores. Levantaos porque ya están llegando aquellos que han de llevarme para cumplir con la voluntad del Señor".[4]

Pregunta: Qué nos podéis aclarar respecto a las palabras de Jesús, que Lucas y Mateo le atribuyen en la cena, cuando rechazó el cálice de la amargura en el Huerto de los Olivos; expresado así: —"Padre, apartad de mí ese cálice". Según algunos estudiosos, dicen que fue un momento de vacilación que tuvo el Amado Maestro. ¿Qué os parece?

Ramatís: Es obvio, que si eso hubiera ocurrido como dice la narración de los evangelistas, entonces sólo Jesús podía haber explicado el hecho, pues Juan, Tiago y Pedro que estaban cerca, dormían pesadamente y no podían oír tales palabras. El resto de los apóstoles se hallaban distantes en el depósito mayor de la granja, en la parte baja del monte de los Olivos.

En verdad, el rechazo del cálice de la amargura, que la tradición religiosa atribuye a Jesús es un rito iniciático de los viejos ocultistas respecto a la vacilación o temor del alma consciente cuando se prepara en el espacio para luego tomar el cuerpo carnal. El ***cálice de la amargura*** representa el cuerpo, y la sangre de la vida humana; es la cruz de la carne que libera al espíritu de sus imperfecciones kármicas en el calvario de las vidas planetarias bajo los clavos de la maldad, el sarcasmo y el sufrimiento. Sólo en la pobreza de la imaginación humana se pueden concebir las angustias de un ángel, como Jesús, a la versatilidad de las emociones del mundo de la carne. El espíritu que ya tiene conciencia de "ser" y "existir", está facultado para decidir y optar por su descenso a la carne, pudiendo aceptar o rechazar el "cálice de la amargura", es decir, el vaso de la carne

4 *Mateo,* cap. XXVI, veis. 45 y 46.

humana. ¿Cuántas almas, después de tantos preparativos en el mundo espiritual para reencarnar en la tierra, se acobardan a última hora y obligan a los técnicos siderales a tomar medidas urgentes, para no perder la hermosa oportunidad que brinda aquella encarnación? ***Pregunta***[9]. ¿Cómo sucedió la detención de Jesús? ***Ramatís:*** Jesús había dicho a los apóstoles Pedro, Juan y Tiago que se escuchaban los gritos que provenían de las afueras del Huerto de Jeziel. En seguida aparecieron varios discípulos agitados y profiriendo gritos alrededor de un grupo de diez personas, que pararon junto al Maestro. Eran ocho soldados romanos armados de lanzas y espadas y dos esbirros del Sanedrín que empuñaban fuertes bastones. Jesús entornó los ojos, pues estaba seguro que era el comienzo de su pasión; pero también indicaba que su liberación espiritual estaba muy cerca. Decidido y sin temor dio un paso al frente, y preguntó: —"¿A qué venís, amigos?"

Uno de los esbirros judíos avanzó y señalando a Jesús, exclamó: —"¡Ese es el rabí de Galilea!"

Los soldados romanos se arrojaron sobre él maniatándolo con cuerdas, ante la protesta de los apóstoles y la desesperación de Pedro, que tomando la espada de uno de los soldados y lleno de ira, se abalanzó sobre el esbirro que señaló al Maestro, dañándole la oreja. Jesús, en esfuerzo supremo se interpuso, diciendo a Pedro:

—"Pedro, devuélvele la espada. Todos los que empuñen la espada morirán por la espada. No somos culpables; pero debemos sufrir la injusticia humana con resignación."

Los soldados se miraron rápidamente con inteligencia e hicieron el gesto de prender a Pedro; mas el herido era judío, por eso poco les importaba. Juan, al mando de Jesús, cogió de allí mismo un puñado de hierbas antihemorrágicas y un pedazo de lino e hizo un vendaje eficiente alrededor de la oreja sangrante del esbirro. Bruscamente, los soldados colocaron a Jesús a su frente y lo llevaron entre dos filas, sujeto por la cuerda que uno de ellos cuidaba. Descendieron el camino del Huerto en dirección a la granja, aplastando todas las plantas encontradas en el camino. El Maestro continuaba cabizbajo bajo la luz de las antorchas de la siniestra patrulla y al pasar delante de la casa de Getsemaní, movió la mano resignadamente-para Jeziel, sus parientes y huéspedes que lo estaban esperando. Todos tenían los ojos saturados por las lágrimas, sintiendo profundamente la prisión del Maestro, pacífico y humilde, que durante su estadía en la granja les ofreció hermosas lecciones de elevada espiritualidad.

Juan intentó seguir cerca del Maestro, pero los soldados lo obligaron a| retroceder bruscamente; Tiago, hermano de María, en un momento de desesperación cayó de rodillas, implorando socorro a Dios; y el joven Tiago, hermano del Maestro, descendió a toda carrera en dirección a la ciudad. Los demás apóstoles le seguían a cierta distancia y bastante sorprendidos de no ser aprehendidos durante el trayecto. Hacía dos días que no se alimentaban bien, pues estaban agitados y asustados cada vez que el portón de la granja se abría para dar paso a alguien de la casa. Se iban rehaciendo poco a poco del incidente doloroso sucedido al Maestro y el instinto conservador de la carne comenzó a enquistarles el espíritu. El fatal calculismo de los humanos pronto les ganó la conciencia, pues reflexionaban que nada se podía hacer por Jesús, muy por el contrario, tal vez le empeoraban la situación delante de los astutos jueces del Sanedrín. Los sofismas del hombre les llenaba el alma como justificada capciosidad, mientras que las voces de las sombras les aconsejaban la fuga inmediata.

Cuando Jesús llegó a la ciudad, delante de la casa del Sumo Sacerdote, apenas Tiago, hermano de Juan, Tomás, Tadeo y Mateo, se mantuvieron a regular distancia, mientras el resto de los aterrorizados apóstoles regresaron a Getsemaní o se dispersaron por los caminos. Pedro salió corriendo en busca de José de Arimatea para solicitarle ayuda e imponerle de la novedad.

Pregunta: ¿Judas se hallaba presente cuando detuvieron a Jesús?

Ramatís; Judas no regresó jamás a Getsemaní, ni tuvo coraje para enfrentar a su Maestro, pues ya había cooperado para su detención, aunque su traición no tiene ninguna relación conforme narran los evangelistas. Después del fracaso de la marcha a Jerusalén, donde él fue uno de los más entusiastas organizadores, se alió estúpidamente a los esbirros del Sanedrín que estaban estratégicamente distribuidos para fomentar la caída de Jesús, y aun después, siguió cultitivando sus amistades a fin de dar cuerpo a las bases del movimiento cristiano. El Sumo Sacerdote conocía todos los pasos de Judas y lo alentaba en sus ingenuas pretensiones. Por eso, Judas tenía un "pase libre" del Sanedrín para transitar por Jerusalén sin que fuera incomodado, hecho éste, que hacía tiempo había sembrado la desconfianza entre los apóstoles, pues ellos no se atrevían a caminar por las calles por temor a ser detenidos. Algunos discípulos habían sido calmados por Jesús cuando tomaron la iniciativa de indagar a Judas sobre su libertad de acción y de las extrañas y frecuentes salidas.

El día jueves por la mañana, Judas recibió una amable invitación del Sacerdote Esdras para comparecer a la casa de Caifás para que le hiciera el favor sobre algunos esclarecimientos. Adorador incondicional de los poderosos y sintiéndose lisonjeado por esa deferencia del Sumo Sacerdote, que mucho satisfacía su vanidad, se apresuró para atender la privilegiada invitación. Cuando penetró en el gran salón, donde sería juzgado Jesús por la noche, le extrañó que además de Hanan y Caifás estuvieran presentes todos los sacerdotes y algunos parientes más, los que se miraron con cierta inteligencia al entrar éste. Fue invitado a sentarse y el viejo Hanan, ex Sumo Sacerdote, pero cerebro de todas las tramas sacerdotales, sin muchos rodeos historió a Judas la situación irremediable de Jesús y le mostró la orden de arresto expedida por el Sanedrín que sólo dependía del visto bueno de las autoridades romanas, como era normal en esos casos. En seguida le insinuaron que los implicados con el rabino de Galilea también podían ser crucificados por la ley romana como sediciosos, sin escaparle a Judas el tono de advertencia, que también lo incluía a él. Judas se mostró' inquieto, atemorizado y nervioso, como era propio de su temperamento, y comenzó a perder su control emotivo ante aquella sugestiva orden de arresto, casi gene-ral. Entonces fue invitado a decir todo lo que sabía sobre Jesús desde el comienzo de sus pregonaciones en Galilea y su influencia sobre el pueblo, el contacto con los paganos, la marcha sobre Jerusalen, la infundada tentativa de depredaciones en el templo, y principalmente, su animosidad contra los sacerdotes jerusalemitas.

En seguida Hanan ofreció a Judas los medios para salir de Judea, además de las provisiones y una pequeña fortuna, y la debida protección hasta la frontera de Egipto, siempre que satisfaciera todos los pasos a seguir en la investigación de rutina. Al principio, el infeliz apóstol se negó y trató de escapar a cualquier respuesta que comprometiera a Jesús; pero su temperamento incontrolable, pusilánime y de poca resistencia moral lo abatieron. Acosado por todos los lados y bajo el torbellino de preguntas capciosas de los miembros de la familia de Hanan, descubierto en contradicciones peligrosas y traicionándose cada vez más delante de aquellos hombres sabios e inteligentes, astutos e implacables en sus designios, Judas perdió terreno fácilmente. En fin, aterrado por las amenazas de inmediata lapidación como profanador y perjuro, dio valiosos y comprometedores datos, que aun siendo falsos sobre la verdad, pero forjados por aquellos hombres vengativos, se transformó en el medio acusatorio más eficiente para eliminar al generoso rabí de Galilea. Más tarde, la confesión de Judas impresionó y convenció a los jueces del Sanedrín y hasta sorprendió al mismo Pilatos. Rápidamente, el Sumo Sacerdote ordenó a un ayudante que le diera a Judas una bolsa de monedas, capciosamente ofrecida como premio por su "testimonio" de libre y espontánea voluntad, entregada a la justicia del Sanedrín. Judas, pálido, de ojos febriles y terriblemente angustiado por las acusaciones que comenzaba a remorderle la conciencia, miró a esas personas astutas, que no dejaban de despreciarlo por su delación. Y casi inconsciente de lo que hacía, tomó la bolsa de dinero, pero con gesto de alucinado y con un desgarrador grito la arrojó a los pies del esbirro, huyendo locamente entre las lujosas cortinas del salón de Caifás.

La prueba más evidente que Judas no premeditó la traición a Jesús y que había sido víctima de las circunstancias adversas, creadas por su imprudencia, está demostrado por la decisión de morir ahorcado después de tres días de angustioso remordimiento. Un alma vil, dañina y llena de maldad, que procediera movido por la ambición, celos o venganza, sería bastante insensible y continuaría viviendo después de su traición. Él traicionó a su querido Maestro por miedo, estupidez, ignorancia e ingenuidad, además de robustecer su desgraciado equívoco de adorar a los poderosos y confiar en los astutos.

Pregunta: ¿Qué le sucedió a Jesús después de su detención en el Huerto de los Olivos?

Ramatís: En el trayecto desde el Jardín de Getsemaní hasta la residencia fastuosa de Caifas, Jesús tuvo desfallecimientos, pues varias veces los soldados tuvieron que reducir el paso para que se recuperase a fin de no ser arrastrado. La pérdida de sangre que tuvo en el Huerto de los Olivos, lo dejó pálido, febril y abatido.

Era bastante entrada la noche cuando llegaron a la casa del Sumo Sacerdote, allí estaba reunido el consejo que lo formaban veintiséis miembros, conocido en la época como la "pequeña corte" o "pequeño consejo" que era convocado rápidamente para juzgar casos de reconocida emergencia religiosa, de cuya gravedad pudieran provenir consecuencias graves para el futuro. El Sumo Sacerdote al convocar la "pequeña corte" le asistía el poder de hacerlo de inmediato, y más tarde podía presentar las razones de ese acto deliberado. El Gran Consejo, compuesto de setenta ancianos y el Sumo Sacerdote, eran los que decidían sobre las sentencias aplicadas por la "pequeña corte", siempre que los acusados pudieran presentar pruebas aceptadas para una apelación, o no hubiera unanimidad en el juicio. Apenas un voto en contra era suficiente para derribar o reformar las sentencias, que pasaba a disponer de la "corte mayor".

Caifás tenía mil razones para justificar la convocación de la "pequeña corte" en aquella noche, pero temía algún voto favorable a Jesús o que se planteara alguna dilatación sobre la sentencia que él tanto insistía en llevar a la práctica. Si algo de eso sucediera, el rabí escaparía de morir antes de Pascua y difícilmente sería sentenciado a muerte, pues aún gozaba de un gran prestigio entre el pueblo y la simpatía general terminaría por convencer a los viejos del Gran Consejo. Por eso, Caifás, Hanan y los demás de la parentela movilizaron todas las fuerzas, mañas y fortunas, para incriminar a Jesús por unanimidad, y encuadrarlo como infractor civil, sujeto a la pena de muerte por las leyes romanas.

Caifás convocó la reunión de la "pequeña corte" en su residencia, en vez de hacerlo en la Cámara del Partido, pues eso era permitido siempre que hubiera unanimidad entre los jueces participantes. Por otra parte, él quería llevar a cabo el juicio esa misma noche, pues según era la ética religiosa, el Tribunal no podía reunirse antes del sacrificio matutino en el templo, entonces debería efectuarse al día siguiente por la tarde y sin posibilidad de ser juzgado a tiempo por Pilatos. Cualquier judío, por ínfima que fuera su condición social o moral no admitiría juicio alguno o punición el día sábado, gran víspera de Pascua, o el día domingo en el auge de las fiestas.

Habían sido tomadas todas las precauciones posibles para sacrificar al peligroso rabí de Galilea, aunque todo se procesara dentro de los rectos dictámenes de la Ley. Caifás sustituyó a los jueces que habían demostrado simpatía por Jesús, nombrando diez suplentes jóvenes de su entera confianza a los cuales les venía patrocinando la carrera jurídica. El enjuiciamiento debería encuadrarse dentro de las reglas y preceptos de la más alta dignidad tradicional, de aquel "Tribunal Sagrado", cuyo respeto nunca fue puesto en duda. Pero el Sumo Sacerdote tenía la seguridad de que las pruebas y testimonios acumulados, más la astuta trama delatoria de Judas, eran más que suficiente para forzar a los jueces a que culparan al rabí galileo, como "seductor, profanador" del templo, enemigo de la Ley, falso "rey de Israel" y sacrílego "Hijo de Dios".

Ningún ser jamás fue más ingenioso y pródigo de talento para destruir una vida, como lo hicieron Caifás, Hanan y su parentela, cuyo temor era perder la dirección del negociada religioso. Pusieron espías en medio del movimiento cristiano, acrecentando la "marcha" hacia Jerusalén, bajo las aclamaciones sediciosas que fueron los bien tramados motivos para incriminar al ingenuo rabí de Galilea; distribuyeron bolsas de monedas a sus agentes mercenarios y transformaron el incidente del templo en una grave sublevación, que posteriormente causó perjuicios al tesoro del templo a fin de sobornar y obtener falsos testimonios y delaciones comprometedoras; compraron los sirvientes de las familias de los jueces del Sanedrín, haciéndoles diseminar noticias tendenciosas contra el rabí Galileo y que por otra parte, involucraba la decisión de ellos mismos cuando fueran llamados a declarar. Auscultaron la tendencia u opinión personal de cada juez, y una vez asegurado el éxito, armaron el espectáculo pomposo para juzgar a Jesús "pro forma" para satisfacer las apariencias dignas y respetables de la Ley.

Pregunta: En realidad, ¿cuál fue la verdadera situación del juicio a Jesús, comparándolo con los relatos de los evangelistas?

Ramatís: En verdad, no sucedieron aquellas escenas degradantes para un Tribunal de tan elevada dignidad y respeto como era el Sanedrín, que además de ser una corte con funciones legislativas, influía en todas las actividades de los hebreos como un cerebro coordinador entre la religión, la educación, las relaciones públicas y el gobierno. Sus miembros eran escogidos entre los principales partidos políticos, las mejores familias y academias religiosas; debían ser hombres sin vicios, íntegros y de un pasado respetuoso, como diestros lingüistas y de esmerada cultura. Pero, el astuto Hanan y su yerno Caifás, sin romper el barniz que cubre a los hombres puros y dignos, consiguió su cometido al permitir que aquellos jueces juzgaran sin conocer la infamante injusticia que él había urdido tan delicadamente contra el acusado. Jesús fue juzgado en medio de un clima de respeto y rectitud, pues fuera de algunas expresiones airadas de algunos jueces nuevos, que protestaban por su silencio, no le negaron los recursos de la defensa.

No fueron los jueces del Sanedrín los que condenaron al Jesús inocente de los crímenes que le imputaban, sino la gran cantidad de pruebas que el Sumo Sacerdote consiguió para convencer a la corte. Convencidos que el Sanedrín condenaría a Jesús a causa del sumario enorme que se había elaborado, Nicodemos y José de Arimatea, que habían sido sustituidos a última hora, intentaron conseguir una audiencia con Pilatos el jueves por la noche, haciéndole extremadas solicitaciones para que interviniera en aquel enjuiciamiento, que ellos consideraban desfavorable para el acusado. Pero, el Procurador de Roma, jamás colocaba los pedidos ajenos sobre sus intereses, alegó que no podía influir en los negocios religiosos del Clero Judío, y hacía votos para que tales cosas se resolvieran satisfactoriamente sin su interferencia. No quería comprometer las relaciones algo tirantes entre romanos y judíos, y dejó el asunto, para que lo resolviera el Sumo Sacerdote. Además, las pruebas contra Jesús eran muy comprometedoras y su situación aún se agravó más en los últimos momentos, ante la genial estrategia de Caifás presentando la acusación de uno de sus discípulos íntimos, llamado Judas, hijo de Simón Iscariote. José de Arimatea y Nicodemos quedaron estupefactos ante la noticia terrible de la delación de Judas, y regresaron desalentados, reconociendo que la situación de Jesús comenzaba a empeorar delante del propio Procónsul de Roma.

Pregunta: ¿Podéis ¿escribirnos algunos e importantes acontecimientos ocurridos durante el juzgamiento de Jesús, por la «pequeña corte del Sanedrín?

Ramatís: Delante de la sesión solemne del "Tribunal Sagrado" y una vez cumplidas todas las providencias legales y aseguradas las prerrogativas de la defensa y que eran accesibles al reo, Jesús sería acusado con derecho y justicia, con pruebas, testimonios escritos y verbales, para ser absuelto, encarcelado o sentenciado a muerte, conforme fueran los votos de culpa, indulgencia o piedad de los jueces.

En realidad, la corte no estaba muy interesada en juzgar a aquel hombre pálido, febril y tambaleante, que hicieron sentar en el banco de los reos y que lo hacían levantar, cada vez que le dirigían la palabra. La noche estaba calurosa y sofocante y aquellos jueces habían dejado sus camas para atender la convocación de «emergencia» del Sumo Sacerdote, cuyo poder y prestigio no convenía enfrentar. Caifás ostentando pomposamente los vestidos sacerdotales, propios de la elevada función que ocupaba, se había sentado en el centro del espacio semicircular, hacia donde convergían ambas bancadas de los jueces. Bajo el traje de seda azul claro, se veía la túnica de lino blanco, atada a la cintura por un cinto color rojizo escarlata y adornado por botones resplandecientes de piedra ónix. Tenía además, un vistoso turbante azul sobre su cabeza, cuyos bordados eran finamente trabajados por hilos de oro, en el pecho ostentaba doce piedras preciosas, símbolo tradicional del poder y la gloria de las doce tribus de Israel. Finalmente, todo ese traje reluciente y rico de colores y adornos, los completaba un par de sandalias color rojo púrpura bordadas con hilos de plata y que las sujetaba con trenzas del mismo color en los tobillos. Estaba rodeado por 13 jueces a cada lado, eran los indicados para juzgar; pero, también se acostumbraba a sentar algunos discípulos de los Consejeros que versaban sobre la Ley y aprendían retórica y prestaban atención a las palabras y opiniones de su mayores. Abajo, casi al frente del Sumo Sacerdote, estaban sentados los escribientes de la corte; los de la izquierda debían anotar todos los testimonio» contra el acusado y los de la derecha registraban todo lo que le fuera favorable.

El acusado tenía derecho para defenderse por sus propias palabras, y si no lo hacía, se le nombraba un defensor "ad hoc", que el acusado podía aceptar o recusar. En el transcurso del juicio los jueces intercambiaban ideas, discutían las fases del proceso, buscaban opiniones y trataban de alcanzar conclusiones sólidas, lógicas, dignas y benevolentes; pedían a los escribas que leyeran las acusaciones y las defensas. Examinaban y reexaminaban pruebas, testimonios y argumentos y, cuando había dudas, no se votaba.

Pregunta: ¿Cómo transcurrió el juicio al Maestro Jesús?

Ramatís: Jesús no se hallaba atado y le habían ofrecido un banco tosco, como a cualquier acusado por la Ley. El sudor le corría por la barba y sufría terriblemente por el desgaste ocurrido en el Jardín de Getsemaní durante el trance mediúmnico y la gran vertencia de sangre. Febril y agotado, oraba al Padre rogándole la gracia de apresurar aquel ceremonial de la justicia humana para juzgarlo, pues demasiado sabía que ninguno intentaría absorverlo en base a la gran cantidad de pruebas acumuladas en su contra.

Siguiendo el decoro establecido por aquel Tribunal, el Sumo Sacerdote, con voz melosa y mirando felinamente a Jesús dio comienzo al juicio, en donde era expresamente prohibido iniciar el mismo acusando al reo, pues todo debería hacerse en forma tolerante y esclarecedora. Como era costumbre, el acusado debía ser favorecido con la opinión formal de cualquiera de los jueces presentes. Entonces, Caifás exclamó:

— ¡Que se argumente en favor del acusado!

Satisfecho, reconoció que Jesús sería juzgado con la máxima indiferencia. Después de algunos momentos de silencio, uno de los ancianos jueces formuló su opinión favorable al acusado, para guardar el estilo de la ceremonia y con el tono de voz, que se adivinaba el protocolo de esos momentos, diciendo así:

— Declaro que la apariencia, el estado físico y la angustia del acusado recomienda a este Tribunal el más alto principio de conmiseración y benevolencia. El acusado no demuestra ser sarcástico, cínico u orgulloso, mas tiembla afiebrado ante este juicio sagrado — indulgencia — Ruego indulgencia al ser juzgado.

Caifás se mordió los labios algo despechado, pero después comprobó que el juez, autor de la proposición se recogía en sí mismo, como si estuviera dispuesto a dormitar. Recorrió con la mirada la fisonomía de los otros jueces y observó pequeños gestos en el rostro de los más nuevos, mientras los ancianos se mantenían impasibles. Entonces, con repugnante dulzura, mandó leer la acusación y los relatos verbales, lo que inmediatamente fue hecho por uno de los discípulos de los Consejeros, especie de promotor y relator, sin que tenga interferencia directa en el juicio. Una vez terminada la lectura acusatoria, Caifás en un tono solemne y grave, le dijo a Jesús:[5]

— Jesús de Nazaret, antes que esta corte te absuelva o te castigue, y una vez agotados todos los recursos de la Ley a tu favor, conforme a los testimonios de amigos y coterráneos, hechos bajo la bondad del Santo Oficio y por voluntad de los que prefieren la verdad, sois acusado de sacrílego, prácticas maléficas, curas falsas, mistificaciones de milagros, enemigo de la Ley mosaica, sacrilega intitulación de "Hijo de Dios" y abominable "Rey de Israel". Se investigó y este juicio comprobó, que tú condenas públicamente las tasas y los sacrificios a Jehová e intentasteis empobrecer el arca sagrada del templo por los desmanes cometidos por tus discípulos pisoteando a los vendedores, bienes y ofrendas en un ostensivo insulto contra el Clero Hebreo. Os habéis presentado como el Mesías Salvador, ilusionando al pueblo con imposturas y promesas del Reino de Dios, pregonando la verdad con la apariencia de lo sobrenatural y con actos censurables. Usas el arma de la fascinación para atraer las heredades de las viudas, de los huérfanos y de los fanáticos y de emplear la seducción para dominar a las doncellas.

Después de una breve pausa, para comprobar el efecto candente de sus palabras en los demás jueces, pues los había interesado ante las tremendas acusaciones, en ese momento Caifás tomó una lámina de cera que tenía delante y la entregó al promotor y relator, agregando sibilinamente:

— Que se dé conocimiento de este testimonio acusatorio, que es de mucha importancia para proseguir el juicio.

Pausadamente y en tono de voz impersonal, el relator leyó el más terrible testimonio que el Sumo Sacerdote había preparado para inculpar a Jesús, el que decía así:

— Declaro y confirmo que conviví y aún convivo con Jesús de Nazaret, rabino galileo, jefe sedicioso del movimiento de los "hombres del camino", que pretenden arrasar al templo, tomar

5 *Nota de Ramatís:* Sería muy fastidioso discriminar las extensas oratorias de los personajes que participaron en el juicio de Jesús, inclusive Caifás, pues en aquella época se abusaba de la retórica, verborragia y altilocuencia para enunciar las cosas más simples. Optamos por un resumen esencial y compatible con el espacio con que contamos en esta obra.

el poder de Israel, destruir a los príncipes, sacerdotes y fariseos, acabar con el culto mosaico, abrir las puertas de Jerusalén a los paganos de Tiro y Sidón y expulsar a los romanos.

El propio Jesús parecía despertar del letargo que estaba sumido y levantando la cabeza miró a los acólitos de Caifás, entonces fue leído ante la atención de todos los jueces, lo siguiente:

— Yo lo dije y confirmo por mi voluntad y estado de espíritu que así es; Judas, hijo de Simón Iscariote.

Jesús cerró los ojos un momento, mientras exhalaba un doloroso suspiro que le tomaba el pecho, ante la infamante delación. No estaba resentido, ni afligido, pues el mismo Caifás se estremeció, azotado por un rápido vislumbre de remordimiento, al oír que Jesús decía:

— ¡Pobre Judas! ¡Tú sí que eres digno de piedad!

Caifás no dejó que la exclamación del Maestro influyera a los asistentes, y dirigiéndose a él, profirió en un tono de suprema autoridad:

— ¡Jesús de Nazaret, antes que la Ley se pronuncie con tu castigo o que te absuelva por fuerza de los testimonios y de la confirmación que la dignidad de los jueces de esta casa otorga, debemos oír tu defensa personal o facilitar tu confesión! ...

Jesús se mantuvo en silencio, con los ojos bajos, orando mentalmente al Padre y rogándole que le diera fuerzas para resistir hasta el fin la desfachatez de aquel hombre encendido por el más elevado índice de hipocresía. Mientras tanto, su silencio obstinado y su actitud humilde, pero serena, que antes fuera motivo para una intervención favorable, ahora incidía sobre aquellos hombres de buenas intenciones, pero humanos, imperfectos y algo heridos en su amor propio por la indiferencia del acusado. Eran piezas de una organización religiosa que funcionaban indirectamente bajo una dirección oculta que desconocían totalmente. No tardó en escucharse las murmuraciones de insatisfacciones y los comentarios a media voz por el desprecio demostrado por Jesús al Tribunal; los jueces nuevos dejaron escapar exclamaciones aplastantes como la de "provocador", "galileo necio", cosa que Caifás escuchaba con gran regocijo, como el zorro que aprecia el éxito de su astucia.

En seguida, Hanan cruzó una mirada de inteligencia con su yerno y en un tono de voz que demostraba su dignidad ofendida, exclamó:

— Aunque el acusado insulte al Tribunal Sagrado por su silencio orgulloso, demuestra que aprueba los testimonios acusadores y las pruebas de la investigación sobre sus culpas, manda esta Ley que sea defendido por derecho y no sea juzgado sin defensa.

Escogido el defensor por el Tribunal, Jesús continuó en silencio, sin aprobar o desaprobar la designación efectuada. El defensor hizo una exposición algo irritada, pero muy preocupado con los efectos de la retórica sobre los miembros del Tribunal, antes que consustanciarse con la causa. Consideró que Jesús era un maniático religioso, una especie de demente y frustrado en sus ambiciones mesiánicas y extravagantes, que debía ser execrado y deportado de Judea, pero no sentenciado. El promotor y el relator dijeron que era hombre de buen tino, con carácter peligroso y disimulador, bastante capaz para agrupar a los seres insatisfechos y sin vocación alguna, para luego causar disturbios y perjuicios a la santa causa de Moisés. El juicio se había prolongado hasta la madrugada y la defensa en nada había cambiado la situación de Jesús, pero ante su deliberada indiferencia y mutismo, el Tribunal le selló su destino. Se hizo la votación y una vez expuesto el resultado del escrutinio se leyó lo siguiente:

— "Jesús de Nazaret, rabí galileo y sedicioso enemigo de la Ley" ha sido condenado por unanimidad por la "pequeña corte" del Sanedrín, y no le cabía apelación ante el Gran Consejo, pues no tenía un solo testimonio favorable y la votación había sido unánime.

Hanan y Caifás descongestionaron las fisonomías, sin ocultar la satisfacción que les invadía el alma, ante el éxito alcanzado por su perfecta maquinación, al servicio de otros poderosos de Jerusalén, a cuya actividad, el Maestro Cristiano les causaba serios perjuicios. Con un cinismo inenarrable, el Sumo Sacerdote exclamó:

— ¡Llevadlo! ¡Que Jehová se apiade del culpado!

Era regla impuesta por el Tribunal del Sanedrín, que la sentencia se debía pronunciar únicamente al día siguiente por el Sumo Sacerdote. Además, los judíos hacían todo lo posible para no ejecutar a un patricio, aunque fuera condenado por cosas abominables, puesto que era una injuria a la "ciudad santa"; pero en aquel caso, Caifás poco le importaba la tradición, su meta era destruir a su peligroso adversario.

Ese plazo podía ser aprovechado por los parientes, amigos o interesados en ver al culpado como inocente y volver a promover influencias para dejar sin efecto la medida dictada por el Alto Tribunal, pues podría darse el caso de rectificar nuevamente el fallo, como algunas veces había sucedido. Mientras tanto, Jesús no gozaría de esa regalía, pues la familia del Sumo Sacerdote estaba atenta para impedir cualquier manifestación de solidaridad. Al día siguiente, estaría frente a Pilatos para ser juzgado por sedicioso contra los poderes públicos. Su destino estaba sellado; sería lapidado por los judíos, o crucificado por los romanos.

Pregunta: ¿Qué pasó con Jesús el día viernes?

Ramatís: El día viernes, muy temprano por la mañana, el Jefe de los esbirros del Sumo Sacerdote mandó retirar a Jesús del edificio de segregación pública, una cuadra más adelante donde fue juzgado. Le ataron las manos y lo llevaron rápidamente ante el Procurador Romano. Casi todos los apóstoles habían desaparecido y temían aproximarse a la prisión hebraica donde se hallaba el Maestro. Marcos, Tomás, Tiago y el tío de Jesús, cuando fueron interrogados por los esbirros del Sanedrín, jamás negaron su condición de discípulos. Lo acompañaban a la distancia, seriamente preocupados por lo que pudiera sucederle.

Aunque el verdadero motivo que llevó a la muerte a Jesús era de naturaleza religiosa, el Sumo Sacerdote supo juntar pruebas y material suficiente para culparlo bajo las leyes romanas y que fuera pasible de la crucifixión por haber cometido un crimen de Estado. La lapidación, el estrangulamiento o sacrificio en la hoguera eran procesos de punición a quienes se rebelaban contra la Ley mosaica, pero la cruz era un suplicio romano para ajusticiar a los esclavos, rebeldes, criminales, ladrones o conspiradores. El Sanedrín podía sentenciarlo a ser lapidado y después conseguir la confirmación del Pretorio de Roma, pero los procuradores romanos acostumbraban a cerrar los ojos a esas cuestiones religiosas de los judíos, dejándolos libres para que procedieran conforme a su Ley. Era un asunto particular de Roma y además, salía beneficiada ignorando la muerte de algún judío, que muy poco y nada les importaba.

Poco tiempo después de la muerte de Jesús, fue lapidado Esteban, uno de sus seguidores, bajo la custodia de Pablo de Tarso, cosa que se hacía sin consultar a la Procuradoría de Roma. Paradójicamente, ¿no se lapidaba a las mujeres adúlteras en las calles, inmediatamente, sin consultar a las autoridades romanas? Hanan el verdadero mentor de la tragedia del Gólgota, alma perversa y vengativa, demostró a Caifás que Jesús, rabí de Galilea, era un fascinador de multitudes, aceptado y reverenciado como un "reformador religioso"; en consecuencia, si fuera lapidado por la sentencia del Sanedrín, dejaría un rastro de encanto sentimental entre el *pueblo* y provocaría una fuerte reacción entre sus seguidores. Era peligroso y poco aconsejable cometer tal imprudencia. Eso podía unificar a los galileos y formar una fuerza cohesa y decidida contra el Poder Religioso, cosa que no sería muy agradable para el Procurador de Roma que siempre se regocijaba con las luchas y los problemas religiosos de los hebreos. Como tantas veces había sucedido en la historia del mundo, decía Hanan, dentro de muy poco tiempo Jesús sería transformado en un mártir para condena de los patricios que lo ajusticiaron. Lógicamente, si las multitudes le seguían, era porque comulgaban con sus ideas voraces contra la pompa del Sacerdocio jerusalemita y el lujo del templo. En consecuencia, una vez muerto el jefe del movimiento cristiano, tampoco se eliminarían las ideas. Era necesario evitar la aureola mesiánica que se pudiera formar alrededor del "Salvador" de Israel, pues la multitud es versátil y cambia rápidamente por un simple gesto que le encanta o por una palabra que los conmueve. Ante la pregunta silenciosa que insinuaba Caifás a su suegro, esbozó en su rostro cruel una sonrisa cínica, exclamando, pausadamente:

— ¡Jesús de Nazaret no debe ser punido por la Ley de Moisés, sino por la de Roma!...

Y, agregó a través de una risa sardónica: — ¡Él no debe ser ejecutado por sus compatriotas; mas "vilmente asesinado" por los enemigos de nuestra raza!

30. Jesús y Poncio Pilatos

Pregunta: ¿Qué referencias nos podéis dar de Poncio Pilatos?

Ramatís: Como todos los procónsules que habían estado anteriormente en Israel, Poncio Pilatos era detestado por los judíos, aunque él se mostraba bastante tolerante con los asuntos religiosos. Al asumir la dirección de Judea procedió con mucha violencia, reprimiendo cualquier intento revoltoso o conspiración con el suplicio aterrador de la crucifixión. Pero, en base a la política adoptada por Tiberio de no debilitar la autoridad religiosa de los pueblos vencidos, pues encontraba más apto gobernar esos pueblos a través de la astucia religiosa y bien organizada. Pilatos estaba muy convencido que era casi imposible dominar a aquel pueblo inquieto, fanático y obstinado y al mismo tiempo audaz. Por otra parte, el Sumo Sacerdote gozaba del prestigio de opinar personalmente sobre los procónsules, los que dependían de sus relatos enviados a Roma. Virgilio Galba, procurador que precedió a Pilatos tenía poderes absolutos y determinaba a gusto qué Sumo Sacerdote debía estar al frente de la dirección religiosa; pero, la política de Tiberio lo obligó a vivir en buenas relaciones con Caifás, el Sumo Sacerdote del momento y que era hábilmente orientado por su suegro Hanan; que lo sucedió en el cargo prestigioso y muy deseado. En base a ese antecedente, Poncio Pilatos muchas veces tuvo que inclinarse ante el sacerdote y declinar su irascibilidad contra los judíos para no desprestigiar a Roma.

Poncio Pilatos tenía unos cuarenta y dos años, era robusto, de estatura mediana, colorado, cuya fisonomía denotaba su fuerte inclinación por la vida sexual. Era calvo e intentaba disimular ese aspecto con un resto de cabellos que poseía a nivel de las orejas, y con los arreglos, propios de la época. Apesar de mostrarse afable y atento, lo hacía movido por su conveniencia, pues acostumbraba a platicar mucho tiempo en base a las tonterías religiosas de los judíos; el buen fisonomista le observaría algunos trazos duros propios del déspota e insensible. No era rígido, pero atemorizaba a quienes necesitaban de sus favores, pues se encolerizaba con facilidad cuando era contrariado. En fin, traía el aire de los políticos de Roma, en donde los ambiciosos curvaban su cerviz hacia el más poderoso para después extraerles el máximo de provecho o aplastarlos bajo la bota militar. Pilatos, como ambicioso era muy prudente en el juego de sus intereses y muy cuidado de su prestigio ante Tiberio, que le había dado el cargo. A pesar de su arrogancia y repulsión contra los judíos, no se animaba a abrir una lucha frontal con el Sumo Sacerdote, que era un enemigo implacable y peligroso por su astucia. Hanan, el suegro de Caifás cuando estaba en el cargo había señalado en más de una oportunidad a Pilatos ante Roma, respaldando su astucia con muy ricos presentes, influyendo a Tiberio por medio de comunicaciones tendenciosas. Gracias a Sejano, el amigo particular de Pilatos y favorito del emperador, consiguió mantener el puesto codiciado de procurador de Judea, y a partir de ese momento pasó a ser más cauteloso cuando debía tratar las cosas sacerdotales. Además, el mismo Caifás le hizo saber en forma indirecta, que tenía pruebas de algunos negociados inescrupulosos realizados con judíos interesados, que eran capaces de vender a su propia alma, pues se hacían transacciones ilícitas por medio de las provisiones de víveres, accesorios para las embarcaciones y abastecimientos para los ejércitos romanos. A través del beneplácito de Poncio Pilatos, que también era parte interesada en cosechar futuras monedas de oro para su cofre particular, ese negocio gozaba de libertad de acción en su forma especulativa. Por otra parte, en esos momentos mantenía buenas relaciones con el Sumo Sacerdote, pues éste le enviaba todos los días los faisanes mejores que recibía de la provincia de Galilea, higos, damascos secos o abrillantados de muy fina calidad y unas buenas cajas de vino de Chipre.

Pregunta: ¿Qué le sucedió a Jesús cuando fue presentado a Poncio Pilatos?

Ramatís: El Pretorio Romano funcionaba en el antiguo palacio de Herodes, al lado de la Torre Antonia donde se hallaban asentadas dos legiones romanas bajo el mando del comandante Quinto Cornelio, el centurión de confianza del Procónsul. Quedaba cerca del templo y distaba algunas cuadras de la casa del Sumo Sacerdote, pues los principales edificios quedaban en la parte alta de la ciudad. Siguiendo la vieja costumbre romana, Poncio Pilatos comenzaba su audiencia habitualmente a las nueve de la mañana, mientras sus asesores civiles elaboraban todo lo perteneciente al juicio, inclusive su sentencia, cosa que completaba Pilatos en la antesala que terminaba en una especie de plataforma, donde era costumbre poner en conocimiento del pueblo los edictos del César.

Jesús fue llevado a esa antesala custodiado por dos esbirros del Sanedrín, mientras se le comunicaba a Pilatos que era un prisionero que había sido juzgado y condenado por el Tribunal Sagrado, bajo la particular recomendación del Sumo Sacerdote para que fuera interrogado inmediatamente. El Procurador al ver un hombre tan pálido, febril y abatido se sorprendió sobremanera, debiendo imponerse de todos los cargos que se le imputaban y que su mirar astuto no descubría aparentemente la urgencia y fundamento legal del asunto. Esperaba enfrentarse con un hombre grosero, bruto y muy temido en vez de una persona humillada, de aspecto delicado y tambaleante de debilidad, como era el estado personal de Jesús. Probablemente su estado era la consecuencia de los excesivos interrogatorios y del insomnio pasado; pues costaba mucho reconocer debajo de esa apariencia inofensiva y atribulada, al galileo fanático y peligroso que las pruebas presentaban. Su deber era hacer cumplir la Ley contra los infractores y mantener la armonía en las relaciones entre los hebreos y romanos, que comúnmente se friccionaban. Convenía también, prestar algunos favores al Sumo Sacerdote para que luego llegaran los informes favorables a Roma, pues aunque eso lo irritaba, su prestigio administrativo y seguridad en Judea dependía de la opinión del pueblo judío.

Pilatos guardaba en lo íntimo sus resentimientos contra los astutos zorros del templo (así acostumbraba a llamarlos) y se encolerizaba cuando le imponían condiciones o pareceres, como el caso que nuevamente le estaban presentando.

Pregunta: ¿Nos podéis decir, cómo juzgó Pilatos al Maestro Jesús?

Ramatís: Poncio Pilatos se dirigió al emisario jefe del Sanedrín que condujo a Jesús hasta la plataforma del pretorio, el que hacía de relator y al mismo tiempo de promotor, hábilmente instruido por Hanan y Caifás al cual le preguntó:

— ¿Por qué causa fue juzgado este hombre ante el Sanedrín?

El agente religioso le entregó las pruebas acusatorias y agregó sin ocultar su arrogancia:

— Jesús de Nazaret, rabino galileo fue considerado culpable por unanimidad por la pequeña corte de los jueces del Sanedrín; mas no tiene un sólo testimonio a su favor que le permita solicitar su apelación; además no puede discutirse el caso por el Gran Consejo por haber sido condenado por votación unánime.

Pilatos miraba fijamente al emisario del Sumo Sacerdote de Jerusalén, que no pestañeó ante su mirar inquisidor. Después leyó la pieza acusatoria que decía: "Jesús de Nazaret, rabino galileo, seductor, enemigo de la Ley, falso rey de Israel, herético Hijo de Dios, Mesías impostor, explotador de viudas y huérfanos, fascinador de doncellas, agitador y depredador del templo, enemigo de las devociones mosaicas, ha sido juzgado y encontrado culpable por unanimidad en esta corte en juicio de emergencia".

— ¿Qué sentencia le impuso el Sagrado Tribunal? —, preguntó Pilatos, aunque ya sabía con anticipación de todas las acusaciones hechas en su contra, inclusive de la declaración de Judas, que también a él lo convenció de las intenciones subversivas del movimiento cristiano.

— Conforme a la Ley del Sagrado Tribunal, sólo hoy a la tarde, el culpable podrá ser sentenciado —, añadió el agente de Caifás. Y en un tono de gran énfasis exclamó:

— Jesús de Nazaret no sólo hirió al poder divino, sino que comprometió el orden público. Ya fue juzgado por el derecho sagrado, que está por arriba de las competencias humanas, pues ahora se halla delante del juicio representativo del Emperador Tiberio, que ha de juzgarlo como crimen civil de lesa-patria y subversión.

Y, antes que Pilatos interrumpiera esa arenga impertinente

y provocativa que el Sumo Sacerdote le imponía casi obligatoriamente, pero sin contrariarlo; el emisario prosiguió con tono indagador y sin disfrazar el aire desafiante que lo animaba:

— Jesús de Nazaret, desmoralizador del derecho sagrado, será lapidado como impío y profanador, pero ha sido exceptuado de culpa ante Roma y como nuevo estímulo de sus sediciones, será considerado rebelde al orden público, debiendo sufrir el suplicio de la cruz en el buen cumplimiento de la sentencia que ha de imponerle el representante del Emperador Tiberio.

Poncio Pilatos se recostó en el respaldo de la poltrona con los labios entreabiertos y su rostro pasmado ante tamaña audacia. Estaba habituado al cinismo y a la petulancia de los hebreos, pero jamás toleraba que le impusieran sus obligaciones públicas. El Sumo Sacerdote no le exigía la muerte de Jesús, el rebelde y enemigo del Clero Judío; pero lo desafiaba amenazadoramente si no accedía.

Demostraba una vez más, que tenía el triunfo en las manos y no abdicaría de tal favor.

Se sintió muy ofendido en su amor propio ante la actitud descarada del esbirro de Caifás e intentó dar una lección al emisario, pues un romano jamás se inclinaba tan fácilmente a la decisión caprichosa de los pueblos esclavos. Pero, eso quedaba pendiente de sus indagaciones al sedicioso y rebelde Jesús, pues si lo liberaba por puro capricho, podía sublevar nuevamente al pueblo, y luego sería muy difícil explicar a Tiberio el motivo que lo impulsó a tomar esa decisión. Entonces, en vez de interrogar a Jesús ante los jueces, ordenó que lo llevaran a su aposento de trabajo. Ante la debilidad y el estado aflictivo del rabino galileo, mandó que se sentara, a la vez que le preguntaba:

— ¿Qué hiciste galileo, para encender la ira de los jueces del Sanedrín y tener en contra tuyo tanto y tantos testimonios de sedición, que me veo obligado a crucificarte?

Jesús miró al Procónsul, algo sorprendido por el tratamiento menos duro que demostraba el rígido romano, y en su mirar silencioso le dio a entender su inmensa gratitud. Pilatos se movió impaciente en la poltrona con aire de contradicho.

— ¡Habla, galileo! — ordenó autoritario e impaciente —. ¿Por qué violaste el orden público?

Ante aquella brusca, pero humana comprensión, Jesús se proponía exponer los motivos de su vida, sueños e ideas de la inmortalidad, las relaciones entre los espíritus, los fundamentos de su doctrina de liberación para la humanidad y el verdadero sentido del Reino de Dios, que estaba por encima de los intereses y de las contingencias humanas. Desconocía los motivos por que Pilatos lo trataba con cierta deferencia, en vez de mandarlo de inmediato al juicio común, donde podía haber sido sentenciado centenas de veces a causa de la cantidad de pruebas acumuladas por el Sanedrín.

¿Poncio Pilatos comprendería sus esperanzas e ideales mesiánicos? ¿Lo liberaría para que continuase su obra salvadora para la humanidad? Jesús, súbitamente fue envuelto por una extraña vibración que le penetró por los poros del cuerpo y le avivó los sentidos; retornando la lucidez a su espíritu comenzó a revivir los cuadros que había tenido en el Huerto de los Olivos, donde casi había sentido gotear la sangre sobre las manos y los pies en el martirio de la cruz. Entonces, cerrando los ojos y ante la enorme comprensión de su alma, entendió que la sobrevivencia de su Evangelio dependía del holocausto de su vida carnal. Cortésmente y con palabras saturadas de extrema bondad, pero implacable decisión, Jesús respondió a Pilatos, que lo miraba con cierta preocupación y con aire de simpatía:

— No tengo por qué defenderme de las acusaciones de los hombres, pues yo cumplo con la voluntad de mi Padre, que está en los cielos. La muerte será para mí la corona de mis trabajos y la salvación de mi obra para la redención de los hombres.

Pilatos frunció el entrecejo, muy sorprendido y, movido por un impulso sincero, le dijo:

— Mas yo puedo salvarte la ida, ¿qué deseas tú?

— Rechazar la vida que me ofreces sería deserción y cobardía; sólo mi muerte no desmentirá aquello que el Señor transmitió por mí a los hombres.

Se levantó el Procónsul y se puso a caminal' movido por extraños pensamientos. Contrariando a todo lo que narra la historia religiosa, jamás Poncio Pilatos intentó salvar a Jesús por cuestión de simpatía o movido por un acto de piedad, sentimientos esos que no armonizaban con su carácter curtido por las ambiciones y mañas de la política de Roma. Lo qué en ese momento le importaba, era vengarse de Hanan, Caifás y sus secuaces, pues lo único que estaba en juego, y él bien lo sabía, eran los avanzados intereses del Clero Judío. Mientras tanto, con el rechazo de Jesús a su clemencia y el indulto ofrecido que podía llevarse a cabo antes de que se pronunciara cualquier tipo de sentencia del juicio que allí debía celebrarse, dejó sin efecto la porfía que tenía contra el Sumo Sacerdote de Jerusalén.

Nuevamente miró a Jesús, pero su mirar dejaba entrever cierto despecho; le preguntó con cierta frialdad:

— ¿Cómo te atreves a rechazar mi indulto?

— ¡No intentes salvarme! — respondió delicadamente Jesús — Jamás serías perdonado por la ira de aquellos que me condenaron.

Poncio Pilatos se puso colorado, al comprobar que el mismo acusado parecía saber los resentimientos que lo animaban y también algo de su cobardía para enfrentar a los sacerdotes del Sanedrín.

— ¿Crees tú que yo le temo a esos santulones del templo? — preguntó altivamente.

— Jesús le respondió; estoy agradecido por vuestra clemencia y sé que no teméis a vuestros cautivos; pero yo necesito morir por fuerza de mi obra; pues sólo así ella vivirá, respondió Jesús con tal dulzura que desarmó la ira de Pilatos, haciéndolo responder:

— ¡Yo no te entiendo, galileo!

De pronto, Poncio Pilatos comenzó a percibir qué importancia debería revestir la muerte de Jesús para Caifás y sus secuaces y la gravedad de su decisión en aquel momento. Por otra parte le pareció bastante sospechoso que durante unos días le estuvieran mandando los mejores faisanes y otras regalías de cierta importancia. El enemigo, antes de proceder directamente con el Emperador, primero sondeaba a Pilatos para sus maquinaciones, además, era de dominio casi público que el Clero Judío había enviado valiosos cargamentos de objetos y valores en joyas para Tiberio, su esposa y principales cortesanos de Roma. En consecuencia, Pilatos tenía razón para quedar aprensivo ante cualquier insinuación de la familia sacerdotal, que para desligarlo de su cargo, no vacilaría en promover infamias y sobornos. Él estaba enriqueciéndose muchísimo en Judea y muy pronto tendría un agradable futuro en sus patrimonios da España, casi desvinculados de los compromisos comprometedores.

Dejándose dominar por un impulso indefinido, como si auscultara sus intereses ocultos y al mismo tiempo para satisfacer a su personalidad herida, pero sin la frialdad cortante de los primeros momentos, Poncio Pilatos preguntó a Jesús:

— ¿Aún te obstinas en querer morir?

— ¡Tú lo has dicho! — respondió Jesús, sin titubear.

A Pilatos poco le importaba que el rabí de Galilea fuera indultado o crucificado, pues no dejaba de ser una pieza viva, igual a tantas otras que habían muerto por causas menores. Pero, era su amor propio terriblemente herido lo que le hacía dudar sobre la sentencia final; el prisionero era un pretexto para satisfacer el espíritu de venganza sacerdotal. Si le hubieran solicitado absolver ai acusado, sin dudas, que haría todo lo posible para crucificarlo y contradecir a sus adversarios. Jesús se levantó, pues había comprendido que la entrevista tocaba a su fin y se dirigió hacia la puerta. Tal vez tocado por una fuerza oculta a la que no pudo huir, Pilatos hizo un gesto con la mano, ordenando a Jesús que esperara. Casi rebelado consigo mismo, como si sufriera para conceder cualquier privilegio al prójimo, dijo bruscamente al Maestro Cristiano:

— ¡Si deseas la muerte, dime, por lo menos, qué puedo hacer por ti!

Jesús lo miró bien a los ojos, transmitiéndole la fuerza de su magnetismo sublime, el poder de su espíritu y la bondad de su corazón. Entonces, en un supremo pedido, que llegó a las fibras endurecidas del espíritu del Procónsul, le dijo:

— Si de verdad quieres ayudarme, no persigas a mis discípulos, y serás grato a la Casa de Mi Padre, por toda la eternidad.

Poncio Pilatos miró a Jesús de arriba abajo, sin poder disimular su admiración por aquella deliberada renuncia, pues ahora no le era difícil comprender el deseo de morir y por qué hacía todo lo posible para que se llevara a cabo. El generoso rabino galileo cargaba con toda la culpa de sus discípulos y admiradores, buscaba la muerte para salvarlos. Algo de bueno le tocó a Pilatos en su alma, pues hizo un gesto como si estuviera confuso, y precipitándose en sus palabras, como si temiera cambiar de opinión, manifestó:

— ¡Te lo prometo rabino! Mientras yo me encuentre aquí, jamás perseguiré a uno solo de tus discípulos, siempre que vuelvan a sus casas y abandonen la conspiración que consta como testimonio y prueba.

Y, girando sobre sus talones, se dirigió a la puerta a la vez que le movía la cabeza a Jesús en señal de confirmación.

Rápidamente, Pilatos tuvo una idea, al observar que el pueblo se amontonaba en los alrededores del Pretorio, puesto que era gente que iba hacia el templo, o paraban por pura casualidad ante el juicio celebrado al rabino de Galilea. Entonces mandó conducir a Jesús a la espaciosa terraza, bajo las columnas corintias, y lo expuso al público, mientras el vocerío iba callando el guardia gritó:

— ¡Silencio! ¡El Procurador de Roma va a hablar!

Poncio Pilatos estaba enrojecido hasta la cabeza y no escondía su ira y repugnancia al tener que dar satisfacción a un pueblo tan despreciable; pero, obcecado por su bienestar y por sus ambiciosos intereses, intentó frustrar los objetivos de Caifás sin comprometer a futuras víctimas, resolviendo que fuera el propio pueblo el que absolviera o condenara al rabino galileo. En el primero de los casos estaría libre del resentimiento sacerdotal, y en el segundo se encontraría satisfecho por haber sido herido en su amor propio, ya que el pueblo era el que decidía y él no podía negarse a atenderlo. Esperaba malograr los planos del Sumo Sacerdote por medio de la liberación de Jesús, pedida por el mismo pueblo levantó la mano, en un gesto de silencio y señalando al rabí de Galilea, preguntó en forma arrogante:

— ¿Qué deseáis de este hombre, la libertad o la muerte?

Se hizo un gran silencio en medio del pueblo que se agrupaba alrededor del Pretorio. Poncio Pilatos suponía que una gran simpatía envolvía a esos seres a favor del acusado. Una sonrisa irónica le comenzaba a inundar su rostro ante la seguridad de sus ideas, cuando estalló desde los cuatro ángulos de la plaza un clamor bien disciplinado y las voces aunadas en un sólo diapasón exclamaron: ¡Crucificadlo! ¡Crucificadlo! Era un grito coherente que obedecía a una orden, y anulaba a las voces que probablemente estaban pidiendo clemencia.

— ¡Muerte al Rey de Israel! ¡Muerte al falso Hijo de Dios! ¡A la cruz con el Mesías! ¡Crucificadlo! ¡Crucificadlo!, — gritaban decenas de personas en tono bastante amenazante.

Poncio Pilatos se mordió los labios y quedó congestionado; respiró hondo y su pecho parecía que iba a estallar. No se sentía apiadado de Jesús, pero lo que lo encolerizaba era la negación del pueblo para absolver al Mesías, puesto que no lograba desbaratar a Caifás y sus secuaces.

— ¡Perros!... — gritó en un asomo de rabia — ¡Perros vendidos y mercenarios!

En realidad, no era el pueblo, pues éste simpatizaba con Jesús; el que gritaba pidiendo la muerte por crucifixión era la *claque* infame, reclutada a peso de oro por el Sumo Sacerdote.

— ¡Que se crucifique al impostor! ¡Que se crucifique al Rey de Israel! — proseguían los agentes mercenarios del Sanedrín, impidiendo cualquier demostración en favor del Maestro. Entre la turba se encontraban algunos sacerdotes de confianza de Caifás, pues vigilaban de cerca a la *claque* que habían contratado para que no los defraudaran en su intento. Poncio Pilatos, receloso de contrariar la voluntad de aquellos astutos jefes del Sanedrín, que más tarde podían perjudicarlo seriamente ante Roma, entonces exclamó con cierto aire de ira:

— ¿Queréis la muerte del rabí de Galilea? ¡Pues, que sea; yo lo entrego al juicio del día! Si él fue condenado, vosotros mismos lo condenasteis, porque yo me lavo las manos de este juicio.

Giró sobre sus talones haciendo seña para que llevaran a Jesús a la antesala donde se reunía la corte para el juicio. Delante de las pruebas acusatorias, de la confesión de Judas, de la condenación del Sagrado Tribunal y del interrogatorio que se le había hecho por crimen de subversión, el Maestro volvió a guardar silencio. Después de un detenido examen de los testimonios enviados por el Sanedrín, los jueces romanos condenaron a Jesús a la crucifixión.

Pregunta: Algunos autores dicen que es absurdo el relato evangélico, donde narran que la ejecución fue llevada a cabo algunas horas más tarde. ¿Qué verdad hay sobre ese aspecto?

Ramatís: La justicia romana que regía en las provincias cautivas Contra los sediciosos, conspiradores y esclavos rebeldes procedía sumarialmente y la ejecución se realizaba casi inmediatamente. Los romanos eran prácticos y faltos de sentimientos; una vez probada la culpa del acusado, nadie lo podía salvar.

Aunque cabe señalar la ética avanzada del Derecho Romano para esa época, su aplicación justa y racional sólo se refería a los patricios y ciudadanos de Roma, pues el tratamiento dado a los cautivos era muy diferente. No contemporizaban con los intentos sediciosos o las conspiraciones contra el poder público, pues arrasaban cruelmente cualquier movimiento u objetivos insurrectos para atemorizar a los futuros rebeldes. Durante su dominio despótico los romanos sembraron millares de cruces en Palestina, se pudrieron millares de rebeldes, conspiradores y hasta imprudentes personas que fueron capturadas en las proximidades de las revueltas. Los duros romanos consideraban a los pueblos vencidos como materia prima que debían garantizar sus planes estratégicos y mantener a sus instituciones económicamente.

Por otra parte, Pilatos debía atender a las tradiciones de los judíos, pues el sábado y domingo de Pascuas no podía haber ejecuciones, ceremonias fúnebres o crucifixiones, para no manchar las festividades de la "ciudad santa". Entonces la sentencia de crucifixión de Jesús debía cumplirse el día viernes. Esa determinación hizo que la *claque* del Sanedrín aplaudiera con insistencia y minutos después, una delegación de sacerdotes, preparados adrede, comparecían al atrio del Pretorio y uno de los agentes oficiales leía con voz llena de satisfacción el saludo lisonjero que el Sumo Sacerdote enviaba, a Poncio Pilatos por su rectitud y desempeño del honroso cargo que le fuera confiado por el augusto Emperador Tiberio. Pilatos aún estaba despechado e irascible, temiendo la astucia de Caifás, pero al oír la hipócrita cantinela de elogio, no pudo dejar de envanecerse ante las perspectivas de las futuras recomendaciones sobre su persona ante Roma. Momentos después, Jesús ya no era preocupación, ni tampoco le interesaba su destino, pues una vez que firmó la sentencia, del .asunto se encargaba el centurión Quinto Conidio. La verdad, es que sus falsos sentimentalismos por el espacio de algunos minutos, fueron superados rápidamente por sus intereses y la vanidad que lo cegaba.

Pregunta: Cuentan las narrativas evangélicas que Poncio Pila: tos hizo todo lo posible para salvar al Maestro, llegando a la desesperación cuando los mismos judíos optaron por crucificarlo. ¿Cómo decís que Poncio Pilatos, sólo intentó vengarse del Sumo Sacerdote, tratando de absolver a Jesús?

Ramatís: La verdad es, que ante la severidad de las pruebas presentadas, Pilatos no sólo consideró a Jesús como el jefe de los peligrosos rebeldes, sino, que vio la necesidad de eliminarlo inmediatamente en favor de la seguridad de su gobierno. Él no consideraba inocente o inofensivo a un hombre que se intitulaba el "Rey de Israel", pues además dirigía a un grupo de galileos belicosos. Tampoco debéis olvidar, que Pilatos era voluble y reaccionaba violentamente cuando se le quería imponer alguna cosa, como sucedió, con la maniobra astuta de Caifás.

No hubiera sido tan tonto como para sacrificar su-seguridad administrativa en la provincia de Judea, para salvar a un judío rebelde y desconocido, condenado por sus propios compatriotas. Poncio Pila-tos no era fácil de embaucar, pues a pesar de su temperamento excitado, siempre se mostraba altivo, orgulloso y déspota, máxime cuando entraba en juego su ambición, vanidad ó interés personal.

Malgrado a su indeciso carácter, la cólera lo hacía decidir a su favor en las cosas que jamás se creía seguro.

Tampoco ocultaba su despecho por la religión y el fanatismo de los judíos, pues cuando no se reía de las intrigas, aflicciones y creencia infantil de aquel pueblo, llegaba a amenazarlos que algún día entraría al templo en señal de afrontoso desafío. También es cierto, que los judíos eran insolentes y no escondían su desprecio por el "magnánimo y supremo Tiberio, Emperador de Roma", cuya provocación la demostraba por medio del Procónsul, tan orgulloso.

En consecuencia, Jesús de Nazaret no era más que un judío rebelde que tanto merecía los azotes como la crucifixión, aunque no hubiera enfrentado al astuto Clero Judío. Si Pilatos hubiera reconocido la inocencia de Jesús y fuera sincero en sus palabras, por lo menos le hubiera librado de la flagelación y recomendado la "bebida de la muerte", para luego crucificarlo.[1]

---

1 La "bebida de la muerte" sólo era suministrada por autorización superior a ciertos condenados a la crucifixión, que entonces gozaban de alguna consideración entre los romanos, o tenían amigos que podían influir para solicitar ese recurso de muerte piadosa. Se trataba de ama bebida hecha de un vino agrio, mirra y algunas sustancias extraídas de un cardo venenoso de la India, que liquidaba al condenado en el plazo de una a dos horas después de la crucifixión, liberándolo de los atroces padecimientos que podían prolongarse durante días y noches.

31.
El drama del calvario

Pregunta: ¿Jesús fue flagelado? Hemos compulsado varias obras que desmienten ese relato de los evangelistas; además debemos considerar que es demasiada perversidad y contrario a la ética, de los romanos, flagelar a un condenado a la crucifixión.

Ramatís: ¿Por qué Jesús no podía ser flagelado, si lo condenaron al suplicio más atroz e infamante, como es la muerte en la cruz? Los castigos corporales eran hábito común entre los romanos; el chicote, era el símbolo de su poderío sobre los pueblos vencidos, y la flagelación, aunque fuera un método bárbaro, era el correctivo común entre los conciudadanos de un país, así como se castigaba a los niños de la escuela primaria, con el puntero sobre la punta de los dedos. En aquella época, no podía ser diferente puesto que las cualidades cristianas todavía eran embrionarias en la humanidad. A los romanos poco les importaba distinguir a los prisioneros, fueran vencidos o esclavos, pues no les aminoraban las penas por el hecho de ser pobres, ricos o cultos, más cualquier reacción del vencido era castigada violentamente por el superior inmediato, y a falta de éste, por el primer soldado que se sintiera ofendido u ofrecieran resistencia a su orden.

El chicote descendía sin cesar en las carnes de los infelices esclavos, que debían dar al máximo sus energías para el bien de Roma. Cuando caían totalmente agotados y no podían reponerse inmediatamente, sus verdugos lo mataban impiadosamente o lo dejaban morir lentamente sin asistencia de ninguna especie. El burro de carga que en la actualidad circula por las calles, amparado por la sociedad protectora de animales, vive en mejores condiciones de aquellos infelices, cautivos de los romanos. Malgrado a nuestro sentimentalismo y la preocupación de resguardar la cultura de Roma, la verdad es que los romanos no tenían virtudes tan elogiosas que los hiciera tratar con ternura o tolerancia a los rebeldes o prisioneros obstinados. El chicote no tenía dirección, estaba presente en todas partes y era un modo peculiar de mantener viva la memoria de los vencidos sobre el poder y la gloria de Roma.

Jesús era un judío culpable de subversión pública y agravado por la condena dictada por el Tribunal Religioso, por cuyo motivo sería pasible de la flagelación correspondiente a todos los condenados. Sin embargo, por causa de su excesiva debilidad y estado enfermizo, el oficial que debía castigarlo, lo golpeó tres veces solamente, usando el chicote confeccionado con tiras de cuero crudo, pero sin el plomo o los huesos en las puntas que llegaban a arrancar pedazos de carne.

Pregunta: ¿Qué nos podéis aclarar, respecto al relato de los evangelistas, donde Jesús fue objeto de burla y chacota pesada por parte de los soldados romanos?[1]

Ramatís: Realmente, sucedieron algunas escenas degradantes con el Maestro Jesús en el patio de la prisión romana, pero no se ajustan a las descripciones melodramáticas de los evangelios. Los legionarios romanos, como propuestos de Poncio Pilatos, eran el producto de una férrea disciplina impuesta durante tres años consecutivos al prepararlos como guerreros; hombres valerosos, altivos y decididos, aunque rudos e impiadosos. Mientras tanto, jamás descendían al espectáculo circense de escupir o abofetear a los prisioneros, pues mantenían cierto decoro en sus actos y hacían lo posible, para no manchar su dignidad de "hombres superiores".

Cuando Jesús fue llevado al patio de la prisión, situada & pocos pasos del Pretorio, varios simpatizantes y amigos lo siguieron; los más sensibles lloraban al verlo preso y otros protestaban ante el crimen de haberlo condenado porque sólo pregonaba la paz y el amor. Pero, la turba de mercenarios contratada por el Sanedrín acicateados por los secuaces de Caifás, impedían cualquier manifestación de simpatía hacia el prisio-

1 *Juan,* cap .XIX, vers. 1 al 3; *Mateo,* cap. XXVII, vers. 26 al 31.

nero, que todavía no había perdido la estima de su pueblo. El Maestro no fue humillado por los legionarios del gobernador, como dice Mateo (XXVII, 28), puesto que sufrió toda clase de bromas, insultos, escarnios y malos tratos.

Eso sucedió con algunos de los criados y siervos de la comitiva de Pilatos, que por ser la hora de tomar alimentos, descansaban cerca de allí y además eran avezados en bajezas de esa índole. Desgraciadamente, la mayoría eran hebreos mercenarios, apátridas que buscaban prestigio ante sus dueños o capataces, aunque tuvieran que danzar para contentarlos. Alguien tomó un paño color rojizo que servía a los soldados para jugar a los dados, y lo colocó sobre los hombros de Jesús, mientras que otro le ponía una caña entre las manos, como si fuera un cetro real. No satisfechos aún, arrancaron unos gajos de una planta espinosa e hicieron una corona que colocaron sobre la cabeza del Maestro. Se divirtieron algunos momentos frente al rabí, haciendo gestos como si fuera un rey, y los más sarcásticos le tiraban de la barba, obligándolo a mover afirmativamente la cabeza en respuesta a sus peticiones burlonas. Los legionarios romanos apostados cerca de allí, se reían pero no participaban de esa grotesca escena. Pocos instantes después, hombres y mujeres autores de la farsa, desaparecieron para atender sus obligaciones, mientras, Jesús quedaba meditando sobre las burlas y crueldades que su misma gente le había proporcionado. Una vez más se comprobaba el viejo dictado que dice: "No hay peor cuña, que la salida de la misma madera".[2]

Pregunta: ¿Qué le sucedió a Jesús después de esos actos humillantes?

Ramatís: Era casi medio día; el sol estaba alto y el día sofocante prometía lluvias torrenciales para la tarde; a esa hora Jesús fue custodiado por un grupo de soldados romanos, iniciando su trágica jornada camino del Calvario, saliendo por la .puerta de Damasco. El pueblo se aglomeró junto al portón y

---

2 *Nota del Médium:* Refrendando los decires de Ramatís, que los "mejores amigos de hoy, pueden ser los peores enemigos de mañana"; se sabe que durante la guerra nazista, las "mujeres verdugos" de los campos de concentración, que habían sido escogidas entre las mismas prisioneras húngaras, checas y polonesas judías, eran más crueles para sus compañeras que las alemanas, en la preocupación de resaltar ante los detestados jefes. Los peores capataces y castigadores de los negros eran reclutados entre los mismos esclavos, en el Brasil colonial.

al largo muro de la prisión; cuando Jesús apareció, María de Magdala, Salomé, Juana, María y otras mujeres se precipitaron para abrazarlo, pero fueron apartadas con rudeza por los soldados. Entonces se arrodillaron y en medio de grandes sollozos clamaban a Dios, mientras el Amado Maestro las miraba compasivo y resignado. La calle cada vez se hacía más escarpada y el Maestro estaba palidísimo; tenía las manos atadas y daba muestras visibles de cansancio y dolores físicos. A su retaguardia, dos hombres le seguían los pasos cargando el pesado tronco, que más, tarde le serviría para el suplicio de la cruz. La procesión seguía bajo la indiferencia de los soldados, bastantes acostumbrados a aquellas escenas y a los lamentos dolorosos de los parientes, amigos y simpatizantes de los condenados, que tanto suplicaban por la liberación del prisionero como ofrecían toda clase de valores.

Por otra parte, los soldados cumplían órdenes superiores dentro de la rutina peculiar de aquellas ejecuciones, sin tener iniciativa personal de agravar o aliviar el sufrimiento de los ajusticiados. En determinado momento, el jefe de la patrulla romana atendió a la súplica de las mujeres y consintió que ayudaran a Jesús; sin pérdida de tiempo y disponiendo apenas de algunos segundos, Verónica le enjugó el rostro y Juana le dio agua fresca de un cántaro pequeño. Enseguida volvieron a ponerse en marcha; el trayecto desde la puerta de Damasco hasta la cima del Calvario fue recorrido en diez y seis minutos, pues las ejecuciones se cumplían fuera del muro de la ciudad. Jesús mal podía respirar, su cuerpo temblaba, tenía temperatura y el sudor le bañaba el rostro, mientras sus ropas se mojaban y daban un aspecto deprimente por las manchas de sangre causada por la flagelación. Los encargados de la crucifixión tenían apuro, pues el sol del mediodía quemaba la carne de todos por igual. Al llegar a la roca de forma cónica, cuyo aspecto se parecía al de una calavera, la multitud se esparció, dividiéndose en grupos. Aquí, estaban los curiosos o sádicos, animados por el espectáculo tenebroso; allí, los parientes, amigos y discípulos oraban en mortificante desesperación; acullá, se divertían los infelices escarnecedores de todos los tiempos que se alegran sobre el martirio de los justos. Algunos más sensibles y confiados, oraban fervorosamente, seguros que el cielo se abriría y bajarían legiones de ángeles para arrasar a los soldados y liberar a

Judea del yugo romano, conforme lo anunciaban las profecías del Viejo Testamento con el advenimiento del Mesías.

Entonces se dio el terrible y doloroso suspenso para todos; amigos y discípulos de Jesús se estremecieron y las mujeres cayeron de rodillas, bajo crucial oración, mientras dos ayudantes despojaron a Jesús de sus ropas, quedando solamente con un pequeño paño que le cubría los riñones. Otro le ofrecía un vaso de vino con mirra, que servía de anestesiante para que los condenados pudieran soportar los primeros y atroces momentos de la crucifixión. Esa costumbre, casi siempre partía de un grupo de mujeres piadosas, a las que se les pagaba para que amenizaran el sufrimiento de los crucificados. Jesús mal tocó con los labios la bebida, rechazándola, pues quería recibir el sufrimiento con perfecta lucidez y no quería entorpecer su comunión espiritual con el Señor. Estaba convencido que su obra redentora pedía tal sacrificio para bien de la humanidad, por eso quería ser consciente de su propio holocausto. En seguida lo pusieron sobre la cruz, le prepararon las manos en la traba superior horizontal y los pies en un apoyo de madera de la traba vertical, mientras otro verdugo fijaba un pedazo de madera entre las dos piernas, para aliviarle el peso del cuerpo a fin de no rasgarle las manos. Después levantaron la cruz con su cuerpo clavado y lo colocaron en la abertura del suelo, quedando los pies a unos noventa centímetros del suelo. Otros dos condenados también fueron sacrificados alrededor de Jesús, los que se lamentaban dejando escapar lúgubres gemidos por sus dolores atroces, pero en ningún momento le dirigieron la palabra, conforme se cita en los evangelios.[3]

Era el punto final del proceso de la crucifixión, desde ese momento el tiempo de vida de cada uno de los sacrificados, dependía exclusivamente de su resistencia orgánica, pues hubo casos de individuos tan robustos y sanos que duraron cuatro días en la cruz.

Pregunta: ¿Existe veracidad en los relatos evangélicos, sobre el mal trato que dieron a Jesús, después de ser clavado en la cruz?

Ramatís: Desde lo alto de la cruz, Jesús miró a todos lados lleno de amor y cariño, buscando los rostros amigos que

3 *Lucas,* cap. XXIII, vers. 39.

estaban esparcidos por la cima del Gólgota. Finalmente vio a Magdalena, Salomé y Juana de Khousa; Juan, su querido discípulo y a su hermano Tiago, siempre paciente y entusiasta; Marcos, valeroso y decidido; Tiago, el mejor y fiel amigo. Más allá, casi alcanzando la cima del monte, llegaba Pedro, cuyo porte alto y robusto parecía apoyarse en su hermano Andrés; a su lado, Sara y Verónica protegían a María, la infeliz madre, que retornaba al Gólgota después de haber sido asistida por tercera vez de sus desfallecimientos cruciales, ante el martirio de su querido hijo. Aquel cuadro conformaba a los seres que tanto había amado en sus días de pregonaciones; pero poco a poco iban venciendo el temor humano y comenzaban a juntarse al pie de la cruz encendidos por una fuerza espiritual, cosa que satisfizo a Jesús, llenándolo de regocijo. Su muerte y sacrificio ya no serían inútiles, pues las almas que había escogido para transmitir sus ideas a la posteridad, ahora se comunicaban entre sí y se agrupaban por la fuerza cohesiva de los pensamientos y sentimientos evangélicos, así como las ovejas dispersas por las tempestades, se reúnen nuevamente bajo el cariño de su pastor.

Súbitamente, Jesús fue interrumpido en su devaneo consolador por los gritos, bromas y escarnios de los infelices agentes de Caifás, que antes de retirarse del Gólgota, trataban de rematar su ignominia con gestos de indiferencia salvaje, a fin de agradar a sus jefes vengativos. Acosados por los espíritus de las tinieblas, sarcásticos y despechados por el triunfo indiscutido de Jesús, descendieron a la vileza de un humorismo tan negro, como lo eran sus propias almas.

— ¡Desciende de la cruz, Hijo de Dios! ¡Llama a tu Padre para que te libere del suplicio! ¡Guárdame un lugar en tu reino! ¿Hacia dónde huyeron tus legiones de ángeles? ¡Que salven al Rey de los judíos en su trono de la cruz! ¡Desciende de la cruz, sálvate primero y nosotros seremos tus creyentes!

Mientras reían haciendo gestos de desprecio, Jesús los miraba compasivo y resignado, inclusive a los soldados que algunas veces se reían de las payasadas que hacían los esbirros de Caifás. Inmensa bondad le invadió su alma, vibrando en el más puro y elevado amor; nuevamente su mirar claro y expresivo, lleno de poderoso magnetismo angélico, resplandeció en un majestuoso fulgor, envolviendo a esos seres tenebrosos en un baño purificador y calmante que los hizo estremecer tocados por el remordimiento, haciéndolos callar inmediatamente. Después de aquella transfusión de luz y amor que brindó a sus verdugos, abriéndoles su corazón para un mejor entendimiento sobre la vida espiritual, el Maestro elevó los ojos hacia lo alto y con voz suave y misericordiosa exclamó:

— «*Padre, perdónalos, porque ellos no saben lo que hacen*".[4]

Pregunta: ¿Jesús pronunció todas las palabras que le fueron atribuidas desde lo alto de la cruz?

Ramatís: El sol proyectaba sus rayos quemantes sobre el cuerpo desnudo del Amado Maestro; el sudor le brotaba del rostro en gruesas gotas, obligándole a cerrar los ojos, aumentándole la tortura. Estaba deshecho por el intenso y cruel dolor; el cuerpo tenso, sin poder realizar cualquier movimiento sedativo, el exceso de sangre en las arterias y los vasos sanguíneos comprimidos le hacían doler intensamente la cabeza. Las heridas en las manos y los pies sangraban y gran parte de la sangre vertida se hallaba coagulada, formando una masa pastosa. El suplicio de la cruz era uno de los más atroces, pues la posición incómoda del crucificado, producía poco a poco, una rigidez espasmódica por la obstrucción progresiva de la circulación; el alivio era imposible y la sed insaciable. La angustia creciente y el intento para hacer el menor esfuerzo, le provocaba dolores indescriptibles; la sangre de la aorta fluía hacia la cabeza y se concentraba en el estómago, pues el cuerpo del condenado quedaba tenso y pendía hacia adelante. Pocas horas más tarde se produce la rigidez de la garganta y se atrofian las cuerdas vocales, sofocando la voz e impidiendo el habla, salvo algunos estertores y sonidos inarticulados. Por esa causa, Jesús expiró sin pronunciar palabra alguna, después del generoso pedido de perdón al Padre para sus verdugos. Como era una criatura de contextura delicada, sintió muy pronto los terribles y paralizantes efectos que la crucifixión produce. Mientras que los otros dos crucificados emitían verdaderos gruñidos de dolor y desesperación; el Amado Maestro sufría su desdicha en silencio y resignadamente, cuya vida solamente se percibía por el aire acelerado que respiraban sus pulmones.

Desde ese momento en adelante, ni los soldados que mata-

4 *Lucas,* cap. XXIII, vers. 34.

ban el tiempo jugando a los dados y bebiendo vino a la sombra improvisada de las tres cruces, ni los amigos y discípulos que se encontraban a pocos metros del lugar, escucharon palabra alguna del Maestro Jesús, que estoicamente sufría los intensos dolores.

Pregunta: Cuentan los evangelistas que en la hora que Jesús expiró, el cielo descargó una terrible tempestad, se "esparcieron las tinieblas por la tierra y el velo del templo se rasgó en dos partes". ¿Qué hay de cierto en todo eso?

Ramatís: Conforme dijéramos, cuando Jesús fue crucificado había pasado el mediodía, al poco rato la multitud se fue alejando a causa del calor sofocante y además, se habían saciado con el tétrico espectáculo. El sol ardiente obligaba a los restantes a buscar la sombra entre los pocos arbustos que había en las inmediaciones, o junto a las ruinas de algunas catacumbas de un cementerio abandonado. Todos demostraban cansancio y estaban hartos de la escena que a sus ojos se presentaba, además del lúgubre silencio que imperaba y que intermitentemente rompía los angustiosos y desgarradores gemidos de los dos crucificados al lado del Maestro.

No era permitido acercarse a nadie a menos de diez metros, pues la sentencia impedía cualquier iniciativa de reducir el tiempo de vida a los crucificados y cuya infracción, podía ser punida hasta con la muerte de los infractores y la prisión para los soldados de guardia que desobedecieran la orden. Los parientes y amigos que se hallaban en las proximidades de la cruz estaban de rodillas y oraban a Dios para que llegara el alivio o la muerte para el querido Maestro; los hombres tenían los ojos irritados por las lágrimas y las mujeres gemían en desesperado lamento.

El día de la crucifixión, viernes por la tarde, anunciaba tempestad, a más tardar para la noche. Cuando hacía dos horas que Jesús había sido sacrificado, comenzaron a correr densas nubes por el cielo, impulsadas por un fuerte viento, mientras la luz del día iba desapareciendo. Los extraños y ajenos a los crucificados se apresuraron a descender la cuesta del Gólgota en dirección a sus hogares. Bajo el rugido del viento tempestuoso las cruces se sacudían y arrancaban gemidos desgarradores de los crucificados; los mismos soldados, acostumbrados a esos macabros acontecimientos, se miraban inquietos y los amigos del Maestro estaban esperanzados que Jehová interviniera a favor de su Amado Hijo, elegido para la salvación de la humanidad.

Jesús sentía que a cada instante los brazos se le iban entorpeciendo debido a un espasmo; le recrudecían los atroces dolores de cabeza y el estómago le quemaba, ardiéndole en forma abrazadora, mientras que los músculos del vientre daban la impresión que se le iban a reventar, a causa del peso del cuerpo, inclinado hacia adelante. La sangre de las manos y de los pies, ya no supuraba más, pero otro dolor inmenso le iba alcanzando el corazón. Tiago, el hermano de María, confabulaba con los compañeros, ya no podía soportar más ese espantoso cuadro de ver a su adorado Maestro y sobrino querido, acabarse dolorosamente por el sólo hecho de haber querido y amado a la humanidad. ¿Qué iba a suceder a partir desde ese momento? ¿Cuántos días resistiría, acometido por la pavorosa crisis de la gangrena; torturado por el enjambre de moscas e insectos, o despedazado por las aves carniceras que estaban acostumbradas a esos festines de los crucificados?

Tiago estaba decidido, aunque tuviera que someterse a las terribles torturas de los infractores, jamás dejaría morir de hambre o sed a su Maestro, pues iba a sacrificarlo prematuramente para que tuviera el deseado alivio. Midió el espacio que separaba de los soldados, pero comprobó desanimado, que sería muerto antes de cruzar los diez metros primeros. En aquel momento, en un supremo esfuerzo, Jesús dio a entender que deseaba un poco de agua; los soldados se miraron como si fuera una consulta recíproca; entonces embebieron la esponja en el vaso de su bebida alcohólica y se lo acercaron a los labios. El Maestro succionó algunas gotas de la bebida acida, sintiendo rápido alivio en sus labios resecados, para volver a su inmovilidad atroz.

Tiago y Juan se habían aproximado bastante a la cruz, pero tuvieron que detenerse ante la señal amenazadora de un soldado armado con lanza. En un doloroso esfuerzo levantaron la vista hacia el Maestro, cuyas venas estaban tensas y parecían que iban a saltarle de la frente bajo el impacto de la sangre impulsada por la aorta. Tiago se secó el rostro con la mano y miró hacia arriba, como pidiendo ayuda, animado por un brillo de esperanza y con los ojos llenos de lágrimas, mientras los soldados buscaban un lugar apropiado para cubrirse de la tempestad que se aproximaba. La intención de Tiago era saltar rápidamente y tomar la lanza que se hallaba recostada en la cruz de uno de los ladrones y por amor y piedad a Jesús, se la clavaría en el corazón para no verlo sufrir más.

Pregunta: Finalmente, ¿cómo terminó el drama del Calvario?

Ramatís: En la cima del Gólgota casi no había gente, pues sólo los amigos, discípulos y parientes permanecían azotados por el viento, que a cada instante rugía con más intensidad. El dolor del Cordero del Señor ultrapasaba el máximo que la criatura humana puede soportar en la materia; el Espíritu sumergido en la tortura de la carne vivía minutos eternos reprimiendo en sí mismo las angustias y responsabilidades, tratando de agotar hasta la última gota con sabor a, hiél, a fin de redimir al género humano. La beneficiosa lluvia caía más allá de las colinas de Galilea, pero Jesús no deseaba de modo alguno,- ese alivio, que al mitigarle la sed abrasadora y refrescarle el cuerpo afiebrado, también le prolongaría el sufrimiento inhumano.

Sentía una excitación psiconerviosa que a cada instante aumentaba y trataba de reunir todas las fuerzas físicas y espirituales para vencer la terrible opresión que amenazaba despedazarle los tímpanos, romperle la garganta y la cavidad pulmonar. Quiso abrir los ojos y sólo lo consiguió después de un tremendo esfuerzo, moviendo pesadamente la cabeza hacia adelante, como si intentara vencer la masa granítica que parecía tener en su frente. En aquel momento, brilla en el cielo un zizagueante relámpago y bajo esa luz inesperada, pudo el Maestro vislumbrar y reconocer a sus amigos que estaban orando por la liberación de su espíritu. Su alma, en un supremo esfuerzo, intentó mover los labios, pero estaban tan rígidos que ni siquiera pudo esbozarles una sonrisa de gratitud a todos sus queridos. El trueno estalló y las nubes comenzaron a danzar vertiginosamente entrechocándose bruscamente; la atmósfera pesada parecía presionar sobre el cuerpo de Jesús, aumentándole la terrible sensación de sentirse totalmente aplastado. Inmediatamente, un dolor atroz partió desde la punta de los dedos de su mano izquierda; después le subió por el brazo, como un metal incandescente que le estuviera perforando las venas, y en décimos de segundos le alcanzó el corazón, paralizándole la respiración.

Un fuerte estremecimiento le sacudió el rostro, los labios y las puntas de los dedos; los ojos se le nublaron y su cabeza cayó sin control sobre su hombro izquierdo.

El Mesías había expirado! ¡Eran las tres de la tarde! Tiago vio su muerte a la luz de un relámpago y cayó de rodillas en un grito de dolor por la pérdida del Maestro. Todos ellos se levantaron en una sola exclamación, con los brazos levantados hacia arriba, gritando jubilosamente, llamando la atención de los soldados:

— ¡Hosannas! ¡Hosannas! ¡El Maestro expiró! ¡El Señor nos escuchó!

Postráronse en el suelo y besaron la tierra entre sollozos indescriptibles. Entonces el jefe de la patrulla de soldados, empuñó la lanza e hirió la carne de Jesús, primero lo hizo despacio y después con bastante fuerza que llegó a manchar de rojo su lanza y comprobó que no había más señal de vida. Enseguida ordenó a un soldado que fuera a comunicar la novedad al centurión Quinto Cornelio. Se había disipado el temor que el Maestro se pudriera en la cruz y fuera pasto de las aves de rapiña. Gracias a su delicada naturaleza y al debilitamiento vital producido por la exudación sanguínea en el Huerto de los Olivos, sucumbió en menos de tres horas por la rotura de la aorta, proporcionándole la deseada liberación espiritual.

Pocos minutos después se descargaron cataratas de agua bajo el fragor de los truenos, el viento huracanado y los rayos aniquiladores, desgajándose los árboles, abriendo surcos en la tierra resecada, rompiendo diques, se salieron los ríos de su caudal normal, destrozó puentes, derribó muros y arrojó al suelo cantidades de frutos que pendían de los árboles. Las cruces oscilaban amenazando tumbarse debido al deslizamiento de la reducida masa de tierra que cubría la cima rocosa del monte de la calavera. Los soldados calzaron las bases de las cruces con piedras y palos en medio del agua que se juntaba en las bases de las mismas. Los dos ladrones crucificados se movían reanimados por la preciosa linfa que les corría a través de los cabellos empapados, en la avidez animal por sobrevivir. Mal-grado la insistencia de los soldados para que todos abandonaran el lugar, pues ya nada tenían que hacer, dado que Jesús había expirado; sin embargo sus amigos, discípulos y parientes se quedaron enlodados hasta los tobillos y totalmente empapados.

María, abrazada a la traba inferior de la cruz, besaba el dorso de los pies de su amado hijo; Magdalena sollozaba postrada en el suelo lodoso; y Tiago, de brazos cruzados, no quitaba los ojos del semblante inmóvil y pálido de su adorado Amigo, sintiéndose venturoso de verlo libre de aquel suplicio infernal. Pedro tenía en su rostro los rasgos de estar padeciendo intensamente, pues, aún parecía dudar de aquel acontecimiento tan trágico. Juan, con los ojos entrecerrados, tenía la mano derecha cerrada sobre el corazón y la izquierda posada sobre la cabeza inclinada; temía despertar de su mundo fantasioso y enfrentar el pasaje más atroz de su vida. Los demás estremecían el lugar de lamentos y llantos, tan propios de la raza hebrea; levantaban los brazos al cielo, suplicando para que la Paz venturosa pronto alcanzase al Maestro querido.

Finalmente, al anochecer, José de Arimatea y Nicodemos habían conseguido de Pilatos la autorización para retirar el cuerpo de la cruz, cosa que le extrañó, por la muerte tan rápida que había tenido. Después de embalsamado con aromas y sales que utilizaban tradicionalmente los hebreos y envuelto en unos lienzos limpios, el cuerpo del Amado Maestro fue colocado en un sepulcro nuevo, cavado en la roca viva de un huerto adyacente, hasta que se le destinara una nueva y adecuada morada, pues siendo día sábado, «día de la preparación de Pascua», no se podía atender a las ceremonias fúnebres.

La tempestad había amainado y el agua caída corría por los surcos rocosos y enlodados del Gólgata. Momentos después, el grupo de personas entristecidas se ponían en camino entonando un canto que simbolizaba el recuerdo, el remordimiento, la angustia y el desaliento, como si fuera un fuego que consumía las cosas queridas. Era la procesión de hombres y mujeres lavados por la lluvia y manchados por el barro, que seguían llorando la pérdida del Maestro, el hombre justo, inocente, heroico y leal, que sucumbió para dejarlos vivir... Cuando desaparecieron por las colinas rocosas camino de la ciudad, dejaron en alas del viento los sonidos melancólicos de las amargas quejas, y aún se podía divisar en la cima del Gólgota la silueta de las tres cruces, que Jesús había presenciado mediúmnicamente durante su agonía espiritual en el Huerto de los Olivos y en la víspera de su muerte.

¡Mientras tanto, la cruz del centro estaba vacía, porqué se

había cumplido el sacrificio del Salvador! ... ¡Desde aquel momento en adelante, dejaba de ser el instrumento castigado por la infamia del hombre, para convertirse en el camino de la liberación espiritual de la humanidad!... ¡Jesús, el Mesías, había triunfado sobre las Tinieblas, fortaleciendo la Luz del mundo a través del combustible sacrificial de su propia sangre!...